중국 시진핑시대
교과서 국정화와 역사담론

동북아역사재단
연구총서 131

중국
시진핑시대
교과서 국정화와
역사담론

동북아역사재단 교과서연구센터 편

| 책머리에

이 책이 완성되기까지의 여정

역사교육이란 일반적으로 역사적 인물, 사건, 제도, 문화 등을 가르치는 행위로, 과거 인간의 경험과 활동을 통해 교훈을 얻고 역사적 사고력과 가치관을 함양함으로써 현재의 문제를 이해하고 바로잡으며 올바른 미래를 설계해 나갈 수 있는 인재를 기르기 위한 교육 활동이라고 말한다. 그리고 이러한 역사교육의 기본 재료가 바로 역사교과서[1]이다.

그런데 역사교육은 정치적 행위와 매우 깊은 연관을 가져왔다. 인류는 오랫동안 사회 구성원 사이의 동질감 즉 정체성을 강화하고, 집권 세력의 정치적 정당성이나 통치이데올로기를 역사교육에 반영하기 위한 노력을 계속해 왔다. 그 과정에서 역사교육을 효율적으로 장악하고 실현하기 위해서는 역사교과서의 편찬을 누가 할 것인가, 어떻게 할 것인가, 무슨 내용을 담을 것인가가 중요한 관건이었다. 전근대 사회에서는 아무나 역사를 쓸 수도 없었고 사관(史官)이 지배자와 집권 세력의 뜻과 맞지 않는 역사를 쓸 경우 역모죄로 처벌받기도 했다. 현대 사회에서는 역사교과서의 편찬이 대체로 국가의 독점(국정)에서 벗어나 검정이나 자율화의 추세를

---

[1] 기본적으로 교과서라는 것은 근대교육제도가 성립된 이후의 교과 교육 교재를 말한다. 그러나 근대 이전에도 역사교육에 정사(正史) 등 사서(史書)류가 활용되었으며, 이것은 넓은 의미에서 역사교과서라고 할 수 있다.

보이지만, 때때로 이를 둘러싼 갈등이 심각한 사회 분란을 일으켰다. 대표적인 사례가 2015년에 있었던 한국 역사교과서 국정화 논란이다. 한국은 민주화로 역사교과서 국정화에 대한 다양한 반대 의견들이 받아들여져 2017년 다시 검정으로 전환했다.

한편 중국은 체제 특성상 역사교과서 편찬에 중국 정부(공산당)의 역사인식과 교육 정책이 절대적이다. 중국특색 사회주의체제하에 역사교과서 편찬을 국가권력 내지 의지라고 표명하고 있는 현재 이러한 성격이 더욱 분명히 드러나고 있다. 국교 정상화를 통해 1990년대 이래 한국과 중국의 교류가 활발해지면서 냉전체제의 간극을 극복하고 서로를 이해해 나가면서도 양국의 역사인식과 역사교육의 차이를 알게 되면서 역사갈등의 소지를 안고 있다. 이를 크게 촉발한 것이 이른바 2002년에 시작된 '동북공정(東北工程)'이다.

동북아역사재단은 2006년 설립 초기부터 '동북공정'에 대응하면서 중국의 역사교육과 역사교과서에 보이는 역사인식과 서술 등에 주목했다. 매년 중국을 비롯한 동아시아 국가들의 역사교육과 역사교과서를 주제로 국내외 학술회의와 세미나 등을 개최했다. 그 결과물 중 중국의 역사교육과 교과서를 중점적으로 다룬 연구서로는 『중국의 역사교육과 교과서』(2006), 『중국 역사교과서의 한국 고대사 서술 문제』(2006), 『중국 역사교과서의 민족·국가·영토』(2006), 『동아시아 역사교과서의 주변국 인식』(2008), 『중국과 타이완·홍콩 역사교과서 비교』(2008), 『중국 고등학교 역사교과서의 현황과 특징』(2010), 『중국 역사교과서의 통일적다민족국가론』(2011), 『한중 역사교과서 대화』(2021) 등이 있다.

그런데 중국에서 개혁개방 이후 글로벌 시장경제 체제에 진입하게 되면서 변화하는 흐름에 맞춰 국정 역사교과서를 검정으로 전환했던 것을 최근 다시 국정화했다. 개혁개방으로 인한 탈사회주의화, 소수민족 갈등, 빈부격차, 국제질서 변동 등 여러 문제에 봉착한 중국은 시진핑(習近平) 집권 이후 역사 허무주의 극복과 애국주의 및 통일적 다민족국가론의 강화, G2(Group of Two)의 국격에 맞는 대외전략 '일대일로(一帶一路)', '인류운명공동체'론 등을 적극적으로 추진하며 '중국몽(中國夢)'을 실현하기 위한 노력을 가속화했다. 그 결과 역사 방면에서는 그 이전 '중화문명탐원공정', '하상주단대공정', '동북공정' 등을 발전·심화시키는 프로젝트를 지속적으로 추진했고, 2019년 중국의 역사정책 전반을 관리할 수 있는 최고의 정책·연구 기관으로 중국역사연구원을 설립했다. 그리고 중국특색 사회주의의 구성원으로서 철저히 의식화한 인재를 양성하기 위해 역사교과서를 국정화한 것이다.

역사교과서의 재국정화 논의는 이전부터 있었지만, 실체화하는 것은 2017년부터이다. 2017년 7월 중국은 국무원 산하에 국가교재위원회를 설립하여 교과서 업무를 총괄하게 했다. 중등 역사교과서의 경우 2016년부터 2018년까지 검정 통과한 『중국역사』(7·8학년, 상·하), 『세계역사』(9학년, 상·하) 9종의 새 교과서가 차례대로 출판되고 있었다. 그 사이에 국정제로 전환하면서 이 중 인민교육출판사가 출판한 교과서를 '통편교재'로 선정하여 2017년 가을(1학기) 중학교 신입생부터 단일교과서를 사용했으며, 2·3학년은 검정교과서를 계속 사용했다. 그리고 2019년 가을학기부터는 전 학년 단일교과서를 사용하여, 실제적인 국정화를 완료했다. 반면 고등학교 역사교과서는 처음부터 국정교과서인 '통편교재' 『중외역사강요』 등을 만들어 2019년 가을학기 베이징 등 6개 지구의 신입생부터 사용하게 했고, 점차 전국적으로 확대하여 2022년 전면 사용을 목표로 하고 있다.

이 책에는 중국의 중등 역사교과서 국정화 이후 달라진 중국의 역사 교육 정책과 역사교과서를 분석하기 위해 동북아역사재단에서 개최한 두 차례 학술회의 '개정 중국 중등 역사교과서의 영토·역사인식에 대한 주변국의 평가'(2018), '중국 국정 고등학교 역사교과서에 투영된 역사인식과 문제점 분석-『중외역사강요』를 중심으로'(2020)와 관련 세미나, 전문가 간담회 등의 연구성과를 선별하여 수록했다.[2]

중학교 역사교과서 단일화, 인민교육출판사의 역사교과서

제1부에서는 중국 중학교 새 교과서 중 단일화한 인민교육출판사의 중학교 7~9학년 역사교과서를 분석한 4편의 글을 담았다. 주요 내용은 중학교 새 역사교과서의 개편 동향과 한국사 관련 서술의 특징, 중국의 역사교과서 정책과 현대사 서술에서 드러나는 정치화, 시진핑 시기의 주요 가

---

[2] 이 책 제1부에 수록된 우성민, 김지훈, 양갑용의 글은 우성민, 2018, 「신간 중국 중등 역사교과서 개편 동향의 특징과 한국사 관련 서술 검토」, 『중국학연구』 86; 김지훈, 2019, 「국가의지(國家意志)와 역사교과서의 정치화」, 『역사교육연구』 33; 양갑용, 2021, 「시진핑 시기 정치 변화와 역사 교과서-제8학년 역사 교과서(下冊) 내용의 정치적 해석을 중심으로-」, 『문화와 융합』 제43권 3호(통권 79집)로, 제2부에 수록된 권은주, 이유표, 우성민, 이정일, 손성욱의 글은 권은주, 2020, 「『중외역사강요』의 한국고대사·동아시아사 서술 내용과 역사인식 분석」, 『동북아역사논총』 70; 이유표, 2020, 「중국 고등학교 국정 교과서 『중외역사강요』의 고대문명사 서술 특징」, 『동북아역사논총』 70; 우성민, 2020, 「『중외역사강요』 속의 중국식 글로벌 가치관 '인류운명공동체'의 서술과 시사점」, 『동북아역사논총』 70; 이정일, 2014, 「북미 지역 조선시대 유교 연구와 새로운 한국사 서술」(교신저자 박현숙), 『조선시대사학보』 68: 2015, 「영문 한국중세사 교재 개발의 과제와 전망-조선 후기를 중심으로-」, 『한국사학보』 60: 2021, 「중국 역사 교과서에 나타난 '역사공정'의 진화-신간 고등학교 세계사 속 한국과 동북아-」, 『동북아역사리포트』 4; 손성욱, 「『중외역사강요』의 전근대 대외관계 인식」, 『史林』 78, 2021 등 학술지에 게재한 글을 수정·보완한 것임을 밝힌다.

치와 규범 등이 어떻게 교과서에 반영되고 있는지를 분석했다.

우성민의 「중국 신간 중학교 역사교과서 개편의 특징과 한국사 서술 검토」에서는 새로 개편된 중국 중학교 『중국역사』(7·8학년, 상·하) 교과서를 분석하여 그 특징을 영토주의 역사관, 통일적 다민족국가론, 일대일로 정책 등 중국공산당 지도부의 가이드라인이 강하게 반영된 점이라고 했다. 필자는 중국정부가 중화민족의 위대한 부흥인 '중국몽'을 실현하는 것과 국가 교육이 밀접한 연관성을 가지고 있다고 판단했으며, 새 교과서 편찬을 사회주의 핵심 가치 구현을 위해 국가의 의지를 강화하여 당의 교육정책을 이행하는 과정으로 보았다.

한국사 관련 서술에 대해서는 발해를 당의 지방정권으로 인식하는 종래의 문제점이 지속되고 있고, 명 장성 동단의 문제점을 비롯하여 한중 간 역사인식의 차이를 분명하게 드러내는 '항미원조(抗美援助)'의 정당성을 강조한 사례와 한국사 관련 서술의 과도한 삭제 등 부정적인 요소가 확인된다. 따라서 중국이 국내외적으로 당면한 과제 해결을 위해 국가 주도의 민족주의 역사관으로 변모하고 있음에 주목할 필요가 있다고 했다. 이 연구는 향후 중국 청소년의 민족주의가 더욱 고조될 것으로 전망되는 가운데 이것이 한중관계에 미칠 영향과 변화를 예측하기 위한 하나의 시도라고 했다.

이정빈의 「중국 개정 중등 역사교과서(2016~2018)의 한국고대사상」에서는 신판 『중국역사』(7학년, 상·하)(2016판·2018판)에 보이는 한국고대사 관련 역사 지도 및 서술을 구판과 비교·검토하고 그에 담긴 역사인식 문제를 살펴보았다. 필자는 신판 『중국역사』의 한국고대사 관련 지도에서 보이는 몇 가지 문제점을 지적했다. 우선 연(燕)·진(秦) 장성(長城) 표시와 관련하여 이 교과서에서 연 장성은 압록강까지, 진 장성은 한반도 서북부까지 연결되어 있다. 필자는 이러한 내용이 문헌사료와 고고자료를 통해서 볼 때 근거가 부족함을 밝혔다. 다음으로 조위에서 서진의 영역을 한반도 중부까지로 표시하고 있는 문제에 대해서 그 근거로 보는 관구검(毌丘儉)의 군사 활동은 일시적인 전시 상황에 불과했고, 공손씨(公孫氏) 정권시기 현토군의 세력범위는 치소인 푸순(撫順) 일대를 크게 넘어서기는 어려웠음을 들어 반박했다.

신판 『중국역사』에서는 고조선부터 고구려·발해까지 한국고대사 속의 여러 나라를 찾아볼 수 없으며, 베트남 등 주변국의 지도 및 서술 역시 삭제·축소된 현상이 보인다. 2001년 이후 중국의 역사교과서는 〈의무교육 역사과정표준〉에 입각해 서술되고 있는데, 그 중심은 중화민족·중화문명이다. 중화문명의 세계사적 의의를 보여줄 수 있는 주요 문명을 상대적으로 강조했다. 필자는 그에 따라 중화문명을 내세운 중화주의적 역사인식이 동심원적으로 확대되면서, 한국고대사를 비롯한 중국 소수민족 및 주변국의 역사와 문화는 박락되었다고 진단했다.

김지훈의 「국가의지와 역사교과서의 정치화: 2018년 중국 중학교 역사교과서의 현대사 서술」에서는 중국정부가 교과서를 국가의지(國家意志)를 체현하는 수단으로 보고 있고, 교과서의 편찬도 국가의 권리라는 인식을 가지고 있으며, 이러한 인식 속에서 중고등학교와 대학교의 역사교과서를 모두 단일한 국정교과서로 편찬하려 하고 있다고 했다. 그리고 2018년 중국 역사교과서는 개혁개방 이후 중국공산당의 역대 전국대표대회와 지도자들의 사상을 비교적 자세하게 소개하고 있음을 주목했다.

2004년 역사교과서들은 중국공산당 제11기 3중전회와 덩샤오핑(鄧小平)의 이론을 소개했지만, 2018년 교과서는 덩샤오핑 이론과 더불어 장쩌민(江澤民)의 '3개 대표' 중요사상, 후진타오(胡錦濤)의 과학적인 발전관, 시진핑의 신시대 중국특색의 사회주의 사상과 중국공산당 전국대표대회를 소개하고 있다. 2018년 중국역사교과서는 시진핑정부의 중국의 꿈과 '두 개의 백 년' 분투목표, '네 개 전면', 반부패 투쟁, 신발전이념(新發展理念), '일대일로' 등의 정책을 비교적 자세하게 설명하고 있다. 이 역사교과서는 중국근대사의 고난과 투쟁을 중국현대사의 '부흥'과 대비시키고 있으며, 중국공산당이 인민을 지도하여 중국을 '부흥의 길'로 이끌었고 부강한 중국이라는 '중국의 꿈'을 실현해 가고 있다는 점을 강조했다. 필자는 이러한 상황을 통해 중국의 국정 역사교과서가 중국공산당 당대회와 지도자의 사상과 정책을 위주로 서술하는 등 과도하게 정치화하고 있다고 지적했다.

양갑용의 「시진핑 시기 정치변화와 『중국역사 8년급(하)』」에서는 시진핑 집권시기부터 역사를 중시하는 흐름이 강화되고 있는데, 8학년 역사교과서에 중국 정치의 주요 주장과 정치 현상이 어떻게 반영되었는지를 분석하였다. 이를 통해 필자는 최근 교과서 개편이 갖는 정치적 함의와 의미를 살펴보고, 8학년 역사교과서의 몇 가지 특징을 도출하였다. 첫째 특징을 보면 8학년 역사교과서는 중국 역사 새 기원(제국주의, 봉건주의, 관료주의 극복자찬), 민족독립(아편전쟁 이후), 외부 위협과 내부 상황 극복, 중국공산당 역할(한국전쟁, 토지개혁, 경제건설 등 주도) 순으로 중화인민공화국 수립을 기술하고 있다. 필자는 이러한 시기 구분이 중국공산당사의 기술과 맥락적으로 일치한다고 하였다.

둘째 경제체제 개혁, 대외개방, 중국특색 사회주의 건설, 민족대단결, 국방건설과 외교, 과학과 사회 등 주요 이슈와 관련해서 동시대적 공간 의미에서 보이는 정치적 맥락에 주목하였다. 이들 이슈에서 시진핑 주석의 권위에 정치적 지도자의 지위를 뛰어넘어 사상적 지위를 부여하였고,

현 지도부에 대한 신뢰 내지 존경으로 이어지도록 내용을 구성하였다. 그리고 '일국양제'와 홍콩·마카오 문제를 국가주의와 애국주의 맥락에서 접근하였다. 국방건설과 관련하여 '항미원조전쟁'에서의 전쟁 영웅을 강조하고, 건군 90주년 기념 열병식에 참석한 시진핑 주석의 권위를 보여주거나, 과학문화의 발전 등에 있어서도 시진핑 주석의 발언을 그대로 교과서에 반영하는 등 애국주의 고취와 중화민족의 위대성 강조, 중국특색 사회주의의 우수성, 현 지도부와 시진핑의 권위를 강조하는 내용을 담고 있다. 필자는 8학년 역사교과서의 이러한 서술이 가진 정치적 맥락을 분석하여, 결국 교과서가 국민들이 정치 생활에서 지켜야 하는 가치와 규범을 강조하고 있다고 하였다.

새로 쓴 고등학교 역사교과서

고등학교 국정 역사교과서는 2017년판 보통 고등학교 역사과정표준(中普通高中歷史課程標準)에 바탕을 두고 새로 제작했고, 2019년 가을부터 필수인 『중외역사강요』(상·하), 선택형 필수 『국가제도와 사회치리』·『경제와 사회생활』·『문화교류와 전파』, 선택 과목인 『사학입문(史學入門)』·『사료연독(史料研讀)』을 차례대로 출판했다. 이 가운데 필수인 『중외역사강요』(상·하)는 중국의 역사인식과 역사교육에서 추구하고자 하는 핵심 가치를 가장 잘 보여주고 있다. 제2부에서는 이 교과서의 목적, 한국사와 동아시아사, 중국고대 문명사 및 유물사관, 인류운명공동체 담론, 중국 중심주의 세계사 인식, 종번관계, 한국전쟁 등의 서술에서 보이는 특징과 문제점을 분석한 글 6편을 수록했다.

　권은주의 「『중외역사강요』의 한국고대사·동아시아사 서술과 역사인식 분석」에서는 『중외역사강요』를 중심으로 중국 고등학교 국정 역사교과서의 특징과 문제점, 한국고대사와 동아시아사 서술의 특징과 그 속에 담긴 역사인식을 살펴보았다. 사회주의체제에서 역사 서술은 계급투쟁을 중심으로 하는데, 중국 역사교과서는 민족주의 색채를 강하게 보이는 것이 특징이다. 최근에는 기존 '통일적 다민족국가론'이 가지고 있는 역사 서술상의 모순을 극복하기 위해, 선진시기부터 '중화민족공동체' 의식이 형성되었다거나 다원적 '중화문화'가 형성되었고, 고대부터 민족 '교융(交融)'에 따라 중화민족과 역대 강역이 형성되었다고 주장하고 있다. 그러면서 다시 '중국특색 사회주의'를 내세우며 유물사관에 입각한 서술을 강화하고 있는 특징을 보인다.

필자는 중국 국정 역사교과서가 현재 중국 내의 모든 역사를 하나의 중국사로 주장하기 위해 전통적인 중국 영토는 아니지만, 변경지역의 교집합을 이루는 역사(예로 고구려, 발해)를 지방정권으로 주장할 수밖에 없고 현재의 중국 영토와 관련 없지만, 영토 내 지방정권과 비슷한 외교관계나 교류를 맺었던 국가들(베트남, 신라, 고려, 조선)을 종번관계(宗藩關係)로 설정하고 있음에 주목했다. 그에 따라 갈등과 대립에 대한 내용과 중국의 침략에 대한 서술은 삭제되거나 '정벌'로서 정당화하고 있으며, 한국을 비롯하여 동아시아 국가와 민족의 독자적인 문화나 발전에 대한 기술은 축소되었고, 중국의 일방적인 경제·문화·정치적 영향이 강조된 심하게 불균형한 한국사와 동아시아사 서술이 이뤄지고 있다. 또한 매우 정교한 함의를 가진 '역사용어'의 사용과 '첨삭'을 통해 중국의 신중화주의의 모습을 보여주고 있음을 살펴보았다.

이유표의 「『중외역사강요』의 고대문명사 서술 특징」에서는 『중외역사강요』에서 서술된 고대문명사 부분을 분석하여 그 특징을 살펴보았다.

필자는 먼저 〈보통 고등학교 역사과정표준 2017〉의 '교육과정 내용'과 2003년판의 '내용표준'을 비교하면서 교과서 체제상의 변화를 살펴보았다. 이를 통해 『중외역사강요』의 고대문명사 부분에 나타난 내용적 특징이 〈보통 고등학교 역사과정표준 2017〉에 부각된 기조에 기초하고 있음을 분석했다. 내용적으로 『중외역사강요(상)』의 고대문명사 부분은 '통일적 다민족국가론'과 '전설과 역사 사이의 줄타기', 그리고 '유물사관'이 두드러졌고, 『중외역사강요(하)』는 기존 그리스·로마 위주의 내용이 '서로 다른' 문명 고국(古國), '서로 다른' 시공(時空) 조건, 그리고 '서로 다른' 문명들 사이의 초기 관계를 강조하며 '서로 다른' 다양한 지리적 조건 속에서 발전한 고대문명이 무력과 무역이라는 메커니즘을 통해 서로 교류해 나가는 양상을 그리는 내용으로 변경된 점을 주목했다.

필자는 결론적으로 교과서의 핵심 인식 및 가치인 '통일적 다민족국가론'과 '인류운명공동체'가 중국의 동시대적인 고민이자 현재 중국이 나아가고자 하는 방향성을 제시하는 구호라고 했다. 이를 교과서에 직접적으로 반영한 것은 현재 중국이 추진하고 있는 정책의 정당성을 주입하여 지지를 얻으려는 것으로 파악했고, 대내적으로 언제 터질지 모르는 민족 간의 갈등, 대외적으로 중국의 패권화를 우려하는 국제사회의 움직임에 대한 대응으로 보았다.

우성민의 「『중외역사강요』의 '인류운명공동체' 서술과 시사점」에서는 시진핑 주석이 내세운 글로벌 핵심 가치인 '인류운명공동체'가 『중외역사강요』에 어떻게 서술되고 있는지를 분석하여 그 시사점을 살펴보았다. 이 교과서의 대단원을 종결하는 '인류운명공동체 건설 추진'이라는 제목의 활동과제(活動課題)는 교과서의 핵심 가치를 잘 보여준다. '인류운명공동체'는 시진핑 주석의 집권 2기 출범을 알렸던 제19차 전국대표대회 업무보고에서 시진핑 주석이 중국특색의 대국외교로 신형 국제관계를 구축하겠다고 발언하면서 밝힌 외교 정책이다. 2018년 3월 개최된 제13차 전국인민대표대회 1차 회의에서는 헌법을 개정하며 '인류운명공동체'를 헌법에 추가했다.

2019년 편찬한 『중외역사강요』는 이러한 '인류운명공동체' 담론을 잘 보여주고 있다. 교과서에는 '인류운명공동체 구축'은 '신시대' 중국특색 사회주의의 기본방침이라고 서술하고 있으며, '인류운명공동체'론이 사회주의 대국으로서의 중국이 인류사회 발전을 위해 반드시 맡아야 할 역사적 책임을 인식하게 하는 목적의식을 가지고 있다고 했다. 특히 중국은 세계 정치의 변화를 적극적으로 추진하여 인류 문제를 해결하되, 중국의 지혜와 중국 스타일로 기여할 것임을 재차 반복하여 서술했다. 그러면서 미국은 더는 세계를 주도할 힘이 없다고 부연하며, 그 역할을 중국이 맡는 것은 당연한 귀결로 보이도록 서술되어 있다. 필자는 바로 『중외역사강요』에서 보이는 이러한 '인류운명공동체' 담론이 궁극적으로 중국이 미국을 대신하여 국제사회에서 신형 국제관계를 구축하고 새로운 질서를 만들며 중국 역할의 당위성을 확대하려는 것을 보여준다고 여겼다. 그리고 그 안에는 한반도에 대한 강력한 영향력 행사도 포함되어 있다는 점을 주목할 필요가 있다고 했다.

이정일의 「탈중심의 역사와 『중외역사강요(하)』의 중국중심주의」에서는 서구 밖에서 보는 세계사 서술이라는 측면에서 세계사에 해당하는 『중외역사강요(하)』를 분석했다. 새 교과서의 구성과 내용은 최근 중국 학계의 영향을 받아 중국사학·학술(성)·용어라는 세 분야 통합 발전을 주축으로 전 시기를 한족 중심의 중화제국론 속에 포섭하는 통사(通史)와 시기별 동아시아 역사를 중국사의 하부 단위로 흡수하는 단대사(斷代史)

를 함께 강조하는 흐름을 보인다.

이런 맥락에서『중외역사강요(하)』의 5세기 이전 고대시기와 5~15세기의 중고시기 동아시아사 서술은 중심-주변/전파-수용/중국-기타 등 획일적인 이분법을 사용하여 소위 문명화를 성취한 제국들 속에 중국을 배열시키면서 동아시아 각국의 고유성과 독자성을 형해화(形骸化)시키는 경향을 보인다. 특히 한국사 서술에서는 통일신라 이전 한국고대사는 존재하지 않고 통일신라와 고려의 역사는 중국 모방을 강조하고 조선과 관련해서는 오로지 항일원조론의 시각에서 임진왜란이 기술되고 있다. 필자는 이러한 역사 서술 방식을 한센, 라티모어, 디 코스모, 로빈슨 등 구미 학계의 연구 경향과 비교하여 문제 해결의 방향을 제시하고 있다. 그리고 결론적으로『중외역사강요(하)』는 서구중심주의·탈서구중심주의·중국중심주의의 합성을 통해 타자화의 문제와 제국 서사가 해소하지 못한 채 동아시아 이웃 국가들의 역사를 중국사의 부속으로 전락시키고 각국의 역사적 경험과 문화적 유산을 중국사 속으로 흡수하여 중화제국론의 외연을 확장하는 중국 중심의 세계사 쓰기로 나가는 중국 학계의 현주소를 대변한다고 평가했다.

손성욱의「『중외역사강요』의 전근대 대외관계 인식: '종번관계'를 중심으로」에서는『중외역사강요』에 이전 검정제 교과서에는 보이지 않던 전근대 중국의 대외관계를 지칭하는 용어인 '종번관계'가 등장하는 것에 주목하여, 이것이 공인된 정설인지 어떠한 의미인지 살펴보았다. 전근대 동아시아의 국제질서를 설명하기 위한 이론으로 페어뱅크가 '중국적 세계질서/중화질서(Chinese World Order)'를 제시한 이래, 중국 학계에서는 문화적 측면을 강조한 화이질서(華夷秩序), 천조예치체계(天朝禮治體系), 정치적 측면을 강조한 종번체제(宗藩體制), 번속체제(藩屬體制), 상호 관계를 강조한 봉공체제(封貢體制), 조공체제(朝貢體制) 등 다양한 주장들이 있었다. 최근에는 전근대 중국과 주변 관계를 설명하는 데 있어 쑹녠션이나 왕위안충과 같이 중국과 주변의 비대칭성 및 위계성을 강조하며 '종번관계'를 사용해야 한다는 주장이 늘고 있다. 물론『중외역사강요(상)』의 총주편인 장하이펑은 그런 '종번관계'의 논의와 결을 같이 하지는 않으며, '종번관계'가『중외역사강요』의 중요 학습 개념이라 보기는 어렵다. 하지만 교과서에 수록된 만큼 앞으로 광범위하게 사용될 수 있다. 게다가 충분한 설명이 어려운 교과서에서 '종번관계'는 학생들에게 탈맥락적으로 수용되어 최근 비대칭성과 위계성을 강조하는 '종번관계'로 이해될 수 있다.

필자는 그러한 가능성을 미리 방지하기 위해서는 19세기 이후 중국적 질서와 서구 질서의 충돌 속에서 '종번'이라는 용어가 근대적 '종주권' 개념에 따라 오염된 상황을 지적하며, '종번' 개념이 근대 이래 어떻게 사용되고 변용되었는지 추적하는 개념사와 학술사 연구를 통해 이 틀을 이용해 전근대 중국의 대외관계와 질서를 설명하는 것이 부적합함을 드러낼 필요가 있다고 했다. 그리고 중국에서 '종번'의 시각으로 전근대 중국의 대외관계를 설명하는 것이 어떤 시대적 맥락에서 어떻게 이루어졌는지 살펴볼 필요가 있다고 보았다.

조규현의 「『중외역사강요』의 항미원조론과 영어권 학계의 한국전쟁에 대한 서술 경향 비교」에서는 『중외역사강요』에 보이는 '항미원조론'의 서술 경향을 분석하고, 영어권 학계의 연구성과와 비교하여 중국의 '항미원조론'의 문제점을 살펴보았다. 먼저 필자는『중외역사강요』가 한국전쟁을 냉전의 구도 속에서 전쟁의 성격을 규정하기 위해 항미원조로 설명하고 있다고 보았다. 그리고 중국과 미국의 대결 구도를 지나치게 강조하며 미국이 중국의 주권과 타이완 통일을 위협했고, 한반도에서 발발한 '조선내전'에 미국이 주도한 연합군이 참전하여 북한을 침략하자 중국군이 불가피하게 참전했다는 식의 서술을 통해, 이 전쟁과 관련하여 중국이 져야 할 책임을 최대한 가볍게 만들고자 하려는 의지를 보여주고 있다고 했다.

더불어 『중외역사강요』를 포함하여 중국의 '항미원조론'의 문제점을 이해하기 위해, 커밍스(Bruce Cumings) 등의 연구를 들어 세 가지 측면에서 살펴보았다. 먼저 '항미원조론'은 한국전쟁이 한반도, 특히 해방 후 남한에서 일어난 좌우 간의 대립 등 내적 배경에는 관심이 부족하고, 중국과 미국의 대결 구도를 강조하고 있다. 그리고 중국의 한국전쟁 참전은 마오쩌둥의 낭만적 혁명론의 영향과 아직 끝나지 않은 국공내전 종결과 관련해 미국을 견제하려 했던 상황과 북한군의 기원과 전력에 미친 중국의 영향 등을 살펴보면 전쟁 발발 이전부터 시작되었지만, '항미원조론'은 한국전쟁에서의 중국의 책임과 영향을 언급하고 있지 않다. 이런 분석을 통해 필자는 중국이 한국전쟁을 단순히 항미원조를 실천하기 위한 장으로 인식하는 한계를 뛰어넘기 위해서는 한국과 북한의 고유 경험으로서의 전쟁으로 한국전쟁을 바라보는 관점을 수용할 수 있어야 한다고 했다.

비교를 통한 중국 역사교육 이해, 베트남 영토교육과 중국 국방교육

'부록'에서는 중국 새 국정 역사교과서의 비교 연구와 이해를 돕기 위한 두 편의 글을 수록했다. 하나는 영토교육에 관해서이다. 중국 역사교과서에는 구체적인 서술 없이도 연·진 장성의 동단 표시나 고구려·발해 영역을 중국 땅으로 표시한 지도, 남중국해의 분쟁지역을 중국 땅으로 표시한 지도와 설명 등을 통해 영토교육을 하고 있다. 이것은 중국의 영토주의 역사관을 잘 보여준다. 중국은 중국이 차지하고 있는 영토상에 있었던 모든 역사는 중국사이고, 중국의 전통적이며 고유한 강역 범위는 청나라 때의 최대 범위를 기준으로 설정하고 있다. 이 때문에 주변 나라와 민족의 과거 역사 활동 무대와 중첩되는 부분이 있는 경우와 현재 주변국의 영토이거나 접경지역의 경우 역사 귀속 논쟁과 영유권 분쟁을 유발한다. 영토교육이 역사와 밀접한 관련이 있으며, 현실의 국가 관계에 큰 영향을 미침을 보여주기 위해 베트남의 사례를 분석했다.

응웬티한의 「베트남과 중국 간의 동해 영유권 문제: 베트남 역사교과서를 통한 영토교육」에서는 베트남에서는 동해, 중국에서는 남중국해라고 부르는 해양 영토의 영유권 문제와 베트남의 역사교과서를 통한 영토교육을 소개했다. 베트남의 영토는 동쪽으로 바다와 접해있기 때문에 바다는 오래전부터 베트남의 신성한 영해로 인식되었고, 베트남인들의 정치, 경제, 사회, 치안 등 다양한 분야와 긴밀하게 관련되어 있다. 베트남은 영토 주권 및 해양의 경제적 이익을 지키기 위해 주변국들과 동해 주권 분쟁을 겪어 왔는데, 특히 중국과 황사군도, 쯔엉사군도와 관련하여 가장 긴장관계에 있다. 이 글에서는 먼저 황사와 쯔엉사에 대한 영유권 분쟁사를 살펴본 뒤 베트남 보통 교육에서의 역사교과서를 통한 영토교육 현황이 어떤지를 보여주고 있다.

이를 통해 필자는 영토분쟁은 국제법을 준수하고 평화적인 방법으로 해결해야만 관련 국가들이 평화롭게 공존할 수 있다고 했다. 그리고 교육은 한 나라의 미래를 비롯하여 세계의 평화 및 안보에 큰 역할을 하므로 근거가 빈약한 영유권 내용을 교육과정에 포함할 때는 신중해야 하며, 객관적이고 사실적으로 서술하되 극단적인 민족성을 과도하게 고취해서는 안 된다고 했다. 그리고 마지막으로 한국이나 일본, 중국, 베트남 등과 같은 영토분쟁 문제를 안고 있는 국가 간에 학술교류 등 다양한 협력을 통해서 의미 있고 상호 이해를 위한 활동들이 지속적으로 이루어져야 한다고 제안했다.

다른 하나는 중국의 국방교육이다. 중국은 고등학교와 대학교의 국방교육을 의무화하고 있다. 국방교육의 내용에는 역사가 포함된다. 특히 국외에서 일어난 전쟁에 중국이 참전한 경우 원조전쟁이라는 프레임으로 설명하고 있어 주목된다. 베트남전쟁은 '항프원조', '항미원조'로, 임진왜란은 '항왜원조', 한국전쟁은 '항미원조'라고 하는 것 등이다. 이것은 여러 이유가 있지만 세계 평화와 질서에 중국이 실제적으로 기여했다는 근거로 내세워 중국의 군사·국방 강화를 정당화하고 주요 정책인 '강군몽(强軍夢)'을 실현하기 위해 중국 인민의 결집과 지지를 이끌어내기 위한 목적을 가지고 있다. 이러한 상황을 구체적으로 살펴보기 위해 중국 고등학교의 국방교육과 교재를 분석한 글을 부록으로 실었다.

김지훈의 「중국 고등학교의 국방교육: 국방교육교재의 내용을 중심으로」에서는 고등학교 의무교육인 국방교육과 교재를 분석하고, 그 과정에서 역사를 어떻게 활용하고 있는지를 살펴보았다. 중국 고등학교 국방교육은 중국공산당의 교육방침에 의거하여 기본 군사 지식과 기능 파악, 국방 관념과 국가안전의식, 애국주의와 집단주의, 혁명 영웅주의 관념 강화, 인민해방군의 예비군 배양을 위해 시행하고 있다. 이러한 국방교육은 2003년 반포된 「고급중학 학생군사훈련 교학대강」에 의거하며, 그 교재로 『국방교육상식』을 출판했다.

이 교재는 중화인민공화국의 국방정책과 인민해방군의 성장, 병역제도 등을 설명하면서 중국의 역사를 활용하고 있는데, 근현대 중국 국방의 역사에서는 중국이 근대 이후 낙후하여 외세의 침략을 방어하지 못하고 '반식민지 반봉건사회'가 되어 버렸지만, 1921년 중국공산당 수립과 1927년 중국공농홍군 창건 이후 토지혁명전쟁과 항일전쟁, 해방전쟁을 거치면서 중화인민공화국을 수립했고 한국전쟁에 참전하여 미군과 싸워 승리(항미원조전쟁론)했다고 서술하고 있다. 필자는 이 교재가 중국인민해방군이 왜 인민의 군대인지 군대의 역사적 성장 과정을 통해 증명하여 현재의 중국공산당과 인민해방군의 정당성을 강조하고 있다고 보았다. 특히 중국공산당이 영도하는 중국인민해방군이 인민의 군대로서 현재 시진핑정부의 '강군몽'을 실현하기 위해 노력하고 있다는 점을 강조하고 있다고 했다.

중국 국정 역사교과서에 대한 소회

역사교육의 정치적 기능은 이데올로기 국가인 중국에서 매우 선명하게 드러난다. 마오쩌둥 이래 중국의 역사교육은 유물사관과 애국주의 등 국가 주도의 이념 교육에서 벗어난 적이 없다. 개혁개방 이후 글로벌화의 시대 조류에 맞춰 탈이데올로기적인 모습을 보이는 듯했지만, 실상은 신중화민족주의를 내세워 체제 이완을 막고 중국특색 사회주의를 강조하며 중국공산당의 지배력을 강화하고 있다. 신중국 건국 70주년을 맞이한 2019년에 맞춰 중학교 역사교과서의 전면 단일화 사용을 완성하고, 고등학교 국정 역사 필수 『중외역사강요』를 공식 출판한 것은 상당한 의미가 있다.[3]

---

3   시진핑 집권 이후 중국의 학교 역사교육의 변화와 역사정책, 이데올로기성에 대해서

역사교과서 국정화에 대해 중국 내부에서도 분명 반대 의견이 있었겠지만, 체제 특성상 겉으로 잘 드러나지 않는다. 그리고 현재 국정화가 상당히 성공한 것처럼 보인다. 지난 5월에는 중국 관영방송 CCTV-4의 프로그램 〈국가기억(國家記憶)〉에서 중국공산당 창당 100주년 기념으로 〈통편교재(統編教材)〉라는 제목의 다큐멘터리 5부작을 방영했다. 초중고 통편교재 즉 국정교과서의 제작과정, 설계, 활용, 목적 등과 함께 역사교과서의 주요 내용과 특징을 소개했다. 이것은 중국이 새 국정교과서를 공산당 창당 100주년의 주요 성과로 여기고 있다는 것을 보여준다.

중국의 최근 정책과 역사인식이 그대로 반영된 새 국정 역사교과서는 중국사를 새로 정립했을 뿐 아니라 중국 주변의 민족과 나라의 역사도 중국 중심으로 서술하고 있다. 이를 교육받는 중국 학생들이 중국의 문화적, 정치적 영향만을 받은 한국사·동아시아사라는 불평등한 역사인식을 가질 우려가 크다. 나아가 세계에서 중국만이 절대 선이고 가장 오래된 문명대국[4]으로, 앞으로 세계 패권을 갖는 것이 당연하다는 패권주의 역사인식을 가질 수 있다. 2019년 2월 중국공산당 중앙과 국무원에서는 2035년까지 중국 교육현대화 비전과 전략을 공표했다. 여기에는 교육 강국으로서 국제 교육 부문에서의 중국의 역할 및 영향력도 포함되어 있다. 중국은 국가정책을 주도할 정치세력(정권)의 교체 없이 장기간에 걸쳐 안

는 오병수, 2020, 「시진핑시대 중국의 역사정책과 자국사의 재구성─『역사 중외역사 강요』 과목의 개설 배경과 이데올로기─」, 『역사교육』 156에 잘 분석되어 있다.

4 최근 동북아역사재단에서는 톈안먼사건 이후 중국이 사회주의 이데올로기를 대신하여 애국주의교육을 강화하고 중화민족 대통합과 체제유지의 수단으로 신화를 역사화하려는 실상을 밝힌 『중국 애국주의 고대사 만들기』(김인희 편, 2021, 동북아역사재단)를 출판했다.

정적으로 목표를 달성해 가고 있다.

주변국의 입장에서는 중국의 이러한 변화가 반갑지만은 않으며, 중국이 의도하든 의도치 않든 새 국정 역사교과서를 통해 파생되는 역사 갈등을 우려하게 된다. 특히 '동북공정'으로 심각한 역사 갈등을 겪었던 한국으로서는 더욱 주의하지 않을 수 없다. 중국은 스스로 강대국임을 선언하고 새로운 동아시아 질서, 세계 질서를 중국 중심으로 구축하기 위해 다양한 담론을 확산시키고 있다. 그러나 표면적으로는 인류운명공동체로서 세계 평화와 상생발전을 이야기하지만, '일대일로'의 추진 과정에서 보이는 배타적인 중화민족주의와 공격적인 대국외교(일명 전랑외교)로 국제사회의 경계를 사고 있는 것이 현실이다. 중국의 새 국정 역사교과서도 이러한 문제를 안고 있다.

모든 과거사는 현재를 설명하기 위해, 그리고 미래를 설계하기 위한 목적에 따라 서술된다. 그 과정에서 역사를 기록하는 이의 의도에 따라 심각한 왜곡이 일어날 수 있다. 따라서 역사학의 가장 기본적인 방법론은 사료비판이다. 현재 진행 상황일 경우 건전한 상호 비판과 견제가 필요하다. 동북아역사재단은 비난을 위해서가 아니라 역사인식의 차이에서 발생하는 갈등을 해소하고, 상호 이해와 상생을 위한 올바른 역사교육을 위해 중국의 새 국정 역사교과서를 분석했다. 이 책이 나오기까지 많은 연구자의 도움이 있었다. 함께 해 주신 모든 분께 감사드린다.

2021년 10월
저자들을 대표하여
권은주 씀

차례

책머리에 · 5

제1부 중학교 역사교과서 분석

1. 중국 신간 중학교 역사교과서 개편의 특징과 한국사 서술 검토 _ 우성민

 I. 머리말 · 31
 II. 중국 신간 중학교 역사교과서 개편 동향의 특징 · 34
 III. 중국 신간 중학교 역사교과서 한국사 관련 서술과 문제점 · 44
 IV. 맺음말 · 63

2. 중국 개정 중등 역사교과서(2016~2018)의 한국고대사상 _ 이정빈

 I. 머리말 · 69
 II. 한국고대사 관련 지도와 그 문제점 · 71
 III. 한국고대사 관련 서술의 축소와 그 의미 · 93
 IV. 맺음말 · 102

3. 국가의지와 역사교과서의 정치화
 2018년 중국 중학교 역사교과서의 현대사 서술 _ 김지훈

 I. 머리말 · 107
 II. 중국 역사교과서의 국정화 · 110
 III. 중학교 『의무교육교과서 중국역사』의 '개혁개방' 서술 · 115

Ⅳ. 중학교 『의무교육교과서 중국역사』의 '개혁개방' 서술 변화 · 119

Ⅴ. 시진핑정부의 '중국의 꿈' · 129

Ⅵ. 맺음말 · 136

4. 시진핑시기 정치변화와 『중국역사 8년급(하)』_ 양갑용

Ⅰ. 머리말 · 141

Ⅱ. 시진핑 집권과 중국 정치지형의 변화 · 147

Ⅲ. 8학년 역사교과서 내용 분석: 정치적 시각 · 156

Ⅳ. 맺음말 · 177

제2부 고등학교 『중외역사강요』 분석

1. 『중외역사강요』의 한국고대사·동아시아사 서술과 역사인식 분석_ 권은주

Ⅰ. 머리말 · 189

Ⅱ. 한국고대사 관련 서술 내용 · 194

Ⅲ. 동아시아사 서술 비교 · 206

Ⅳ. '용어'와 '첨삭'에 담긴 중화주의 · 219

Ⅴ. 맺음말 · 225

2. 『중외역사강요』의 고대문명사 서술 특징_ 이유표

Ⅰ. 머리말 · 231

Ⅱ. 〈과정표준 2017〉 고대문명사 부분의 특징 · 236

Ⅲ. 『중외역사강요』 고대문명사 부분의 특징 · 242

Ⅳ. 맺음말 · 269

3. 『중외역사강요』의 '인류운명공동체' 서술과 시사점 _ 우성민

  I. 머리말 · 275
  II. 인류운명공동체 담론의 구축 배경과 언론보도 사례 · 282
  III. 중국 초·중 역사교과서의 인류운명공동체 서술 · 292
  IV. 『중외역사강요』의 인류운명공동체 서술 · 305
  V. 인류운명공동체 담론의 함의와 시사점 · 320
  VI. 맺음말 · 325

4. 탈중심의 역사와 『중외역사강요(하)』의 중국중심주의 _ 이정일

  I. 머리말 · 333
  II. 탈(서구)중심주의와 (서구)중심주의 사이에서 · 338
  III. 열린 세계사 그리고 동아시아사 · 355
  IV. 맺음말 · 368

5. 『중외역사강요』의 전근대 대외관계 인식
'종번관계'를 중심으로 _ 손성욱

  I. 머리말 · 375
  II. 『중외역사강요』 초고와 정규본 · 378
  III. 총주편 장하이펑의 종번관계론 · 386
  IV. 종번관계의 다양한 맥락과 문제점 · 395
  V. 맺음말 · 402

6. 『중외역사강요』의 항미원조론과 영어권 학계의 한국전쟁에 대한 서술 경향 비교 _ 조규현

  I. 머리말 · 407
  II. 『중외역사강요』의 한국전쟁 서술 분석 · 410

Ⅲ. 한국전쟁의 기원과 중국의 참전 동기 및 명분 · 415

Ⅳ. 중국공산당과 북한군의 기원 · 428

Ⅴ. 맺음말 · 432

부록 베트남 영토교육과 중국 국방교육

1. 베트남과 중국 간의 동해 영유권 문제
베트남 역사교과서를 통한 영토교육 _ 응웬티한(Nguyễn Thị Hạnh)

Ⅰ. 머리말 · 441

Ⅱ. 베트남-중국 간의 황사군도와 쯔엉사군도에 대한 영유권 문제 · 442

Ⅲ. 베트남 역사교과서의 황사군도와 쯔엉사군도 관련 영토교육:
중국과 비교하여 · 450

Ⅳ. 맺음말 · 462

2. 중국 고등학교의 국방교육
국방교육교재의 내용을 중심으로 _ 김지훈

Ⅰ. 머리말 · 467

Ⅱ. 고등학교 군사훈련의 체계 · 469

Ⅲ. 중국 국방의 역사 · 476

Ⅳ. 중국인민해방군의 역사 · 491

Ⅴ. 맺음말 · 501

찾아보기 · 505

제1부

중학교 역사교과서 분석

1
중국 신간 중학교 역사교과서 개편의 특징과 한국사 서술 검토

우성민 동북아역사재단 연구위원

I. 머리말

2017년 7월 6일 중국은 중화인민공화국 설립 이후 처음으로 국무원 산하 국가교재위원회를 설립하여 전국 교과서 작업을 인도하고, 총괄한다는 교과서 관련 중대 정책을 발표했다.[1] 국무원 부총리 류옌둥(劉延東)이 위원회의 주임, 교육부 부장 천바오성(陣寶生)과 중앙선전부 부부장 황쿤밍(黃坤明)이 부주임, 교육부 부부장 주즈원(朱之文)이 비서장을 맡아 교과서 제작 계획과 연간 작업 계획의 연구 및 심의, 교과서 제작 과정 중의 중대한 문제를 해결하는 역할을 하게 된다고 보도했는데, 이는 중국이 실제

---

1 "國務院決定成立國家教材委員會 劉延東任主任(名單)", 『中國新聞網』, 2017.7.6.

국정화 교과서인 단일교과서를 발행한다는 의미이기도 하다.[2]

중국에서 국가교재위원회를 설립한 이유는 중국 지도부가 개혁개방 이후 자국 청소년들이 서양을 숭배하고 중국을 비하한다는 인식에서 기인한다. 역사교육 강화를 통해 민족적 자신감을 고양하도록 지시한 것이다.

또한 냉전 후의 세계를 '문명의 충돌'로 묘사한 새뮤얼 헌팅턴의 예견에 이어 오늘날 동아시아의 지식인들이 '역사 충돌'의 시대를 예고한 것처럼[3] 동아시아의 영토를 둘러싼 갈등과 역사 문제는 중국이 주변국의 역사영토교육 강화를 의식하고, 자국민 역사인식 고취와 역사교육을 재정비하는 원인을 제공했다. 구체적인 사례로 일본의 역사교과서 검정기준이 자국의 입장을 반영하여 영토교육을 강화하는 추세이고, 베트남에서도 국정교과서를 사용하는 가운데 황사군도, 남중국해 영유권에 대한 강한 영토수호 의지를 강조하는 실정이며, 러시아에 이어 한국에서도 국정 역사교과서를 강행하고자 했다. 이러한 현실은 중국에서 역사와 정치, 어문교과서 등을 단일교과서로 하자는 주장과 현행대로 여러 종류의 교과서를 출판하자는 몇 년 동안의 대립에 결정적인 영향을 준 것으로 보인다.[4]

---

2   "爲什麽說回到'一網一本'是倒行逆施?", 『搜狐網』, 2017.10.9; 윤세병, 2018, 「중국 역사교과서의 국정화 약일까? 독일까?」, 『중국 중학교 역사교과서 개편의 현황과 역사인식' 학술회의 발표집』, 동북아역사재단·아시아평화와역사교육연대·아시아평화와역사연구소, 7-21쪽.

3   국내에서 『역사 충돌』이라는 제목으로 출판된 단행본은 국내 역사학계의 '통설'과 '새로운 학설'과의 충돌 및 패러다임 간의 충돌에 대해 언급한 바 있다. 그러나 내용 면에서는 송기호, 2007, 『동아시아 역사분쟁』, 솔에서 '동아시아 역사 충돌'에 대해 실증적으로 소개했다.

4   김지훈, 2018a, 「중국 역사교과서 개편과 중국의 역사 교육 정책의 변화」, 『중국 역사교과서 학술세미나 자료집』, 동북아역사재단, 99-106쪽.

이러한 배경 가운데 중국 교육부는 2016년 가을부터 단일교과서를 발행하기 시작하여, 2018년 3월까지 중등 역사교과서 7학년, 8학년 상·하책을 모두 출판했고, 인쇄년도에 따라 수정 사항도 일부 확인되지만 여전히 사용 중이다.

2011년 말, 중국정부가 애국주의 정치교육으로서 역사교육을 강조하는 교육과정을 제정한 뒤 2017년 중등 역사교육과 관련하여 국정화 방안을 공식 발표한 후 새롭게 개발된 교재라는 점에서 주목할 필요가 있다. 신간 『중국역사』(8학년, 하)의 경우 신중국 건국 100주년에 해당하는 2049년까지 사회주의 현대화 강국으로 만들기 위한 중국 당 지도부의 가이드라인을 반영했다. 당대 중국의 변화와 국가 이데올로기의 강화 내용을 압축적으로 소개하고, 국가발전의 전체적 국면과 미래의 전망과 관련된 신발전 이념 수립을 제안했다.

이 글에서는 중국 신간 중학교 역사교과서(7·8, 상·하)의 자국사 서술 방향 변화와 한국사 서술 내용을 검토하여 소개하고자 한다. 중국 신간 중학교 역사교과서(7·8, 상·하)의 개편 방향의 특징으로 영토주의 역사관이 강조된 점과 중국공산당의 역할을 드러내면서 항일전쟁, 항미원조를 중시한 점을 들 수 있다. 앞으로 중국 청소년의 민족주의가 더욱 고조될 것으로 전망되는 가운데 한중관계의 영향과 변화를 예측하기 위한 시도로 의미가 있다.

II. 중국 신간 중학교 역사교과서 개편 동향의 특징

중국은 〈역사교학대강(歷史教學大綱)〉(1986년 제정)에서 〈역사과정표준(歷史課程標準)〉(2001년 제정)으로 교육과정을 전환한 이래 대대적인 개정 작업을 거쳐 2016년 7월부터 초중 역사교과서인 『중국역사』(7학년, 상)를 출간하기 시작했다.[5] 주요 출판사인 인민교육출판사, 상하이교육출판사, 허베이인민교육출판사, 쓰촨교육출판사, 베이징사범대학출판사, 화둥사범대학출판사 등 총 9종의 교과서를 사용했으나, 2019년 가을학기부터 전국적으로 인민교육출판사 교과서만 사용하기 때문에 이 글에서는 실제 국정교과서와 같은 인민교육출판사를 집중적으로 다루겠다.

첫째, 2016년과 2017년 중국 교육부 검정을 통과한 중학교 역사교과서 7·8학년 상·하가 2018년 3월 기준으로 간행된 내용을 파악해 보면 개편된 교과서에 공통적으로 영토교육을 강화하는 서술 특징이 확인된다. 모든 교과서의 역사지도에 동해, 발해, 황해, 남해를 표기했고, 역사적으로 중국 영해임을 강조했는데, 국가의 핵심 이익에 해당하는 '영토' 관련 역사적 근거를 가능한 확보하여 현재 영유권 분쟁지역에 대한 자국의 입장을 교육하려는 의도로 보인다. 특히 왕조별 형세도(강역도)에서 남해 제도(諸島)에 대한 확대 지도를 삽입하는 반면 창해(漲海) 등 남해의 고지명을 표기했는데 7학년 상에 12회 이상, 7학년 하에 14회 이상, 8학년 상에 14회 이상, 8학년 하에 4회 이상, 총 44회 삽입된 지도에서 영해를 표시했다.[6]

---

5 教育部組織編纂 齊世榮 總主編, 2016, 『義務教育教科書 中國歷史 七學年 上冊』, 人民教育出版社; 김지훈, 2018a.

〈주요 고인류 유적분포도〉와 〈중국 원시 농경시대 주요 유적도〉부터 발해, 동해, 황해, 남해를 표기하며, 진·한시기부터 중국은 제일 먼저 남해의 여러 섬 및 관련 해역을 발견하고 명명하여 개발했으며, 해양 주권과 관할권을 행사했음을 강조했다.[7]

시대별 역사지도에서도 〈동진(東晉)형세도〉에 타이완의 고지명 이주(夷洲), 〈북송형세도〉에서 남해의 고지명 창해(漲海), 〈원조강역도〉에서 동해[8] 대신 경해(鯨海), 〈명조강역도〉에서 타이완을 소유구(小琉球)로 표기하면서 오늘날 중국과 주변국의 영유권 분쟁지역에 대한 학문적 근거를 제시했다.[9] 예를 들어, 『중국역사』(7학년, 하)의 제1단원 '수·당시대-번영과 개방의 사회' 제1과 '수·당의 통일과 멸망'에 신설한 '지식 확장' 코너에서 '수양제가 유구에 3회 사람을 파견하다'라는 주제로 수양제 즉위 후 610년 사람을 파견해 오늘날의 타이완인 유구에 보낸 사례를 추가했다. 제3단원 '명·청 시대-통일적 다민족국가의 공고화와 발전' 제18과 '통일적 다민족국가의 공고와 발전'의 〈청조강역도〉 아래 '관련 역

---

6 教育部組織編纂 齊世榮 總主編, 2017, 『義務教育教科書 中國歷史 七學年 上冊』, 人民教育出版社; 教育部組織編纂 齊世榮 總主編, 2018, 『義務教育教科書 中國歷史 七學年 下冊』, 人民教育出版社; 教育部組織編纂 齊世榮 總主編, 2017, 『義務教育教科書 中國歷史 八學年 上冊』, 人民教育出版社; 教育部組織編纂 齊世榮 總主編, 2018, 『義務教育教科書 中國歷史 八學年 下冊』, 人民教育出版社.

7 教育部組織編纂 齊世榮 總主編, 2017, 『義務教育教科書 中國歷史 七學年 上冊』, 人民教育出版社.

8 『중국역사』(7학년, 하)에서는 일본해로 표기했다.

9 教育部組織編纂 齊世榮 總主編, 2017, 『義務教育教科書 中國歷史 七學年 上冊』, 人民教育出版社; 우성민, 2018, 「중국 신간 중학교 역사교과서(7·8, 상·하) 개편 동향의 특징과 한국사 관련 서술 기사 검토」, 『중국역사교과서 분석 학술세미나 자료집』, 동북아역사재단, 23-34쪽.

사적 사실(相關史事)'이라는 항목을 신설하여 조어도는 중국 영토와 불가분한 일부분으로 중국인이 최초로 발견, 명명하고 이용했고, 조어도와 적미도 등 지명에 대한 가장 오래된 기록은 1403년 명 영락 원년에 편찬한 『순풍상송(順風相送)』[10]임을 밝혔다. 이어서 좀 더 상세하게 청 초에 명의 제도를 답습하면서 해남에 지방 행정관리 기구인 경주부(瓊州府)를 설립했고 남해의 둥사, 시사, 중사, 난사 4대 군도를 경주부(瓊州府) 관할에 두었음을 설명했다.[11]

중국의 동중국해, 남중국해 영유권 분쟁이 장기간 지속될 것을 대비하여 중국 내 교육 역량을 강화하는 것은 주변국의 입장에서 상당히 민감할 수 있으며 다루는 현안은 매우 시사적이다.

둘째, 2001년에 발표된 과정표준에 의거해 발행된 2004년판 교과서와 2011년 과정표준에 의거하여 2016년 교육부 검정에 통과된 교과서를 비교해 보면 전근대사에 비해 근현대사의 비중이 높아졌으며 특히 근대사 부분의 항일전쟁 서술이 늘어났고, 민족갈등 등 통치이데올로기와 모순된 내용과 문화대혁명 등 자국사의 부정적인 부분은 가능한 삭제했다. 시진핑 주석의 '일대일로(一帶一路)' 정책과 '신시대' 발전 개념 등을 전근대사부터 소급 적용하여 통일되게 교육하고자 하는 특징이 보이는데, 역사교육이 자국의 영토주권 강화와 국가 경제발전의 원동력으로 연결되는

---

10 『순풍상송(順風相送)』은 羅懋登, 『西洋記』 卷15(淸文淵閣四庫全書電子版)에 인용되었다. 『서양기』는 명대 만력 26년(1598) 소설가 나무등(羅懋登)의 작품으로, 『삼보태감서양기(三寶太監西洋記)』, 『삼보개항서양기(三寶開港西洋記)』, 『삼보태감서양기통속연의(三寶太監西洋記通俗演義)』의 약칭이다.

11 敎育部組織編纂 齊世榮 總主編, 2016, 『義務敎育敎科書 中國歷史 七學年 下冊』, 人民敎育出版社, 93쪽.

효과를 얻을 수 있다. 특히 한무제시기 해상실크로드를 소개하면서 시진 핑 주석이 2013년 관련국에게 제안한 '일대일로' 전략 건설을 설명한 뒤, 송의 해외무역도, 원의 교통노선도와 연결시킴으로써 '일대일로'라는 국가 정책의 역사적 배경을 전근대사 속에서 강조했다. 이어 현대사 편에서 '일대일로'가 현재 중화민족의 위대한 부흥의 중국몽 실현을 위한 추진 동력임과 함께 미래의 전방위 외교전략과 인류 운명공동체 구축이 유기적으로 연결되도록 교육하는 것이다.[12]

이는 중국정부가 교과서는 국가의지를 체현하는 것이고 교과서 편찬이 국가의 권리라는 인식을 근거로 중국의 꿈을 실현하는 것과 국가 교육이 밀접한 연관성을 가지고 있다고 보고 있음을 반영한다.[13]

다음은 전근대사와 현대사 교과서에서 공통적으로 국가 이데올로기인 통일적 다민족국가를 일관되게 설명했다. 2001년 과정표준과 비교했을 때 2011년 과정표준에서 '통일적 다민족국가론'에 따른 서술이 더욱 두드러지며, 분권적 요소, 민족 차별의 현실 등이 삭제되어 의도적인 역사의 가감 현상이 보인다.[14]

---

12 教育部組織編纂 齊世榮 總主編, 2018, 『義務教育教科書 中國歷史 八學年 下冊』, 人民教育出版社.

13 "對話國家教材委員會委員: 教材建設實質上是國家事權", 『光明日報』, 2017.7.14; 김지훈, 2018b, 「국가의지(國家意志)와 역사교과서의 정치화−2018년 중국 중학교 역사교과서의 현대사 서술」, 『'중국 중학교 역사교과서 개편의 현황과 역사인식' 학술회의 발표집』, 동북아역사재단·아시아평화와역사교육연대·아시아평화와역사연구소, 41-61쪽.

14 정동준, 2018, 「정부 주도 역사교과서의 특징과 문제점−중국 중학교 역사교과서의 고대사 서술을 중심으로」, 『"중국 중학교 역사교과서 개편의 현황과 역사인식" 학술회의 발표집』, 동북아역사재단·아시아평화와역사교육연대·아시아평화와역사연구소, 23-41쪽.

전근대사 편에서 훙산문화와 룽산문화는 다원일체의 특징을 보여주고다고 서술하고 진시황이 중국역사상 최초 통일적 다민족 봉건국가를 설립했다고 설명한 뒤 현대사 편에서도 중국이 통일적 다민족국가임을 강조했다.

구판 제1단원의 주제인 '중화문명의 기원'을 '선사시기: 중국 경내의 인류의 활동', 제1과 '중국 초기 인류의 대표, 베이징인'으로 하고, 중국 경내 인류의 활동을 다루면서 중국 초기 인류의 대표로 구판에서 서술한 원난의 위안모우인을 '베이징인'으로 수정했다. 구판의 여와(女媧) 전설 등의 내용을 삭제하고, 고고학자들에 의해 새롭게 윈난, 베이징, 충칭, 산시(陝西), 산시(山西), 후베이, 랴오닝, 허베이, 안후이, 장쑤, 산둥, 쓰촨, 광둥 등 고인류의 유적이 발견되었음을 추가적으로 서술했다. 구판에 비해 고고학, 과학적 근거를 더 강조하면서 중국의 다양한 지역에서 고인류의 유적이 발견되었음을 밝히고 '경내'라는 표현을 통해 통일적 다민족국가론을 강조했다. '경내' 주요 고인류 유적분포도에서 발해, 동해, 황해, 남해 표기가 추가되었는데, 전술한 바와 같이 최근 국내 학계에서도 지적하고 있듯이 동아시아의 영토분쟁은 단시일 내에 해결될 수 있는 성질의 것은 아니기에 중국이 공교육을 통하여 자국 중심의 영토인식을 미래세대에게 심어주려는 노력의 일환임을 알 수 있다.[15] 원시농경의 주요 유적을 소개하면서 동시에 난사군도를 강조하고, 역사적으로 중국 영해임을 서술하는 묘사가 전형적인 사례이다.

제2과의 원시농경 주요 유적분포도의 경우 구판에 비해 중국 전역을

---

15 김지훈, 2015, 「현대중국의 영토인식과 역사교육: 현행 중국 중학교 역사교과서의 지도를 중심으로」, 『사림』 52, 37-75쪽.

세밀하게 표시하면서 지도에 훙산문화를 표기하고 있지만 본문에서는 허무두문화와 반포문화만 언급하고 있고, 구판에서는 허무두문화부터 소개했으나 신판에서는 반포문화부터 서술했다. 이는 중국 일부 학계에서 훙산문화를 중화문명의 서광으로 확신하는 관점에 대해 중원문명에 대한 정체성의 지위는 그대로 유지하고자 하는 역사인식으로도 이해할 수 있다. 이어 '지식개척' 항목에서 신석기시대 말기 량주문화를 소개하면서 같은 시기 랴오허 유역의 훙산문화와 황허 중하류 유역의 룽산문화는 중화문명 기원과 발전이 지니는 다원일체의 특징을 보여준다는 서술은 통일적 다민족국가론을 강조한 것이다.[16]

구판 제3단원의 '통일국가의 성립'을 '진·한시기: 통일적 다민족국가의 건립과 공고화'라고 수정하고 본문에서 진시황이 중국역사상 최초 통일적 다민족 봉건국가를 건립했다고 설명했다. 또한 제3단원의 제14과 '흉노의 흥기, 한조와의 전쟁'에서 화친한 사실, 묵돌(冒頓)의 몽골초원 통일 내용, 위청·곽거병의 흉노 격파 내용, 서한시기 흉노의 전쟁 설명, 왕소군의 출새(出塞) 내용을 모두 삭제하고 한과 서역을 소통한 실크로드를 중외문명을 소통한 '실크로드'로 확대해석하는데, 이는 민족 융합의 관점에서 통일적 다민족국가 이론상 모순이 될 수 있는 내용을 소략하고 한과 서역을 민족 교류의 맥락에서만 강조하고자 하는 의도라 할 수 있다. 주변국의 입장에서는 동서교류를 중국 중심으로만 사고하게 하는 한계를 볼 수 있다.[17]

---

16 教育部組織編纂 齊世榮 總主編, 2018, 『義務敎育敎科書 中國歷史 七學年 上冊』, 人民敎育出版社, 2-9쪽.
17 정동준, 2018.

특히 신판에서는 한대 해상실크로드 지도 아래 '지식확장' 항목을 추가해서 "남해의 여러 섬", 둥사군도, 시사군도, 중사군도, 난사군도를 소개하고, 이어서 남해에서 중국인민들의 활동은 2,000여 년의 역사를 가지고 있다고 강조했다. 중국이 가장 먼저 남해의 여러 섬 및 관련 해역을 발견하여 명명하고 개발, 이용했으며, 지속적이고 효과적으로 남해의 여러 섬 및 관련 해양에 대하여 주권과 관할권을 행사했다고 서술했다. 진대, 한대에 중국은 이미 대규모 원양 항해 통상활동과 어업 생산 활동을 벌였는데, 남해는 당시의 중요한 해상항로가 되었다고 소개하고 있어 중국정부가 단일교과서를 편찬하게 된 원인을 시사했다.

현 정권의 '일대일로' 정책의 역사적 배경이 되는 한대 실크로드를 강조하게 되면서 장건이 서역에 사신으로 다녀올 때의 노선도, 한대 해상실크로드 지도, 서역에 대한 관리 내용이 추가된 것이다. 또한 통일적 다민족국가론에서 중시하는 민족 교류와 '일대일로' 정책이 어우러져 역사교과서에 투영되도록 중국고대사를 가공했다고 할 수 있다.

구판의 제2단원에서는 '남쪽으로의 경제중심 이동과 민족 관계의 발전'이라는 주제로 한족 정권인 송대 역사를 중심으로 서술했다면, 신판에서는 '요송하금원(遼宋夏金元) 시대-민족관계의 발전과 사회 변화'로 단원명을 고치고 요와 서하, 금 등 이민족이 세운 왕조를 북송, 남송과 함께 서술함으로써 중원왕조와 함께 중국 일부로 강조한 변화도 주목할 만하다.

한편, 고고학 발굴 성과 등 최신 연구성과를 확대하고 가능한 전설과 신화적인 소재를 소략했으며 과학적 근거를 통해 논리적 사고로 이해하고 접근하도록 했다. 예를 들어 구판 제1단원 '중화문명의 기원', 제3과의 '화하족의 선조'를 삭제하고, '원고(遠古)시기의 전설'로 수정했으며 시안 황릉현의 황제릉묘에 대해 소략하게 서술한 반면, 반고개천(盤古開天)의 고사는 새롭게 추가했으나 간략하게 다루었다.[17] 구판의 '염제와 황제가 치우와 싸우다'라는 소주제를 '염제와 황제의 연맹'으로 수정하여 본문에서는 구판의 전쟁 서술과 달리 황제와 염제, 치우 등 부락이 서로 전쟁과 병합을 통해 부락 연맹을 결성했다고 비교적 모호하게 서술했다. 치우를 황허 유역에서 활동한 비교적 큰 부락인 황제, 염제와 같은 정치체로 해석하고 염제가 발명한 기술과 중원지역의 유적을 통해 증명된다는 내용을 추가하여 중원 중심의 해석을 시도했다.[19]

이어 문헌을 근거로 비정되는 지역인 후난성 옌링(炎陵)현 염제 능묘 리의 염제상과 사당을 건립한 사진을 추가하는 등 제1단원과 같이 최신 고고학 성과 반영이 확대되는 추세이다. 또한 전설상 염제가 개간 기술, 생산 공구 제작 기술, 오곡과 채소 재배, 도기 제작, 방직·제염 기술, 거문고·비파 등 악기를 발명했고 백성들에게 통상 교환 방법을 가르치며 천문과 역법에 대한 지식이 있었다고 소개했다. 이외에 시안 반포(半破), 허난 양사오 유적에서 대량의 채도가 발굴됨을 통해 당시 이미 도자기 제조 기술이 있었음을 방증하는 사례를 제시했는데 신판에 새롭게 추가되는 내용이다.

또한 중원문명탐원공정의 결과로 요(堯)와 우(禹) 관련 많은 고고학 성과를 활용하여 산시성 양펀(襄汾)현 동북 1,500m에 위치한 타오쓰(陶寺) 유적을 상세히 소개했다. 고대 성곽 유적 안에 궁전 건축이 있었고, 관상대(觀象臺), 예기(禮器), 동기(銅器) 등 유물이 확인되며 문자 같은 부호가

---

18 教育部組織編纂 齊世榮 總主編, 2018, 『義務教育教科書 中國歷史 七學年 上冊』, 人民教育出版社, 2-18쪽.
19 教育部組織編纂 齊世榮 總主編, 2018, 『義務教育教科書 中國歷史 七學年 上冊』, 人民教育出版社, 14-15쪽.

있는 도기도 발견된다고 묘사하는데, 이곳을 요(堯) 부락의 중심지라고 보는 고고학자들의 견해도 제시했다.[20]

구판 제2단원 제4과 '하·상·주의 흥망'은 '초기국가의 형성과 발전'으로 수정했고, 하(夏)를 통해 중국 초기국가의 탄생을 강조하면서 하상주단대공정의 새로운 고고학 발굴 성과와 문헌 자료를 소개했다.[21] 우(禹) 재위 시 남방의 삼묘(三苗)족을 정복하고 양성(陽城)에 성지(城池)를 건설하며 하나라 역법(夏曆)을 제정한 내용을 추가했고, 낙양 일대에서 발굴된 얼리터우(二里頭)궁전 유적과 복원도 등을 설명했다. 궁전의 건축군, 대형 묘장, 수공업 작업장, 제기로 사용된 옥기, 악기, 청동 주기, 녹송석(綠松石)이 상감된 청동 방패, 왕실에서 사용한 예기 등을 통해 하조 문명의 발전 과정을 비교적 상세히 반영했다.

제2단원 제5과의 '찬란한 청동기 문화'에서는 갑골문 내용을 새롭게 추가했고 구판에 있던 노예들의 비참한 생활에 대한 서술은 대폭 삭제했다. 이는 상술한 염제와 황제가 치우와 전쟁한 내용을 '연맹'으로 바꾸는 사례와 같다고 할 수 있어서, 부정적인 내용을 삭제하거나 소략하는 특징이 반복적으로 거듭되고 있음을 확인할 수 있다.

근대사의 경우 구판 제3단원에서 '통일적 다민족국가의 공고화와 사회적 위기'를 '통일적 다민족국가의 공고화와 발전'으로 고치고, '중국과 외국의 교류와 충돌'을 '명나라의 대외관계'로 수정한 사례, '문화대혁명

---

20 教育部組織編纂 齊世榮 總主編, 2018, 『義務教育教科書 中國歷史 七學年 上冊』, 人民教育出版社, 18쪽.

21 『삼자경(三字經)』의 "夏傳子, 家天下, 四百載, 遷夏社(하나라가 아들에게 왕위를 계승하여 가족이 천하를 이루고, 400년이 흘러 사직을 옮겼다)"라는 하나라에 대한 문헌 사료를 소개했다.

의 10년'이라고 하는 단독 단원을 삭제하고 신판에서는 문화대혁명 내용을 소략하면서 "세계역사는 언제나 파란만장한 곡절을 겪으면서 전진한다"는 미화적 해석을 추가한 부분이 이에 해당한다. 과거의 계급투쟁, 왕조교체와 혁명, 전쟁, 충돌 등의 틀에서 탈피했는데, 이는 역사발전단계론 대신 문명의 기원, 국가의 탄생과 사회변화 등 역사 서술의 객관성을 확보하고자 하는 배경에 기인한다고 할 수 있다.

최근 중국 학계에서 고대 사학이론을 총결하여 중국 마르크스주의 사학의 우수한 전통을 계승하고 외국 사학의 유익한 경험을 흡수하여 중국 스타일의 사학이론을 구축하고자 하는 노력에서도 원인을 찾아볼 수 있다.

신간 『중국역사』(8학년, 하)의 경우 중국특색의 사회주의를 위대한 역사적 전환으로 높이 평가하면서 공산당의 역할을 강조하고, 국가발전의 전체적 국면과 미래의 전망과 관련된 신발전 이념 수립을 제안하며, 이미 국내외 언론을 통해 익숙해진 '일대일로' 건설을 통한 중국과 세계의 공동번영 구현을 서술한 점이 특징이다. 또한 비약적인 경제성장과 생활환경 변화의 강조를 통해 애국심을 고양하며, 신시대 중학생으로서 '중국몽' 실현을 위해 필요한 노력을 스스로 할 수 있게 한다고 했다. 구판에는 없었던 제11과 '중국몽을 실현하기 위한 노력'을 추가했고, 시진핑 신시대의 중국특색 사회주의 사상을 강조하면서 2017년 제19차 전국대표회의 등 최신 활동까지 모두 반영했다.[22]

전반적으로 중화인민공화국 시대를 다루면서 중국의 국가 정책을 홍

---

22 教育部組織編纂 齊世榮 總主編, 2018, 『義務教育教科書 中國歷史 八學年 下冊』, 人民教育出版社.

보하는 데 치중하고, 자신들의 국가발전 계획을 명시하여 민족주의적 '중국몽'을 강조하면서도 '인류 운명공동체'와 같은 보편논리를 동시에 내세우고 있다.

지금까지 살펴본 중국 신간 중학교 역사교과서(7·8, 상·하)의 개편 동향을 요약해 보면 영토주의 역사관을 반영하고, 통일적 다민족국가론을 전근대 편에서 근현대 편까지 강화했다. 또한 상술한 바와 같이 중국정부가 2011년 말 애국주의 정치교육으로서 역사교육을 강조하는 교육과정을 제정한 뒤 애국주의 색채가 강하게 반영되었음을 확인할 수 있다.

III. 중국 신간 중학교 역사교과서 한국사 관련 서술과 문제점

본 장에서는 중국 초중 역사교과서인 『중국역사』(7학년, 하)의 신구판 한국사 관련 서술 내용을 검토해 보고자 한다. 『중국역사』(7학년, 상)의 경우 국내 학계에서 중국 국정교과서에 보이는 고대사 서술의 특징과 문제점을 분석한 논문과 한국고대사 관련 역사지도 및 서술을 집중적으로 검토한 연구성과가 발표되었기에 이 글에서는 논외로 하고자 한다.[23]

『중국역사』(7학년, 하)는 2016년 11월에 초판을 인쇄하고 사용했다가 2018년 1월에 2쇄본을 시판했는데, 여기서 주목할 점은 교과서 개정 후

---

23 정동준, 2019, 「중국 『역사』 교과서의 고대사 서술 분석: 2016년판 중학교 국정교과서의 특징과 문제점을 중심으로」, 『중국고중세사연구』 52, 191-230쪽; 이정빈, 2018, 「중국 개정 중학교 역사교과서(2016~2018)의 韓國古代史像」, 『중국 중학교 역사교과서 개편의 현황과 역사인식』, 동북아역사재단 자료집, 9-19쪽.

에도 민감한 내용은 다시 조금씩 수정하여 출판하고 있는 점이다. 따라서 2001년 과정표준에 바탕을 둔 구판과 2016년 신판 및 2018년 최신 인쇄판을 동시에 비교할 필요가 있다. 2016년 11월 신판 제1단원 '수·당시대-번영과 개방의 사회' 제1과 '수·당의 통일과 멸망'에서 '수양제가 유구에 3회 사람을 파견하다'라는 소제목에 다음과 같은 내용을 새롭게 추가했다.

> 수조(隋朝)는 오늘날의 타이완을 유구라고 불렀다. 수양제 즉위 후 오래되지 않아 사람을 파견해 유구에 보냈는데, 전후로 3회였다. 제3회는 610년이었는데, 무장, 문신이 10,000명을 인솔했고, 의안(義安), 오늘날 광둥의 차오저우(潮州)에서 출발했고, 바다를 건너 유구에 도달했으며 유구와의 연계를 강화했다.[24]

수조(隋朝)의 타이완 인식은 이전 시대보다 더 진전했고, 『수서(隋書)』에 전문적으로 기재가 되어있다고 소개하며 이 지역의 지리, 물산, 사회조직, 의복, 음식, 습속 등 다방면의 상황을 상세히 기술했는데 중국의 타이완 영유권 주장에 대한 역사적 근거를 강조하고자 한 것으로 보인다.[25]

한편, 발해에 대한 서술은 민감한 만큼 빈번하게 수정한 흔적이 보인다. 구판에서는 제5과 '화합된 한 집안' 단원의 '수레와 글이 같은 원래 한 집안(車書本一家)'이라는 표제 아래 발해(각주에서 당대 시인 온정균(溫庭筠)이 발해왕자의 귀국을 송별하는 시에서 인용한 표현으로 발해와 당이 한 집안이

---

24 教育部組織編纂 齊世榮 總主編, 2018, 『義務教育教科書 中國歷史 七學年 下冊』, 人民教育出版社, 8쪽.
25 教育部組織編纂 齊世榮 總主編, 2018, 『義務教育教科書 中國歷史 七學年 下冊』, 人民教育出版社, 8쪽.

라는 뜻이라고 설명했다)에 대해 서술했다.[26] 또한 발해를 속말말갈 정권으로 시작하여 당의 책봉으로 건국된 지방정권으로 언급했다.

그러나 2016년 11월 신판 교과서에는 발해 관련 내용을 전면 삭제했다가 2018년 신간에서 발해사 내용을 부분적으로 복원했고, 내용도 여러 차례 수정했다. 우선 구판의 제4과 '당나라의 대외 문화교류'가 아닌 신판의 제3과 '당 전성기의 기상'에서 발해를 서술함으로써 소수민족 정권으로 이해하는 태도를 드러냈다.[27]

본문에서는 당대(唐代) 한족과 북방소수민족의 융합을 강조하면서 동북, 서북, 서남 등 지역의 소수민족이 세운 정권이 당왕조와 밀접한 관계를 맺었다고 서술함으로써 발해를 동북지역의 소수민족이 세운 정권으로 해석했다. 이어 당현종이 책봉한 사례로 발해, 회흘(回紇), 남조(南詔)를 소개하면서 구판에서 '발해는 책봉받은 후(渤海受封後)'를 '책봉받은 후 발해국(受封後的渤海國)'으로 수정했다. 또한 속말말갈의 정권 수립과 당현종이 그곳에 주(州)를 설립하고 수령을 도독으로 삼아 발해군왕으로 책봉했다는 구판과 같은 내용을 '관련 역사적 사실(相關史事)' 항목에서 서술했다.[28]

---

26 『全唐詩』卷583, 中華書局, 1960;『舊唐書』北狄列傳, 上海古籍出版社, 1992. 발해 기사에 의하면 대화(大和) 6년(832, 발해 이진 3)에 왕자 대명준(大明俊) 등을 파견하여 내조(來朝)한 사실을 근거로 온정균과 왕래한 왕자를 대명준으로 보는 견해도 있다.

27 教育部組織編纂 齊世榮 總主編, 2016,『義務教育教科書 中國歷史 七學年 下冊』, 人民教育出版社, 25-26쪽; 教育部組織編纂 齊世榮 總主編, 2018,『義務教育教科書 中國歷史 七學年 下冊』, 人民教育出版社, 14쪽.

28 教育部組織編纂 齊世榮 總主編, 2018,『義務教育教科書 中國歷史 七學年 下冊』, 人民教育出版社, 14쪽.

표 1 발해 관련 서술 비교[29]

2001년판	2016년판	2018년판
• 25-26쪽. 제5과 '화합된 한 집안' '수레와 글이 같은 원래 한 집안(車書本一家)' 표제 아래 발해 서술(각주에서 당대 시인 온정균이 발해왕자의 귀국을 송별하는 시에서 인용한 표현으로 발해와 당이 한 집안이라는 뜻이라고 설명). • 26쪽 본문. 발해를 속말말갈 정권으로 시작하여 당의 책봉으로 건국된 지방정권으로 서술. - 발해의 건국과 주민(25-26쪽): 수·당시기, 우리 나라(중국) 동북의 쑹화강·헤이룽강 유역에는 말갈족이 생활하고 있었다. 그들은 용감하고 강하며, 노래와 무예에 능했다. 7세기 말, 말갈족의 한 갈래인 속말말갈이 각 부를 통합하고 정권을 세웠다. 뒷날 당현종이 그곳에 주(州)를 설치하고, 그 수령을 도독(都督)으로 삼아 발해군왕(渤海郡王)에 봉했다. 이로부터 속말말갈 정권을 '발해'라 칭했다. - 26쪽 발해와 당과의 관계: 발해정권은 작위를 받은 후 면적이 계속 확대되고, 인구가 많이 증가했고, 내지와의 무역왕래가 빈번하며, 경제문화 수준이 비교적 높아서 '해동성국(海東盛國)'이라 칭했다. 발해정권은 늘 귀족 자제를 장안으로 보내 학습했다. …… 당왕조는 산둥반도에 발해관(渤海館)을 설치하고 전문적으로 발해 상인과 사절을 접대했다.	• 발해 관련 서술 없음	• 14쪽 발해 관련 내용 다시 추가. • 민족 교류와 융합(14쪽, 제3과 성당(盛唐)의 기상(氣象): 당초 돌궐이 고비사막의 북방인 막북과 서역의 광대한 지역을 차지하면서 당조를 교란시켰으나 정관 연간 당태종의 반격으로 동돌궐과 서돌궐을 격파하고 서역 통치를 강화했다. …… 당조시기 한족과 북방 소수민족이 잡거하고 통혼하며, 민족 간의 융합이 한층 더 발전했는데 많은 중요한 관직은 소수민족 인사가 담당했다. 동북, 서북, 서남 등 지역의 소수민족이 세운 정권은 당 왕조와 밀접한 관계를 맺었다. 예를 들면 당 현종시기 발해국의 수령을 발해군왕으로 책봉하고 회흘수령은 회인가한(懷仁可汗), 남조 수령은 운남왕으로 책봉했다. 또한 당조는 선후로 안서도호부와 북정도호부를 설치하고, 서역의 톈산 남북지역을 관할했다. • 관련 역사적 사실 소개(相關史事): 쑹화강·헤이룽강 유역에서 생활하는 말갈족, 그중 한 갈래인 속말말갈이 7세기 말에 여러 종족을 통일하고 정권을 수립했다. 후에 당현종이 그곳에 주(州)를 설립하고 그들의 수령을 도독으로 삼았으며 발해군왕으로 봉했다. 책봉을 받은 발해국은 내지와의 무역왕래가 빈번했고, 경제문화 발전이 매우 빨랐기에 '해동성국'이라 불렸다.

---

29 課程教材研究所·歷史課程教材研究開發中心 編著, 2001, 『義務教育教科書 中國歷史 七學年 下冊』, 人民教育出版社; 敎育部組織編纂 齊世榮 總主編, 2016·2018, 『義務敎

특히 "발해국은 내지와의 무역왕래가 빈번했다" 등의 내용은 발해를 당에게 신속(臣屬)하는 지방정권으로 인식하고 있음을 의미한다.

그러나 구판 교과서에서 '화목한 한 집안이 되었다'라는 소주제로 분류하여, 기왕의 민족 융합의 대명사로 간주되었던 시장(西藏)으로 간 문성공주 이야기는 전면 삭제했다. 왕소군의 화친과 같이 통일적 다민족국가론의 관점에서 역사적으로 모순이 되거나 문제가 될 수 있는 내용은 가능한 삭제한 것으로 보인다.

다음은 한중 간 민감한 주제로 중국 일부 언론과 네티즌 사이에 논쟁이 적지 않았던 13세기 활자인쇄술에 대한 서술 내용 변화이다. 지난 소치 동계올림픽 폐막식에서 방영된 평창 홍보 동영상 속에 활자인쇄술이 등장하자 중국 일부 언론은 한국이 중국고대의 위대한 발명인 활자인쇄술을 훔쳐 갔다고 주장하기도 했었다.[30]

신판에서 13세기 활자인쇄술이 조선(한반도), 이어서 일본 및 동남아로 전래된 사실을 추가한 것은 긍정적이지만 고려가 활자인쇄술을 더욱 발전시켜 금속활자를 만들었다는 내용은 없다. 활자인쇄술에 대한 서술은 교과서 내에 조금씩 개정하는 동향이 보인다. 생략되기도 했다가 다시 삽입되는 과정을 되풀이하고 있는데 상대적으로 민감한 내용임을 반영한다.

育教科書 中國歷史 七學年 下冊』, 人民教育出版社.

[30] 인민망(人民網) 외 봉황망(鳳凰網), 망역(網易), 중국경제망(中國經濟網) 등 90여 개 중국 언론은 "평창 홍보 동영상이 활자인쇄술을 표절했다는 의혹을 받고 있다"고 보도했고, 광명망(光明網)에서는 "평창 8분 동영상에 빌려준 중국 5천 년의 문명"이란 제목으로 단오제 세계유산등록을 상기케 한다고 지적했다. 이에 대해 한국 평창 동계올림픽 조직위원회의 한 관련 인사는 문제가 된 영상 속에 보이는 것은 '금속활자 인쇄술'이 아니라 고대 한국의 서적 속에 보이는 한글의 자모와 문자이며 두드러지게 처리한 것은 한국 경제 및 사회의 발전을 상징하고 동시에 한국 문자의 우월성을 보여주기 위해서였다고 밝혔다.

표 2 활자인쇄술 발명 관련 서술 비교[31]

2001년판	2018년판
• 72쪽: 송·원시기는 우리 나라(중국) 고대 과학기술이 발전한 전성기였다. 활자인쇄술의 발명, 지남침과 화약의 광범위한 사용은 이 시기 과학기술의 중대한 성과였다. 목판인쇄술이 나타난 후 우리 나라에서는 정교하고 아름다운 책들을 많이 조판하고 인쇄했다. 북송시기에 필승이 또 활자인쇄술을 발명했다. 필승은 진흙으로 도활자(陶活字)를 만들어 판을 짜고 인쇄하도록 했다.……활자인쇄술은 후에 세계 각지로 전해졌다. 구라파에서는 15세기에서야 활자인쇄가 출현했다. 이는 우리 나라보다 약 400년이나 늦다.	• 59쪽: 우리 나라(중국)는 수·당시기에 조판인쇄술을 발명하여 문화발전을 촉진시켰다. 요나라, 송, 서하, 금시기 판각 인쇄로 책을 많이 간행했고 조판인쇄 기술이 더 발전했다. 송대에 인쇄 기술이 새롭게 혁신적으로 성장했는데, 활자인쇄술이 발명된 것이다. 활자인쇄술은 북송시기의 장인 필승에 의해 만들어졌다. 그는 진흙을 이용하여 글자를 새기고, 가마에 넣고 부어, 글자 자형을 더욱 견고하게 한다.……원대 중기에 동활자 인쇄가 출현했다. 활자인쇄술은 인류문명의 발전에 중대한 영향을 미쳤다. 13세기 활자인쇄술은 조선(한반도)으로 전래된 후 일본 및 동남아지역으로 전파되었고, 실크로드를 경과하여 페르시아로 갔으며 후에 몽골인의 서방 정벌을 통해 유럽으로 전해졌다.

중국은 북송시기(1041~1048) 필승(畢升)이 점토를 이용하여 교니(膠泥)활자를 발명한 것이 세계 최초의 활자인쇄인데 한국은 세계 최초의 금속활자 발명을 주장하고 있기 때문이다. 중국의 많은 학자는 『직지』를 유네스코가 세계 최고의 금속활자본으로 인정했다는 것이 곧 금속활자 인쇄술이 한국에서 기원했다는 것을 의미하는 것은 아니라고 본다. 석(錫)활자와 동(銅)활자도 북송시기에 발명되었으며 11세기의 지폐인 교자(交子)가 최고의 금속활자 인쇄품이라고 보고 있는데 한중 양국의 금속활자에 관한 기록과 실물을 비교해 볼 때 중국이 모두 한국보다 몇십 년 혹은 몇 세기 빨랐다고 평가한다.

---

31 課程教材研究所·歷史課程教材研究開發中心 編著, 2001, 『義務教育教科書 中國歷史 七學年 下冊』, 人民教育出版社; 教育部組織編纂 齊世榮 總主編, 2018, 『義務教育教科書 中國歷史 七學年 下冊』, 人民教育出版社.

위추이링(于翠玲) 베이징사범대학 뉴스전파연구소 소장은 원대(元代) 사람 왕정(王禎)의 『활자인쇄 제작법(造活字印書法)』 속에 나오는 남송시기의 금속활자 상황을 예로 들면서 중국의 금속활자 인쇄가 한국보다 이른 시기인 12~13세기, 즉 남송시기에 시작했다고 주장하기도 하고, 최근 중국 학계의 저명한 학자들의 연구성과가 발표되고 있어 국내 학계의 주목이 필요하다.[32]

『중국역사』(7학년, 상·하)뿐 아니라 『중국역사』(8학년, 상·하) 개정판의 한국사 서술 관련 주요 특징 중 하나는 상술한 해양실크로드의 서술이다.

구판에 없었던 송과 일본, 고려, 동남아, 인도, 아랍 등 해상교역 내용이 추가된 가운데, '고려'가 포함되었다. 중국 개정판 역사교과서의 특징 중 하나는 주변국과의 교류, 특히 한국과의 교류와 충돌에 대한 역사 서술을 기피했다는 점이다.[33] 따라서 중국 역사교과서의 한국사 서술을 파악할 때, 작은 부분도 포함시켜 분석할 필요가 있다. 다만 여기서는 문맥상 중국과 주변국 간의 교류라기보다는 '일대일로' 정책을 역사교육 속에 포함시켜 강조한 것으로 보인다.[34]

이어 활자인쇄술과 같이 한중 간 역사인식의 차이는 없지만 『본초강목』에 대한 서술 또한 양국 모두 중시하는 주요한 주제로 다룰 필요가 있다.

---

[32] 辛德勇, 2017, 『中國印刷史研究』, 三聯書店. 신라 무구정광대다라니경 관련 간행지가 신라가 아님을 분석하고 간행년대에 대해 기존 국내 학계의 관점을 지적했다. 신더용은 현재 베이징대학 역사학과 교수로 연구성과가 중국 및 국제 학계에 영향력이 있음을 주목할 필요가 있다.

[33] 정동준, 2019, 204쪽.

[34] 동북아역사재단, 2017, 『중국 역사교과서 문제의 현황과 전망 학술회의 자료』, 동북아역사재단.

[35] 課程教材研究所·歷史課程教材研究開發中心 編著, 2001, 『義務敎育敎科書 中國歷史

표 3 원대 교통노선도 관련 서술 비교[35]

2001년판	2018년판
• 없음	• 62쪽: 송·원시기 조선술과 항해기술이 비교적 발달했다. 중국의 항해자는 나침반을 사용한 것 외에도 초보적으로 큰 물결, 새로운 바람, 기상의 기율을 파악했다. 당시 해상교통의 발달로 해외무역이 번영했다. 송대의 해로는 다양한 항선을 형성했는데, 일본, 고려, 동남아, 인도, 아랍 등 국가 및 지역과 왕래했고 멀리는 페르시아만 및 아프리카 동부 해안까지 연결됐다. 원대 해상교통 범위는 더욱 개척되어 해상실크로드의 전성기에 진입했다. • 63쪽. 원조 교통노선도 • 지식 개척코너에서 마르코 폴로가 쿠빌라이시기 실크로드를 통해 중국에 왔다는 내용을 소개했다.

　허준의 『동의보감』이 2009년에 유네스코 세계기록유산에 등재되었고, 이에 자극을 받아 중국에서 『본초강목』을 2011년 등재시켰다는 언론보도가 있다. 『본초강목』은 명대 만력(萬曆) 6년(1578)에 초고가 간행된 것으로 알려져 있고, 『동의보감』은 1596년부터 제작하여 1610년(광해군 2)에 완성했다. 신판에서 『본초강목』은 세상에 알려진 이래 광범위하게 전파되어 17세기 일본과 조선에 전해졌다고 하면서 구판에 없던 내용을

七學年 下冊』, 人民教育出版社; 教育部組織編纂 齊世榮 總主編, 2018, 『義務教育教科書 中國歷史 七學年 下冊』, 人民教育出版社.

표 4 『본초강목』 관련 서술 비교[36]

2001년판	2018년판
• 123쪽: 명 초 탁월한 의약학가 이시진, 의술을 행하면서 각지에서 실지 조사를 하여 광범위하게 약재표본을 채집했고 민간 약처방을 수집하여 스스로 약물성 실험을 진행했다. 장기간의 끊임없는 노력을 통해 그는 한 편의 약물학을 총망라한 거대한 저서 『본초강목』을 저술했다. …… 간행된 후 광범위하게 전해져 후에 계속적으로 많은 문자로 번역되었으며, 세계 의약학의 중요한 문헌이 되었다.	• 76쪽: 『본초강목』은 전체 190만 자로 되어 있으며, 1,800여 종의 약재가 기록되어 이전보다 370종이 증가했다. 11,000여 개의 약처방이 수록되어 있고, 1,100여 폭의 약재 삽입도가 수록되어 있다. …… 이 거대한 저작은 우리 나라(중국) 고대 약학의 성취이며 우리 나라 의약학 보고로 세계 의약학사상 중요한 지위를 차지한다. 『본초강목』은 세상에 알려진 이래 광범위하게 전파되어 17세기 일본과 조선에 전해졌다.

추가했다. 국내 학계에서는 『본초강목』에 대한 연구성과가 주로 의약학 분야에 집중된다. 『본초강목』이 우리나라에 전래되어 확산되는 과정에 대한 국내 학계의 견해를 사학사적 관점에서 정리할 필요가 있다.

『중국역사』(7학년, 하)에 이어 『중국역사』(8학년, 상)의 한국사 관련 서술 사례를 살펴보고자 한다. 『중국역사』(8학년, 상)는 『중국역사』(7학년, 하)에 비해 전체적인 분량을 감소시켰다.[37]

구판 제1단원의 '침략과 반항'이라는 자극적인 표현을 삭제하고 신판에서는 '중국이 반식민, 반봉건 사회로 전락하기 시작하다'로 수정했는데 반식민과 반봉건을 극복해 낸 중국의 자신감이 간접적으로 드러나 있다.

---

36 課程教材研究所·歷史課程教材研究開發中心 編著, 2001, 『義務教育教科書 中國歷史 七學年 下冊』, 人民教育出版社; 教育部組織編纂 齊世榮 總主編, 2018, 『義務教育教科書 中國歷史 七學年 下冊』, 人民教育出版社.

37 教育部組織編纂 齊世榮 總主編, 2017, 『義務教育教科書 中國歷史 八學年 上冊』, 人民教育出版社; 教育部組織編纂 齊世榮 總主編, 2018, 『義務教育教科書 中國歷史 七學年 (下)』, 人民教育出.

제3단원에서는 제목 '신민주주의 혁명의 흥기'를 '자산계급 민주혁명과 중화민국의 성립'으로 수정하여 중국이 이미 민주혁명을 경과했다고 강조하려는 의도가 보인다.

제4단원에서는 중화민족의 항일전쟁을 '신시대'의 서광으로 바꾸고 있는데 시진핑의 사상인 '신시대' 개념을 사용했다는 점에서 주목할 필요가 있다. 단원 제목은 비교적 정치적 색채가 강하고 소단원 제목은 사실 그대로 기술한 특징이 두드러진다.

『중국역사』(8학년, 상)의 가장 주요한 특징이 될 수 있는 내용으로 제6단원 '경제와 사회생활'을 '중화민족의 항일전쟁'으로 바꾼 점인데 항일전쟁 내용의 구체적 사건을 확대하여 한 단원으로 새롭게 추가한 셈이다.[38] 제18과 '9·18사변에서 시안사변', 제19과 '7·7사변과 전민족 항전', 제20과 '정면전쟁의 항전', 제21과 '전란 후 전쟁의 항전', 제22과 '항일전쟁의 승리' 등 소제목에서 파악할 수 있듯이 중화민족의 정체성과 항일전쟁의 긴밀한 관계가 강조되었다.

『중국역사』(8학년, 상)의 한국사 서술은 구판과 비교할 때 다소 증가했다. 특히 구판에 삭제되었던 동학농민혁명이 다시 소개된 것은 긍정적으로 평가할 수 있다.

또한 구판에 비해 갑오중일전쟁 서술이 새롭게 확대되었는데 일본이 음모를 꾸민 중국 침략전쟁임을 강조하면서 조선을 정복하려는 것은 일본이 중국 침략 의도를 드러낸 것이라 밝히고 있다. 이와 관련하여 구판

---

[38] 장희홍, 2018, 「중국역사교과서(中國歷史敎科書)의 한국역사 서술(韓國歷史敍述)과 인식(認識)-개항기(開港期)를 중심으로」, 『탐라문화』 58. 국내 학계의 중국 역사교과서 관련 최신 연구성과로 한국교육과정과 인식의 문제점을 지적하고 있는데, 교과서 개정 전과 후의 내용을 비교하는 데 필요하다.

표 5 갑오중일전쟁 관련 서술 비교[39]

2004년판	2017년판
• 16쪽 제1단원 침략과 반항 제4과 갑오중일전쟁: 이날에는 천하의 모두가 다 흩뿌려졌거니와 공(公)이 있어 해군의 위엄이 높아졌네. 이 침통한 주련(柱聯)은 사람들이 민족 영웅 등세창을 애도하면 쓴 것이다. 등세창은 갑오해전에서 희생된 청조의 해군장령이다. 그가 지휘한 치원함이 포탄에 맞아 침몰된 후 등세창은 바다에 빠졌다.……잠시 후 등세창은 그의 애견과 함께 벽파 속에 빠져들었다.…… 황해대전: 1894년에 일본은 조선을 정복하고 중국을 침략하며 세계를 제패하려는 꿈을 이루기 위하여 군대를 출동시켜 조선의 수도 한성을 점령했으며 뒤이어 중국 침략전쟁을 도발했다. ……	• 24쪽 제1단원 중국이 반식민, 반봉건 사회로 전락하기 시작하다 제5과 갑오중일전쟁과 중국할거의 광기: 갑오중일전쟁은 일본이 음모를 꾸민 한 차례의 중화침략 전쟁이다. 청정부의 실패로 끝났지만 후에 중국이 광풍에 휩싸여 할거되었다.……외국 침략자들은 어떻게 중국에서 광기 어린 할거를 시작할 수 있었는가. • 갑오중일전쟁: 일본은 조선에 대해 이미 오래 전부터 야심을 갖고 기회를 엿보고 있었고 조선을 정복하는 것은 일본이 중국 침략에 대한 의도이며, 세계의 패권을 잡으려는 중요한 발걸음이었다. 1894년 조선에서는 동학당 기의가 발발했다. 조선 국왕의 요청에 응하여, 청정부는 진압을 도우려 군대를 파병했다.[40] 일본도 이 기회를 타고 조선에 출병했다. 동학당 기의가 평정된 이후 일본은 계속 조선에 병력을 증가시켰고, 전쟁을 일으킬 음모를 꾸몄다. 7월 일본은 조선에 주둔한 중국군대를 공격했고 또한 아산 입구 풍도 앞바다에서 청군의 병사 수송 선박을 습격했다. 청정부는 피동적으로 일본에 전쟁을 선포했다. 1894년은 음력으로 갑오년이었는데, 이 전쟁을 '갑오중일전쟁'이라고 한다. 9월 일본군이 여러 경로로 평양을 공격했다. 중국수비군은 분기하여 반격했고 청군 병장 좌보귀가 포탄에 맞아 희생당했다. 청군의 지휘관 엽지초(葉志超)는 성(城)을 버리고 도망갔고, 평양은 함락되었다. 북양함대와 일본연합함대는 황해 앞바다에서 다시 격전을 벌였다. 북양함대의 장군과 병사들은 전투 중 용감히 적을 죽이고 중상을 입혔다. 치원함(致遠艦) 함장 등세창이 뱃머리 앞부분에서 엄중한 중상을 입었고, 탄약이 거의 떨어져 갈 때 전속력을 내라고 명령하고 일본함 요시노호를 향해 돌진했으며, 적들과 함께 희생당하려고 했는데, 불행히도 적들의 포탄에 맞아 200여 명의 전사가 장렬히 희생되었다. 그 후 일본군은 두 갈래 길로 중국을 침입했다. 한 길은 압록강을 건너 구련성 등을 점령하여 랴오양까지 들이닥치는 것이다. 또 다른 길은 랴오둥반도를 통해 상륙하여 다롄, 뤼순을 점령하는 것이다. 다롄의 수장들은 전쟁을 하지 않고 도망갔고, 뤼순 수장들은 대부분이 겁이 많아 서방도(徐邦道)의 고군(孤軍)만이 적을 맞이했다. 사흘의 혈전 끝에 중과부적으로

2004년판	2017년판
	전패했다. 일본군은 뤼순 점령 후 연속으로 사흘 간 대학살을 자행했고, 2만여 명의 중국인을 살해했으며, 사람을 매우 분노하게 만드는 죄행을 범했다.…… • 24쪽 인물 스케치: 좌보귀(左寶貴), 산둥(山東) 비현(費縣) 사람으로 회족(回族)이다. 갑오전쟁 폭발 후 명령을 받들어 부대를 이끌고 조선을 지원했다. 평양전투에서 개전한 후 성의 북쪽 현무문 일대를 지키기 위해 병을 무릅쓰고, 성(城)에 올라 지휘했다. 군 부장이 그에게 붉은 술을 단 모자를 벗고 황색 마고자를 벗으라고 권했다. 이는 적들의 주의를 면하기 위하기 위함이었다. 그러나 그는 오히려 확고히 말하길 "이 조복(朝服)을 입고 있는 것은 바로 사졸들이 내가 항상 함께 있음을 알게 해야 그들도 적들과 함께 끝까지 혈전할 것"이라고 했다.

에 생략된 애국적인 인물인 좌보귀(左寶貴)에 대해 '인물 스케치'라는 항목을 신설하여 조선을 지원했다고 소개했다.[41] 〈표 5〉에서 신구판 관련 서술을 비교해 볼 수 있다.

---

39 課程教材研究所·歷史課程教材研究開發中心 編著, 2004, 『義務教育教科書 中國歷史 八學年 上册』, 人民教育出版社; 教育部組織編纂 齊世榮 總主編, 2017, 『義務教育教科書 中國歷史 八學年 上册』, 人民教育出版社.

40 권소연, 2018, 「중국 의무교육교과서 『중국역사』의 근대사 근대사 서술 분석 – 5대 핵심 역량을 중심으로」, 『'중국 중학교 역사교과서 개편의 현황과 역사인식' 학술회의 발표집』, 동북아역사재단·아시아평화와역사교육연대·아시아평화와역사연구소, 43-61쪽. 청의 군사행동은 조선의 독립을 침해하는 일본의 간섭을 시정하기 위한 것이 아니라 조선 국왕이 요청하여 어쩔 수 없이 파병한 것인데 일본군이 동학당 기의가 진압된 후에서 조선에서 군대를 늘리고 전쟁 도발을 기획하여 중국군을 공격했기 때문에 청도 '어쩔 수 없이' 선전포고를 할 수밖에 없었다고 하여 갑오중일전쟁에서 중국인의 출병 의도를 순화시킨 서술이라고 지적했다.

41 장세윤, 2018, 『중국 역사교과서 분석 회의 자료』, 동북아역사재단.

표 6 한국전쟁 관련 소제목 단원 편제 비교[42]

2002년판	2018년판
제I단원. 중화인민공화국의 성립과 공고 　제1과. 중국인민이 일어났음 　제2과. 가장 사랑스러운 사람 　제3과. 토지개혁	제I단원. 중화인민공화국의 성립과 체제 강화 　1. 제1과. 중화인민공화국 성립 　2. 제2과. 항미원조 　3. 제3과. 토지개혁

다음은 『중국역사』(8학년, 하)의 한국사 관련 서술 사례를 살펴보고자 한다.[43] 대표적인 서술로는 6·25전쟁으로, 구판에서는 6·25전쟁에 참전한 중국인민지원군을 의미하는 '가장 사랑스러운 사람'이 소단원 제목이었다. 그러나 신판에서는 중국 학계의 공식 용어인 '항미원조전쟁'을 소단원 제목으로 선정하여 이른바 '항미원조'의 정당성을 강조하고 구체적인 사례를 적시했다. 이는 혁명영웅주의와 함께 국제주의 정신을 발휘한 것으로 미화한 것인데 이는 냉전시기 자국의 입장을 정당화한 것이라 할 수 있다.[44]

신판 제I단원 중화인민공화국의 성립과 체제 강화의 단원 개요에서 중국공산당은 중국인민을 이끌어 항미원조전쟁을 진행하여 새로운 인민공화국을 굳건히 했음을 강조하는 내용을 추가했다. 중화인민공화국 성립 과정에서 항미원조전쟁이 필요했던 것으로 해석했다.

본문의 과외활동 항목에서는 1950년 미국이 중국 주권을 침범한 행

42　課程教材研究所·歷史課程教材研究開發中心 編著, 2002, 『義務教育教科書 中國歷史 八學年 下冊』, 人民教育出版社; 教育部組織編纂 齊世榮 總主編, 2018, 『義務教育教科書 中國歷史 八學年 下冊』, 人民教育出版社.

43　教育部組織編纂 齊世榮 總主編, 2018, 『義務教育教科書 中國歷史 8學年 下冊』, 人民教育出版社.

44　오병수, 2018, 『중국 역사교과서 분석 회의 자료』, 동북아역사재단.

표 7 '항미원조' 관련 서술 비교[45]

2002년판	2018년판
• 7쪽 제2과 가장 사랑스러운 사람 • 항미원조(抗美援朝), 보가위국(保家衛國) 1950년 6월 조선내전이 발발했다. 미국은 제멋대로 군사를 파견하여 북한을 침략했다. 미군을 중심으로 하는 이른바 '유엔군'은 38선을 넘어 중국변경의 압록강까지 치고 들어왔고 미군 비행기는 중국 영공에 침입하여 중국 동북지역의 변경 도시들을 폭격했으며 미국 제7함대는 중국 타이완해협에 침입하여 인민해방군의 타이완해방을 저지했다. 미국의 침략활동은 중국의 안보를 심각하게 위협했다. 북한정부는 중국정부에 파병을 요청했다. 항미원조와 보가위국을 위하여 1950년 10월 중앙정부의 결정에 따라 펑더화이를 사령으로 하는 중국인민지원군이 북한 전선을 향해 북한 군민과 함께 미국침략자에게 저항했다.	• 8쪽 제2과 항미원조 • 항미원조(抗美援朝), 보가위국(保家衛國) 1950년 6월 조선내전이 발발했다. 미국은 제멋대로 군사를 파견하여 북한을 침략했다. 미군을 중심으로 하는 이른바 '유엔군'은 38선을 넘어 중국변경의 압록강까지 치고 들어왔고 미군 비행기는 중국 영공에 침입하여 중국 동북지역의 변경 도시들을 폭격했으며 미국 제7함대는 중국 타이완해협에 침입하여 인민해방군의 타이완해방을 저지했다. 미국의 침략활동은 중국의 안보를 심각하게 위협했다. 북한정부는 중국정부에 파병을 요청했다. 항미원조와 보가위국을 위하여 1950년 10월 중앙정부의 결정에 따라 펑더화이를 사령으로 하는 중국인민지원군이 북한전선을 향해 북한군민과 함께 미국침략자에게 저항했다. 미국은 중국이 파병하여 참전하리라고는 전혀 생각지도 못했다. '유엔군' 총사령관인 맥아더 장군은 2주 내에 한국전쟁을 끝내고 미국에 돌아가서 크리스마스를 보낼 것이라고 큰소리쳤다. 중국인민지원군은 북한군민과 어깨를 나란히 하고 싸우면서 연속으로 5차례의 대규모 전투를 치러 미국침략자를 38선 부근으로 몰아냈다.

동은 무엇인지 답하도록 유도하여 '항미원조'는 미국이 중국 주권을 침략한 행동으로 인식하도록 강조했다. 또한 국제전의 성격을 띤 한국전쟁을 신구판 모두 조선 내전으로 표현하고 있으며,[46] 연합군의 인천상륙 이후 북진을 조선(북한) 침략전쟁으로 기술하여 전쟁의 책임이 미국과 연합군에게 있는 것으로 오인하게 하는 내용이 포함돼 있다. 이는 한중 간 역사

---

45 課程教材研究所·歷史課程教材研究開發中心 編著, 2002, 『義務教育教科書 中國歷史 八學年 下冊』, 人民教育出版社; 教育部組織編纂 齊世榮 總主編, 2018, 『義務教育教科書 中國歷史 八學年 下冊』, 人民教育出版社.

46 오병수, 2018.

인식 차이를 분명하게 보여주는 서술이라 할 수 있다.

마지막으로 중국 역사교과서의 한국사 서술 관련 비교적 민감한 현안에 해당하는 장성 표기에 대해 살펴보고자 한다. 최근 중국은 현재 중국 영토범위 안에 있는 역대 왕조의 장성을 모두 포함시켜 통일적 다민족국가론에 입각한 중화민족 전체의 문화유산으로 해석하고자 장성보호공정을 추진했다.[47] 그 결과 중국이 장성의 동단을 산하이관으로 보던 종래의 입장을 수정하고, 국내 학계에서 고구려 박작성유적으로 비정하는 압록강 하구 단둥의 '후산산성'을 명 만리장성의 동단 기점으로 발표하여 국내 학계에 충격을 주었다.[48] 당시 일부 중국교과서에 명 장성의 동단 기점으로 압록강 호산장성까지 연장하여 반영한 사례도 있다.[49]

이러한 장성공정의 영향으로 2016년 중국 교육부 검정을 통과한 중학교 역사교과서 7학년 하(2017년 3월 인쇄본, 2018년 1월 인쇄본) 신판에서 명 장성의 동단에 대해 '압록강 기점'을 산하이관(山海關)으로 수정하고, 랴오둥변장(邊牆: 산하이관에서 압록강 구간)을 명기했다. 특히 명 장성 시의 도의 랴오둥변장의 기점을 압록강 하구 단둥의 '후산산성'에서 3km 떨어진 '구련성(九連城)'으로 수정하여 강조했다. 교과서의 본문에서 명 건국 이후 북방 몽골 귀족의 남쪽으로의 교란(南擾)를 방어하기 위해 동쪽 압록강변으로부터 서쪽 가욕관에 이르는 총 길이 만여 리의 명 장성을 형성했다고 서술했다. 기왕의 만리장성의 동단으로 알려진 산하이관을 압록

---

47 홍승현·송진·최희열·허인욱·이성제, 2014, 『중국 역대 장성의 연구』, 동북아역사재단.
48 우성민, 2014, 「『중국역사지도집』의 고구려 박작성에 대한 검토」, 『중국사연구』 93, 183-224쪽.
49 曹大爲·趙世瑜 總主編, 2009, 『歷史 世界文化遺産薈萃』(제2판), 악록서사.

표 8 명 장성 동단 표기 관련 비교[50]

2001년판	2018년판
• 122쪽 지도·본문: 장성 동단을 압록강으로 표기·기술	• 79쪽 명 장성 시의도
	• 79쪽 본문에서는 장성 동단을 랴오둥으로 기술함. 그러나 지도에서는 압록강까지 랴오둥변장으로 연결
• 없음	• 86쪽 명 말 농민 기의 형세도

강변으로 수정한 것이다. 이것은 일반적으로 장성의 길이를 성벽만으로 간주하는 것과 달리 동북지역에 대한 중국의 역사적 영토권의 근거를 강화하려는 편의적 기술이다. 흥미로운 사실은 2016년 11월 1쇄 본문에서

---

50 課程教材研究所·歷史課程教材研究開發中心 編著, 2001, 『義務教育教科書 中國歷史 七學年 下冊』, 人民教育出版社; 教育部組織編纂 齊世榮 總主編, 2018, 『義務教育教科書 中國歷史 七學年 下冊』, 人民教育出版社.

는 장성 동단을 랴오둥으로 기술했고 지도에서는 압록강까지 랴오둥변장으로 연결했다가 2018년 1월 2쇄에서 장성 동단을 압록강변으로 수정했다는 것이다. 신판의 명 장성 시의도에서 명 장성의 동단에 대해 '압록강 기점'을 산하이관으로 수정하고, 랴오둥변장을 명기한 점은 긍정적인 변화로 볼 수 있겠지만 본문과 지도의 서술이 다르고, 매년 장성 동단을 수정하는 것은 한국 학계를 인식하여 매우 민감하게 다루고 있음을 보여주는 것이다.

　　신간 『중국역사』(7학년, 하) 본문에서 명대 장성은 성벽을 주체로, 관애, 성대, 봉화대 등으로 조성되고, 선을 따라 위소, 주둔군대, 둔전 운영, 생산을 진행하며, 아울러 서로 이어진 도로를 건설하여, 하나의 완전한 군사방어체계를 형성했다고 서술하여 기왕의 장성과 다른 개념으로 설명했다. 교과서 79쪽에 삽입된 지도인 명 장성 시의도에서 장성과 랴오둥변장(장성 주변 부대시설) 표시를 구분하여, 장성은 산하이관까지, 랴오둥변장의 동쪽 끝은 구련성으로 표기했다. 또한 교과서 67쪽 〈명조강역도〉의 지도 범례에서는 장성과 랴오둥변장 부호를 모두 장성에 포함시켜 표시했고, 명 장성은 압록강까지 이르며 구련성을 표기하지 않았다.

　　여기서 구련성은 중국 랴오닝성 단둥시 중심에서 12km 떨어진 진안구(振安區) 구련성진(九蓮城鎭)에 있으며, 압록강을 사이에 두고 북한과 마주한다. 표지석은 랴오닝성 인민정부에서 1997년에 세운 구련성성지와 단둥시 인민정부에서 1983년에 설립한 구련성고성지 2개가 남아 있다.

　　구련성 표지석에는 금·원대 파사부순검사(婆娑府巡檢司)의 치소(治所)가 있었고, 명·청 양대 중국과 조선의 통상요지, 역대로 군대가 반드시 싸우는 장소였다고 소개하고 있을 뿐이다. 게다가 구련성에서 언급한 금·원대의 실제 내용은 바로 고려와 관련된 것인데, 한중 학계에서 주목받는 명·

표 9 명대 강역도 비교[51]

2001년판	2018년판
• 없음	• 67쪽 명조강역도(1433년)

청시기 연행로의 주요한 출발점인 내용을 포함하여 모두 언급하지 않았다.

특히 국내 학계에서는 『삼국사기』 고구려본기 및 『신당서』 동이열전 고구려기사 등을 근거로 구련성을 고구려의 대행성(大行城)[52]으로 비정하고 있지만 표지석에는 금대 이후부터 기술하고 있으며 명 장성의 동단 관련 내용은 확인되지 않는다.

또한 중국 학계에서도 중국 내 장성의 범위와 관련하여 랴오둥변장과 같은 장성의 부속시설을 포함할지에 대한 논쟁이 이어지고 있다.[53]

랴오닝성 진저우(錦州)박물관 내 명대 장성 패널의 경우 링하이시

---

51 課程教材研究所·歷史課程教材研究開發中心 編著, 2001, 『義務教育教科書 中國歷史 七學年 下冊』, 人民教育出版社; 教育部組織編纂 齊世榮 總主編, 2018, 『義務教育教科書 中國歷史 七學年 下冊』, 人民教育出版社.

52 윤명철, 2003, 「국내성의 압록강 방어체제 연구」, 『高句麗研究』 15, 55-77쪽.

53 李樹林, 2017, 「燕秦漢遼東障塞線長城性質再討論－與范恩實, 肖景全諸先生商榷」, 『中國邊疆史地研究』 2017-4; 范恩實, 2017, 「再論燕秦漢東北障塞烽燧線不是長城－對李樹林先生商榷文的回應」, 『中國邊疆史地研究』 2017-4.

그림 1 돈대, 봉화대를 장성에 포함한 진저우박물관의 명대 장성 해석 패널

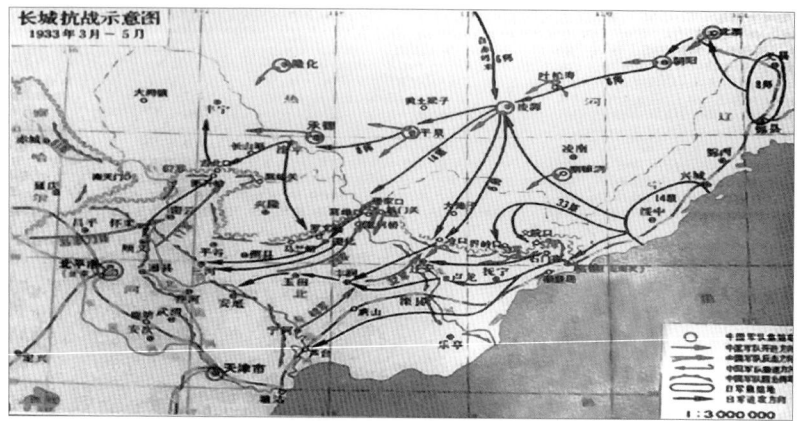

그림 2 산하이관 고성(古城) 역사박물관 내 〈장성항전(1933년) 시의도〉

(凌海市) 추이옌돈대(翠岩墩台), 다마오보(大茂堡), 얼타이쯔봉화대(二台子烽火台), 구이산장성(龜山長城) 등 명대 군사방어 시설까지 장성으로 확대하여 이해하고 있지만 산하이관 고성(古城) 역사박물관 내 〈장성항전(1933년) 시의도〉에는 장성의 동단이 압록강이 아닌 산하이관으로 표기되어 있다.

다만 중국 세계문화유산에 등록된 산하이관에 중국장성학회 및 중국장성문화연구센터가 2018년 7월에 세운 비석에 중화민족의 위대한 부흥을 실현하는 중국몽을 위해 장성 문화를 드높이고 장성정신을 발휘해야 함을 강조하고 있는데, 중국정부의 의지가 반영된 교과서에도 장성공정의 결과가 반영되었다고 볼 수 있다.

IV. 맺음말

본문의 내용을 요약해 보면 중국 신간 중학교 역사교과서(7·8, 상·하) 개편 동향의 특징은 영토주의 역사관, 통일적 다민족국가론, 일대일로 정책 등 당 지도부의 가이드라인이 강하게 반영된 점이라 할 수 있겠다.

이는 중국정부가 중국의 꿈을 실현하는 것과 국가 교육이 밀접한 연관성을 가지고 있다고 판단하고,[54] 사회주의 핵심가치 구현을 위해 국가의 의지를 강화하고 당의 교육정책을 이행하는 과정으로 보인다.

최근 '중국 중학교 역사교과서 개편의 현황과 역사인식'을 주제로 개최한 학술회의에서 중국 역사교과서의 국정화 전환을 주제로 토론하면서 사회주의적 역사관에서 당면한 과제 해결을 위해 국가 주도의 민족주의적 역사관으로 변모하는 현상에 주목했다.[55]

이러한 맥락에서 문화대혁명 등 역사적 과오에 대해 지나치게 미화하여 객관적인 판단을 방해하는 요소도 간과할 수 없다. 물론 현대사 편에서 '중국몽' 실현을 위해 학생에게 꿈을 갖게 해주는 매우 고무적이고 미래지향적인 서술과 최신 연구성과를 많이 보완한 점에서는 역사교육학의 차원에서 진전이 있었다고 볼 수 있다. 그러나 상술한 바와 같이 이로 인

---

[54] 김지훈, 2018b, 41-61쪽.

[55] 김지훈, 2018b.

해 민족주의가 고조될 수 있는 상황에서 한중관계의 영향과 변화를 예측해야 할 것이다.

한국사 관련 서술에서는 긍정적인 면은 신판의 1쇄본에서 삭제된 신라 내용이 2쇄본에 다시 복원되고, 활자인쇄술 관련 조선에의 전래 등 내용을 추가했으며,[56] 갑오전쟁 중 한반도 서술을 확대한 점을 들 수 있다. 다만 발해사 서술은 당의 귀속으로 인식하는 종래의 문제점이 지속되고 있고, 장성 동단의 왜곡과 한국사 관련 서술의 과도한 삭제, 주변국 관련 내용을 소략하여 제대로 파악하기 어려운 점 등이 부정적인 요소로 남아있다.[57]

특히 고구려를 기피하기 위해 수와 고구려의 전쟁도 '요동 정벌'로 표현하는 등[58] 한국사 내용을 의도적으로 소략한 이유는 한중 역사 갈등과 외교적 마찰을 피하려고 민감한 부분을 가능한 삭제한 현상으로 볼 수 있다.

국내 학계에서 일부 중국 학계의 한국사 관련 문제점을 지적한 내용을 반영한 사례가 확인되는데, 이는 한중 학계의 상호 인식과 이해를 높

---

56 教育部組織編纂 齊世榮 總主編, 2018, 『義務教育教科書 中國歷史 七學年 下冊』, 人民教育出版社, 20쪽.

57 가장 대표적인 사례로 수와 고구려 전쟁을 '요동정벌'로 하여 고구려 표기를 기피했다. 또한 신판에 추가된 한대 동쪽 해상실크로드 부분에서 고대한국과 일본을 포함하고 있는데, 일본을 왜로 표기했지만 한반도가 '조선반도(朝鮮半島)'로 표기했고 국호 없이 공백지대로 표현했다. 이는 일부 중국 학계에서 기원후 200년 이전의 한국 고대국가를 인정하지 않는 실정을 반영한 것이다. 이정빈, 2018, 「중국 역사교과서 개편과 중국의 역사 교육 정책의 변화」, 『중국 역사교과서 학술세미나 자료집』, 동북아역사재단, 9-19쪽.

58 教育部組織編纂 齊世榮 總主編, 2018, 『義務教育教科書 中國歷史 七學年 下冊』, 人民教育出版社, 4쪽.

이는 데 유익할 것이고 한중관계 향상에 중요한 역할을 할 수 있을 것이다. 다만 중국이 한국을 포함한 주변국의 역사에 대해 지나치게 소략하게 서술하는 경향이 향후 대외관계에 부정적인 영향을 줄 수 있음을 감안해 역사 부교재 활용 등 해결 방안을 모색해야 할 것이다.

참고문헌

김한종 외, 2005,『한 중 일 3국의 근대사 인식과 역사교육』, 고구려연구재단.
동북아역사재단, 2006,『중국 역사 교과서의 한국 고대사 서술문제』, 동북아역사재단.
_____, 2018,『중국 역사교과서 분석 학술세미나 자료집』, 동북아역사재단.
오병수, 2018,『중국 역사교과서 분석 회의 자료』, 동북아역사재단.
홍승현·송진·최진열·허인욱·이성제, 2014,『중국 역대 장성의 연구』, 동북아역사재단.
공석구, 2015,「『中國歷史地圖集』의 戰國時期 燕 長城 고찰」,『백산학보』99.
_____, 2017,「청천강 유역까지 연결된 漢長城 東端 문제 고찰-『中國歷史地圖集』의 사례를 중심으로」,『東北亞歷史論叢』56.
_____, 2017,「『中國歷史地圖集』의 평양지역까지 연결된 秦 長城에 대한 검토」,『先史와 古代』43.
권소연, 2018,「중국 의무교육교과서『중국역사』의 근대사 근대사 서술 분석-5대 핵심 역량을 중심으로」,'중국 중학교 역사교과서 개편의 현황과 역사인식' 학술회의 발표집』, 동북아역사재단·아시아평화와역사교육연대·아시아평화와역사연구소.
김지훈, 2018,「국가의지(國家意志)와 역사교과서의 정치화-2018년 중국 중학교 역사교과서의 현대사 서술」,'중국 중학교 역사교과서 개편의 현황과 역사인식' 학술회의 발표집』, 동북아역사재단·아시아평화와역사교육연대·아시아평화와역사연구소.
_____, 2018,「중국 역사교과서 개편과 중국의 역사 교육 정책의 변화」,『중국 역사교과서 학술세미나 자료집』, 동북아역사재단.
우성민, 2014,「『중국역사지도집』의 고구려 박작성에 대한 검토」,『중국사연구』93.
윤명철, 2003,「국내성의 압록강 방어체제 연구」,『高句麗研究』15.
윤세병, 2018,「중국 역사교과서의 국정화 약일까? 독일까?」,'중국 중학교 역사교과서 개편의 현황과 역사인식' 학술회의 발표집』, 동북아역사재단·아시아평화와역사교육연대·아시아평화와역사연구소.
임상선, 2006,「중국 역사 교과서의 발해사 내용 비판」,『중국 역사 교과서의 한국 고대사 서술문제』, 동북아역사재단.
장희흥, 2018,「중국역사교과서(中國歷史敎科書)의 한국역사서술(韓國歷史敍述)과 인식(認

識)-개항기(開港期)를 중심으로」, 『탐라문화』 58.

정동준, 2018, 「정부 주도 역사교과서의 특징과 문제점-중국 중학교 역사교과서의 고대사 서술을 중심으로」, 『'중국 중학교 역사교과서 개편의 현황과 역사인식' 학술회의 발표집』, 동북아역사재단·아시아평화와역사교육연대·아시아평화와역사연구소.

課程敎材硏究所·歷史課程敎材硏究開發中心 編著, 2001, 『義務敎育敎科書 中國歷史 七學年 下冊』, 人民敎育出版社.

_____, 2002, 『義務敎育敎科書 中國歷史 八學年 下冊』, 人民敎育出版社.

_____, 2004, 『義務敎育敎科書 中國歷史 八學年 上冊』, 人民敎育出版社.

_____, 2006, 『義務敎育敎科書 中國歷史 七學年 上冊』, 人民敎育出版社.

敎育部組織編纂 齊世榮 總主編, 2016, 『義務敎育敎科書 中國歷史 七學年 上冊』, 人民敎育出版社.

_____, 2016, 『義務敎育敎科書 中國歷史 七學年 下冊』, 人民敎育出版社.

_____, 2016, 『義務敎育敎科書 中國歷史 八學年 上冊』, 人民敎育出版社.

_____, 2017, 『義務敎育敎科書 中國歷史 七學年 上冊』, 人民敎育出版社.

_____, 2017, 『義務敎育敎科書 中國歷史 八學年 上冊』, 人民敎育出版社.

_____, 2018, 『義務敎育敎科書 中國歷史 七學年 下冊』, 人民敎育出版社.

_____, 2018, 『義務敎育敎科書 中國歷史 八學年 下冊』, 人民敎育出版社.

辛德勇, 2017, 『中國印刷史硏究』, 三聯書店.

李樹林, 2017, 「燕秦漢遼東障塞線長城性質再討論-與范恩實, 背景全諸先生商榷」, 『中國邊疆史地硏究』2017-4.

范恩實, 2017, 「再論燕秦漢東北障塞烽燧線不是長城−對李樹林先生商榷文的回應」, 『中國
　　邊疆史地硏究』2017-4.

2
중국 개정 중등 역사교과서 (2016~2018)의 한국고대사상

이정빈 충북대학교 역사교육과 부교수

I. 머리말

1992년 한중수교 이후 중국 역사교과서에 대한 한국 역사학계의 관심은 꾸준했다. 특히 이른바 동북공정 이후 중국 역사교과서의 한국사 서술이 집중적으로 검토되었고, 그 배후의 교육과정 및 국가이념에 주목했다.[1] 그리고 이제 동아시아 여러 나라의 역사교육의 서사구조와 지향 문제까지 논의와 인식의 폭이 확장되고 있다.[2]

---

1 권소연 외, 2006, 『중국의 역사교육과 교과서』, 고구려연구재단을 비롯해서 다수의 연구가 축적되어 있다. 구체적인 연구사는 오병수, 2016, 「국내 학계의 중국 역사교과서 연구 경향과 과제」, 『동북아역사논총』 53; 윤세병, 2018, 『중국 역사교과서의 서사구조와 이데올로기』, 경인문화사 참조.
2 오병수, 2016.

이 글에서는 이와 같은 선행 연구를 염두에 두고, 최근에 개정·발행된 중국의 중등 역사교과서『중국역사(中國歷史) 7년급 상·하』(2016·2018, 인민교육출판사; 이하『신판 중국역사』)의 한국고대사 관련 역사지도 및 서술을 검토하고 그에 담긴 역사인식 문제를 생각해 보고자 한다.[3] 이미 지적된 것처럼『신판 중국역사』에서는 한국고대사 관련 서술이 대폭 삭제·축소되었다. 그러므로 구체적인 서술을 검토하기는 어려운 실정이다.

다만 한국고대사 관련 역사지도에 몇 가지 문제점이 보인다. 우선 그 문제를 검토해 보고자 한다.『신판 중국역사』와『구판 중국역사』(2001) 및 그 이전의 지도를 비교해 보고, 그와 같은 지도의 근거를 찾아보고자 한다. 이로써『신판 중국역사』의 한국고대사 관련 역사지도가 갖는 문제점을 확인할 수 있을 것이다. 다음으로 한국고대사 서술이 대폭 삭제·축소된 배경이 주목된다.[4] 이와 관련하여 중국 역사교과서에서 비단 한국사만 아니라 베트남사 등 비서구·약소국에 대한 역사서술이 축소된 경향이 주의된다. 중국 역사교과서 편찬의 추이와 방향을 헤아려봄으로써 그와 같은 역사인식의 문제를 생각해 보고자 한다.

이 글에서는 이상의 두 가지를 중점적으로 논의할 예정이다. 이 글의

---

3   최근 중국의 역사교과서 개정과 발행은 김지훈, 2018,「중국의 중고등학교 역사과정 표준의 개정과 교과서 발행」,『동북아역사재단 한중관계연구소 회의자료』(5월 18일) 참조. 또한 그 배경과 내용은 아시아평화와역사교육연대, 2018,『중국 중학교 역사교과서 개편의 현황과 역사인식』, 동북아역사재단에서 자세히 분석했다. 특히 이 중에서 정동준의「정부 주도 역사교과서의 특징과 문제점－중국 역사교과서의 고대사 서술을 중심으로－」에서 고대사 분야의 서술이 폭넓게 검토했다.

4   각종 지도의 현황과 문제점은 최근 동북아역사재단,「중국 역사교과서 분석 및 대응 TF」에서 일단 정리했다. 이 글에서는 그중에서 한국고대사와 관련하여 문제의 소지가 크고, 논의의 여지가 있는 몇 가지 지도를 추출해 보다 자세히 살펴보고자 한다.

논의를 통해 『신판 중국역사』에 담긴 또는 감추어진 한국고대사상(韓國古代史像)을 파악하고, 향후의 개선 방향을 생각해 볼 수 있기를 기대한다.

II. 한국고대사 관련 지도와 그 문제점

1. 연·진 장성의 문제

우선 〈그림 1〉의 지도를 살펴보자. 이 지도는 전국(戰國)시기 형세도와 진(秦)왕조 강역도이다. 연(燕)·진(秦) 장성(長城)을 가장 큰 문제로 지적할 수 있다. 연·진 장성은 같은 시기에 공존했던 고조선의 영역과 밀접하다. 그런데 지도를 보면 연·진 장성의 동단이 압록강·청천강까지 이어져 있다. 구판도 마찬가지이다. 중국 역사교과서 속 역사지도의 전범은 탄치샹(譚其驤)의 『중국역사지도집(中國歷史地圖集)』(1982)이었다.[5] 연·진 장성 역시 이 책에서부터 구체적으로 표시되었다. 이와 같은 연·진 장성의 동단은 한국 학계의 고조선 영역 이해와 크게 어긋난다.

일반적으로 한국 학계에서 고조선의 영역은 한반도 서북부를 중심으로 랴오둥반도에 걸쳐 있었고,[6] 연의 침입을 받아 서방 영역의 일부를 상실하고 세력범위가 축소된 시기에도 압록강까지 세력범위를 유지한 것으로 보고 있다.[7] 따라서 연·진 장성의 동단은 고조선사 왜곡의 한 사례로

---

5 윤세병, 2011, 「중국 역사교과서의 역사지도」, 『역사와 담론』 60, 125-126쪽.
6 여호규, 2008, 「국가의 형성」, 한국사연구회, 『새로운 한국사 길잡이 上』, 지식산업사, 75쪽.

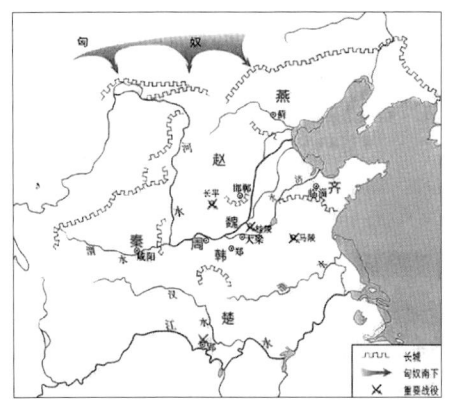
전국 형세도(구판, 33쪽)

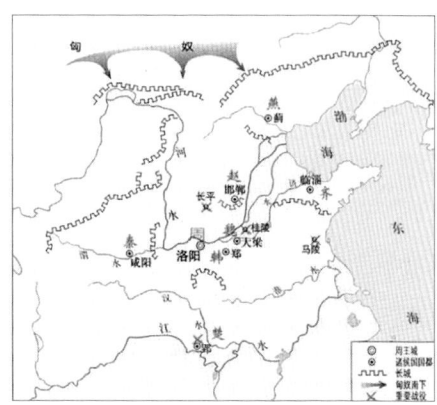
전국 형세도(신판, 32쪽)

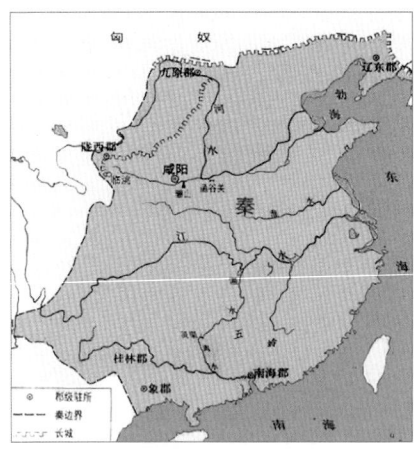
진왕조 강역도(구판, 60쪽)

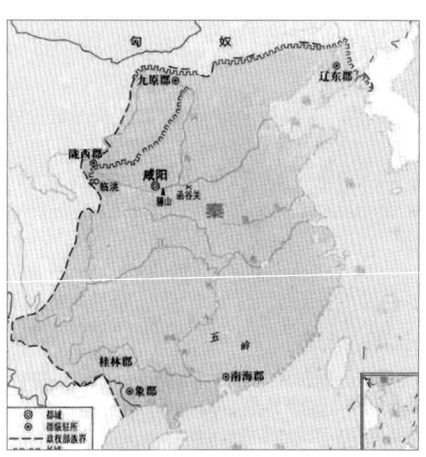
진왕조 강역도(신판, 43쪽)

탄치샹(1책, 41-42쪽), 전국 연(燕)

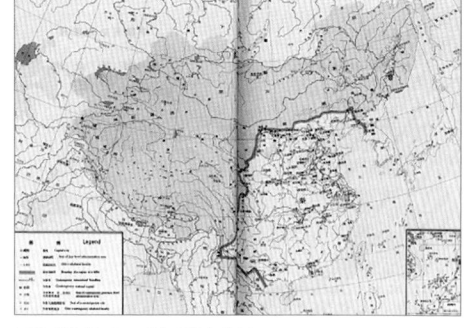
탄치샹(2책, 3-4쪽), 진시기 전도

그림 1 전국시기 형세도와 진왕조 강역도

주목되었고, 최근 일련의 전문적인 연구를 통해 상세히 검토되었다.[8] 이를 참조해 『중국역사지도집』에서 『신판 중국역사』까지 이어져 온 문제점을 다음과 같이 정리했다.

첫째, 연 장성 문제이다. 『중국역사지도집』에서 연 장성의 동단은 고조선과 연의 경계를 기준으로 했다. 『중국역사지도집』에서 중시한 사료는 다음과 같다.

『위략(魏略)』에 다음과 같이 전한다. 옛적에 기자(箕子)의 후예 조선후(朝鮮侯)는 주(周)가 쇠락하고 연(燕)이 스스로 높여서 왕(王)이 된 것을 보고 동쪽으로 땅을 경략하고자 했다. 조선후 또한 자칭해 왕으로 하고 군대를 일으켜서 연을 거꾸로 공격해서 주의 왕실을 받들고자 했다. [그러나] 그[조선의] 대부(大夫) 예(禮)가 간언하여 곧 중지했다. [조선의 대부] 예로 하여금 서쪽으로 가서 연을 설득하도록 하니, 연도 그[조선 공격]를 중지했다. 이후에 [조선의] 자손(子孫)은 차츰 교만하고 포악해져서 연은 이에 장수 진개(秦開)를 보내 그[조선의] 서방을 공격하여 땅 2천여 리를 취했으니, 만번한(滿番汗)에 이르러 경계로 삼았다. 조선은 마침내 쇠약해졌다.[9]

---

7   노태돈, 1990, 「고조선 중심의 변천에 대한 연구」, 『한국사론』 23, 서울대학교 국사학과; 노태돈 외, 2000, 『단군과 고조선사』, 사계절 참조.

8   공석구, 2014, 「『中國歷史地圖集』의 戰國時期 燕 長城 고찰」, 『백산학보』 99; 공석구, 2015, 「『中國歷史地圖集』의 평양지역까지 연결된 秦 長城에 대한 검토」, 『先史와 古代』 43; 공석구, 2016, 「秦 長城 東端인 樂浪郡 遂城縣의 위치문제」, 『韓國古代史研究』 81; 공석구, 2017, 「청천강 유역까지 연결된 漢長城 東端 문제 고찰—『中國歷史地圖集』의 사례를 중심으로」, 『東北亞歷史論叢』 56.

9   『삼국지』 권30, 위서30, 오환선비동이전30 동이 한(韓).

『삼국지』 동이전에 인용된 『위략』의 내용이다. 잘 알려진 것처럼 현재 『위략』은 전하지 않는다. 다만 일문(逸文)이 여러 사서에 남아 있다. 『삼국지』 동이전에도 일부 인용되어 있는데, 『위략』은 동이전 편찬의 중요한 전거자료 중 하나였다고 이해된다.[10]

『위략』을 보면 고조선은 연을 공격하고자 계획할 만큼 강성했다고 했다. 그런데 이후 진개의 공격을 받아 서방의 영역을 상실하고 쇠약해졌다고 했다. 이렇듯 쇠약해진 고조선의 서방 경계는 만번한(滿番汗)이었다고 했다. 『중국역사지도집』에서는 이를 장성의 동단으로 제시한 것이다.[11] 『신판 중국역사』 역시 고조선과 연의 경계인 만번한을 기준으로 삼아 연 장성의 동단을 표시했다. 두 책 모두 고조선과 연의 경계는 물론이고 장성의 동단을 압록강으로 파악한 것이다.

그러나 『사기』 흉노열전에서는 진개가 활약할 무렵 연 장성의 동단을 다음과 같이 적시했다.

그 이후에 연에는 진개라는 현명한 장수가 있었는데, 호(胡: 흉노)에 인질이 된 적이 있었다. 호에서는 그[진개]를 매우 신임했다. [진개는] 귀국하자마자 동호(東胡)를 격파해 패주하도록 했다. 동호는 이때 천리나 물러났다. 형가(荊軻)와 함께 진왕(秦王)을 암살하러 떠났던 진무양(秦舞陽)이 바로 [진]개의 손자였다. 연은 또한 장성을 조양(造陽)에

---

10 全海宗, 1980, 『東夷傳의 文獻的 硏究 —魏略·三國志·後漢書 東夷關係 記事의 檢討—』, 一潮閣.

11 만번한을 평안북도 박천의 고박릉성(古博陵城)으로 비정했다. 그러나 현재까지의 고고학적 조사 보고에 따르면, 고박릉성은 고려시기에 축조되었다고 이해된다(공석구, 2014, 171-172쪽).

서 양평(襄平)까지 쌓았고, 상곡군(上谷郡)·어양군(漁陽郡)·우북평군(右北平郡)·요서(遼西)·요동군(遼東郡)을 설치해 호를 막았다.[12]

『사기』 흉노열전의 일부이다. 연의 장수 진개의 활약을 전한다. 『사기』 흉노열전의 기록처럼 연의 장성 축조는 진개의 동호 공격과 관련된다고 할 수 있는데,[13] 연에서 축조한 진 장성의 동단은 양평이었다. 양평은 지금의 랴오닝성 랴오양(遼陽)이다.[14] 이 점에 관해서는 중국 학계 안에서도 이견이 거의 없다.[15] 그럼에도 중국 학계의 일각에서는 고조선과 연의 경계인 만번한을 연 장성의 동단으로 간주하고 만번한의 위치를 압록강 너머 한반도 서북부에서 찾고 있는 것이다.[16]

이와 같은 중국 학계의 견해는 고고자료를 통해 방증된다. 하지만 고고자료를 중시한 연구자 역시 인정하듯이 대부분 추정에 불과하다.[17] 아직까지 랴오닝성 동부지역에서 연 장성의 흔적은 확인되지 않았다. 물론

---

12 『사기』 권100, 흉노열전50.

13 이 사료의 해석을 두고 학자 간에 이견이 분분하지만, 장성의 동단에 대해서는 대부분의 견해가 일치한다. 여러 연구의 내용은 홍승현, 2014, 「전국시기 연의 장성 축조와 국가 성격」, 홍승현 외, 『중국 역대 장성의 연구』, 동북아역사재단, 22-24쪽 참조.

14 『한서』 권28하, 지리지하.

15 홍승현, 2014, 35-36쪽 참조.

16 王灰, 1976, 『中國歷史地圖 上冊－歷代疆域形勢』, 學生書局, 173쪽에서는 독석구－위장－적봉－오한기－부신－개원－봉성－압록강－안주－대동강－평양이라는 장성의 노선을 제시했고, 李文信, 1979, 「中國北部長城沿革考(上)」, 『社會科學輯刊』 1期, 150쪽에서는 독석구 난하－위장－적봉－오한기－나만－고륜－부신－창무－법고－개원－신빈－관전－압록강이라는 장성의 노선을 제시했으며, 李殿福, 1982, 「東北境內燕秦長城考」, 『黑龍江文物叢刊』 1期, 62쪽에서는 수성현(遂城縣)으로 본 평안남도 용강을 동단으로 제기했다고 한다(홍승현, 2014, 36-37쪽).

연이 요동지역의 일부를 세력범위에 두었을 가능성은 충분하다. 그러나 연이 안정적인 직접 지배를 실현했다고 단언하기는 어렵다. 오히려 제종족이 요동에 잡거(雜居)한 가운데 일부에 한정되어 간접적인 방식으로 세력범위를 유지했을 가능성이 높다고 판단된다. 물론 현재로서 만번한, 즉 고조선과 연의 경계 문제 역시 보다 자세한 검토가 필요하다. 다만 이 문제를 차치한다고 해도, 『중국역사지도집』은 물론 『신판 중국역사』에서 표현한 연 장성의 동단은 학문적인 논리와 근거가 취약하다는 점만은 분명하다.

둘째, 진 장성 문제이다. 『중국역사지도집』의 진 장성은 『사기색은(史記索隱)』 등의 문헌에 근거했다. 이를 보면 낙랑군 수성현이 장성의 기점(起點)이었다고 전한다. 관련 사료를 시기순으로 정리하면 다음과 같다.

> A. 진(秦)이 이미 천하를 병합하고 나서 몽염(蒙恬)에게 30만의 군대를 거느리고 북쪽으로 융적(戎狄)을 내쫓고 하남(河南)을 수복하게 하였다. [몽염은] 장성(長城)을 축조했는데, 지형에 따라서 험새(險塞)를 축조했다. 임조(臨洮)에서 요동(遼東)까지 길이가 이어진 것이 만여 리였다.[18]
>
> B. 낙랑군(樂浪郡)〈무제(武帝) 원봉(元封) 3년(기원전 108)에 설치하였다. 왕망 때에는 낙선(樂鮮)이라고 하였다. 유주(幽州)에 속한다〉. 호수는 62,812호이고, 인구는 406,748명이다〈[낙랑군에] 운장(雲鄣)이 있다〉. 현(縣)은 25개이다. 조선현(朝鮮縣), 남함현(誹邯縣), 패수

---

17 홍승현, 2014, 40쪽.
18 『사기』 권88, 열전28, 몽염열전.

현(浿水縣)〈[패]수가 서쪽으로 흘러서 증지현까지 이르러 바다로 들어 간다. 왕망 때에는 낙선정(樂鮮亭)이라고 하였다〉, 함자현(含資縣)〈대 수(帶水)가 서쪽을 흘러서 대방현에까지 이르러 바다로 들어간다〉, 점제 현(黏蟬縣), 수성현(遂成縣), 증지현(增地縣)〈왕망 때에는 증토(增土) 라고 하였다〉, 대방현(帶方縣), 사망현(駟望縣), 해명현(海冥縣)〈왕망 때에는 해환(海桓)이라고 하였다〉, 열구현(列口縣), 장잠현(長岑縣), 둔유현(屯有縣), 소명현(昭明縣)〈남부도위(南部都尉)의 치소이다〉, 누 방현(鏤方縣), 제해현(提奚縣), 혼미현(渾彌縣), 탄열현(呑列縣), 분 여산현(分黎山縣)〈열수(列水)가 나오는 곳으로, [열수는] 서쪽으로 흘 러서 점제현에 이르러 바다로 들어가는데, 820리를 흐른다〉, 동이현(東 暆縣), 불이현(不而縣)〈동군[동부]도위의 치소이다〉, 잠태현(蠶台縣), 화려현(華麗縣), 사두매현(邪頭昧縣), 전막현(前莫縣), 부조현(夫租 縣)이다.[19]

C. 낙랑군. 한(漢)대에 설치되었다. 현 6개를 통괄한다. 호수는 3,700호 이다. 조선현〈주(周)의 기자(箕子)가 분봉받은 땅이다〉, 둔유현, 혼미 현, 수성현〈진이 축조한 장성이 시작하는 곳이다〉, 누방현, 사망현이 있다.[20]

D. 협우갈석(夾右碣石)〈……『태강지리지(大康地理志)』에서 "낙랑 수성현 에 갈석산이 있는데 장성이 시작된 곳이다"라고 하였다……〉.[21]

E. 노룡(盧龍)〈한의 비여현(肥如縣)에 갈석산이 있는데, 우뚝 서서 해방(海

---

19 『한서』 권28하, 지리지8하.
20 『진서』 권14, 지4 지리상 평주 낙랑군.
21 『사기색은』 권1, 하본기1.

旁)에 있으므로 그와 같이 이름하였다. 『진태강지지(晉太康地志)』에서
"진 축조 장성이 갈석에서 시작한다고 한 것과 같다. 지금 고[구]려의 구
계(舊界)에 있는 것은 이 갈석이 아니다.)²²

F. 갈석산. 한 낙랑군 수성현에 있다. 장성이 이 산에서 시작된다. 지
금 장성이 동쪽으로 요수를 지나서 고[구]려 안으로 들어가는데 유
지가 여전히 남아 있다.²³

위 사료는 크게 두 그룹으로 묶을 수 있다.²⁴ 사료 A·B와 사료 C~F
이다. 사료 A는 진대의 장성 축조에 관한 사실이고, B는 한대의 낙랑군에
관한 것이다. 진 장성과 관련한 일차적인 문헌은 사료 A이다. 그런데 사료
C~F부터 사료 B와 관련하여 낙랑군, 구체적으로 낙랑군 수성현에서 진
장성이 시작되었다고 한 기록이 보인다.

사료 D~E에서는 구체적으로 『태장지지(太康地志)』·『진태강지지(晉太
康地志)』를 인용했다. 모두 서진의 태강 3년(282)에 편찬된 이른바 『태강
지리지』를 가리킨다.²⁵ 한반도 서북부의 낙랑군은 사료 B에서 전하는 것
처럼 한무제(재위 기원전 141~기원전 87) 때 설치되어 서진(265~316) 때인

---

22 『통전』 권178, 주군(州郡)8 고익주상(古冀州上).
23 『태평환우기』 권70, 하북도19 평주 노룡현.
24 위 사료에 대해서는 특히 공석구, 2016에서 세밀히 검토했다.
25 『구당서』 권46, 지26, 경적상, 을부사록(乙部史錄) 지리류(地理類). "地記 五卷〈太康三年撰〉州郡縣名五卷〈太康三年撰〉." 이 책의 명칭은 『태강지리지(太康地理志)』, 『태강지지(太康地志)』, 『태강지기(太康地記)』, 『진태강삼년지기(晉太康三年地記)』, 『진태강삼년지지(晉太康三年地志)』, 『진태강지기(晉太康地記)』, 『진태강지지(晉太康地志)』, 『진태강지리지(晉太康地理志)』, 『진태강지도기(晉太康地道記)』, 『진태강기(晉太康記)』 등으로 달리 전하는데, 모두 같은 책이다. 이 글에서는 『태강지리지』로 부르기로 하겠다.

313년까지 존속했다. 따라서 태강 3년의 기록에 보이는 낙랑군은 한반도 서북부의 낙랑군을 가리킨다고 여길 수 있다. 그리고 보면, 한반도 서북부 낙랑군에 진 장성의 동단이 소재했다고 할 수 있다. 『신판 중국역사』와 『중국역사지도집』은 이와 같은 문헌기록에 근거해서 진 장성의 동단을 한반도 서북부까지 연결했다. 그리고 1987년 북한에서 대녕강(大寧江) 장성이 보고되면서 진 장성의 동단을 한반도 서북부로 보는 견해를 보강했다. 『신판 중국역사』에서 청천강으로 표시한 것은 그 연장선상에서 이해된다.

그런데 『태강지리지』는 일찍이 망실되어 현재 남아 있지 않다.[26] 그러므로 『태강지리지』를 직접 확인할 수는 없다. 다만 가장 오래된 인용 문헌인 사료 D, 즉 『사기색은』을 보면 진 장성이 아니라 단지 장성으로 나온다.[27] 사료 E 이후의 기록은 후대의 전승 과정에서 서술이 일부 변화되었을 가능성이 높다. 또한 태강 3년에 편찬되었다고 하지만, 『태강지리지』를 인용한 여러 문헌을 종합적으로 검토해 보면, 그 이후의 사실이 섞여 있다.[28] 4세기 후반의 사실까지 담겨져 있다.[29] 따라서 『태강지리지』의

---

26 『태강지리지』는 특히 송대 이후 명칭이 더욱 다양해졌다. 일찍이 망실되어 일부 결락된 형태로 전했던 까닭에 다양한 명칭이 남아 있는 것으로 추정된다(공석구, 2016, 237쪽).

27 시기 순으로 보면 『진서』(648년), 『사기색은』(8세기), 『통전』(801년), 『태평환우기』(10세기 후반) 순이다.

28 노태돈, 1990; 노태돈 외, 2000.

29 『송서』 지37, 지27, 주군3 양주, "晉地記云 孝武太元十五年 梁州刺史周表立." 이때의 『진지기(晉地記)』 역시 『태강지리지』를 가리킨다고 파악된다. 『진지기』는 『자치통감』에도 인용되어 있는데, 그 또한 『태강지리지』와 동일한 서적으로 이해된다. 이와 같이 보면, 『송서』에 인용된 『태강지리지』에는 동진 효무제 태원 15년, 즉 390년의 사실이 담겨져 있었던 것이다(공석구, 2016, 240-242쪽).

낙랑군이 313년 이전, 즉 한반도 서북부 소재의 낙랑군이었다고 단언할 수 없다.

> A. 미천왕 14년(313) 겨울 10월에 낙랑군을 침범하여 남녀 2천여 명을 포로로 잡았다.……15년(314) 가을 9월에 남쪽으로 대방군을 침범했다.[30]
>
> B. (건흥 원년(313) 여름 4월) 요동인(遼東人) 장통(張統)이 낙랑·대방 2군을 점거하고, 고구려왕 을불리(乙弗利)와 더불어 서로 공격했는데, 여러 해 동안 [공격이] 그치지 않았다. 낙랑인 왕준(王遵)이 장통을 설득하여 그 민(民) 천여 가를 거느리고 모용외(慕容廆)에게 귀부했다. 모용외는 그를 위하여 낙랑군을 설치했고, 장통을 태수(太守)로 삼고 왕준을 참군사(參軍事)로 삼았다.[31]
>
> C. [연화 원년(432)] 가을 7월 기미(17일)에 임금의 수레가 유수(濡水)에 도착했다. 경신(18일)에 안동장군 의성공 해근(奚斤)을 보내어 유주민(幽州民)과 밀운(密雲)·정령(丁零)의 만여 명을 징발해 공성무기[攻具]를 운반하도록 했는데, 남도(南道)에서 출발해 모두 화룡(和龍)에 모이도록 했다. 황제가 요서(遼西)에 도착했다. 마문통(馮文通: 馮弘)이 그 시어사(侍御史) 최빙(崔聘)을 보내 소고기와 술을 바쳤다. 기사(27일)에 임금의 수레가 화룡에 도착했다. [황제가] 그 성에 친림하니, 문동의 석성태수(石城太守) 이숭(李崇)·건덕태수(建德太守) 왕융(王融) 10여 군이 와서 항복했다. 그[10여 군의]

---

30 『삼국사기』 권17, 고구려본기5.
31 『자치통감』 권88, 진기10.

민 3만 명을 징발하여 [화룡성을 둘러싼] 참호[圍塹]를 파서 이를 지키도록 했다.……9월 을묘일(14일)에 임금의 수레가 서경(西京: 낙양)으로 돌아왔다. 영구(營丘)·성주(成周)·요동(遼東)·낙랑(樂浪)·대방(帶方)·현도(玄菟) 6군의 민 3만 가를 유주(幽州)에다가 옮기고, 창고를 열어 그들을 진휼했다.[32]

위 사료는 313년 고구려의 낙랑군 공격과 이치를 보여준다.[33] 우선 사료 A는 『삼국사기』 고구려본기의 기록으로 고구려의 낙랑군·대방군 공격을 전하고 있다. 이후 『삼국사기』에는 낙랑군·대방군 관련 기록을 찾아볼 수 없다. 사료 B는 『자치통감』의 기록으로 낙랑군·대방군에 웅거한 장통이 고구려의 공격을 받아 모용선비에 투항했고, 모용선비에서 그를 위하여 낙랑군을 설치했다고 했다. 모용선비의 중심지는 요서지역의 극성(棘城)이었다. 장통의 낙랑군은 그 일대에 설치된 것으로 생각된다.

사료 C는 『위서』 본기의 내용이다. 432년 북위의 태무제(탁발도, 재위 423~452)는 북연의 풍문통(馮弘, 재위 430~436)을 공격했는데, 낙랑을 비롯한 북연의 6군의 민을 유주로 옮겼다는 것이다. 그러므로 위 사료를 통해 북연의 낙랑군을 확인할 수 있다. 북위의 태무제는 유하를 건너 북연의 도성인 화룡성을 공격했다. 유하는 지금의 난하이고, 화룡성은 모용선비의 창려용성, 즉 지금의 랴오닝성 차오양시를 가리킨다고 이해된다. 이로 미루어 보아 432년 북위와 북연의 경계는 난하였고, 낙랑을 비롯한

---

32 『위서』 권4상, 세조기4상.

33 이에 대해서는 千寬宇, 1989, 『古朝鮮史·三韓史硏究』, 一潮閣; 이성규, 2005, 「4세기 이후의 낙랑교군과 낙랑유민」, 최소자교수정년기념논총간행위원회 편, 『동아시아 역사 속의 중국과 한국』, 서해문집에서 자세히 검토했다.

6군은 지금의 랴오닝성 서부지역에 위치했다고 파악된다. 북연의 낙랑군은 요서지역에 소재했던 것이다.

이처럼 사료 A~C를 종합해 보면, 한반도 서북부에 소재했던 낙랑은 313년 고구려의 공격을 받아 요서지역으로 교치되었고, 5세기 전반 북연대까지 요서지역에 소재했다고 할 수 있다. 이와 같은 관점에서 다음의 사료가 주목된다.[34]

> 북노(北虜: 선비)가 북평(北平)을 침략해 약탈했다. 당빈(唐彬)을 사지절(使持節)·감유주제군사(監幽州諸軍事)·영호오환교위(領護烏丸校尉)·우장군(右將軍)으로 삼았다. 당빈이 이윽고 진(鎭)에 도착해서 군사를 훈련시키고 병기를 수리했으며, 농사를 넓히고 중시했으며, 위무(威武)를 떨쳤고 국명(國命)으로 회유했고 은혜와 신의를 보였다. 이에 선비(鮮卑) 2부(部)의 대막외(大莫廆)·적하(擿何) 등이 모두 시자(侍子)를 보내 들어와 조공했다. 아울러 학교를 수리하고 깨우치고 가르쳐서 게으르지 않도록 했으니, 인의와 은혜가 널리 퍼져 나갔다. 마침내 예전의 강역을 개척하여 땅 천 리를 넓혔다. 진(秦)의 장성과 새(塞)를 복구해서 온성(溫城)에서 갈석(碣石)까지 이르도록 했으니, 산곡(山谷)이 이어진 것이 또한 3천 리였다. 군대를 나누어 주둔하고 수비하도록 했으며, 봉후(烽堠)가 서로 바라보도록 했다. 이로 말미암아서 변경(邊境)이 안정을 얻었고, 견폐지경[犬吠之警: 개가 짖어서 경계하는 일]이 없었다. 한(漢)·위(魏)에서부터 진(鎭)을 바르게 한 일이 이와

---

34 이 사료는 일찍이 노태돈, 1990; 노태돈 외, 2000이 주목했고, 공석구, 2016, 254-255쪽에서 보다 자세히 분석했다.

같은 적이 없었다.[35]

위 사료는 당빈(235~294)이 북평·유주지역에서 활약한 사실을 전하고 있다. 선비가 북평을 침략·약탈하자 당빈을 파견해 이 지역을 지키도록 했다고 했는데, 대략 태강 연간(280~289)으로 파악된다.[36] 당빈은 이때 진의 장성을 복구했다고 했다. 위 사료에 그 위치가 나온다. 온성(溫城)에서 갈석(碣石)까지였다는 것이다. 이로 보아 서진대의 갈석산은 유주 일대, 대체로 지금의 친황다오 창리에 소재한 것으로 파악된다. 진 장성이 시작했다는 갈석산은 서진대 유주에 소재했던 것이다.

이와 같이 보건대 낙랑군 수성현에 갈석산이 소재했다고 한 『태강지리지』의 기록은 요서지역으로 교치된 이후의 사정을 반영한다고 할 수 있다. 더 구체적으로 다음과 같은 교치의 사실이 주목된다.

평주. 북평군〈진(秦)에서 설치했다〉. 2개 현, 430호, 1,836명을 통솔한다〈조선현(전한과 후한·진에서 낙랑에 속했다. 이후에 폐지되었다. 연화 원년(432)에 조선민을 비여에 옮기어 다시 설치하고 (북평군에) 속했다)〉. 창신현〈전한에서 탁군에 속했고, 후한과 진에서 요동군에 속했는데, 이후 [북평군에] 속했다. 노룡산(盧龍山)이 있다〉.[37]

『위서』의 지형지 중에서 평주 북평군 조선현에 관한 것이다. 이를 보

---

35 『진서』 권42, 열전12, 낭빈(唐彬).
36 공석구, 2016, 255쪽.
37 『위서』 권106상, 지5, 지형지상.

면 조선현은 전한대부터 서진대까지 낙랑군에 속했지만 이후 폐지되었다고 했다. 그리고 432년에 비여지역으로 옮겨 다시 설치하면서 북평군에 속했다고 했다. 낙랑군민의 일부를 사민시켜서 북평군 조선현을 설치했다는 것이다.[38] 이를 보면 낙랑군 수성현 갈석산은 북평군 일대에서 찾아야 할 것으로 생각된다. 즉 낙랑 군현의 일부가 북평지역으로 교치된 이후에 진 장성의 기점에 관한 설명이 부회된 것으로 파악된다.[39] 따라서 『태강지리지』를 인용한 후대의 여러 문헌은 그대로 믿기 어렵다. 진 장성이 한반도 서북부까지 이어졌다는 문헌기록은 모두 후대의 부회로 그대로 신뢰할 수 없는 것이다.

고고자료로서 중시한 대령강 장성 역시 진 장성으로 보기 어렵다. 이를 조사한 북한 학계에서 대령강 장성은 고구려·고려시기의 것으로 보고했다. 주변의 고고자료에서도 진과 관련한 유적과 유물은 나오지 않았다. 장성이 대령강을 해자로 삼아 서북 방면을 방어하고 있다는 입지로 보아도 진 장성으로 보기는 어렵다.[40] 문헌사료상으로나 고고자료상으로나 진 장성을 한반도 서북부까지 연결해 볼 근거는 남아 있지 않다.

이처럼 〈전국시기 형세도〉와 〈진왕조의 강역도〉의 연·진 장성은 모두 수정이 요청된다. 연·진의 영역 표시 역시 수정이 수반되어야 한다. 현재로서 연의 동계(東界)를 확정하기는 어렵지만, 각종 고고자료를 통해 보건대 한반도 서북부 및 요동지역 일부와 연의 물질문화가 구분된다는 데는 대부분의 연구자가 동의하고 있다. 진의 동계 역시 확정할 수 없지만, 동

---

38 이성규, 2005, 210쪽.
39 노태돈, 2000; 노태돈 외, 2000, 57-60쪽.
40 손영종, 1987, 「대령강반의 옛장성에 대하여」, 『력사과학』 122, 23-28쪽.

북아시아 제종족의 활동무대를 고려해야 한다. 현재의 지도에서는 이를 감안하지 않았다는 데 문제의 소지가 있다. 이 점은 〈전국시기 형세도〉와 〈진왕조의 강역도〉에서 고조선이 표시되지 않고 있다는 점과 무관치 않은데, 후술하겠다.

2. 조위~서진 영역 문제

다음으로 〈그림 2〉의 지도가 주의된다. 삼국~서진시기의 지도이다. 조위(曹魏)의 영역이 요동 전역에서 한반도 북·중부까지 표시되어 있고, 서진(西晉)의 영역 또한 그러한 것처럼 보인다. 이와 같은 『신판 중국역사』의 지도 표시는 구판은 물론 탄치샹(譚其驤)의 『중국역사지도집』과 다르지 않다.

이 중에서 조위의 영역이 한반도 중부까지 표시된 것은 240년대 중반 관구검의 고구려·예맥·한(韓) 공격에 근거한 것으로 추정된다.[41] 다음의 사실이 주목된다.

> A. 정시 연간(240~249)에 [관구]검은 고구려가 자주 침범하고 배반했으므로 제군(諸軍) 보기(步騎) 만 명을 지휘하여 현도(玄菟)에서 출정해 제도(諸道)로 나아가 그들을 토벌했다.……(정시) 6년(245) 다시 그를 정벌했으니, [고구려왕] 궁(宮: 동천왕)은 마침내 매구(買溝)로 달아났다. [관구]검은 현도태수(玄菟太守) 왕기(王頎)를 보내 그를 추격했는데, 옥저 천여 리 남짓 통과하여 숙신씨(肅愼氏)의 남계

---

41 譚其驤 編, 1988, 『『中國歷史地圖集』釋文汇編·東北卷』, 中央民族學院出版社.

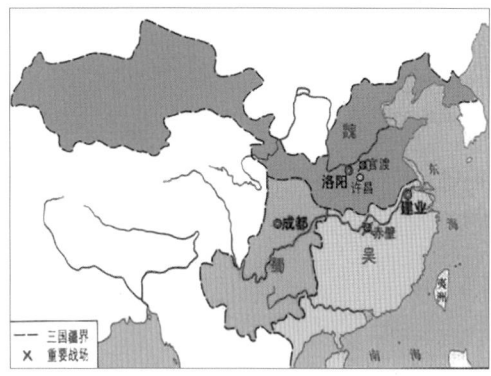
삼국 정립 형세도(구판, 33쪽)

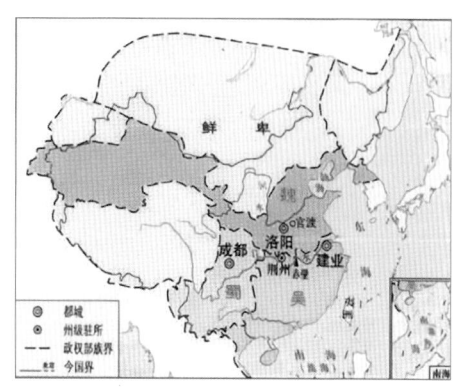
삼국 정립 형세도(신판, 76쪽)

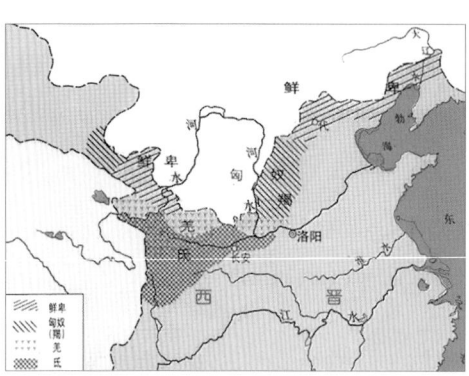
서진 내천(內遷) 소수민족 분포도(구판, 109쪽)

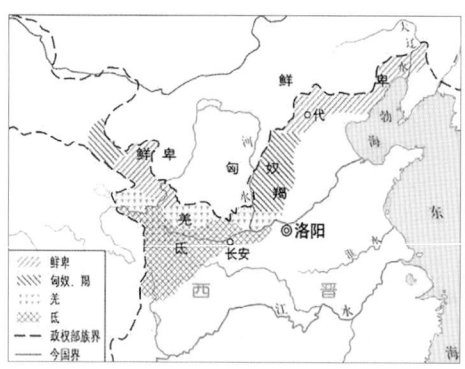
서진 내천(內遷) 소수민족 분포도(신판, 80쪽)

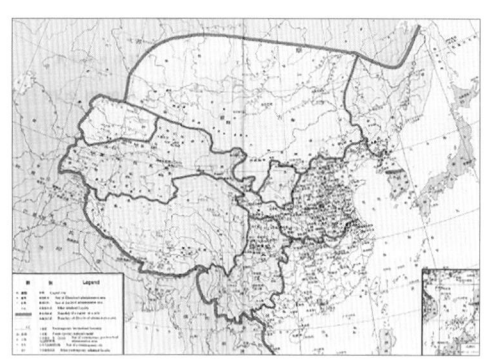
탄치샹(3책, 3-4쪽), 삼국시기 전도

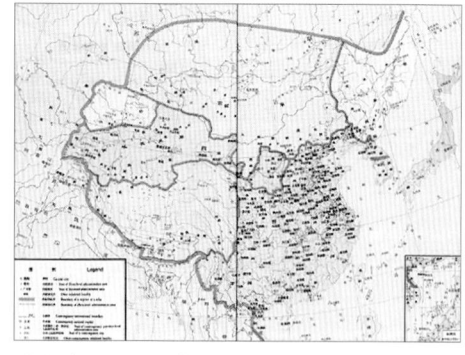
탄치샹(3책, 33-34쪽), 서진시기 전도

그림 2 삼국~서진시기 형세도

(南界)에 이르렀다. [관구검은] 각석(刻石)하여 공(功)을 기념했으니, 환도(丸都)의 산을 깎아 불이성(不耐城)을 새긴 것이다. 여러 곳에서 주살하고 받아들인 자의 수가 8천여 구(口)였고, 논공행상했을 때 후(侯)로 책봉된 자가 100여 인이었다.[42]

B. 정시 6년(245)에 낙랑태수 유무(劉茂)·대방태수 궁준(弓遵)이 영동예(領東濊)가 [고]구려에 신속되어 있다고 여기고 군대를 일으켜서 그를 토벌했다. 불내후 등이 읍(邑)을 들어서 항복했다.[43]

C. 정시 7년(246) 봄 2월에 유주자사 관구검이 고구려를 토벌했다. 여름 5월에 예맥(濊貊)을 토벌해 모두 격파했다. 한나해(韓那奚) 등 수십 개의 국(國)이 각기 종락(種落)을 이끌고 항복했다.[44]

D. 부종사(部從事) 오림(吳林)은 낙랑이 본래 한국을 통솔했으므로, 진한팔국(辰韓八國)을 분할하여 낙랑에 부여하고자 했다. [그런데] 이역(吏譯)이 전달(轉達)하면서 [오림의 생각과] 서로 다른 점이 있었다. 신책고한(臣幘沾韓)이 분노하여 대방군 기리영(崎離營)을 공격했다. 이때 [대방]태수 궁준(弓遵)·낙랑태수 유무(劉茂)가 군대를 일으켜 그[韓]를 쳤는데, [대방태수] 궁준이 전사했지만, 이군(二郡)은 마침내 한(韓)을 멸(滅)했다.[45]

사료 A에 기술된 것처럼 242~245년 조위 관구검은 고구려를 공격

---

42 『삼국지』 권28, 위서28, 관구검.
43 『삼국지』 권30, 위지30, 오환·선비·동이 예(濊).
44 『삼국지』 권4, 위지4, 삼소제기(三少帝紀)4.
45 『삼국지』 권30, 위지30, 오환·선비·동이 한(韓).

했다. 그리고 사료 C와 같이 246년에 재차 고구려를 공격했다. 이러한 관구검의 고구려 공격은 동북아시아 제국(諸國)으로 이어졌다.

사료 B에서 245년 조위의 낙랑태수 유무와 대방태수 궁준은 영동예(領東濊)를 공격해 불내후(不耐侯) 등이 항복했다고 했다. 또한 사료 C에서 246년 관구검은 예맥을 격파해 한나해(韓那奚) 등 수십 국이 각각 종락(種落)을 거느리고 항복했다고 했다. 뿐만 아니라 사료 D를 보면 조위의 낙랑군 대방군과 한국(韓國) 간에 분쟁이 발생했는데, 결국 두 군(郡)은 한(韓)을 공격해 멸망시켰다고 했다.[46] 『중국역사지도집』부터 『신판 중국역사』까지 이와 같은 사실에 근거해 한반도 중부까지 조위의 영역으로 표시했다고 생각된다.

그러나 240년대 중반 관구검의 군사활동은 일시적인 전시 상황이었다.[47] 관구검의 주요 부대는 종전 직후 철군했다. 제국(諸國)의 항복이 곧 영역화를 의미한다고 볼 수도 없다. 예컨대 이듬해인 247년 영동예의 동향은 다음과 같았다.

그[정시] 8년(247)에 대궐에 나와서 조공했다. 조서를 내려서 다시

---

46 여기서 '신책고한'의 실체를 두고 이견이 분분했다. 현재 『통지(通志)』의 기록을 중시해 기리영 공격의 주체를 마한 제국(諸國) 중 하나인 '신분고한(臣濆沽韓)'으로 보는 견해(尹龍九, 1999, 「三韓의 對中交涉과 그 性格-曹魏의 東夷經略과 관련하여-」, 『國史館論叢』 85, 國史編纂委員會)가 우세한 편이다(이정빈, 2015, 「崎離營을 통해 본 마한 諸國과 曹魏」, 『백제학보』 22, 百濟學會 참조. 관련 연구사와 쟁점은 尹龍九, 2010, 「『三國志』 판본과 「東夷傳」 교감」, 『韓國古代史研究』 60, 248-250쪽; 尹龍九, 2015, 「3세기 이전 마한백제의 성장과 중국」, 한성백제박물관 편, 『백제의 성장과 중국-백제학연구총서 쟁점백제사5-』, 홀리데이북스, 32-33쪽 참조.

47 이승호, 2015, 「「毌丘儉紀功碑」의 해석과 高句麗·魏 전쟁의 재구성」, 『木簡과 文字』 15 참조.

불내예왕(不耐濊王)으로 제수했다. (불내예왕은) 민간에 섞여서 거처했다. 사시(四時)마다 군(郡)에 나와서 조알(朝謁)했고, 이군(二郡)에 군정(軍征)과 부조(賦調)가 있으면 역사(役使)를 공급했으니, 그들을 민(民)과 같이 대우했다.[48]

불내후 등 영동예는 조위에 조공하고 다시 불내예왕을 제수받았다고 했다. 그리고 이군(二郡), 즉 낙랑군·대방군에 조알(朝謁)했다고 하는데, 군정과 부조(賦調)가 있으면 역사를 공급했다고 했다. 상시적인 부역(賦役)의 징수가 아닌 비상시적인 제공이었다. 또한 조위에서는 그들을 민(民)과 같이 대우했다고 했는데, 이때 민과 같이 대우했다고 한 사실은 역설적으로 영동예의 민이 조위 군현(郡縣)의 민과 구분되었음을 말해준다. 영동예는 조위의 군현에 속하지 않았던 것이다.

이러한 사정은 한나해(韓那奚) 등 수십 국이나 멸망했다고 전하는 한(韓)도 다르지 않았다고 생각된다. 비록 일시적으로 관구검의 군사활동으로 조위의 세력범위가 확대되었다고 할 수 있지만, 군사활동이나 그로 인한 국제정세의 변화를 모두 조위의 영역 확대와 관련지어서 해석할 수는 없다. 한반도 중부를 포괄한 조위의 영역 지도 표시는 수정이 요청된다.

조위~서진의 영역이 요동 전역을 포괄한 것으로 표시한 점도 문제의 소지가 있다. 요동반도 남부에서 조위~서진의 세력범위는 천산산맥(千山山脈)을 기준으로 그 서부지역에 한정되었다. 천산산맥 동북부의 태자하·소자하·애하 유역(本溪~寬甸)은 소수맥(小水貊)·양맥(梁貊) 등 예맥 제종족의 영역이었고, 제종족은 3세기 이전부터 고구려의 세력범위에 속

---

48 『삼국지』 권30, 위지30, 오환·선비·동이 예(濊).

표 1 『진서』 지리지의 평주(平州)

군국	비고	영현(領縣)
창려군	현2, 900호	창려(昌黎)·빈도(賓徒)
요동국	현8, 5,400호	양평(襄平: 東夷校尉)·문(汶)·거취(居就)·낙취(樂就)·안시(安市)·서안평(西安平)·신창(新昌)·역성(力城)
낙랑군	현6, 3,700호	조선(朝鮮)·둔유(屯有)·혼미(渾彌)·수성(遂城)·루방(鏤方)·사망(駟望)
현도군	현3, 3,200호	고구려(高句麗)·망평(望平)·고현(高顯)
대방군	현7, 4,900호	대방(帶方)·열구(列口)·남신(南新)·장잠(長岑)·제해(提奚)·함자(含資)·해명(海冥)

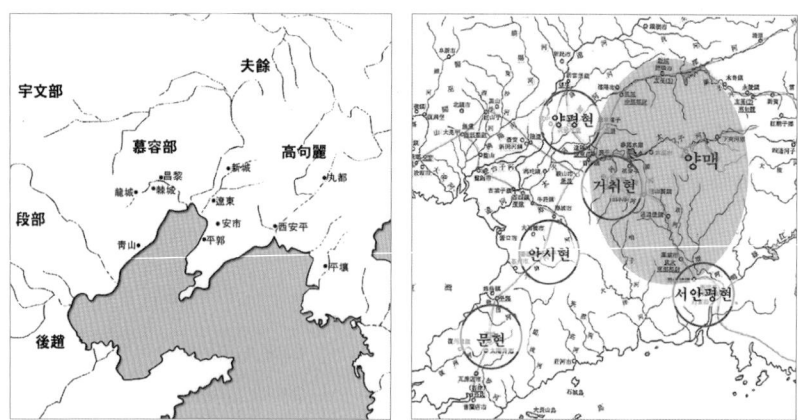

그림 3 4세기 전반 동북아시아의 국제정세(박세이, 2014, 56쪽)와 진대 평주의 요동국 (김종완 지도 수정)

했다.[49] 다음의 〈표 1〉과 〈그림 3〉이 참고된다.

요동 북부 역시 조위~서진의 영역으로 일관했다고 보기 어렵다. 이와 관련하여 다음의 사료가 참고된다.

---

49 余昊奎, 2002, 「고구려 초기의 梁貊과 小水貊」, 『韓國古代史硏究』 25 참조.

이 해(233)에 손권(孫權)이 합비신성(合肥新城)을 향하여 장군(將軍) 전종(全琮)을 보내 육안(六安)을 정벌하도록 했는데, 모두 이기지 못하고 돌아왔다. 《『오서(吳書)』에서 다음과 같이 전한다. 처음에 장미(張彌)·허안(許晏) 등이 모두 양평(襄平)에 도착했는데, 관속·종자가 400명 가량이었다. 공손연이 장미·허안을 도모하고자 먼저 그 무리를 나누어 요동군의 제현(諸縣)에 두고, 중사(中使) 진단(秦旦)·장군(張羣)·두덕(杜德)·황강(黃疆) 등과 이병(吏兵) 60명은 현도군에 두었다. 현도군은 요동군의 북쪽에 있는데, 서로 200리 떨어져 있다. (현도)태수 왕찬(王贊)은 200호를 거느렸고, 아울러 300~400명 정도를 거느렸다. 진단 등은 민가(民家)에 기거하면서 그로부터 음식을 받았다. 40여 일 정도 머물렀는데, 진단이 황강과 더불어 의논하며 말했다. "우리 사람은 멀리서부터 삼가 국명을 받았는데, 이곳에서 자포자기하고 있으니, 죽은 것과 무엇이 다를 것이오? 지금 이 [현도]군을 보건대 형세가 매우 약하오. 만약 한 번에 한마음으로 성곽을 불태우고 그 장리(長吏)를 죽이면, 나라를 위하여 수치를 갚을 수 있으니, 그런 연후에 죽임을 당한다면 여한이 없을 것이오. 구차하게 오래도록 살아서 갇힌 포로가 되겠소?" 황강 등이 그렇다고 생각했다. 이에 몰래 서로 약속하고, 8월 19일 밤에 실행하기로 했다. 그날 오시(午時)에 무리 중의 장송(張松)이 고발하니, 왕찬은 갑자기 군사를 모아 성문을 닫았다. 진단·장군·두덕·황강 등은 모두 성을 넘어 달아날 수 있었다.……〉[50]

『삼국지』 배송지 주에 인용된 『오서』가 주목된다. 『오서』는 위요(韋曜)와 화핵(華覈)이 손량(孫亮, 재위 252~258)의 명을 받아 편찬한 사서

---

50 『삼국지』 권47, 오서2, 오주2 손권.

이다. 비록 지금은 전하지 않고 배송지의 주를 통해 일문을 살필 수 있을 뿐이지만, 배송지는 폭넓은 사서를 섭렵해『삼국지』를 충실히 보완했다고 평가된다.[51] 위 사료에 인용된『오서』도 거의 당대의 사서인 만큼 사료적 가치가 높다고 판단된다. 그러고 보면『오서』에 3세기 전반 현도군의 사정이 비교적 상세히 묘사되고 있어 흥미롭다.

현도군은 여러 차례 이치되었는데, 마지막 제3현도군의 치소는 지금의 랴오닝성 선양 상백관둔고성(上柏官屯古城) 또는 랴오닝성 푸순 노동공원고성(勞動公園古城)으로 비정된다.[52] 제3현도군은 후한대부터 서진대까지 요동 북부의 핵심 거점으로 동방정책의 전진기지였다. 그런데 위 사료에서 공손씨 정권의 현도군 태수 왕찬은 200호에 300~400명 정도의 인원을 거느린 정도에 불과했다고 나온다. 진단은 60명의 손오(孫吳) 이병(吏兵)과 더불어 현도군을 전복하고자 했다. 또한 전복 시도가 탄로 난 다음에도 일부의 손오인은 성을 넘어 탈출했다. 진단이 판단한 것처럼 형세가 매우 미약했다고 이해된다.

이처럼『삼국지』소인(所引)『오서』를 통해 보건대, 공손씨 정권 대 현도군의 세력범위는 치소인 푸순 내지 푸순 일대를 크게 넘어서기는 어려웠다. 물론 조위~서진대의 세력범위가 공손씨 정권 대와 동일했다고 단정할 수는 없다. 군현 정비를 통해 세력범위를 일부 확장했을 것으로 생각된다. 다만 확장된 세력범위를 명확히 알기 어렵다. 더욱이 3세기

---

51 조익 저, 박한제 역, 2012,「裵松之三國志註」,『이십이사차기』, 소명출판, 76-84쪽.
52 현도성(玄菟城)은 현재의 상백관고성유지(上柏官古城遺址, 선양시) 혹은 영동공원고성(永東公園故城, 푸순시)으로 비정된다. 문헌 자료로 보아서는 전자가 우세하며 고고자료로 보아서는 후자의 가능성이 높다고 한다. 여러 학설과 주요 내용에 관해서는 余昊奎, 1999,『高句麗 城』2, 國防軍史研究所, 177-179쪽 및 178쪽의 표〈3-2-1〉참조.

후반~4세기 초반 서진의 요동군·현도군은 모용선비의 흥기와 고구려의 공략으로 거의 무력화되었다.[53] 이러한 추이를 감안해 보면, 조위~서진 대 현도군의 세력범위는 신축적이었을 수 있지만, 시종 요동지역의 북부를 온전히 장악하고 있었다고 할 수는 없다. 요동 북부에서도 조위~서진의 영역은 제한적이었다고 보아야 한다. 〈그림 4〉와 같은 역사지도가 참고된다.

III. 한국고대사 관련 서술의 축소와 그 의미

『신판 중국역사』 중 고대사 분야의 단원 구성은 다음과 같다.

상권
 제2단원 하상주(夏商周)시기: 초기국가와 사회변혁
  제4과 하상주의 교체
  제5과 청동기와 갑골문
  제6과 동요하는 춘추(春秋)시기
  제7과 전국(戰國)시기의 사회 변화
  제8과 백가쟁명(百家爭鳴)
 제3단원 진·한(秦漢)시기: 통일적 다민족국가의 건립과 공고화
  제9과 진의 중국 통일
  제10과 진말 농민 대봉기

---

53 孔錫龜, 1991, 『高句麗 領域擴張史 硏究』, 書景文化社, 27-29쪽.

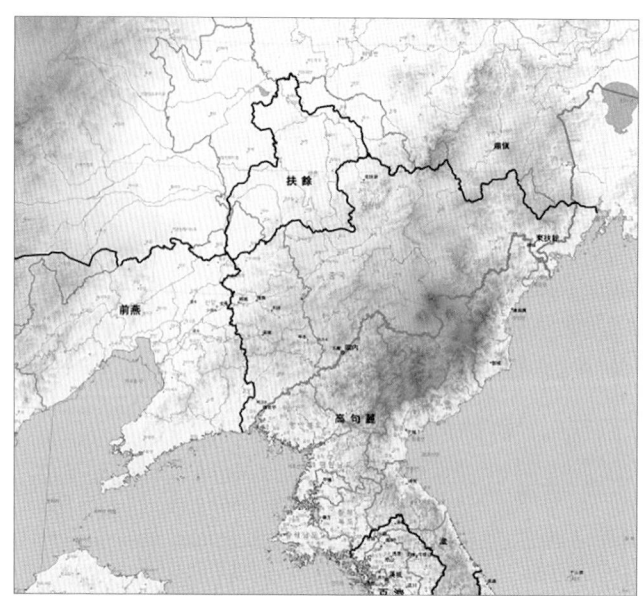

그림 4　4세기 전반의 삼국과 가야, 부여

　　　제11과　전한의 건립과 '문경(文景)의 치세'

　　　제12과　한무제의 대통일왕조 공고화

　　　제13과　후한의 성쇠(盛衰)

　　　제14과　중국과 외국의 문명을 교류시키는 '실크로드'

　　　제15과　양한(兩漢)의 과학기술과 문화

　제4단원　삼국양진남북조(三國兩晉南北朝)시기: 정권 분립과 민족 융합

　　　제16과　삼국 정립

　　　제17과　서진(西晉)의 잠정 통일과 북방 각 종족의 내륙 이주

　　　제18과　동진(東晉)·남조(南朝)시기 강남(江南) 지구의 개발

　　　제19과　북위(北魏)의 정치와 북방민족의 대융합

　　　제20과　위진남북조(魏晉南北朝)의 과학기술과 문화

제21과 활동과: 우리가 함께 역사를 느끼자

하권

제1단원 수·당(隋唐)시기: 번영과 개방의 시대

  제1과 수의 통일과 멸망

  제2과 '정관(貞觀)의 치세'부터 '개원(開元)의 태평성대'까지

  제3과 성당(盛唐)의 분위기

  제4과 당대(唐代) 중국과 외국의 문화교류

  제5과 안사(安史)의 난과 당의 쇠망

위의 단원 구성에서 알 수 있듯이 『신판 중국역사』에서는 하상주(夏商周)부터 진·한(秦漢)—삼국—서진—동진(東晉)·남조(南朝)—북위(北魏)—위진남북조(魏晉南北朝)—수·당(隋唐)으로 이어지는 중원왕조의 왕조사 체계를 바탕으로 단원을 구성했다. 이와 같은 단원 구성에 한국고대사와 관련한 내용은 직접적으로 나타나지 않는다. 서술 내용 역시 한국고대사 관련 서술은 찾아보기 어렵다. 역사지도 역시 마찬가지이다.

앞서 언급했듯 『신판 중국역사』의 역사지도에서는 고조선이 표시되지 않았다. 〈지도 5〉에서 살펴볼 수 있듯이 한(漢)의 경우 조선반도(朝鮮半島)란 지명만 표시했다. 일본열도에 왜(倭)·일본(日本)이 표시된 점과 대조된다. 비단 고조선뿐만 아니라 한국고대사 속의 여러 나라 대부분을 찾아볼 수 없다. 고구려마저 보이지 않는다.

주지하다시피 수의 고구려 공격은 멸망의 주요 원인 중 하나였지만, '요동정벌'로 적어 직접적인 표현을 기피했다. 영제거(永濟渠)와 같은 운하도 고구려 공격을 목표로 개통되었지만, 언급이 없다. 수대의 대운하 축

표 2 구판 교과서의 고구려-수·당 전쟁 서술 연구

출판사	고구려-수 전쟁	고구려-당 전쟁
베이징교육과학연구원	○	×
베이징사범대학출판사	×	×
쓰촨교육출판사	○	×
악록서사	○	×
중국지도출판사		
하동사범대학출판사		
허베이인민대학출판사	×	×

조에 대해서는 중원지역의 남북 교통과 경제적 교류가 촉진되었다는 점만 서술했다. 인과관계를 설명하기 위해 서술이 필요한 데도 서술치 않은 것이다. 당의 고구려 공격도 마찬가지로 찾아볼 수 없다.

이처럼 수·당의 고구려 공격이 삭제된 것은 2001년 이후의 추이로, 이로부터 제종의 역사교과서에서 한국사 서술은 점차 삭제·축소되었다.[54] 〈표 2〉와 같은 구판의 서술 여부가 참고된다.

『신판 중국역사』에서는 발해마저 역사지도에서 표시하지 않았다. 신판 1쇄(2016.11)에서는 서술마저 삭제했다. 고구려-수·당 전쟁사 서술 삭제·역사지도의 발해 삭제는 논란의 여지를 없애 한국과의 역사분쟁을 피하고자 한 방편이었다고 볼 수도 있다. 그런데 신판 2쇄(2018.1)에서 다음과 같은 서술이 추가되어 주의된다.

---

54 金志勳·鄭永順, 2004,「최근 중국 중고등학교 역사교과서 속의 한국과 한국사-『역사교학대강』 교과서와 「역사과정표준」 교과서의 비교 검토-」『중국근현대사연구』 23, 165-168쪽; 김지훈, 2007「중화인민공화국 역사교과서에 나타난 고구려발해사 서술」,『高句麗研究』 29, 121-123쪽.

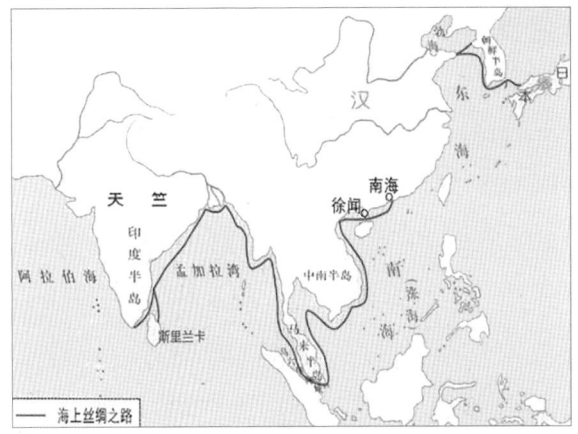

한대의 해상실크로드
(신판, 65쪽)

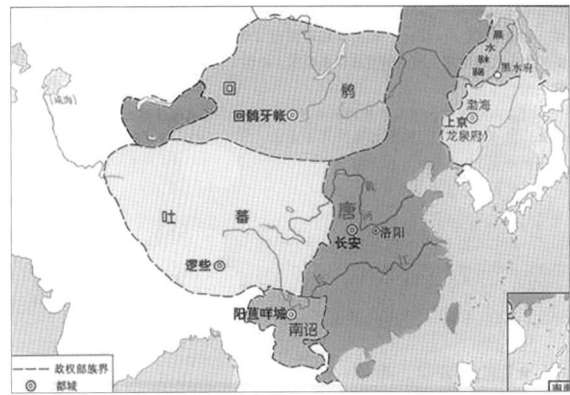

당왕조 전기 강역 및
각 족 분포도(구판, 25쪽)

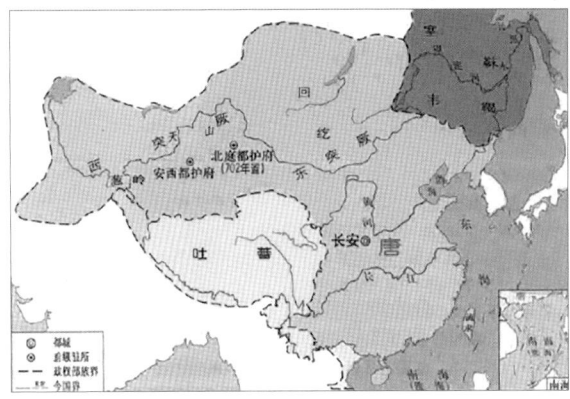

당왕조 전기 강역 및
각 족 분포도(신판, 7쪽)

그림 5 『신판 중국역사』의 한·당 역사지도

제1부 중학교 역사교과서 분석   97

민족 교류와 융합(14쪽, 제3과 성당의 기상)

당초 돌궐이 고비사막 북쪽의 막북과 서역의 광대한 지역을 차지하면서 당조를 교란시켰으나 정관 연간 당태종의 반격으로 동돌궐과 서돌궐을 격파하고 서역 통치를 강화했다.……당조시기 한족과 북방 소수민족이 잡거하고 통혼해, 민족 간의 융합이 한층 더 발전했다. 여러 중요한 관직을 소수민족 인사가 담당했다. 동북, 서북, 서남 등 지역의 소수민족이 세운 정권은 당 왕조와 밀접한 관계를 맺었다. 예를 들면 당 현종시기 발해국의 수령을 발해군왕으로 책봉하고 회흘수령은 회인가한(懷仁可汗), 남조 수령은 운남왕(雲南王)으로 책봉했다. 또한 당조는 이를 전후하여 안서도호부와 북정도호부를 설치하고, 서역의 천산산맥(天山山脈) 남북지역을 관할했다.

관련 사실

송화강·흑룡강 유역에서 생활한 말갈족 중 한 갈래인 속말말갈이 7세기 말에 여러 종족을 통일하고 정권을 수립했다. 후에 당 현종이 그곳에 주(州)를 설립하고 그들의 수령을 도독으로 삼았으며, 발해군왕으로 봉했다. 책봉을 받은 발해국은 내지와의 무역 왕래가 빈번했고, 경제문화 발전이 매우 빨랐기에 '해동성국'이라고 불렸다.

발해는 회흘·남조처럼 당의 소수민족 정권이었고, 발해군왕 책봉은 민족융합이 발전한 사례의 하나였다고 했다. 발해는 말갈이 수립한 정권이었고, 당에서 그 지역에 주(州)를 설치해 지역의 수령을 도독으로 임명했다고 했다. 발해가 당의 지방정권으로 당과 교류함으로써 성장할 수 있었다고 했다. 종래의 서술과 대동소이하다고 할 수 있다.

이처럼 발해사를 당의 소수민족 지방정권으로 본 중국의 역사인식은 변화하지 않았다. 이로 미루어 보아 『신판 중국역사』에서 고구려사를 비롯한 한국고대사 서술이 삭제·축소된 것이 역사분쟁을 염두에 둔 변화였다고 해석하기는 곤란하다. 베트남사 등 여타 주변국의 지도 및 서술 역시 삭제·축소된 현상이 고려된다.

이미 연구된 것처럼 2001년 이후 중국의 역사교과서는 〈의무교육 역사과정표준(義務敎育歷史課程標準)〉(〈교육과정표준〉)에 입각해 서술되고 있는데, 〈교육과정표준〉은 역사학의 성과를 기본적인 내용으로 하지만, '국가의 법률법규 및 방침 정책을 반드시 준수'해야 했다.[55] 〈교육과정표준〉의 중심은 중화민족·중화문명이었다. 그리고 "국제관계상 특별히 민감한 문제가 있으면 회피하거나 비교적 개괄적으로 서술할 수 있다"[56]고 규정했다고 한다.[57] 이로 미루어 보아 한국고대사 관련 역사지도와 서술이 삭제·축소된 데는 〈교육과정표준〉에 따른 회피의 결과로 짐작된다.

다만 주변국의 역사지도 및 서술이 모두 축소되었다고 할 수는 없다. 중화문명의 세계사적 의의를 보여줄 수 있는 주요 문명은 상대적으로 강조되었다. 예컨대 『신판 중국역사』 제14과(상)는 '중국과 외국의 문명을 이은 실크로드'란 제목으로 로마(大秦)까지 표시되고 있다. 이른바 일대일로(一帶一路) 전략에 호응하여 역사교과서에서도 실크로드와 같은 교류사 관련 주제를 부각했다고 보이는데, 주로 중화문명과 주요 문명의 관계를

---

55 김유리, 2005, 「중국 교과서제도의 현황과 특징」, 권소연 외, 앞의 책, 105쪽.
56 基礎敎育敎材再建設叢書編纂會, 2003, 『中小學敎材的編寫出判』, 人民敎育出版社, 54쪽.
57 김유리, 2005, 106쪽.

설명하는 데 치중했다. 이와 비교해 비서구·약소국 역사의 대부분은 더욱 약화되었다.[58]

한국고대사 관련 서술이 삭제 또는 대폭 축소된 까닭은 이러한 측면에서도 찾아볼 수 있다. 이와 관련하여 다음의 서술이 주의된다.

당과 신라의 관계(20쪽)

조선반도의 국가들은 수조, 당조와 왕래가 빈번했다. 신라는 강성해진 후 사절과 많은 유학생들을 당조에 파견하여 중국 문화를 학습하도록 했다. 많은 신라 상인들이 중국에 와서 장사를 했는데 신라 생산품은 당조의 수입품에서 가장 우위를 차지했다. 신라는 당 제도를 모방하여 정치제도를 세우고, 과거제도를 채용하여 관리를 선발했으며 중국의 의학·천문, 역법 계산 등 과학기술 성과를 들여왔다. 조선의 음악은 중국에 전파되어 당조의 궁정뿐 아니라 민간에서도 광범위하게 유행했다. 수·당의 시문, 전적 등이 대량으로 조선에 전파되었다. 신라인 최치원은 12살에 당에 들어와 학문을 탐구했고, 18살에 진사에 합격했다. 훗날 당조에서 관리가 되었으며, 대량의 시문을 썼다. 그의 문집『계원필경』은 지금까지 전해진다.

한국고대사와 관련하여서는 "조선반도의 국가는 수·당과 빈번히 왕래했다"고 했는데, 주로 신라와 당의 관계를 중심으로 서술했다. 한반도

---

58 김지훈, 2007, 「중국의 신교육과정과 역사과정표준실험교과서」, 『동북아역사논총』 17, 237-239쪽; 윤세병, 2013, 「중국 역사교과서의 서사 구조와 이데올로기」, 『역사교육연구』 18, 59-61쪽; 오병수, 2017, 158-159쪽 참조.

및 신라사 중심의 한국고대사 인식을 보여준다. 그런데 이와 같은 신라와 당의 관계사 서술마저 비대칭적이다.

당이 수용한 신라 문물로 생산품과 음악이 지적되었다. 이 중에서 생산품은 신라 상인이 당으로 찾아와 상업활동을 전개했다고 했다. 상업적인 이득이 당이 아닌 신라 측에 있었음을 암시한다고 할 수 있다. 당이 시혜자이고 신라가 수혜자란 시각이다. 또한 음악은 궁정만 아니라 민간에서도 유행했다고 했는데, 유행이란 표현에서 짐작되듯 비교적 단기간 소비된 문화로 설명했다.

반면 신라의 당 문물 수용은 정치제도에서부터 의학·천문, 역법 계산 등의 과학기술로, 당이 신라의 국가체제 정비와 사회 발전에 결정적 기여를 한 것처럼 서술했다. 역시 당이 시혜자이고 신라가 수혜자란 시각이다. 문화 역시 시문·전적 등 유행 음악과 비교해 장기간 영향을 끼친 것으로 설명했다. 선진적인 당이 후진적인 신라에 문화를 전파했다는 이해를 바탕으로 해서 신라-당의 관계를 서술한 것이다.

이와 같은 서술방식은 이전의 역사교과서, 다른 소수민족 역사 서술에서도 마찬가지였다.[59] 『신판 중국역사』의 변화로 보기는 어렵다. 다만 중화문명 우위의 문화전파론적 시각이 유지되고 있는 가운데, 한국고대사 서술이 삭제 또는 대폭 축소된 현상은 비서구·약소국의 역사를 주변화한 경향성을 보여준다. 특히 한족 중심의 중화문명을 내세운 중화주의적 역사인식이 동심원적으로 확대되면서, 한국고대사를 비롯한 중국 소수민족 및 주변국의 역사와 문화는 박락되고 있는 것이다.

이제 중국의 역사교육 역시 역사적 사고력의 신장과 그에 기초한 시

---

59 김지훈, 2014, 「중국 중학교 역사교과서의 "소수민족" 서술」, 『역사교육』 129 참조.

민교육을 표방하고 있다. 그러나 실제 중화민족·중화문명의 단선적인 발전에 기초한 역사서술이 기조를 이루며, 이러한 시각은 중국의 국가주의 내지 애국주의에 복무하고 있다. 근대 역사학이 잉태한 국가주의, 나아가 제국주의의 위험성을 재현하고 있다. 물론 이와 같은 위험성은 한국의 역사학과 역사교육도 내포한 문제이기도 하다. 세부적인 사실의 문제만 아니라 역사학과 역사교육의 지향을 두고 논의의 장을 확대해야 할 시점이다.

IV. 맺음말

이상을 통해 최근에 개정·발행된 중국의 중등 역사교과서 『중국역사 7년급 상·하』(2016·2018, 인민교육출판사)의 한국고대사 관련 서술을 검토하고 그에 담긴 역사인식 문제를 생각해 보았다.

『신판 중국역사』에서는 한국고대사 관련 지도에 몇 가지 문제가 보인다. 우선 연과 진의 장성 문제이다. 연의 장성은 압록강까지 연결되어 있고, 진의 장성은 한반도 서북부까지 연결되어 있다. 연과 진의 장성은 동시기에 존재했던 고조선의 서북방 경계와 밀접하다. 이와 같은 지도는 『중국역사지도집』(탄치샹 주편)을 바탕으로 했다. 하지만 『중국역사지도집』에서 제시한 학문적인 논리와 근거는 취약하다. 문헌사료에 연 장성의 동단은 양평, 즉 지금의 랴오닝성 랴오양으로 나오고, 고고자료를 통해 보아도 랴오닝성 일대로 파악된다. 또한 『중국역사지도집』에서 진 장성은 『태강지리지』 일문, 『사기색은』 등의 문헌에 근거했는데, 이와 같은 사료는 당대 이후 편집된 것으로, 낙랑군이 교치된 이후의 사실이 부회된 것이다. 한반도 서북부의 고고자료로 보아도 진 장성을 한반도 서북부까지 연결해 볼 근거는 찾기 어렵다.

다음으로 조위~서진의 영역도 문제의 소지가 있다. 240년대 중반 관구검의 고구려·예맥·한 공격에 근거해서 조위~서진의 영역을 한반도 중부까지로 표시했다. 그러나 관구검의 군사활동은 일시적인 전시 상황이었다. 군사활동으로 곧 조위의 영역이 되었다고 볼 수 없다. 공손씨 정권 대 현토군의 세력범위는 치소인 푸순 일대를 크게 넘어서기는 어려웠다. 조위~서진대에도 사정은 다르지 않았다고 보인다.

『신판 중국역사』에서는 고조선에서부터 고구려·발해까지 한국고대사 속의 여러 나라 대부분을 찾아볼 수 없다. 이와 관련하여 베트남 등 여타 주변국의 지도 및 서술 역시 삭제·축소된 현상이 참고된다. 2001년 이후 중국의 역사교과서는 〈의무교육 역사과정표준〉에 입각해 서술되고 있는데, 그 중심은 중화민족·중화문명이다. 다만 중화문명의 세계사적 의의를 보여줄 수 있는 주요 문명을 상대적으로 강조했다. 이와 비교해 비서구·약소국 역사의 대부분은 더욱 약화되었다. 중화문명 우위의 문화전파론적 시각이 유지되고 있는 가운데, 비서구·약소국의 역사를 주변화한 경향성이 보인다. 한족 중심의 중화문명을 내세운 중화주의적 역사인식이 동심원적으로 확대되면서, 한국고대사를 비롯한 중국 소수민족 및 주변국의 역사와 문화는 박락된 것으로 풀이된다.

참고문헌

고구려연구재단 편, 2006, 『중국의 역사교육, 그 실상과 의도』, 고구려연구재단.
_____, 2006, 『중국의 역사교육과 교과서』, 고구려연구재단.
孔錫龜, 1991, 『高句麗 領域擴張史 硏究』, 書景文化社.
권소연 외, 2006, 『중국의 역사교육과 교과서』, 고구려연구재단.
김현숙, 2005, 『고구려의 영역지배방식 연구』, 모시는사람들.
노태돈 외, 2000, 『단군과 고조선사』, 사계절.
노태돈, 1999, 『고구려사연구』, 사계절.
동북아역사재단 편, 2006, 『중국 역사 교과서의 한국 고대사 서술 문제』, 동북아역사재단.
아시아평화와역사교육연대, 2018, 『중국 중학교 역사교과서 개편의 현황과 역사인식』, 동북아역사재단.
여호규, 1999, 『高句麗 城』 2, 國防軍史硏究所.
_____, 2014, 『고구려 초기 정치사 연구』, 신서원.
윤세병, 2018, 『중국 역사교과서의 서사구조와 이데올로기』, 경인문화사.
임기환, 2004, 『고구려 정치사 연구』, 한나래.
임기환 외, 2012, 『중국의 동북공정과 한국고대사』, 주류성.
全海宗, 1980, 『東夷傳의 文獻的 硏究 －魏略·三國志·後漢書 東夷關係 記事의 檢討－』, 一潮閣.
千寬宇, 1989, 『古朝鮮史·三韓史硏究』, 一潮閣.
한국사연구회, 2008, 『새로운 한국사 길잡이 上』, 지식산업사.
공석구, 2014, 「『中國歷史地圖集』의 戰國時期 燕 長城 고찰」, 『백산학보』 99.
_____, 2015, 「『中國歷史地圖集』의 평양지역까지 연결된 秦 長城에 대한 검토」, 『先史와 古代』 43.
_____, 2016, 「秦 長城 東端인 樂浪郡 遂城縣의 위치문제」, 『韓國古代史硏究』 81.
_____, 2017, 「청천강 유역까지 연결된 漢長城 東端 문제 고찰－『中國歷史地圖集』의 사례를 중심으로」, 『東北亞歷史論叢』 56.
김지훈, 2007, 「중국의 신교육과정과 역사과정표준실험교과서」, 『동북아역사논총』 17.

_____, 2007, 「중화인민공화국 역사교과서에 나타난 고구려발해사 서술」, 『高句麗硏究』 29.

_____, 2014, 「중국 중학교 역사교과서의 "소수민족" 서술」, 『역사교육』 129.

_____, 2018, 「중국의 중고등학교 역사과정 표준의 개정과 교과서 발행」, 『동북아역사재단 한중관계연구소 회의자료』.

金志勳·鄭永順, 2004, 「최근 중국 중고등학교 역사교과서 속의 한국과 한국사-『역사교학대강』 교과서와 「역사과정표준」 교과서의 비교 검토-」, 『중국근현대사연구』 23.

노태돈, 1990, 「고조선 중심의 변천에 대한 연구」, 『한국사론』 23, 서울대학교 국사학과.

박장배, 2005, 「현대 중국 학계의 고구려사 연구사업의 등장 배경」, 『역사와 현실』 55.

_____, 2006, 「현대 중국 역사교과서에 투영된 역사관-1950년대를 중심으로-」, 『白山學報』 75.

余昊奎, 2002, 「고구려 초기의 梁貊과 小水貊」, 『韓國古代史硏究』 25.

오병수, 2016, 「국내 학계의 중국 역사교과서 연구 경향과 과제」, 『동북아역사논총』 53.

윤세병, 2011, 「중국 역사교과서의 역사지도」, 『역사와 담론』 60.

_____, 2013, 「중국 역사교과서의 서사 구조와 이데올로기」, 『역사교육연구』 18.

윤용구, 1999, 「三韓의 對中交涉과 그 性格-曹魏의 東夷經略과 관련하여-」, 『國史館論叢』 85.

_____, 2010, 「『三國志』 판본과 「東夷傳」 교감」, 『韓國古代史硏究』 60.

_____, 2015, 「3세기 이전 마한백제의 성장과 중국」, 한성백제박물관 편, 『백제의 성장과 중국-백제학연구총서 쟁점백제사5-』, 홀리데이북스.

이성규, 2005, 「4세기 이후의 낙랑교군과 낙랑유민」, 최소자교수정년기념논총간행위원회 편, 『동아시아 역사 속의 중국과 한국』, 서해문집.

이승호, 2015, 「「冊丘儉紀功碑」의 해석과 高句麗·魏 전쟁의 재구성」, 『木簡과 文字』 15.

이정빈, 2015, 「崎離營을 통해 본 마한 諸國과 曹魏」, 『백제학보』 22.

홍승현, 2014, 「전국시기 연의 장성 축조와 국가 성격」, 홍승현 外, 『중국 역대 장성의 연구』, 동북아역사재단.

3

국가의지와 역사교과서의 정치화
2018년 중국 중학교 역사교과서의 현대사 서술

김지훈 아시아평화와역사연구소 연구위원

I. 머리말

중국은 1949년 중화인민공화국 수립 이후 인민교육출판사에서 출판한 단일교과서를 사용했다. 그러나 개혁개방 이후 도시와 농촌, 연해지역과 내륙지역의 차이를 반영한 교과서 편찬의 필요성이 대두했다. 이에 따라 중국은 1990년대부터 각 지역의 여건에 적합한 여러 종류의 교과서를 발행하여 사용했다.[1] 그러나 지난 40년 동안 개혁개방이 지속되면서 기존 국가 중심의 역사인식에 도전하는 일부의 움직임을 우려한 중국정부는

---

1 김지훈, 2006, 「현대중국 역사교과서의 역사 1949-2006년 중고등학교 교과서를 중심으로-」,『백산학보』75; 김지훈, 2007,「중국의 신교육과정과 역사과정표준 실험 교과서」,『동북아역사논총』17.

여러 종류의 역사교과서를 사용하던 기존의 방침을 바꾸어 2017년 9월(1학기)에 입학한 중학교 신입생부터 인민교육출판사의 역사교과서만을 사용하도록 결정했다.[2]

중국정부는 2017년 7월 국가교재위원회(國家敎材委員會)를 설립하여 전국의 교과서 업무를 지도하고, 교과서와 관련된 당과 국가의 중요한 정책을 관철시키며 관련된 연구를 진행하도록 했다. 현재 중국은 중국특색의 사회주의 건설을 위하여 '두 개의 백 년' 분투 목표와 중화민족의 위대한 부흥, 중국의 꿈을 실현하는 것과 국가의 교육이 밀접한 연관성을 가지고 있다고 한다. 중국정부는 교과서를 국가의지(國家意志)를 체현하는 수단으로 보고, 교과서 편찬도 국가의 권리라는 인식을 가지고 있다.[3]

중국은 국가의지의 본질이 정부의지(政府意志)이고 국가의지를 제도적으로 체현한 것이 권력(權力)이라고 한다. 이러한 인식 속에서 중국은 국가의지를 관철하기 위하여 중학교와 고등학교, 대학교의 역사교과서를 모두 단일한 국정교과서로 편찬하려 한다. 새 고등학교 역사과정표준은 2017년에 이미 반포되었고, 이에 의거하여 편찬된 고등학교 역사교과서도 2019년부터 사용했다. 대학교의 경우는 마르크스주의 이론 연구와

---

[2] 중국은 2017년 9월 1일부터 모든 초중등학교의 『어문』, 『역사』, 『도덕과 법치』 세 교과목을 교육부에서 편찬한 단일교과서(部編本)를 사용하기로 결정했다. 이 때문에 기존에 발행된 9종의 중학교 역사교과서 가운데 인민교육출판사를 제외한 8종의 역사교과서는 2019년 봄학기를 마지막으로 사용이 중단됐다. "全國中小學統一使用'部編本'敎材, '人敎版'·'蘇敎版'卽將成爲歷史", 『南方週末』, 2017.8.31(www.infzm.com/content/128156).

[3] 중국 국가교재위원회는 2017년 정식으로 설립됐다. "對話國家教材委員委員: 敎材建設實質上是國家事權", 『光明日報』, 2017.7.14(politics.people.com.cn/n1/2017/0714/c1001-29404209.html).

건설공정(馬克思主義理論硏究和建設工程)을 추진하면서 대학용 중점교재를 편찬하여 사용하고 있다. 이 가운데 중국공산당 중앙정치부 등에서 주관하여 편찬한 일부 대학교 역사교재들은 이미 출판되어 보급되고 있다.[4]

1992년 한중 수교 이후 한국과 중국 사이의 교류가 지속적으로 확대되었다. 그러나 사드 배치 이후 한국인들의 중국에 대한 인식은 크게 악화되었다. 개혁 개방 이후 중국은 세계 2위의 경제대국으로 부상하면서 국제적 영향력을 확대해 가고 있다. 이러한 조건 속에서 중국인들이 개혁 개방 이후 중국의 변화를 어떻게 인식하고 있는가를 파악하는 것은 한국과 중국의 상호 이해를 위해서 중요한 의미가 있으나 그동안 그다지 주목받지 못했다.

중국 역사교과서의 개혁개방에 대한 서술은 1987년 발행된 중학교 역사교과서에서 처음으로 시작되었다. 이 교과서는 프롤레타리아 문화대혁명 이후 개혁개방의 과정을 간략하게 서술했다.[5] 현재 중국 역사교과서에 의하면 "개혁개방은 신해혁명, 중화인민공화국 수립과 사회주의제도 건립과 함께 20세기 중국의 3대 역사적 변화라고 불린다"[6]며 높이 평가한다.

---

[4] 마르크스주의 이론 연구와 건설공정의 대학교용 중점 역사교재로 『사학개론』, 『중국근대사』, 『중화인민공화국사』, 『세계고대사』, 『세계현대사』, 『고고학개론』, 『중국사상사』 등이 이미 편찬되었다. 이외에 다수의 역사 관련 대학교 중점 역사교재들도 집필하고 있다. "馬克思主義理論硏究和建設工程重點敎材", 2018. 8.13(wenku.baidu.com/view/85e65ac5cd22bcd126fff705cc17552707225e07.html).

[5] 人民敎育出版社歷史室 編, 1987, 『初級中學課本 中國歷史 第三冊』, 人民敎育出版社, 153-158쪽.

[6] 敎育部組織編纂 齊世榮 總主編, 2018, 『義務敎育敎科書 中國歷史 八學年 下冊』, 人民敎育出版社, 34쪽.

여기서는 현행 중국의 의무교육교과서인 중학교『의무교육과정 중국역사』를 통해서 현재 중국이 개혁개방을 어떻게 서술하고 있는가를 살펴보겠다. 특히 중국에서 단일교과서로 사용되고 있는 인민교육출판사의 중학교『중국역사』교과서의 내용 변화를 중심으로 중국의 개혁개방 이후 현대사 서술의 변화를 검토해 보겠다.

II. 중국 역사교과서의 국정화

중국정부가 역사교과서의 국정화 여부를 검토하게 된 것은 2006년『뉴욕타임스』를 통해 촉발된 '문명사관 대 혁명사관' 논란에 뿌리를 두고 있다. 미국의『뉴욕타임스』는 2006년 가을에 출판된 상하이지역의 고등학교 역사교과서에 대해 "마오쩌둥, 어디로 갔나? 중국의 역사교과서 수정(Where's Mao? Chinese Revise History Books)"이라는 제목의 기사를 게재했다.[7] 이『뉴욕타임스』의 기사는 상하이의 고등학교 역사교과서가 전쟁, 역대 왕조들, 공산주의 혁명보다 경제, 기술, 사회적 관습과 세계화를 강조하고 있다고 보도했다. 특히 마오쩌둥, 공산당의 장정(長征), 난징대학살 등에 관한 서술이 감소하고 그 대신 글로벌 금융회사인 제이피모건과 빌 게이츠, 뉴욕 증권거래소, 우주왕복선, 일본의 신칸센 등의 서술이 추가됐다는 점도 강조했다.

상하이사범대학 교수들이 집필진으로 참여한 이 역사교과서는 이른

---

7 Joseph Kahn, 2006.9.1, "Where's Mao? Chinese Revise History Books," *New York Times*(www.nytimes.com/2006/09/01/world/asia/01china.html?pagewanted=all).

바 '문명사관'에 입각해 집필되었다.[8] 당시 상하이는 국제도시로 발돋움하던 상하이의 지역적 특성을 고려해 중국문명에 대한 자부심과 함께 세계사 및 세계문명의 흐름 속에서 중국문명을 통합적으로 인식할 수 있는 인재를 양성해야 한다는 교육 목표를 가지고 있었다.

2006년 『뉴욕타임스』의 상하이 고등학교 역사교과서 관련 보도는 전 세계의 언론에 소개되어 큰 반향을 일으켰다. 한국을 비롯하여 전 세계가 중국의 새 역사교과서가 달라졌다고 보도했다. 이에 대해 중국 내 보수주의자들은 "상하이 역사교과서의 문명사관이 중국의 전통적인 혁명사관을 부정하거나 약화시키고 있다"고 비판을 했다. 이러한 비판은 과장된 것이었지만 교과서를 제대로 읽어보지도 않은 중국의 일부 보수주의자들은 상하이의 고등학교 역사교과서를 격렬하게 비판했다. 그 결과 중국정부는 상하이의 고등학교 역사교과서 사용을 중단시키고 화둥사범대학에서 새로운 고등학교 역사교과서를 편찬했다.[9]

중국에서는 2006년 이후 역사와 정치, 어문교과서 등을 단일교과서로 하자는 주장과 현행대로 여러 종류의 교과서를 출판하자는 의견이 대립했다. 역사교과서 등의 국정화 문제에 대해 교육적인 측면에서 개혁개방에 부응하는 다양한 교과서가 사용되어야 한다는 의견과 국가의지를 반영한 단일교과서를 사용해야 한다는 보수주의자들의 의견으로 나뉘

---

8 上海市中小學課程改革委員會, 2003, 『高級中學課本 歷史 高中一年級第一學期(試用本)』, 上海教育出版社; 上海市中小學課程改革委員會, 2004, 『高級中學課本 歷史 高中一年級第二學期(試用本)』, 上海教育出版社; 上海市中小學課程改革委員會, 2005, 『高級中學課本 歷史 高中三年級(試驗本)』, 上海教育出版社.

9 김지훈, 2019a, 「중국 상하이 『역사』교과서 논쟁과 지식인-상하이 지역 고등학교 역사교과서의 변화」, 『중국근현대사연구』 81 참조.

었다.

한편 중국의 교과서는 저렴한 편이지만 중국의 높은 교육열 속에서 교과서를 비롯한 부교재, 교과연수 등과 관련된 이해관계가 얽혀서 교과서 채택을 둘러싼 잡음도 많았다. 인민교육출판사의 경우 1949년 건국 이후 1980년대까지 독점적 지위를 가지고 있었지만 여러 출판사에서 교과서를 출판하여 치열하게 경쟁하는 교과서 시장에서 점차 점유율이 떨어지고 있었다.

결국 후진타오정부에서는 역사교과서를 단일교과서로 편찬하는 문제에 대해서 결론을 내리지 못했다. 2011년 새 중학교 『역사과정표준』이 출판되었지만 단일교과서 편찬을 둘러싼 대립 속에서 5년 동안 검정과 재검정을 반복하다가 2016년 1학기(가을학기)부터 기존의 방식대로 중학교 역사교과서가 검정되어 9종의 교과서가 출판되었다.[10]

중국의 중학교 역사교과서는 인민교육출판사, 베이징사범대학출판사, 화둥사범대학출판사, 중국지도출판사, 쓰촨교육출판사, 악록서사, 허베이인민출판사, 중화서국 등 8개 출판사와 베이징지역에서만 사용되던 베이징출판사의 역사교과서가 추가되어 모두 9종의 역사교과서가 전국적으로 중학교 1학년 학생들에게 보급되었다. 이에 따라 2016년 가을학

---

10 이 9종의 중학교 역사교과서는 중국 교육부의 검정을 거쳐서 전국적으로 사용되는 교과서이다. 이외에 산둥교육출판사의 5·4제 중학교 교과서도 있지만 인민교육출판사의 6·3제 교과서와 내용상 차이가 없고, 산둥 옌타이 등 일부 지역 이외에는 사용하는 곳이 없기 때문에 전국적으로 사용하는 교과서 현황표에서 제외했다. 2018년 상하이지역에서는 상하이지방 과정으로 화둥사범대학출판사에서 출판한 상하이판 역사교과서를 독자적으로 사용하고 있다. 화둥사범대학출판사의 상하이판 중학교 역사교과서는 화둥사범대학출판사에서 출판한 전국판 역사교과서와 다른 교과서이다. 그러나 상하이지방 과정은 앞으로 폐지될 것으로 보인다.

기에 『중국역사』 7학년 상권, 2017년 봄학기에 『중국역사』 7학년 하권, 2017년 가을학기에 『중국역사』 8학년 상권, 2018년 봄학기에 『중국역사』 8학년 하권, 2018년 가을학기에 『세계역사』 9학년 상권이 출판되었고, 2019년 봄학기에는 『세계역사』 9학년 하권이 발간되어 모든 중학교 역사교과서가 모습을 드러냈다.

중국의 보수파들은 개혁개방 이후에 포스트모더니즘 등 서구의 각종 사조가 유입되면서 젊은 세대 사이에서 중국공산당을 중심으로 한 혁명사관이 약화되고 있다는 점을 지속적으로 우려했다.

중국공산당은 "교재는 민족의 우수한 문화를 전승하고 국가의지를 체현하며 인류 문명을 반영하고, 어떤 인재를 어떻게 배양할 것인가 하는 근본적 문제를 잘 해결하는 중요한 담체로 학교 교육의 근본"[11]이라고 했다.

중국정부는 2016년 국가교재위원회를 설립하기로 결정했고, 2017년 7월 국가교재위원회가 정식으로 설립되었다. 국가교재위원회는 전국의 교과서 업무를 지도하고 총괄하며 중국공산당과 국가의 교과서에 관한 중요한 정책을 관철시키고, 국가과정 설치와 과정표준 심사 등의 업무를 수행한다. 국가교재위원회의 주임은 국무원 부총리 류옌둥(劉延東), 부주임은 교육부 부장 천바오성(陳寶生)과 중앙선전부 부부장 황쿤밍(黃坤明)이 임명되었다.[12] 국가교재위원회는 중화인민공화국 수립 이후 전국의 교과서 업무를 지도하고 관리하는 최초의 기구이다.

11　中共教育部黨組, 2016.7.4, 「全面提升哲學社會科學育人育才水平」, 『求是』(theory.people.com.cn/n1/2016/0704/c40531-28522911.html).

12　中華人民共和國教育部, 2018.7.3, 「成立國家教材委員會的通知」(www.gov.cn/zhengce/content/2017-07/06/content_5208390.htm).

표 1 2018년 중국 중학교 역사교과서 현황

편찬자	출판사	교과서명	사용 학년
齊世榮	교육부, 인민교육출판사	의무교육교과서·역사 7학년 상책~9학년 하책	7~9학년
徐藍	베이징교육과학연구원, 베이징출판사	의무교육교과서·역사 9학년 상하책	9학년
朱漢國	베이징사범대학출판사	의무교육교과서·역사 9학년 상하책	9학년
吳偉	허베이인민출판사	의무교육교과서·역사 9학년 상하책	9학년
王斯德	화둥사범대학출판사	의무교육교과서·역사 9학년 상하책	9학년
龔奇柱	쓰촨교육출판사	의무교육교과서·역사 9학년 상하책	9학년
趙世瑜 楊寧一	악록서사	의무교육교과서·역사 9학년 상하책	9학년
白月橋	중국지도출판사	의무교육교과서·역사 9학년 상하책	9학년
陳之驊 張傳璽 宋一夫	중화서국	의무교육교과서·역사 9학년 상하책	9학년

    2016년 겨울 중국 교육부는 인민교육출판사의 중학교 역사교과서를 '통편역사교과서(統編敎材)'로 사용하기로 결정했다.[13] 이에 따라 2016년 입학생은 2016년에 검정 통과된 기존 9종의 역사교과서를 사용하지만 2017년 가을학기(1학기)에 입학한 중학생은 인민교육출판사의 역사교과서만을 사용하게 되었다.

---

13 2017년 5월 중국 교육부는 중학교의 15개 학과의 교과서는 2016년 검정에서 통과한 교과서를 사용하지만, 도덕과 법치(道德與法治), 어문(語文), 역사(歷史)와 초등학교(小學) 과학(科學) 등은 교재의 검정 작업이 최종적으로 끝나지 않았다고 통지했다. 中華人民共和國教育部, 2017.4.24, 「教育部就中小學教學用書有關事項發出通知」.

III. 중학교 『의무교육교과서 중국역사』의 '개혁개방' 서술

1976년 프롤레타리아 문화대혁명이 종결된 이후 중국의 인민교육출판사는 새로운 역사교과서를 편찬했지만 1980년대 전반까지는 중화인민공화국 수립까지 서술했다.

1981년 6월 27일 중국공산당 제11기 중앙위원회 제6차 전체회의에서는 〈건국 이래 당의 약간의 역사문제에 관한 결정〉[14]을 통과시켰다. 이 결의안은 중화인민공화국 수립 이후 프롤레타리아 문화대혁명 등 중요한 역사적 사건에 대한 중국공산당의 입장을 표명한 것이다. 이 역사결의는 중국공산당 중앙정치국과 중앙서기처의 지도 아래 덩샤오핑(鄧小平), 후야오방(胡耀邦)이 주도했으며, 기초소조의 책임은 후차오무(胡喬木)가 담당했다.

이 결정은 프롤레타리아 문화대혁명을 종식시키고 중국의 개혁개방을 이룬 것을 긍정적으로 평가했다. 이 결정에 의하면 "1976년 10월 장칭(江靑) 반혁명집단을 분쇄하고 거둔 승리는 당과 혁명을 위기에서 구하여 우리 나라를 새로운 역사발전시기로 나아가게 했다. 이때부터 제11기 중앙위원회 제3차 전체회의에 이르는 2년 동안 광범위한 간부와 대중은 드높은 열정으로 혁명과 건설의 각종 사업에 뛰어 들었다"[15]고 높이 평가했다.

---

14 이 결의에서는 마오쩌둥(毛澤東)과 문화대혁명을 어떻게 평가할 것인가가 핵심적인 문제였다. 中共中央文獻硏究室, 1983.

15 中共中央文獻硏究室, 1983, 「關於建國以來黨的若干歷史問題的決議」, 『關於建國以來黨的若干歷史問題的決議注釋本』, 人民出版社, 40쪽.

이후 1987년 인민교육출판사에서 편찬한 중학교 역사교과서는 중화인민공화국의 건국 이후 개혁개방까지의 역사를 서술했다. 1987년 인민교육출판사에서 편찬한『초급중학과본 중국역사 제3책』은 '사회주의 현대화 건설의 새로운 시기'라는 장에서 중국의 개혁개방 과정을 간략하게 서술했다. 1987년 교과서는 사인방이 숙청된 이후 덩샤오핑의 직무가 회복되었고, 덩샤오핑이 진리의 표준문제에 대한 토론을 지도하여 인민의 사상을 해방시켰다고 했다. 특히 1978년 12월 중국공산당 11기 3중전회에서 실사구시(實事求是)를 확립하고 공산당의 공작중점을 사회주의 현대화 건설로 전환했다고 높이 평가했다.[16]

또한 1987년 교과서에서는 1979년 중국공산당은 '조정, 개혁, 정돈, 제고'의 방침을 정하고 농업생산 증대와 공업생산 조정 등을 통하여 공업, 농업, 국방, 과학기술 현대화라는 사회주의 현대화 건설을 가속시켰다고 했다. 1980년에는 류샤오치(劉少奇)의 복권을 결정하여 그의 명예를 회복시켰고 1981년 중국공산당 11기 6중전회에서 〈건국 이래 당의 약간의 역사문제에 관한 결정〉을 통과시켜 건국 이후 32년 동안의 중요한 역사적 사건에 대한 과학적 분석과 결론을 냈다고 평가했다. 1982년에는 중화인민공화국 신헌법이 제정되었고 '일국양제(一國兩制)'의 원칙에 따라 홍콩과 마카오문제를 해결하고 타이완문제도 평화적으로 해결하기로 했다는 방침을 소개했다.[17] 이 교과서는 사회주의시기의 문화 부문에서 문화대혁명시기와 개혁개방 이후의 변화를 비교하면서 개혁개방의 성과를 강조했다.

---

16 人民教育出版社歷史室 編, 1987, 153쪽.
17 人民教育出版社歷史室 編, 1987, 154-156쪽.

1992년 인민교육출판사가 편찬한 중학교용 『의무교육 3년제 4년제 초급중학 중국역사』 교과서의 중국현대사 부분은 모두 10과(18~27과)로 구성된다. 이 가운데 개혁개방을 다루는 부분은 제24과 '사회주의 건설의 새로운 시기'이다. 1992년 교과서는 본문에서 1978년 12월 개최된 중국공산당 11기 3중전회를 중화인민공화국 건국 이후 역사적 전환이라고 평가했다. 이 회의에서 문화대혁명 전후의 좌경 착오를 바로잡고 1976년 저우언라이(周恩來)를 추모하면서 사인방에 반대한 천안문 집회를 혁명적인 행동으로 평가했다. 1992년 교과서는 개혁개방 이후 농가 생산책임제(家庭聯産承包責任制)를 실시하는 등 개혁을 실시하여 사영경제를 발전시켰고, 사회주의 공유경제를 보완했다고 했다. 이 교과서는 이외에도 선전(深圳) 등 경제특구의 발전과 국민총생산의 증가 등을 강조했다.[18]

2004년 인민교육출판사에서 편찬한 중학교 『의무교육과정 표준실험교과서 중국역사』의 현대사 부분은 전체 7단원 21과로 구성되어 있다. 이 가운데 제3단원 '중국특색의 사회주의 건설'에서 3과에 걸쳐서 11기 3중전회와 개혁개방, 중국특색의 사회주의 건설 등을 설명했다. 이외에도 제4단원 '민족단결과 조국통일', 제5단원 '국방건설과 외교성취', 제6단원 과학기술교육과 문화, 제7단원 사회생활 등에서 개혁개방 이후 중국의 발전을 서술했다.[19]

2004년 교과서는 중국의 개혁개방에서 농촌의 농가생산책임제의 성과를 강조하고, 대외개방을 위해 설정한 선전 등의 경제특구에 대해 서술

---

18 人民教育出版社歷史室 編著, 1992, 『義務教育三年制四年制初級中學教科書(實驗本) 中國歷史 第四冊』, 人民教育出版社, 168-174쪽.

19 課程教材研究所·歷史課程教材研究開發中心, 2004, 『義務教育課程標準實驗教科書 中國歷史 八年級 下冊』, 人民教育出版社, 38-53쪽.

했다. 또한 개혁개방과 중국특색의 사회주의를 설명하면서 덩샤오핑 이론을 설명했다. 특히 1978년 11기 3중전회에 대해서 비교적 자세하게 소개했다.

2004년 교과서는 1982년 중국공산당 제12차 전국대표대회에서 덩샤오핑이 중국의 현대화 건설은 중국의 실정으로부터 출발하여야 하며 마르크스주의의 보편적 진리를 중국의 구체적인 실제와 결부시켜 자기의 길을 걸으며 중국특색의 사회주의를 건설해야 한다고 한 발언을 소개했다.

2004년 교과서는 1987년 중국공산당 제13차 전국대표대회에서 사회주의 초급단계이론을 천명하고 네 가지 기본 원칙과 개혁개방을 견지해야 한다는 덩샤오핑의 개혁개방 구상을 설명했다.[20] 이 교과서는 개혁개방 이후 서술에서는 덩샤오핑의 사상과 정책을 높이 평가했다. 반면에 이 시기 집권자인 장쩌민이나 후진타오 등의 국가지도자에 대해서는 특별히 강조하지 않았다.

2004년 교과서는 제4단원 민족단결과 조국통일에서 중국의 민족구역 자치에 대해서 소개하고 여러 민족의 공동 발전을 강조했다. 이 가운데 산둥의 시장(西藏) 지원 간부였던 쿵판선(孔繁森)이 시장에 가서 열심히 활동하여 '살아있는 보살'이라고 불렸다는 등의 내용을 수록했다. 이 외에 제11대 판첸라마를 책립하는 금병체첨(금병에서 제비를 뽑는 의식) 의식을 소개했다.

2004년 교과서는 중화인민공화국에서 특별한 공헌을 한 과학자나 공산당원 등의 활약상을 강조했다. 이러한 서술은 과거 개혁개방 이전의 역

---

20 課程教材研究所·歷史課程教材研究開發中心, 2004, 48쪽.

사교과서들이 마오쩌둥이나 저우언라이 등 국가 지도자의 활약에 중점을 두었던 것과는 차이가 있다.

제12과 '홍콩과 마카오의 회귀'에서는 일국양제를 소개하고, 제13과 '해협 양안의 교류'에서는 타이완과의 교류가 나날이 밀접해지고 있다는 점을 강조했다. 제5단원 '국방건설과 외교에서 성과'에서는 해군과 공군의 건립을 설명하고 건국 초기의 야포와 대륙간 탄도탄을 비교하면서 인민해방군의 발전을 서술했다.

외교면에서는 소련과의 수교, 비동맹외교, 중미수교, 유엔 상임이사국, 아시아태평양경제협력기구, 세계무역기구 가입 등을 설명했다. 이 밖에 과학기술면에서 성과로는 원자폭탄과 수소폭탄 실험과 인공위성 발사, 농업 부문에서 교잡벼 육성 등을 소개했다.

IV. 중학교 『의무교육교과서 중국역사』의 '개혁개방' 서술 변화

2018년 발간된 인민교육출판사의 중학교 『의무교육교과서 중국역사』는 2004년 교과서와 대체로 유사한 체제를 유지하고 있다. 그러나 2018년 교과서는 학생들의 학습 부담을 줄여준다는 정책에 따라서 2004년 교과서에 비해서 분량이 122쪽에서 107쪽으로 감소했다. 2004년 교과서는 모두 7단원 21과와 활동과 4과로 구성되어 있었다. 그러나 2018년 교과서는 모두 6단원 활동과 1과를 포함하여 20과로 구성되어 있다.

2018년 교과서는 제3단원 중국특색의 사회주의 건설 부문 내용을 보강했다. 2004년 교과서의 제3단원이 3과와 1개의 활동과로 구성되어 있

표 2 2004년과 2018년 중학교 역사교과서 8학년 하책 비교

단원	2004년 중학교 실험역사교과서	2018년 중학교 역사교과서
제1단원	제1단원 중화인민공화국의 창건과 공고 제1과 중국인민은 일어났다. 제2과 가장 사랑스러운 사람들 제3과 토지개혁	제1단원 중화인민공화국의 성립과 공고 제1과 중화인민공화국의 수립 제2과 항미원조 제3과 토지개혁
제2단원	제2단원 사회주의 길에 대한 탐색 제4과 공업화의 첫걸음 제5과 3대 개조 제6과 사회주의를 건설하는 길을 탐색 제7과 문화대혁명의 10년	제2단원 사회주의제도의 건립과 사회주의 건설의 탐색 제4과 공업화의 시작과 인민대표대회제도의 확립 제5과 삼대개조 제6과 간고한 탐색과 건설성취
제3단원	제3단원 중국특색의 사회주의 건설 제8과 위대한 역사적 전환 제9과 개혁개방 제10과 중국특색의 사회주의 건설 활동과 1 사회조사연구-고향의 어제와 오늘	제3단원 중국특색의 사회주의 길 제7과 위대한 역사적 전환 제8과 경제체제개혁 제9과 대외개방 제10과 중국특색의 사회주의 건설 제11과 중국몽을 실현하기 위한 노력
제4단원	제4단원 민족단결과 조국통일 제11과 민족단결 제12과 홍콩과 마카오의 회귀 제13과 해협 양안의 교류	제4단원 민족단결과 조국통일 제12과 민족대단결 제13과 홍콩과 마카오의 회귀 제14과 해협 양안의 교류
제5단원	제5단원 국방건설과 외교에서 성과 제14과 강철의 장성 제15과 독립자주의 평화적 외교 제16과 외교사업의 발전 활동과 2 역사 기록-신중국의 외교를 함께 이야기한다	제5단원 국방건설과 외교성과 제15과 강철의 장성 제16과 독립자주의 평화외교 제17과 외교사업의 발전
제6단원	제6단원 과학기술과 교육 및 문화 제17과 과학기술에서 거둔 성과(1) 제18과 과학기술에서 거둔 성과(2) 제19과 개혁, 발전중의 교육 제20과 백화를 만발시키며 옛것을 밀어내고 새것을 창조하다 활동과 3 20세기 가요 속의 역사	제6단원 과학기술문화와 사회생활 제18과 과학기술 문화 성취 제19과 사회생활의 변화
제7단원	제3단원 사회생활 제21과 사람들의 생활방식의 변화 활동과 4 가족사진 중국역사연표(현대 부분)	제20과 활동과: 생활환경의 거대한 변화 부록: 중국근현대사 연표(하)

었지만, 2018년 교과서는 5과를 배치하여 비교적 자세하게 개혁개방 이후의 역사를 서술했다.

2018년 인민교육출판사의 중학교 『중국역사』의 현대사 부분은 이전의 교과서와 비교할 때 다음과 같은 특징을 보여준다.

① '티베트 해방'에서 '반동세력'에 대한 언급을 하지 않고 '평화적인 티베트 해방'을 강조했다.[21]

② 한국전쟁 부분에서 맥아더의 잘못된 판단을 지적하고, 한국전쟁 참전 시기를 1950년 10월 19일로 명시했으며, 이 시기 한반도 지도에서 '조선'을 삭제했다.[22]

③ 마오쩌둥의 오류에 대한 언급을 회피했다. 2018년 교과서는 마오쩌둥의 대약진운동 실패 책임을 언급하지 않았다.[23] '당중앙'의 '좌'적 오류 부분을 삭제하고 철강 생산과 식량 생산에서 허위보고 등 구체적인 실패 사례도 언급하지 않았다.[24] 또한 프롤레타리아 문화대혁명의 과정에서 마오쩌둥이 저지른 잘못을 삭제했다. 문화대혁명 과정에서 발생한 부정적인 행위에 대한 모든 책임은 마오의 부

21　教育部組織編纂 齊世榮 總主編, 2018, 5-6쪽.
22　教育部組織編纂 齊世榮 總主編, 2018, 9-10쪽. 중국 중학교 역사교과서의 한국전쟁 서술 변화에 대해서는 다음의 글을 참조할 수 있다. 김지훈, 2018, 「현대 중국의 한국전쟁 인식 변화-역사 교과서의 서술 변화를 중심으로-」, 『사림』 64, 311-348쪽.
23　베이징사범대학출판사의 『중국역사』 교과서는 대약진운동과 인민공사화운동(人民公社化運動)이 중국의 사회주의 건설에 심각한 피해를 입혔다고 부정적으로 평가하고 있다. 朱漢國 主編, 2018, 『義務教育教科書 中國歷史 八學年 下冊』, 北京師範大學出版社, 39-40쪽.
24　教育部組織編纂 齊世榮 總主編, 2018, 27-28쪽.

하인 장칭(江靑), 왕훙원(王洪文), 장춘차오(張春橋), 야오원위안(姚文元) 등 사인방과 국방부장 린뱌오(林彪) 등에게 돌려 버렸다. 프롤레타리아 문화대혁명 과정에서 벌어졌던 '2월 역류'와 하방(下放), 1976년에 발생한 '4·5운동' 등도 삭제했다.[25]

④ 문화대혁명시기 핵무기와 탄도탄 개발, 인공위성 발사 등을 강조했다.[26]

⑤ 정치적 사건보다는 중국공산당 지도 아래 중화인민공화국의 발전을 강조했다.

⑥ 타이완에 대해서는 민진당을 배제하고 롄잔(連戰)과 마잉주(馬英九) 등 국민당 위주의 서술했다. 2018년 교과서는 타이완의 특무기관이 반둥회의에 참석하려던 저우언라이 총리를 살해하려 했다는 사건을 수록했다. 그러나 중학교 2학년 학생이 배우는 역사교과서에 이런 사실을 서술한 것은 교육적으로 적절하지 않은 것으로 보인다.[27]

⑦ 인민교육출판사의 역사교과서는 중국인민해방군의 군사력 성장에 대해서 비중 있게 서술했다. 인민해방군 육해공군의 각종 무기체제 등을 비교적 자세하게 서술했다.[28] 이러한 서술은 1840년 아편전쟁

---

25 教育部組織編纂 齊世榮 總主編, 2018, 28-30쪽. 그러나 모든 교과서가 같은 논조로 설명하고 있는 것은 아니다. 베이징사범대학출판사의 『중국역사』 교과서는 2월 역류에 대해서 비교적 자세하게 소개하고 있다. 朱漢國 主編, 2018, 44쪽.

26 教育部組織編纂 齊世榮 總主編, 2018, 31쪽.

27 教育部組織編纂 齊世榮 總主編, 2018, 83쪽.

28 教育部組織編纂 齊世榮 總主編, 2018, 76-80쪽. 중국 인민해방군에 대해서는 다른 교과서들도 긍정적인 서술을 하고 있다. 베이징사범대학출판사의 『중국역사』도 인민해방군의 미사일 부대와 핵무기, 열병식 등에 대해서 사진과 함께 상세하게 소개하고

부터 중일전쟁까지 근대사에서 빈약한 군사력 때문에 열강에게 수모를 당했던 사실과 이를 극복한 중화인민공화국의 군사강국으로서의 이미지를 학생들에게 심어주기 위한 것으로 보인다.

⑧ 개혁개방 이후 공산당 지도자의 역할과 정책을 강조했다. 2004년 인민교육출판사의 역사교과서는 주로 덩샤오핑의 개혁개방 사상을 소개하는 데 치중했다. 그러나 2018년 인민교육출판사의 역사교과서는 개혁개방 이후 중국공산당 지도자들의 정책과 중국공산당의 역대 당대회에 대해서 비교적 자세하게 서술했다.

중국의 개혁개방에서 중요한 의미를 가지는 1978년 중국공산당 제11기 3중전회에 대해서는 과거의 교과서들도 중국의 역사적 전환점으로 평가했다. 2018년 교과서는 개혁개방 이후 중국공산당의 사상과 정책을 적극적으로 소개하면서 중국공산당의 올바른 '영도'를 강조하고 있다.

예를 들면 가족 단위 농업생산책임제에 대해서 "중국공산당 제11기 3중전회 이후 당과 정부는 개혁개방 정책을 실시했다. 개혁은 먼저 농촌부터 시작하여 농민의 생산적극성을 자극하여 농촌경제의 발전을 촉진했다"고 서술했다.[29] 도시 경제체제의 개혁에 대해서도 "농촌에서 개혁의 성공은 지속적인 개혁의 심화를 위한 기초를 마련하여 개혁의 물결이 농촌에서 도시로 향했다. 1984년 10월 중국공산당 제11기 3중전회는 〈중공중앙의 경제체제개혁에 관한 결정〉을 통과시키고 도시를 중점으로 하

있다. 朱漢國 主編, 2018, 105-109쪽.

29 教育部組織編纂 齊世榮 總主編, 2018, 38쪽.

는 경제체제개혁의 발걸음을 가속화하라고 요구했다"[30]고 긍정적으로 서술했다.[31]

중국 개혁개방의 상징이 된 상하이 푸동지구 개발에 대해서도 1990년 중국공산당 중앙위원회가 푸동을 개발하여 개방한다고 선포한 이후 중공 상하이시위원회와 상하이시정부가 푸동 건설을 추진하여 비약적인 발전을 했다고 한다.[32]

2018년 교과서는 개혁개방 이후 덩샤오핑을 비롯한 국가 지도자의 사상과 정책, 중국공산당의 전국대표대회 등을 비교적 자세하게 서술했다. 이전의 역사교과서도 중국공산당의 제11기 3중전회와 덩샤오핑 사상 등에 대해서 서술했지만, 덩샤오핑 이후의 지도자들의 사상에 대해서는 거의 언급하지 않았다.[33]

그러나 2018년 교과서는 덩샤오핑을 비롯하여 장쩌민, 후진타오, 시진핑이 주도한 제12차 중국공산당 전국대표대회부터 제19차 중국공산

---

[30] 教育部組織編纂 齊世榮 總主編, 2018, 39쪽.

[31] 중국의 역사교과서는 중국 경제체제의 개혁이 농촌의 개혁, 도시경제체제의 개혁을 거쳐서 사회주의 시장경제체제가 수립된 것으로 서술했다. 朱漢國 主編, 2018, 65-69쪽.

[32] 教育部組織編纂 齊世榮 總主編, 2018, 43쪽.

[33] 2004년 중학교 역사교과서는 1995년 장쩌민이 양안관계를 발전시키고 평화적 통일을 추진하기 위해서 하나의 중국의 원칙을 견지하는 것은 평화적 통일을 실현하는 토대와 전제이며 해협 양안의 평화적 통일을 위한 담판은 절차를 나누어 진행할 수 있다고 했다. 평화적 통일을 쟁취하기 위하여 노력하지만 무력사용을 포기하지 않고, 양안의 경제협력에 영향을 주거나 경제협력을 교란하지 않으며, 양안 동포들은 공동으로 중화문명의 우수한 전통을 계승하고 발양하여야 하고, 쌍방의 지도자들이 적합한 신분으로 상호 방문한다는 등의 내용이 포괄되어 있다. 2004년 교과서는 이 주장이 새로운 시기 평화적 통일 행정을 추진하는 지도사상이라고 했다. 그러나 이 교과서는 장쩌민의 '3개 대표론' 등에 대해서는 언급이 없다. 課程教材研究所·歷史課程教材研究開發中心, 2004, 66쪽.

당 전국대표대회를 소개하고 덩샤오핑 이론, 장쩌민의 '3개 대표' 중요 사상, 후진타오의 과학발전관, 시진핑의 신시대 중국특색의 사회주의 사상 등 당의 지도이념을 비교적 자세하게 서술했다.[34]

2018년 인민교육출판사의 『중국역사』 제10과 '중국특색의 사회주의 건설'은 덩샤오핑 이론의 지도적 지위 확립, 중국공산당 제16차 전국대표대회, 중국공산당 제17차 전국대표대회, 중국공산당 제18차 전국대표대회, 중국공산당 제19차 전국대표대회 등의 항목으로 서술하고 있다.[35] 교과서마다 차이가 있지만 베이징사범대학출판사의 『중국역사』는 제13과 중국특색의 사회주의 이론의 확립과 발전에서 중국특색의 사회주의 이론 제출, 덩샤오핑 이론의 지도적 지위 확립, 전면 샤오캉사회 건설 등으로 설명했다.[36]

2018년 인민교육출판사의 역사교과서는 개혁개방 이후 역대 중국공산당 전국대표대회를 소개했다. 개혁개방 이전의 경우는 1956년 개최된 중국공산당 제8차 전국대표대회만을 소개했다.[37]

특히 프롤레타리아 문화대혁명 기간에 개최된 제9차 전국대표대회(1969년 4월)와 제10차 전국대표대회(1973년 8월), 제11차 전국대표대회

---

34 教育部組織編纂 齊世榮 總主編, 2018, 46쪽.

35 教育部組織編纂 齊世榮 總主編, 2018, 46-52쪽.

36 朱漢國 主編, 2018, 75-80쪽.

37 2018년 교과서에 의하면 중국공산당 제8차 전국대표대회는 사회주의 기본제도가 중국에서 이미 수립된 새로운 형세에 따라 대회에서는 당시 국내의 주요 모순을 분석하면서 당과 인민의 주요 임무는 역량을 집중하여 중국을 조속히 낙후한 농업국에서 발달한 공업국으로 바꾸는 것이라고 지적했다. 중국공산당 8차 대회 이후 중국은 전면적으로 대규모의 사회주의 건설을 시작했다는 등 긍정적으로 보고 있다. 教育部組織編纂 齊世榮 總主編, 2018, 27쪽.

표 3 2018년 인민교육출판사 중학교 『중국역사』의 개혁개방 이후 중국공산당 전국대표대회 관련 서술

중국공산당 전국대표대회	서술 내용	쪽수
제12차 전국대표대회 (1982)	1982년 중국공산당 제12차 전국대표대회에서 덩샤오핑은 우리의 현대화 건설은 반드시 중국의 현실에서 출발하여야 한다. "마르크스주의의 보편적인 진리를 우리 나라(중화인민공화국)의 구체적 현실과 결합하여 자기의 길을 개척하고 중국특색의 사회주의를 건설해야 한다"라고 명확히 제기했다.	46
제13차 전국대표대회 (1987)	1987년 중국공산당 제13차 전국대표대회에서 덩샤오핑은 사회주의 초급단계이론을 명확히 밝히고, 사회주의 초급단계에서 당의 기본 노선은 경제건설을 중심으로 하고 네 가지 기본 원칙38을 견지하며 개혁개방을 견지하는 것이라고 제기했다.	46
제14차 전국대표대회 (1992)	1992년 개최된 중국공산당 제14차 대표대회에서는 반드시 덩샤오핑의 중국특색의 사회주의 이론으로 전당이 무장해야 한다고 했다.	48
제15차 전국대표대회 (1997)	1997년 중국공산당 제15차 전국대표대회에서 장쩌민은 "덩샤오핑 이론의 위대한 기치를 높이 들고 21세기를 향해 중국특색의 사회주의 사업을 전면적으로 밀고 나가자"라는 주제로 보고를 했다. 대회에서 통과한 당장에서 중국공산당이 마르크스-레닌주의, 마오쩌둥 사상, 덩샤오핑 이론을 행동지침으로 삼고 덩샤오핑 이론을 당의 지도사상으로 확립한 것은 중국특색의 사회주의를 건설하는 데 중요한 의미를 지닌다.	48
제16차 전국대표대회 (2002)	중국공산당 제16차 대표대회의에서 '3개 대표' 중요사상을 중국공산당의 지도사상으로 제정했다. '3개 대표' 중요사상의 구체적 내용은 중국공산당이 한결 같이 중국 선진 생산력의 발전요구를 대표하고, 중국 선진문화의 전진 방향을 대표하며, 중국의 가장 광범위한 인민의 근본적인 이익을 대표한다. 이는 무엇이 사회주의인지, 어떻게 사회주의를 건설할지의 문제에 대한 질문에 회답했고 어떤 당을 건설할지, 어떻게 당을 건설할지에 대한 문제에 창의적으로 답했다.	48
제17차 전국대표대회 (2007)	2007년, 중국공산당 제17차 전국대표대회를 베이징에서 개최했다. 후진타오는 "중국특색 사회주의의 위대한 기치를 높이 들고 샤오캉사회의 전면적인 건설로 새로운 승리를 쟁취하기 위해 분투하자"란 주제로 업무보고를 했다. 대회의 주제는 중국특색의 사회주의의 위대한 기치를 높이 들고, 덩샤오핑 이론과 '3개 대표' 중요사상을 지도이념으로 삼으며, 과학적 발전관을 심도 있게 관철집행하고, 사상 해방을 계속하며, 개혁개방을 견지하고 과학 발전을 추진시켜, 조화로운 사회를 이루며, 샤오캉사회를 전면적으로 건설하는 새로운 승리를 쟁취하기 위해 분투하자였다.	49
제18차 전국대표대회 (2012)	중국공산당 제18차 대표대회에서 과학적 발전관을 중국공산당의 지도사상으로 확립시켰고 중국특색의 사회주의의 새로운 승리를 쟁취하기 위한 기본요구를 제기했으며, 샤오캉사회의 전면적인 건설과 개혁개방을 전면적으로 심화하는 목표를 확정했고, 새로운 시대적 조건하에서 중국특색의 사회주의 사업을 전면적으로 안배하여 추진하며 당 건설의 과학적 수준을 전면적으로 제고하기 위한 명확한 요구를 제시했다. 중국공산당 제18차 대표대회에서 새로이 1기 중앙위원회를 선출했고 중국공산당 제18차 1중전원회의에서 시진핑은 중국공산당 총서기로 당선되었다.	50

중국공산당 전국대표대회	서술 내용	쪽수
제19차 전국대표대회 (2017)	2017년 중국공산당 제19차 전국대표대회를 베이징에서 개최했다. 이번 대회의 주제는 초심을 잊지 말고 사명을 마음속에 깊이 새겨야 한다. 중국특색 사회주의의 위대한 기치를 높이 들고, 의식주가 완전히 해결된 샤오캉사회 건설을 성취하여 신시대 중국특색의 사회주의의 위대한 승리를 쟁취하자. 중화민족의 위대한 부흥, 중국의 꿈(中國夢)을 실현하기 위해 끊임없이 분투하자이다. 중국공산당 제19차 대표대회에서 시진핑 신시대 중국특색의 사회주의 사상은 중국공산당이 반드시 장기적으로 견지해야 하는 지도사상으로 확정했다. 시진핑 신시대 중국특색의 사회주의 사상은 마르크스-레닌주의, 마오쩌둥 사상, 덩샤오핑 이론, '3개 대표' 중요사상, 과학적 발전관의 계승과 발전이며 마르크스주의가 중국식이 된 최신 성과이고 당과 인민의 실천경험과 지혜의 결정체이며 중국특색 사회주의 이론 체계의 중요한 구성 부분이고, 전 당과 전체 인민이 중화민족의 위대한 부흥을 실현하기 위해 분투해나가는 행동지침이다.	51

(1977년 8월)에 대해서는 언급하지 않고 있다. 이 교과서는 중국공산당의 긍정적인 '영도'를 강조하기 위해 공산당의 부정적인 측면이 노출되었던 프롤레타리아 문화대혁명시기 당대회에 대한 서술을 회피하고 있는 것으로 보인다. 중국공산당의 바른 '영도'를 강조하기 위해 공산당의 잘못된 '영도'를 제외한 것이다.

그러나 2018년 교과서는 개혁개방이 시작된 1978년 중국공산당 제11기 3중전회 이후에 개최된 제12차 전국대표대회부터 제19차 전국대표대회까지 자세하게 소개했다.[39]

---

38 4개 항의 기본 원칙 견지는 사회주의의 길 견지, 인민민주주의독재 견지, 중국공산당의 영도 견지, 마르크스-레닌주의 마오쩌둥 사상 견지이다.

39 베이징사범대학출판사의 역사교과서도 개혁개방 이후 중국공산당의 역대 전국대표대회를 소개하고 있다. 그러나 2002년 중국공산당 제16차 전국대표대회를 준비하기 위해 중앙에서 반년 정도의 조사 연구와 좌담회 등을 통해서 각 부문의 3,100여 명이 참여하여 당대회 보고를 작성했다는 점을 강조하고 있다. 朱漢國 主編, 2018, 78쪽.

2018년 인민교육출판사의 역사교과서는 1982년 중국공산당 제12차 전국대표대회에서 덩샤오핑이 마르크스주의의 보편적인 진리를 중국의 구체적 현실과 결합하여 자기의 길을 개척하고 중국특색의 사회주의를 건설해야 한다고 한 것과 1987년 중국공산당 제13차 전국대표대회에서는 사회주의 초급단계이론과 네 가지 기본 원칙을 견지해야 한다고 한 점 등을 서술했다.[40]

2018년 교과서는 1997년 중국공산당 제15차 전국대표대회를 서술하면서 덩샤오핑 이론을 당의 지도사상으로 확립하는 것이 중국특색의 사회의주의 건설에 중요한 의미를 지닌다는 점을 강조했다.[41]

장쩌민에 대해서는 2002년 중국공산당 제16차 대표회의에서 '3개 대표' 중요사상을 중국공산당의 지도사상으로 제정했다고 서술하고 있다. 장쩌민의 '3개 대표' 사상은 중국공산당이 중국의 선진 생산력의 발전요구를 대표하고, 중국 선진문화의 전진 방향을 대표하며, 중국의 가장 광범위한 인민의 근본적인 이익을 대표한다는 것이다.[42]

후진타오에 대해서는 2007년 중국공산당 제17차 전국대표대회에서 중국특색 사회주의의 위대한 기치를 높이 들고, 덩샤오핑 이론과 '3개 대표' 중요사상을 지도이념으로 삼으며, 과학적 발전관을 심도있게 관철하여 집행하고, 사상 해방을 계속하며, 개혁개방을 견지하고 과학 발전을 추진시켜, 조화사회(和諧社會)를 이루며 샤오캉사회를 전면적으로 건설하는

---

40 教育部組織編纂 齊世榮 總主編, 2018, 46쪽.
41 教育部組織編纂 齊世榮 總主編, 2018, 48쪽.
42 教育部組織編纂 齊世榮 總主編, 2018, 48쪽 참조. 악록서사 등의 역사교과서도 장쩌민의 '삼개대표'론에 대해서 유사한 서술을 하고 있다. 趙世瑜·楊寧一, 2018, 『義務教育教科書 中國歷史 八學年 下冊』, 岳麓書社, 96쪽.

새로운 승리를 쟁취하기 위해 분투하자고 한 내용을 소개했다.

후진타오의 조화사회에 대해서는 중국특색의 사회주의의 본질적인 속성으로 "사회주의의 조화로운 사회를 구현하는 것은 중국특색의 사회주의사업 전 과정을 관장하는 장기적인 역사적 임무이다"[43]라고 평가했다. 2018년 교과서는 중국공산당 제18차 대표대회에서 과학적 발전관을 중국공산당의 지도사상으로 확립시켰고, 샤오캉사회의 전면적인 건설과 개혁개방을 전면적으로 심화하는 목표를 확정했다고 서술했다.[44]

V. 시진핑정부의 '중국의 꿈'

새로 출판된 중학교 『중국역사』 교과서는 현재 집권하고 있는 시진핑정부의 정책을 큰 비중으로 소개한다. 시진핑의 집권에 대해서 인민교육출판사의 교과서는 중국공산당 제18차 1중전원회의에서 중국공산당 총서기로 당선되었다고 서술했다. 특히 중국공산당 제19차 대표대회에서 시진핑의 신시대 중국특색의 사회주의 사상이 마르크스-레닌주의, 마오쩌

---

43 教育部組織編纂 齊世榮 總主編, 2018, 49쪽. 악록서사의 『중국역사』 교과서는 후진타오의 과학발전관과 조화사회가 내재적으로 통일된 것이며 중국특색의 사회주의 이론체계에 덩샤오핑 이론과 '3개 대표' 중요사상과 과학발전관 등이 포함된다고 했다. 趙世瑜·楊寧一, 2018, 97쪽.

44 教育部組織編纂 齊世榮 總主編, 2018, 50쪽. 화동사범대학출판사의 『중국역사』는 중국공산당 제18차 전국대표대회에서 부강, 민주, 문명, 조화, 자유, 평등, 공정, 법치, 애국, 경업(敬業), 성신, 우선(友善) 등 사회주의 핵심가치관을 제기했다는 것을 소개하고 있다. 王斯德, 2018, 『義務教育教科書 中國歷史 八學年 下册』, 華東師範大學出版社, 84쪽.

둥 사상, 덩샤오핑 이론, '3개 대표' 중요사상, 과학적 발전관을 계승하고 발전시킨 것이며, 마르크스주의가 중국화한 최신의 성과이고 당과 인민의 실천경험과 지혜의 결정체이며, 중국특색 사회주의 이론체계의 중요한 구성 부분이고, 전 당과 전체 인민이 중화민족의 위대한 부흥을 실현하기 위해 분투해나가는 행동지침이라고 서술했다.[45]

2018년 교과서의 시진핑을 비롯한 중국공산당 지도자에 대한 서술은 중국공산당에서 발표한 문건을 거의 그대로 교과서에 옮겨 놓은 것이라고 할 수 있다. 이 교과서는 현재 시진핑정부의 '중국의 꿈(中國夢)'과 '일대일로(一帶一路)' 등의 정책을 중점적으로 서술하고 있다.[46]

2018년 교과서의 제11과 "중국의 꿈을 실현하기 위해 노력하고 분투한다"는 시진핑정부의 정책을 자세하게 서술했다. 이 교과서는 2012년 11월 시진핑이 중국국가박물관의 근대사 상설전시인 '부흥의 길'[47] 전시

---

45 敎育部組織編纂 齊世榮 總主編, 2018, 51쪽.

46 베이징사범대학출판사의 역사교과서도 중국공산당 제19차 전국대표대회를 소개하고 시진핑의 신시대 중국특색의 사회주의 사상을 서술하고 있지만 인민교육출판사의 교과서와 같이 자세하지는 않으며 개략적인 내용 소개를 하고 있다. 朱漢國 主編, 2018, 78-79쪽.

47 2011년 3월 1일 베이징 톈안먼광장의 동쪽에 재개관한 중국국가박물관의 중국근현대사 상설전시관의 명칭이 '부흥의 길'이다. 중국국가박물관에서 '부흥의 길'을 전시한 목적은 중국공산당의 영도 아래 신중국이 건립되었고, 사회주의 제도가 확립되었으며, 개혁개방을 통하여 중국특색의 사회주의 건설이 이루어져 중화민족의 위대한 부흥이 이루어졌다는 것을 교육시키기 위한 것이었다. 특히 중국공산당 간부와 일반 대중, 청소년을 대상으로 애국주의교육과 시대정신 교육을 하고, 1980년대 말 이후 소련과 동유럽 사회주의의 몰락으로 인하여 중국에서 마르크스주의와 공산당, 사회주의 제도에 대한 의문과 비난에 대응하기 위해 1840년 아편전쟁 이후 2010년까지 중국이 걸어온 역정을 '부흥의 길'로 전시한 것이다. 馬英民, 2009, 「再現中華民族復興的壯偉畵卷-大型主題展覽'復興之路'從中國人民革命軍事博物館到中國國家博物館」, 『中國博物館』 2009-2, 50-51쪽; 김지훈, 2014, 「현대 중국의 '부흥의 길' 탐색-중국국가

회를 참관하고 "중화민족의 위대한 부흥의 꿈이 실현되는 것이 바로 중화민족의 근대 이후 제일 위대한 꿈이다"라고 말한 내용을 소개했다.

2018년 역사교과서는 시진핑이 말한 "중국의 꿈은 바로 국가가 부강하고 민족이 진흥하며 인민이 행복하도록 하는 것이라고 강조"[48]했다. 이 교과서는 중국의 꿈을 실현하기 위하여 중국공산당의 '두 개의 백 년' 목표를 제시했다고 한다. '두 개의 백 년' 목표는 중국공산당 성립 100주년인 2021년 중국의 국내총생산과 도시와 농촌 주민의 평균 수입을 2010년에 비하여 두 배가 되도록 하고, 샤오캉사회를 전면적으로 실현하며 중화인민공화국 수립 100주년인 2049년에 부강·민주·문명·조화의 사회주의 현대화 국가를 건설하여 중화민족의 위대한 부흥을 실현한다는 것이다.[49]

2018년 교과서는 시진핑을 핵심으로 하는 당중앙이 중국특색의 사회주의를 견지하고 발전시키는 국면에서 샤오캉사회의 전면적인 건설, 전면적인 개혁 심화, 전면적인 의법치국, 전면적인 엄격한 당의 관리 등 '네 개 전면'의 전략적 구상을 제기했다고 한다.[50]

이 교과서는 시진핑정부의 '신발전 이념'도 소개한다. 2015년 10월 중국공산당 제18차 5중전회에서는 "중국공산당 중앙의 국민경제와 사회발

박물관의 중국근대사(1840-1910) 전시를 중심으로-」, 『사림』 48 참조.

48 教育部組織編纂 齊世榮 總主編, 2018, 53쪽. 화둥사범대학출판사의 중국 역사교과서도 시진핑의 '중국의 꿈' 이념에 대해서 인민교육출판사의 교과서와 유사한 서술을 하고 있다. 王斯德, 2018, 85쪽.

49 教育部組織編纂 齊世榮 總主編, 2018, 54쪽. 화둥사범대학출판사의 중국 역사교과서도 시진핑정부의 정책에 대해서 인민교육출판사의 교과서와 마찬가지로 '두 개의 백 년'에 대해서 서술을 하고 있다. 王斯德, 2018, 85쪽.

50 教育部組織編纂 齊世榮 總主編, 2018, 54쪽.

전 13차 5개년 계획 제정에 관한 건의를 통과시켰다. 이 건의는 창의적이고, 협조적이며, 친환경적이고, 개방적이며, 함께 향유하는 신발전 이념을 확고하게 세우고, 품질과 효과와 수익을 향상시키고 발전시키며, 균형 잡힌 발전구조가 형성되고, 생태환경을 개선하며 협력하여 다 같이 이익을 얻고, 인민의 복지를 증진시키자는 것"이라고 높이 평가했다.[51]

또한 이 교과서는 '일대일로'를 '실크로드 경제벨트'와 '21세기 해상 실크로드'라고 하면서 아시아와 유럽, 아프리카를 포괄하는 일대일로 지역이 약 44억 인구에 21조 달러의 경제 규모를 가지고 있다고 그 중요성을 강조했다. 2013년 이후 상하이 등 중국 자유무역 시험구는 '일대일로' 건설의 중요한 지점이고 아시아인프라투자은행(亞洲基礎設施投資銀行)이 '일대일로' 건설을 위한 금융기관이라는 점 등도 설명했다.[52]

이 밖에 이 교과서는 중국공산당 제18차 전국대표대회 이후 시진핑이 제시한 '인류운명공동체' 사상에 대해서도 소개했다. 2015년 9월 28일 시진핑은 제70회 유엔대회 일반토론에 참석해 "손잡고 협력하여 함께 이익을 얻는 파트너관계를 구축해, 공동으로 인류운명공동체를 만들자"라는 주제로 중요한 발표를 했다. 시진핑은 이 회의에서 협력하여 함께 이익을 얻는 것(合作共贏)을 핵심으로 신형 국제관계를 구축해 인류운명공동체를 만들어 가자고 강조했다고 서술했다.[53]

2018년에 출판된 다른 중학교 역사교과서들도 개혁개방 이후 중국공산당의 당대회에 대해서 소개하고 있지만 인민교육출판사의 역사교과서

51　教育部組織編纂 齊世榮 總主編, 2018, 55-56쪽.
52　教育部組織編纂 齊世榮 總主編, 2018, 57쪽.
53　教育部組織編纂 齊世榮 總主編, 2018, 57쪽.

가 당대회와 지도자의 사상을 가장 자세하게 소개하고 있는 편이다.[54] 인민교육출판사의 개혁개방 이후 서술은 중국공산당의 '국가의지'를 반영하고 있어 현재 중국의 정책을 이해할 수 있게 해 준다.

인민교육출판사 중학교 역사교과서의 현대사 서술은 과도하게 중국공산당의 역사를 소개한다. 특히 중국공산당 대회와 공산당 지도자의 정책을 자세하게 서술하고 있어 역사교과서인지 정치교과서인지 구분이 되지 않는다. 역사교과서에서 과거의 잘못을 언급하지 않고 중국정부가 실행하고 있거나 미래에 실행하려는 목표와 비전에 대해서 과도하게 강조하는 것은 적절하지 않은 서술이다.

한편 2018년 인민교육출판사의 역사교과서는 중국 국가지도자의 사진을 다수 수록했다. 인민교육출판사의 2004년판과 2018년판 교과서를 비교해 보면 마오쩌둥의 사진은 9건에서 7건으로, 덩샤오핑의 사진은 6건에서 5건으로 감소했다. 2004년 교과서는 장쩌민의 사진이 1건만 게재되었지만 2018년 교과서에서는 2건이 되었고, 후진타오의 사진도 2건이 게재되었다. 이에 비해 2018년 교과서에 수록된 시진핑의 사진은 5건으로 덩샤오핑과 같은 수준이다. 이 밖에 장쩌민과 후진타오의 사진은 각자 2건이 게재되었다.

2018년 인민교육출판사 『중국역사』에 게재된 시진핑 사진은 베이징사범대학출판사의 『중국역사』 교과서의 1건과 비교해서 많은 편이다. 이는 중국 교육부에서 주도하여 편찬한 2018년 인민교육출판사의 『중국

---

54 악록서사의 『중국역사』 교과서도 제19과 '중국특색의 사회주의 이론체계'에서 덩샤오핑 이론과 '3개 대표' 중요사상, 조화사회와 과학발전관, 시진핑 신시대 중국특색의 사회주의 사상을 다루고 있으나 인민교육출판사의 교과서에 비하면 소략한 편이다. 趙世瑜·楊寧一, 2018, 96-100쪽.

표 4 2004년과 2018년 교과서의 국가지도자 사진 게재 수

지도자	2004년 인민교육 『중국역사』	2018년 인민교육 『중국역사』	2018년 베이징사범 『중국역사』
마오쩌둥(毛澤東)	9	7	13
저우언라이(周恩來)	7	7	9
덩샤오핑(鄧小平)	6	5	4
장쩌민(江澤民)	1	2	1
후진타오(胡錦濤)	0	2	1
시진핑(習近平)	0	5	1

역사』 교과서가 시진핑정부의 정책을 자세하게 소개하고 있을 뿐 아니라 시진핑 개인을 부각시키고 있다는 것을 알 수 있다.

2018년 『중국역사』 교과서는 중국공산당 제19차 전국대표대회의 직접적인 영향 속에 편찬되었다. 이 대회는 중국공산당이 모든 것을 영도해야 한다는 입장을 명확히 표명했다.

2017년 중국공산당 제19차 전국대표대회에서 통과된 『중국공산당당장(中國共産黨黨章)』에서는 중국공산당의 영도가 중국특색 사회주의의 가장 본질적인 특징이고 최대의 장점이라고 하면서 "당과 정부와 군과 민과 학교, 동서남북, 중앙 모두를 당이 영도한다. 당이 모든 것을 영도한다(黨政軍民學 東西南北中 黨是領導一切的)"[55]라고 했다. 이러한 방침에 따라 2018년 인민교육출판사의 역사교과서도 국가의지를 체현하는 수단으로

---

55 中華人民共和國敎育部, 2017.4.24, 「敎育部就中小學敎學用書有關事項發出通知」, 『中國共産黨章程』(zh.wikisource.org/wiki/%E4%B8%AD%E5%9B%BD%E5%85%B1%E4%BA%A7%E5%85%9A%E7%AB%A0%E7%A8%8B_(2017%E5%B9%B4)).

편찬된 것이다.

"당이 모든 것을 영도한다"는 말은 원래 마오쩌둥이 사용하던 말이었다. 중일전쟁시기인 1942년 마오쩌둥은 당이 군대, 정부와 민중단체와 같은 모든 조직을 영도해야 한다고 했다.[56]

중화인민공화국 건국 이후에도 마오쩌둥은 종종 당이 모든 것을 영도한다는 말을 사용했다. 1954년 9월 제1기 전국인민대표대회 제1차 회의 개막식에서 마오쩌둥은 "우리 사업을 영도하는 핵심역량은 중국공산당이고 우리 사상을 영도하는 이론 기초는 마르크스주의"[57]라고 했다. 1962년 마오쩌둥은 중앙공작회의에서 "공(工), 농(農), 상(商), 학(學), 병(兵), 정(政), 당(黨)의 7개 부문은 당이 모든 것을 영도한다. 당은 공업, 농업, 상업, 문화교육, 군대와 정부를 영도해야 한다"[58]고 했다.

문화대혁명시기에도 마오쩌둥은 정치국이 당, 정, 군, 민, 학, 동서남북, 중앙 전체를 관할해야 한다고 했다. 그러나 마오쩌둥의 당이 모든 것을 영도해야 한다는 말은 당이 국가의 정치와 경제, 문화, 사회 등 모든 부문을 관할해야 한다는 의미로 해석되어 부정적인 영향을 미치게 되었다. 마오쩌둥이 통치하던 시기 모든 부문에 중국공산당이 직접 관여하고, 모든 것을 결정하고 처리하면서 여러 가지 부작용을 양산했기 때문이다.

개혁개방 이후 중국공산당은 '당이 모든 것을 영도'하는데 따른 부작

56　毛澤東, 1991, 「中共中央關于統一抗日根据地黨的領導及調整各組織間關係的決定(1942.9.1)」, 中央黨案館, 『中共中央文件選集 13冊』, 中央中央黨校出版社, 427쪽.

57　毛澤東, 1992, 「爲建設一個偉大的社會主義國家而奮鬪(1954.9.15)」, 中共中央文獻研究室, 『建國以來毛澤東文稿 第4冊(1953.1-1954.12)』, 中央文獻出版社, 554쪽.

58　毛澤東, 1996, 「在擴大的中央工作會議上的講話(1962.1.30)」, 中共中央文獻研究室, 『建國以來毛澤東文稿 第10冊(1953.1-1954.12)』, 中央文獻出版社, 36쪽.

용을 시정하려 노력했다. 1982년 9월 중국공산당 제12차 대표대회에서 통과된 『중국공산당당장』은 "당의 영도는 주로 정치, 사상과 조직의 영도이다"[59]라고 하여 중국공산당이 영도하는 범위를 제한했다. 덩샤오핑은 당의 일원적 영도를 비판하면서 당의 영도가 개인 영도로 변질되었다는 점을 비판하기도 했다.

그러나 중국공산당은 2017년 『중국공산당당장』에 중국공산당이 모든 것을 영도한다는 내용을 포함시켰다. 중국공산당은 개혁개방 이후 경제성장과 이에 따른 국내의 각종 사회경제 문제를 해결하고 미국과 대립하면서 강대국으로 도약하기 위해서는 중국공산당의 강력한 리더십이 필요하다고 보는 것 같다.

VI. 맺음말

중국은 1949년 중화인민공화국 수립 이후 인민교육출판사에서 편찬한 단일교과서를 사용했다. 그러나 중국은 개혁개방 이후 중국 각 지역의 상황에 부합하는 다양한 교과서를 사용하는 정책을 취하여 1990년대부터 여러 종류의 역사교과서가 사용되었다. 그러나 2006년 『뉴욕타임스』에서 상하이의 고등학교 역사교과서 서술 변화를 보도한 이후 중국의 보수파들은 역사교과서 등을 단일화해야 한다고 강력히 주장했다.

후진타오정부시기 현행의 여러 종류 교과서를 사용하자는 주장과 단

---

[59] 中共中央文獻研究室, 1986, 「中國共產黨黨章(1982)」, 『十二大以來重要文獻選編 上』, 人民出版社, 568쪽.

일교과서를 사용해야 한다는 주장은 결론을 내지 못했다. 특히 중국공산당의 역사관에 회의적인 태도를 보이는 '역사허무주의'가 확산되는 것을 우려한 중국정부는 2017년 국가교재위원회를 정식으로 설립하여 전국의 모든 교과서 관련 업무를 지도하고 총괄하도록 했다.

중국은 2016년 가을학기에 현행대로 9종의 역사교과서를 출판했지만 2017년 가을학기에 입학하는 신입생부터 교육부에서 주도하여 편찬한 인민교육출판사의 단일교과서를 사용하도록 결정했다.

중국공산당은 2017년 중국공산당 제19차 전국대표대회에서『중국공산당당장』에 중국공산당이 모든 것을 영도한다는 내용을 포함시켰다. 개혁개방 이후 당의 역할을 제한했던 것을 고려할 때 큰 변화라고 할 수 있다. 중국공산당의 이러한 입장은 교과서 편찬에도 그대로 영향을 미쳤다.

중국은 교과서 편찬이 국가의 권리이고, 국가의지를 체현하는 수단으로 보고 있다. 중국의 중학교 역사교과에 인민교육출판사에서 편찬한 국정교과서가 채택되면서 교과서의 내용도 당과 국가의 당면과제와 정책을 강조하는 방향으로 서술되고 있다. 특히 인민교육출판사의 중학교 역사교과서는 현재 중국공산당 지도자와 중국정부의 정책을 상세하게 소개하고 있다.

2018년 인민교육출판사의『중국역사』교과서는 개혁개방 이후 중국공산당의 역대 전국대표대회와 지도자들의 사상을 비교적 자세하게 소개했다. 2004년 교과서들은 중국공산당 제11기 3중전회와 덩샤오핑의 이론을 소개했지만 2018년 교과서는 덩샤오핑 이론과 더불어 장쩌민의 '3개 대표' 중요사상, 후진타오의 과학적인 발전관, 시진핑의 신시대 중국 특색의 사회주의 사상과 중국공산당 전국대표대회를 소개했다.

인민교육출판사의 『중국역사』 교과서는 시진핑정부의 중국의 꿈과 '두 개의 백 년' 분투목표, '네 개 전면', 반부패 투쟁, 신발전이념(新發展理念), '일대일로' 등의 정책을 비교적 자세하게 설명했다.

2018년 중학교 역사교과서는 전체적으로 중국공산당과 지도자들의 사상과 정책 등을 긍정적으로 서술했다. 이 교과서는 과거 대약진운동과 프롤레타리아 문화대혁명 기간에 마오쩌둥의 잘못을 모두 삭제했다. 중국의 역사교과서는 중국근대사의 고난과 투쟁을 중국현대사의 '부흥'과 대비시키고 있으며, 중국공산당이 인민을 지도하여 중국을 '부흥의 길'로 이끌었고 부강한 중국이라는 '중국의 꿈'을 실현시켜가고 있다는 점을 강조하고 있는 것으로 보인다.

중국정부는 교과서를 국가의지(國家意志)를 체현하는 수단으로 보고, 교과서 편찬도 국가의 권리라는 인식을 가지고 있다. 이러한 인식 속에서 중국은 국가의지를 관철하기 위하여 중고등학교와 대학교의 역사교과서를 모두 단일한 국정교과서로 편찬하려 한다.

교과서는 "국가의지"를 체현하는 수단이라는 관점에서 쓰여진 국정 역사교과서의 개혁 개방 이후 현대사 서술은 중국공산당의 역대 당대회와 주요 정책을 중점적으로 소개하는 데 역점을 두고 있다. 모든 부문을 중국공산당이 영도한다는 방침에 따라 편찬된 이 역사교과서는 중국공산당 지도자의 실책은 회피하고 공산당의 긍정적인 역할만을 강조하고 있다. 중국의 국정 역사교과서는 개혁 개방 이후의 역사를 중국공산당 지도자의 사상과 정책, 중국공산당 당대회의 주요 내용 위주로 서술하면서 과도하게 정치화하고 있는 것으로 보인다.

참고문헌

김지훈, 2006, 「현대중국 역사교과서의 역사 1949-2006년 중고등학교 교과서를 중심으로-」, 『백산학보』 75.

_____, 2007, 「중국의 신교육과정과 역사과정표준 실험 교과서」, 『동북아역사논총』 17.

_____, 2014, 「현대 중국의 '부흥의 길' 탐색-중국국가박물관의 중국근대사(1840-1910) 전시를 중심으로-」, 『사림』 48.

_____, 2018, 「현대 중국의 한국전쟁 인식 변화-역사 교과서의 서술 변화를 중심으로-」, 『사림』 64.

_____, 2019a, 「중국 상하이 『역사』교과서 논쟁과 지식인-상하이 지역 고등학교 역사교과서의 변화」, 『중국근현대사연구』 81.

_____, 2019b, 「중국의 해양영토인식과 국정 역사교과서의 서술 변화」, 『사림』 67.

오병수, 2016, 「국내 학계의 중국 역사교과서 연구 경향과 과제」, 『동북아역사논총』 53.

윤세병, 2017, 「중국의 역사과 교육과정의 현황-2011·2017 과정표준을 중심으로-」, 『역사교육논집』 65.

이형식, 2016, 「'支那通' 야노 진이치(矢野仁一)의 중국인식과 對中정책」, 『사림』 58.

課程教材研究所·歷史課程教材研究開發中心, 2004, 『義務教育課程標準實驗教科書 中國歷史 八年級 下冊』, 人民教育出版社.

教育部組織編纂 齊世榮 總主編, 2018, 『義務教育教科書 中國歷史 八學年 下冊』, 人民教育出版社.

王斯德, 2018, 『義務教育教科書 中國歷史 八學年 下冊』, 華東師範大學出版社.

人民教育出版社歷史室 編, 1987, 『初級中學課本 中國歷史 第三冊』, 人民教育出版社.

人民教育出版社歷史室 編著, 1992, 『義務教育三年制四年制初級中學教科書(實驗本) 中國歷史 第四冊』, 人民教育出版社.

朱漢國 主編, 2018, 『義務教育教科書 中國歷史 八學年 下冊』, 北京師範大學出版社.

馬英民, 2009, 「再現中華民族復興的壯偉畫卷-大型主題展覽'復興之路'從中國人民革命軍事博物館到中國國家博物館」, 『中國博物館』 2009-2.

毛澤東, 1991, 「中共中央關于統一抗日根據地黨的領導及調整各組織間關係的決定(1942.9.1)」, 中央黨案館, 『中共中央文件選集 13冊』, 中央中央黨校出版社.

_____, 1992, 「爲建設一個偉大的社會主義國家而奮鬪(1954.9.15), 中共中央文獻研究室, 『建國以來毛澤東文稿 第4冊(1953.1-1954.12)』, 中央文獻出版社.

_____, 1996, 「在擴大的中央工作會議上的講話(1962.1.30)」, 中共中央文獻研究室, 『建國以來毛澤東文稿 第10冊(1953.1-1954.12)』, 中央文獻出版社.

中共教育部黨組, 2016.7.4, 「全面提升哲學社會科學育人育才水平」, 『求是』(theory.people.com.cn/n1/2016/0704/c40531-28522911.html).

中共中央文獻研究室, 1983, 「關於建國以來黨的若干歷史問題的決議」, 『關於建國以來黨的若干歷史問題的決議注釋本』, 人民出版社.

_____, 1986, 「中國共産黨黨章(1982)」, 『十二大以來重要文獻選編 上』, 人民出版社.

中華人民共和國教育部, 2017.4.24, 「教育部就中小學教學用書有關事項發出通知」, 『中國共産黨章程』(zh.wikisource.org/wiki/%E4%B8%AD%E5%9B%BD%E5%85%B1%E4%BA%A7%E5%85%9A%E7%AB%A0%E7%A8%8B_(2017%E5%B9%B4)).

_____, 2018.7.3, 「成立國家教材委員會的通知」(www.gov.cn/zhengce/content/2017-07/06/content_5208390.htm).

"對話國家教材委員會委員: 教材建設實質上是國家事權", 『光明日報』, 2017.7.14(politics.people.com.cn/n1/2017/0714/c1001-29404209.html).

"馬克思主義理論研究和建設工程重點教材", 2018.8.13(wenku.baidu.com/view/85e65ac5cd22bcd126fff705cc17552707225e07.html).

"全國中小學統一使用'部編本'教材, '人教版''蘇教版'卽將成爲歷史", 『南方週末』, 2017.8.31(www.infzm.com/content/128156).

Kahn, Joseph, 2006.9.1, "Where's Mao? Chinese Revise History Books," *New York Times*(www.nytimes.com/2006/09/01/world/asia/01china.html?pagewanted=all).

4

시진핑시기 정치변화와
『중국역사 8년급(하)』

양갑용 국가안보전략연구원 책임연구위원

I. 머리말

1. 중국 역사교과서 분석의 의미

시진핑 집권시기부터 역사를 중시하는 흐름이 강화되고 있다. 시진핑 주석은 집권 이후 마오쩌둥, 저우언라이(周恩來) 등 당과 국가 지도자 탄생 기념 좌담회, 쑨원(孫文) 탄생 150주년 기념대회, 마르크스 탄생 200주년 기념대회, 전국인민대표대회 설립 60주년, 중국인민정치협상회의 설립 65주년과 70주년 기념대회, 파시스트 전쟁 승리 70주년 기념대회, 개혁개방 40주년 기념대회, 중화인민공화국 건국 70주년 기념대회 그리고 2021년 7월 1일 개최한 중국공산당 창당 100주년 기념대회에서도 당사, 신중국사, 개혁개방사, 사회주의 발전사 등 역사교육의 중요성과 학습의 당위성을 계속 강조했다. 2020년 1월 8일 "초심을 잊지 말고 사명을 새기자(不忘初心, 牢記使命)"를 주제로 하는 교육총결대회에서 "전 당이 '사사(四史)' 교육과 학습에 나서야 한다"라고[1] 독려하면서 전국에 '역사' 배우기 열풍이 다시 불면서 역사의 정치화가 다시 심화되고 있다. 이런 맥락에서 시진핑시기 제8학년 교과서 개편의 정치적 해석은 바로 지금 진행되고 있는 역사의 정치화 현상의 근원을 파악하고 역사를 보는 정치적 시각을 이해하는 데 일조한다고 볼 수 있다.

교과서는 후속 세대에게 국가의 정체성과 역사성, 미래 비전을 제시하는 공공재이자 사회 재교육의 핵심적인 도구 가운데 하나이다. 교과서는 사회 성원의 정체성 통일, 국가정체성과 사회정체성의 지속적인 유지, 발전 수단이며 국가 미래 비전을 담고 있다. 중국과 같은 당국가체제에서 당과 국가가 교과서 편찬을 주도하고 있다. 중국 역사교과서 개편은 정권의 장기 독재화 등 국내의 정치정세와 무관하지 않다.[2] 특히 중국은 국정체제에서 검인정체제로 교과서 편찬이 변화하고 있지만, 교과서 편집에 있어서 여전히 국가교육위원회가 일선 학교의 교과서 지정권을 갖고 있다. 전국적인 역사교육체계 아래서 이루어지고 있다.[3]

『중국역사 8년급(하)』 교과서는 2017년 말(2018년 초 수정)에 출판되었다. 시진핑 주석 집권 2기를 맞는 2017년 말 19대 당대회 개최 즈음

---

[1] 馮俊, 「習近平總書記敎我們學 '四史'」(dangjian.people.com.cn/n1/2021/0308/c117092-32046040.html, 검색일 2021년 7월 23일).

[2] 정동준, 2019, 「중국 역사 교과서의 고대사 서술 분석-2016년판 중학교 국정교과서의 특징과 문제점을 중심으로-」, 『중국고중세사연구』 52, 191-230쪽.

[3] 김지훈·정영순, 2004, 「최근 중국 중고등학교 역사 교과서 속의 한국과 한국사-「역사교학대강」 교과서와 「역사과정표준」 교과서의 비교검토-」, 『중국근현대사연구』 23, 161-162쪽.

이다. 집권 1기 5년의 정치변화가 들어가 있다. 구판 교과서가 7개 단원 21개 과(課)로 구성된 데 비해서 신판 교과서는 6개 단원 20개 과로 형식에서는 큰 변화가 없다.[4] 다만 한국전쟁[5]을 독립된 과로 강조하고, 시진핑 주석의 아버지 이야기를 부각시키는 등 내용에서 일정한 변화를 보여주고 있다. 이러한 내용의 변화는 시진핑 집권 등 중국 정치변화와 관련된 것으로 판단된다.

제8학년 역사교과서는 세 가지 측면에서 기술(記述)의 맥락을 평가할 수 있다. 먼저, 주요 역사적 사건을 시계열적으로 기술하여 통시성을 강조했다. 둘째, 특정 이슈에 대해서는 주제별 기술을 통해서 통시성과 공시성을 동시에 강화했다. 마지막으로, 품성(品性)과 인성(人性)을 강조하고 특히 일상생활에서 지키고 선양(宣揚)해야 하는 중국 역사의 가치와 규범을 강조했다. 즉, 이번 신판 교과서는 통시성, 공시성, 품성과 인성 측면에서 중국 정치변화를 기술했다. 이러한 측면에서 이 글에서는 그 변화된 내용의 정치적 의미와 해석을 통해서 교과서 개편의 의미를 살펴보았다.

이 글은 새롭게 개편한 제8학년 역사교과서를 구판과 비교 분석했다. 정치가 역사교과서에 어떻게 투사되고 어떤 내용을 비중 있게 다루는지 주목한다. 개편된 역사교과서는 변화하는 정치 현상을 반영한다. 개정된 교과서에서 시진핑시기 중국 정치의 주요 가치와 규범이 기술, 설명, 강조

---

[4] 구판과 신판의 목차 비교는 課程教材研究所·歷史課程教材研究開發中心 編著, 2006, 『中國歷史(八年級下冊)』, 人民教育出版社; 教育部組織編寫 齊世榮 總主編, 2018, 『中國歷史(八年級下冊)』, 人民教育出版社 참고.

[5] 전쟁의 성격에 따라 중국에서는 항미원조전쟁, 조선전쟁으로 부르고, 우리는 6·25동란 혹은 6·25전쟁 등으로 부른다. 국제적으로는 'Korean war'로 부른다. 여기서는 국제전 성격을 염두에 두고 국제사회에서 통용되는 Korean war, 즉 한국전쟁으로 기술한다.

되고 있다. 이 글을 통해서 교과서에 투사된 현실 정치의 의미를 분석하고 함의를 이끌어내고자 한다. 이를 통해 중국에서 정치가 교과서를 통해서 사회 성원의 재교육에 어떠한 이데올로기적 규범을 제공하는지 알 수 있다. 또한 교과서와 정치의 관계를 이해하는 데 기초적인 인식의 틀을 제공할 것으로 기대한다.

2. 연구 내용과 방법

중국 역사교과서 관련 연구는 우리 학계의 관심 주제이다. 이들의 연구는 주로 중국 역사교과서 개편이 갖는 의미와 특정 시기 서술에 대한 분석이 주류를 이루고 있다.[6] 한편 중국 역사교과서 개편이 갖는 우리와 역내 국가에게 주는 함의에 대한 연구로 그 범위가 확장되고 있다.[7] 한편, 중국의 교과서가 국정에서 검정제로 변하고 있으나 여전히 국가가 교과서 편찬을 주도하고 있다. 당국가가 작동하는 상황에서 현 집권의 논리가 교과서에 반드시 담겨야 하는 것은 불문가지다. 집권 정당성을 역사적 맥락을 통해서 재구성할 필요가 있기 때문이다. 또한 사회성원을 체제로 묶어내

---

[6] 이평수·김택경, 2021, 「2020년 초판 중학교 역사 교과서의 중국 명·청사 부분 서술 분석-학습 요소와 성취기준 해설의 주제를 중심으로-」, 『역사와 담론』 97, 143-192쪽; 이성원, 2021, 「2019 검정 교과서 『중학교 역사 ①』의 분석-중국 고대사를 중심으로-」, 『역사와 담론』 97, 103-141쪽; 이유표, 2020, 「중국 고등학교 국정교과서 『중외역사강요』의 고대문명사 서술 특징」, 『동북아역사논총』 70, 47-89쪽.

[7] 우성민, 2020, 「『중외역사강요』 속의 중국식 글로벌 가치관 '인류운명공동체'의 서술과 시사점」, 『동북아역사논총』 70, 91-146쪽; 오병수, 2020, 「시진핑 시대 중국의 역사정책과 자국사의 재구성-『역사, 중외역사강요』 과목의 개설 배경과 이데올로기-」, 『역사교육』 156, 221-272쪽; 권은주, 2020, 「『중외역사강요』의 한국 고대사·동아시아사 서술 내용과 역사인식 분석」, 『동북아역사논총』 70, 7-45쪽.

기 위해서 교육해야 할 필요성과 당위성은 늘 존재한다. 그러므로 역사교과서 내용 기술은 현 집권 세력의 이해를 충실히 반영할 수밖에 없다. 이러한 정치논리 차원에서 이번 8학년 역사교과서를 봐야 한다.

먼저, 건국 초기 국가수립 과정에서 문화대혁명에 이르는 기간의 주요 이슈에 대한 시계열적 분석을 시도하여 특정 사건에 어떤 정치적 맥락이 작동하는지 주목한다. 이를 위해서 건국 초기 국가수립 과정과 중국공산당 역할, 한국전쟁 기술에 대한 평가, 사회주의 이행 기술에 대한 분석 및 평가, 문화대혁명 기술에 대한 분석 및 평가 등 다섯 가지 주요 사건을 분석 대상으로 한다.

다음으로, 주요 사건에 대한 내용 분석을 시도한다. 분석 내용 및 중점은 다음과 같다. 건국 초기 국가수립 과정을 분석한다. 주로 티베트 관련 서술의 정치적 의미에 주목한다. 한국전쟁 관련 서술도 분석한다. 주로 중국의 기본평가, 전쟁 기원의 묘사, 중국군 파병 등에 대한 서술 내용을 분석한다. 사회주의 건설과 발전의 서술을 분석한다. 주로 헌법 제정 의미, 중요성, 중국공산당의 역할, 인민과 당의 관계 서술에 주목한다. 문화대혁명에 대한 서술의 정합성 문제에 주목한다. 마오쩌둥의 역할, '사인방(四人帮)'의 역할, 광기(狂氣) 이미지화, 집단적 광기의 서술 등에 주목한다. 문화대혁명의 발발, 전개 과정 서술의 정치적 맥락도 들여다볼 것이다.

주요 사건의 횡적 맥락, 즉 동시대 공간에서 정치의 역할 서술도 주목한다. 건국 이후 현재까지 특정 이슈에 대한 평가와 대응에 대한 교과서의 서술에 주목하고 특정 이슈를 둘러싼 정치적 맥락을 분석한다. 경제체제 개혁, 대외개방, 중국특색 사회주의 건설, 민족대단결, 국방건설과 외교, 과학과 사회 등 다섯 가지 이슈에 대한 기술에 주목한다.

주요 이슈(사건)에 대한 분석 내용과 중점은 다음과 같다. 경제체제 개혁 서술과 서술의 정치적 의미를 분석한다. 대외개방의 성과와 한계 기술을 주목한다. 시진핑 주석의 아버지 시중쉰(習仲勳)에 대한 서술에 주목한다.[8] '시진핑 사상'의 교과서 삽입논리 근거를 살펴본다.[9] 제19차 당대회 〈보고〉 내용 기술과 분석 의미를 평가한다.

마지막으로, 시진핑정부가 강조하는 어젠다의 역사교과서 서술을 검토한다. 민족대단결 부문에서 중국 다민족국가의 성격, 양안관계(兩岸關係)와 화인공동체(華人共同體) 기술에서 민족주의와 애국주의 활용을 분석한다. 국방건설과 외교 부문에서는 국방건설 현황 묘사, 시진핑 주석의 외교성과 묘사 행태 등을 분석한다. 과학과 사회 부문에서는 국가주의 묘사를 분석하고 시진핑 주석 발언(wording)의 교과서 수록 정도를 검토한다. 과학과 사회 발전에서 당의 노력 서술도 주목한다.

이러한 연구 내용을 기초로 개편된 제8학년 역사교과서의 정치적 의미를 종합적으로 분석하고 평가한다. 즉, 역사교과서의 주제 분석을 통해서 중국 정치변화의 핵심인 통합의 이데올로기로서 국가주의와 애국주의

---

8 시중쉰 사례에 주목하는 것은 시진핑 주석의 아버지로서 시중쉰이 아니라 시중쉰의 후광을 등에 업은 시진핑 주석의 정치적 위상 때문이다. 시진핑 주석은 2012년 18대에서 총서기에 오른 이후 2020년 10월 14일까지 세 차례 광둥성 선전을 방문하여 개혁개방을 평가했다. 이는 선전을 포함한 광둥성의 개혁개방 설계, 집행자로서 시중쉰의 역할과 연결된다. 그리고 이는 바로 시중쉰의 아들로서 시진핑 주석의 위상을 더욱 공고히 하는 데 활용되고 있다.

9 엄밀한 의미로 말하면 중국 당국은 공식적으로 '시진핑 사상'을 언급하지 않고 있다. 이는 개인 우상화 폐해라는 문화대혁명의 경험이 살아 있기 때문이다. 그러나 이른바 '시진핑 신시대 중국특색의 사회주의 사상'은 사실상 '시진핑 사상'이다. 이른바 '시진핑 사상'의 종합적인 사회정치적 의미에 대해서는 다음 참고. 조영남 책임편집, 2018, 『시진핑 사상과 중국의 미래-중국공산당 제19차 전국대표대회 분석』, 지식공작소.

강조 맥락을 평가하고자 한다. 이러한 작업의 기본 전제로서 중국 정치 패러다임 변화, 변화 시기에 강조되는 정치 콘텐츠를 먼저 검토한다.

II. 시진핑 집권과 중국 정치지형의 변화

시진핑정부의 등장은 신중국 성립 이후 출생한 첫 지도자의 집권을 의미한다.[10] 제19차 당대회에서 '시진핑 사상'의 당 지도이념 채택, 제18기 중앙위원회 제6차 전체회의에서 '핵심' 용어 재등장은 최고지도자 권위를 강화했다.[11] 이러한 시기에 역사교과서 개편이 이루어졌다. 따라서 이번 교과서 개편은 중국 정치지형의 새로운 변화를 반영한다고 볼 수 있다.

1. '개혁'의 새로운 역사적 조건

시진핑 주석은 2014년 10월 15일 문예공작좌담회(文藝工作座談會)에서 '새로운 시대 조건(新的時代條件)'이라는 표현을 사용했다.[12] 근대 이래 중국공산당의 경험을 혁명, 건설, 개혁의 과정으로 표현하면서 '새로운 시

---

10 시진핑 주석은 1953년생이다. 이른바 제5세대의 등장은 1955년생인 리커창(李克强) 총리와 함께 신중국 건국 이후 출생한 지도자가 중국 최고 권력을 장악했다는 의미를 갖고 있다.

11 양갑용, 2016, 「시진핑 주석의 '핵심' 지위 획득의 의미: 중국 공산당 제18기 중앙위원회 제6차 전체회의」, 『동아시아연구원 EAI 논평』, 1-3쪽.

12 「習近平總書記在文藝工作座談會上的重要講話(全文, 2014年 10月 15日)」(www.gddx. gov.cn/gdswdx/132108/132112a/201747/index.html, 검색일 2020년 3월 28일).

기'를 강조했다. '정세'와 '임무' 변화를 제대로 인식해야 함을 제기했다.[13]

시진핑 주석의 '핵심' 지위 부활은 기존 정치 관행의 변화이며 개인 권력 강화로 해석할 수 있다.[14] 개인 권력 강화 추세는 집단지도체제라는 기존 관행을 흔드는 요소이다. 그러나 관행을 흔들어서 새로운 변화를 모색하는 것은 쉽지 않다. 그래서 당은 '반장(班長)' 역할의 복원으로 설명하고 있다. 마오쩌둥을 소환하는 반장 역할의 복원 맥락이다.[15] 집단지도체제에서 반장의 역할은 제한적이고 때로는 불필요했다. 시진핑 주석은 반장의 역할과 민주생활회의 부활을 다시 소환했다.[16] 반장 관행의 부활로 관행의 선택적 수용 환경을 의도적으로 만들었다. 마오쩌둥의 소환이 바로 이러한 의미이다.

당중앙 조직부는 2016년 2월 25일 〈시진핑 총서기의 중요 회시 정신 학습과 관철 그리고 당위원회(당조) 영도 집단 건설 강화에 관한 통지(關於學習貫徹習近平總書記重要批示精神加強黨委(黨組)領導班子建設的通知)〉를 발표했다.[17] 마오쩌둥 소환의 시작이었다. 마오쩌둥은 1949년 3월 중국공산당 제7기 중앙위원회 제2차 전체회의(제7기 2중전회)에서 〈당위원회공

---

13 중국 개혁의 시기 구분과 역사적 의미에 대해서는 양갑용, 2020, 「중국 '신시대' 변화 논리와 함의」, 『국가안보전략연구원 전략보고』 65.

14 물론 '핵심' 지위 확립으로 개인 권력이 강화되었는가 의문을 제기하기도 한다. 이에 대해서는 다음 참고. 안치영, 2018, 「과연 시진핑 1인체제가 형성되었는가?」, 『황해문화』, 210-229쪽.

15 「毛澤東: 黨委會的工作方法」(theory.people.com.cn/n1/2016/0226/c49157-28151895.html, 검색일 2020년 4월 1일).

16 「習近平: 在紀念毛澤東同志誕辰120周年座談會上的講話」(cpc.people.com.cn/n/2013/1226/c64094-23952651.html, 검색일 2020년 4월 8일).

17 「中組部印發《關於學習貫徹習近平總書記重要批示精神加強黨委(黨組)領導班子建設的通知》」(dangjian.people.com.cn/BIG5/n1/2016/0226/c117092-28151399.html, 검색일

작방법(黨委會的工作方法)〉¹⁸을 제기했다. 시진핑 주석 회시(批示)는 바로 〈당위원회 공작방법〉[19]의 학습 강조를 마오쩌둥 소환을 통해서 불러온 것이다. 회시를 통해서 〈당위원회 공작방법〉을 〈중국공산당 지방위원회 공작 조례(中國共產黨地方委員會工作條例)〉,[20] 〈중국공산당 당조 공작 조례(시행)(中國共產黨黨組工作條例(試行))〉[21]와 결합할 것을 주문했다.

즉, 당위원회(당조) 영도집단의 사상정치건설, 작풍건설과 능력건설을 전면적으로 강화하고, 민주집중제의 자각성을 확실히 제고·관철·집행하는 데 마오쩌둥의 방법을 불러온 것이다. 이는 기존 관행을 불러와서 현재의 당조직과 당원을 관리하겠다는 의미이다. 이러한 과거의 소환과 관행의 부활은 시진핑 주석이 강조하는 '초심'으로 회귀논리와 닿아 있다. 마오쩌둥의 권위를 활용하여 지금 자신의 이미지 개선과 지위 공고화를

2020년 4월 3일).

18 〈당위원회 공작 방법(黨委會的工作方法)〉은 『모택동선집(毛澤東選集)』 제4권에 수록되어 있다. 당시 마오쩌둥은 〈당위원회 공작 방법〉에서 12개 방면의 공작 방법을 제시했다. ① 당위원회 서기의 '반장(班長)' 역할을 잘 수행할 것, ② 문제를 공개적으로 제기할 것, ③ 상호 정보를 교환할 것, ④ 알아듣지 못하고 이해하지 못하는 것을 하급에 물을 때 가볍게 찬성 혹은 반대를 표시하지 말 것, ⑤ '피아노 치는 것'을 습득할 것, ⑥ (일을) 단단히 틀어쥘 것, ⑦ 마음 속에 확실한 '수(당면 문제에 대한 자신감)'를 가질 것, ⑧ 일하기 전 미리 관련 내용을 알릴 것(安民告示), ⑨ 기구와 인원을 간소화(精兵簡政)할 것, ⑩ 자신과 의견이 같지 않은 동지에게 주의(注意)하고 단결하여 한 길로 업무를 할 것, ⑪ 오만함을 경계(力戒驕傲)할 것, ⑫ 두 종류의 한계를 명확하게 구분할 것 등 이다.

19 「毛澤東: 黨委會的工作方法」(theory.people.com.cn/n1/2016/0226/c49157-28151895. html, 검색일 2020년 4월 1일).

20 「中國共產黨地方委員會工作條例」(dangjian.people.com.cn/n1/2016/0105/c117092-28012181.html, 검색일 2020년 4월 1일).

21 「中國共產黨黨組工作條例(試行)」(www.mod.gov.cn/big5/auth/2015-06/17/content_4590597.htm, 검색일 2020년 4월 2일).

시도하고 있다. 시진핑 주석의 사회주의 '초심' 강조와 마오쩌둥의 소환은 권력 강화 명분 제공에 긍정적이기 때문이다.

시진핑시기 과감하게 추진된 광범위한 반부패 활동도 관행 수립에 활용되고 있다.[22] 저우융캉(周永康) 구속, 순정차이(孫政才) 낙마 등 반부패 활동 강화는 정치국 상무위원은 단죄할 수 없다는 기존 관행을 무너뜨리고 단죄할 수 있다는 새로운 관행의 출현을 보여주었다. 또한 '격대지정(隔代指定)'의 유예는 기존 관행을 선택적으로 수용한다는 점에서 새로운 관행의 출현이다. 제도 변화를 통한 권력 강화이다.[23] 이는 금기에 도전하는 고도의 정치적 행위이며, 새로운 관행 정착과 기존 관행의 과감한 파기라는 점에서 금기의 도전이다. 새로운 관행을 만들어내기 위해서는 기존 관행을 흔들고 선택적으로 수용하는 위험 관리가 중요하다. 필요한 경우 기존 제도의 파괴를 통한 과감하고 선제적인 조치도 가능하다. 기존 관행의 파괴 또는 변경에는 사회적 명분 획득이 선결 조건이다. 즉, 당원과 국민들의 동의와 지지를 얻어야 한다.

2. 통치 정당성과 사회적 명분

기존 관행의 파괴, 선택적 수용, 새로운 관행의 출현은 사회적 명분이라는 동력이 필요하다. 즉, 사회 성원들의 합의와 동의가 필요하다. 사회적 합의를 통한 정치적 명분이 절차적 정당성이 부족한 중국의 당국가체제를

---

22 이희옥, 2015, 「시진핑 시기 반부패운동의 정치논리-시장, 법치, 거브넌스의 관계-」, 『중소연구』 39-1, 17-48쪽.
23 여유경, 2014, 「시진핑의 제도적 조정을 통한 권력과 정당성 강화: 중국 공산당 19차 전국대표대회를 중심으로」, 『아태연구』 25-4, 171-198쪽.

지속하는 데 통치 정당성을 제공해준다고 볼 수 있다.[24] 중국의 당국가체제는 국민들의 자유선거를 통한 정당성 획득에 취약하다. 사회적 동의 과정을 통해서 정치적 명분과 정당성을 획득해야 한다.

반부패 활동은 기존 관행의 부패성을 알리고 이를 극복해야 한다는 사회적 명분 축적에 유용하다. 국가감찰위원회 구성도 이러한 맥락에 기초한다.[25] 광범위한 대중의 지지를 얻어야 하는 명분 싸움에서 반부패 활동은 매우 유용하다. 당원과 대중들이 느끼는 반부패 활동의 '통쾌함'은 지도부 신뢰로 연결되기 때문이다. 반부패 활동과 신뢰는 상호 연동되어 있다. 지도부로서도 나쁘지 않은 선택이다. 반부패 활동이 사회적 명분 획득 차원에서 유효하고 효과적이라는 의미이다.[26] 군중노선의 강화도 사회적 명분 축적에 유용하다.[27] 예를 들어 군중노선의 강화 흐름이 시진핑 주석의 '인터넷 군중노선' 강조로 나타나고 있다.[28] 군중들의 인터넷을 활용한 의견 제시, 제안, 불만에 귀 기울여야 한다는 강조 역시 명분 축적에 용이하다. 간부 선발과 임용 과정에서 강조하는 사회적 평가도 일종의 군중노선 일환이다. 군중 평가 도입을 통한 통치 정당성의 명분 축적 의도가 깊이 들어가 있다.

---

[24] 양갑용, 2019,『중국의 통치 정당성과 엘리트 정치』, 국가안보전략연구원.

[25] 김윤권 외, 2018,『중국 반부패의 제도와 정책에 관한 연구』, 대외경제정책연구원.

[26] 시진핑 주석 집권 2기에서는 고위급 부패뿐만 아니라 실생활에 관련된 중하위급 공직자 등을 대상으로 하는 광범위하고 전방위적인 반부패 사정 활동이 계속되고 있다.

[27] 시진핑 주석이 강조하는 군중노선의 맥락적 의미에 대해서는 다음 참고.「羅平漢, 王濤: 學習習近平總書記關于群衆路線的重要論述」(theory.people.com.cn/n/2013/1213/c49150-23830531.html, 검색일 2020년 4월 3일).

[28] 시진핑 주석의 인터넷 군중노선에 대한 중요성 강조는「習近平的'網上群衆線'」(www.cac.gov.cn/2018-04/20/c_1122711955.htm, 검색일 2020년 4월 3일).

중국 정치 생활에서 경쟁은 일상화되어 있다.[29] 간부 성장도 경쟁의 연속이다. 경쟁을 통한 성장은 제도적인 요인과 비제도적인 요인이 복합적으로 작용한다. 예를 들어 학벌, 근무 경험 등 객관적인 지표 외에 당성, 성과, 이미지, 사회적 관계 등 비제도적 요인이 성장과정에서 서로 경쟁한다. 중국의 승계구조에는 공식, 비공식 제도가 혼재되어 복합적으로 나타난다. 그렇다고 상호 파멸의 적대적 경쟁은 나타나기 어렵다. 통치 엘리트들의 '위협의식'이 시진핑 중심의 공산당 권력 강화의 공감대 형성에 크게 기여했다고 보기 때문이다.[30] 따라서 갈등을 잘 관리하는 것이 새로운 관행의 정착과 명분의 축적에 도움이 된다.

시진핑 주석 입장에서 승계구조의 변화는 불가피하다. '격대지정'을 유예했기 때문이다. 따라서 기존 '격대지정'과 다른 새로운 관행의 출현이 가능하다. 즉, 1인 구도, 2인 구도 회귀, 다자 구도 등 다양한 승계 관련 시나리오가 나올 수 있다. 시진핑 주석은 '핵심' 지위를 적극 활용하여 선택적 수용과 배척의 가능성이 열려져 있다. '핵심' 지위를 적극 행사한다면 '자기 사람'을 전진 배치할 수도 있고 과감한 세대교체를 할 수도 있다.[31] 승계에서 시진핑 주석 개인의 '의지'가 중요하게 부상했다.

---

29 간부가 승진할 수도 있고 때로는 강등될 수도 있다는 정치변화를 설명하는 글로는 다음 참고. 「中央明確: 干部能上也能下, 四種人堅決調整下來」(renshi.people.com.cn/n/2015/0627/c139617-27217310.html, 검색일 2020년 4월 3일).

30 손인주, 2020, 「두려움의 정치: 시진핑 권력 강화의 심리적 동인」, 『한국정치학회보』 54-1, 137-160쪽.

31 양갑용, 2019, 『중국의 통치 정당성과 엘리트 정치』, 국가안보전략연구원.

3. 정치변화를 위한 의지

시진핑 주석이 강조하는 이른바 '새로운 정치'를 위해서 관행의 발전적 파괴, 새로운 관행의 구축, 정당성 획득을 위한 명분 축적 등이 모두 고려 대상이다. 관행을 정착시키고 명분을 축적하는 데 '핵심' 지위를 갖는 시진핑 주석의 개인 의지가 매우 중요한 변화 동력이다. 개인 의지가 정치국 상무위원회를 통해서 집단 의지로 전화될 수도 있기 때문이다.

시진핑 주석은 2017년 7월 26일과 27일 〈성부급 주요 영도간부 '시진핑 총서기 중요 발언 정신 학습과 당 19대 맞이' 주제 세미나(專題研討班)〉에서 '새로운 생각(新的思路)', '새로운 전략(新的戰略)', '새로운 정책(新的舉措)'을 중국 정치 방향으로 제시했다.[32] 그리고 9월 18일 정치국 회의에서 정세와 임무의 변화를 다시 언급했다.[33] '새로운 정치'를 향한 청사진의 제시는 기존과 다른 '새로운 전략', '과감한 행동'이 필요하다는 시진핑 주석의 인식을 반영한다. 당원 간부들에게 높은 수준의 인식 전환을 요구하고 있다.

제19차 당대회 이후 당중앙은 '엄격한 당관리(從嚴治黨)'를 강조하고 있다. 당의 중심성을 강조하고 사회자원의 전방위적인 활용성 증대를 도모하고 있다. 모두 '새로운(新)' 것에 대한 희구에 의지가 투사되고 있다. 즉, 기존 행태, 기존 방식, 기존 관행을 탈각시키기 위한 시진핑 주석 개인 의지의 발현이다. 이는 최고지도자의 의지를 동력으로 삼아 강력한 리더

---

32 「習近平: 爲決勝全面小康社會實現中國夢而奮鬪」(www.xinhuanet.com//politics/2017-07/27/c_1121391548.htm, 검색일 2020년 4월 5일).

33 「習近平主持中共中央政治局會議」(www.gov.cn/xinwen/2017-09/18/content_5225983.htm, 검색일 2020년 4월 8일).

십에 기초해 관행과 명분을 재구성하겠다는 현상 변경의 의지이다. 이러한 의지가 바로 정층설계(頂層設計)로 나타나고 있다.

2017년 9월 18일 정치국 회의는 중앙위원회 제19차 당대회에서 당장 수정을 권고하기로 의견을 모았다.[34] 정세 변화, 새로운 임무에 따른 당장 수정 필요성을 공식 천명한 것이다.[35] 소위 시진핑 사상이 '지도사상'으로 당장에 삽입된다는 것은 당의 공인을 의미한다. 시진핑이라는 개인이 아니라 지도사상의 체현자로서 시진핑이라는 의미이다.[36] 시진핑 사상의 당장 삽입은, 마르크스주의 중국화 성과 체현, 치국이정(治國理政)의 새로운 이념·사상·전략의 체현, 전면적 엄격한 당관리의 세 가지 선결 조건의 당내 합의를 의미한다.

쑨즈강(孫志剛) 당시 구이저우성 서기는 "시진핑 총서기의 일련의 중요 발언(重要講話) 정신과 치국이정의 새로운 이념, 새로운 사상, 새로운 전략은 당대 중국의 마르크스주의이며 우리들의 모든 업무(工作)의 근본 지도사상이다"라고 강조했다.[37] 아래로부터 분위기를 확산시키는 기존 관행을 차용하고 있다. 최고지도자의 의지는 아래로부터의 요구를 자연스럽게 수용하는 것으로 작동한다는 점을 보여주었다. 이러한 의지를 담아 인사를 진행하고 있다.

---

34 주 33과 같음.
35 그 결과 제19차 당대회(2017년 10월)에서 당장이 수정되었고, 2018년 제13기 전국인민대표대회 제1차 전체회의에서는 관련 헌법 규정이 수정·보완되었다.
36 마오쩌둥과 덩샤오핑을 제외하고 본인의 이름을 당장에 넣은 것은 개혁개방 이후 시진핑 주석이 유일하다.
37 「孫志剛任貴州省委書記 陳敏爾不再懺任」(renshi.people.com.cn/n1/2017/0716/c139617-29407855.html, 검색일 2020년 4월 3일).

"모든 일의 관건은 당에 있고, 당의 관건은 간부에게 있다."[38] 시진핑 주석이 강조하는 이 말은 당정 영도간부가 당과 국가사업의 핵심이라는 의미이다. 중국에서 간부는 전통적인 요인, 체제적 요인, 문화적 요인 등이 결합되어 나타나는 매우 독특하면서도 역동적인 집단이다.[39] 중국공산당과 권력엘리트 변화. 이들의 역량에 사회주의 사업의 성패가 달려있다. 당이 나서서 젊고 유능한 간부를 찾아내고 교육 시키는 이유이다.[40] 이들이 바로 새로운 정치의 중심 추진 역량이기 때문이다. 시진핑시기 새로운 간부 충원을 위한 새로운 관행이 만들어지고 있다. 예컨대 직무를 넘나드는 순환 보직이 매우 활발하다.

기존 분공(分工) 시스템이 야기했던 인사 장벽이 시진핑시기 들어서 변화하고 있다. 부문 간 단절 점차 약화, 부문 간 교류 증대, 지역 간·직종 간 교류 증가 등이 현저해지고 있다. 기업에서 당정 계통, 당정 계통에서 기업으로 인사 교류도 증가하고 있다. 당위원회, 인민대표대회(인대), 정부, 중국인민정치협상회의(정협) 간 수평 이동도 활발하다. 정협 재직자들도 다시 당정 계통으로 이동하는 사례가 적지 않다. 인사 교류의 이러한 변화 동력은 바로 관행과 명분을 중시하는 최고지도자의 의지가 반영된 결과이다. 이러한 의지 반영이 바로 제8학년 역사교과서의 정치변화 기술(記述)에 영향을 미친다고 보고 이에 대한 정치적 의미를 다음에서 다루고자 한다.

---

38 「習近平談做好組織工作: 關鍵在黨 關鍵在人」(news.12371.cn/2018/07/04/ARTI1530657673950302.shtml, 검색일 2020년 4월 3일).
39 서진영, 2011, 『21세기 중국정치』, 폴리테이아, 제7장.
40 예를 들어 중국공산당은 각급에 존재하는 시급(市級) 당교, 성급(省級) 당교, 중앙 당교 등을 통해서 중청년 간부반 등을 운영하거나 징강산(井岡山), 옌안(延安), 푸둥(浦東) 등 간부학교를 통해서 간부들에 대한 상시적인 교육과 학습을 진행하고 있다.

III. 8학년 역사교과서 내용 분석: 정치적 시각

1. 시계열 기술의 정치적 맥락

교과서는 사회 성원에서 정치변화를 설명하고 단결을 유도하는 유용한 수단이다. 최근 개편된 8학년 역사교과서를 보려는 이유도 바로 이러한 정치변화가 어떻게 기술되어 단결을 유도하는지 살펴보려는 것이다. 건국 초기 국가수립 과정에서부터 문화대혁명에 이르는 기간 주요 이슈에 대한 시간대별 변화 내용 기술을 통해서 사건에 대한 정치적 맥락을 이해할 수 있다. 시간 추이에 따른 시계열 접근을 통해서 건국 초기 국가수립 과정과 중국공산당의 역할, 한국전쟁 기술과 평가, 사회주의 이행의 기술과 평가, 문화대혁명 기술과 평가 등에 주목한다.

시계열 접근 외에 특정 사건에 대한 기술과 평가의 정치적 맥락과 의미도 함께 살펴보았다. 건국 초기 국가수립 과정에서, 티베트 관련 기술과 평가, 한국전쟁에 대한 중국의 기본적인 평가, 한국전쟁 기원에 대한 묘사와 중국군의 파병 불가피성에 대한 중국의 입장 등을 세 가지로 정리 분석한다. 특히 중국의 한국전쟁 참전 정당성의 논리적 증거를 조사, 분석한다.

사회주의 건설과 발전 부문에서는, 헌법 제정의 의미, 헌법의 중요성에 대한 교과서 기술을 분석한다. 특히 이 과정에서 중국공산당의 역할에 주목한다. 다음으로, 국가권력 수립 과정에서 인민과 당의 관계, 문화대혁명의 객관적 기술의 정합성, 문화대혁명 추진과정에서 마오쩌둥의 역할이나 '사인방'의 역할 등에 대한 교과서의 기술과 평가를 분석한다. 이 과정에서 교과서는 문화대혁명의 광기를 어떻게 이미지화하여 집단적 광기를 어떤 논리로 피해가는지 분석한다. 또한 문화대혁명의 발발, 전개과정에 대한 정치적 서술이 갖는 의미를 어떻게 평가할지 분석한다. 이 과정에서 문혁과 당의 관계 묘사도 분석한다. 문화대혁명을 미화하는 데 활용되는 구체적 사례를 분석하고 이의 정치적 맥락을 검토한다. 구체적인 분석 내용 및 맥락은 다음과 같다.

8학년 역사교과서는 ① 중국 역사 새 기원(제국주의, 봉건주의, 관료주의 극복 자찬), ② 민족 독립(아편전쟁 이후), ③ 외부 위협과 내부 상황 극복, ④ 중국공산당 역할(한국전쟁, 토지개혁, 경제건설 등 주도) 순으로 중화인민공화국 수립을 기술했다. 이러한 시기 구분은 중국공산당사(中國共産黨史)의 기술과 맥락적으로 일치한다.[41] 중국공산당의 역사가 바로 신중국의 역사라는 인식에 기초해서 교과서도 중국공산당사를 기본 틀로 쓰였다. 중화인민정치협상회의 부분에서는 제1차 회의(1949년 9월)를 비중 있게 다루고 있다.[42] 그 내용은 주로 신중국 수립 문제와 중화인민공화국 수립 결정에 관한 문제, '중화인민정치협상회의 공동강령' 문제 및 중국공산당이 이끄는 다당협력과 정치협상제도 기본 구축 등 중국공산당의 역할을 중심으로 기술했다. 구판 교과서에서 비교적 건조하게 사실 전달 차원에서 정치협상회의 과정을 포함하여 개국대전(開國大典) 위주 행사만 수록한 것과 상이하다.[43]

신판 역사교과서의 이러한 기술은 일종의 중국공산당 중심의 다당합

---

41 中共中央黨史硏究室, 2011a, 『中國共産黨歷史: 1921-1949年』, 中共黨史出版社; 中共中央黨史硏究室, 2011b, 『中國共産黨歷史: 1949-1978年』, 中共黨史出版社.
42 敎育部組織編寫 齊世榮 總主編, 2018, 2-5쪽.
43 課程敎材硏究所·歷史課程敎材硏究開發中心 編著, 2006, 2-3쪽.

작제(多黨合作制)라는 역사적 상황을 그대로 교과서에 담아낸 것으로 풀이할 수 있다. 중국인민정치협상회의(이하 정협) 제1차 회의에서 공동강령을 통해서 임시헌법 역할, 인민민주주의국가, 인민민주독재국가(노동자·농민연맹 기초, 각 민주계급과 국내 각 민족 단결) 등을 비교적 상세히 서술했다. 이러한 접근은 전국인민대표대회(이하 전국인대) 구성(1954년) 이후 통일전선조직으로 중국공산당과 공존한 역사가 현재 양회(兩會)로 불리는 정협의 정치적 맥락을 설명하는 데 중요하기 때문이다. 정협의 역할 무용론에도 불구하고 개정교과서에서 다시 정협의 통일전선(統一戰線) 역할을 소환하는 것은 중국공산당 주도의 다당합작이 신중국 역사의 기본 토대라는 역사성을 유지하려는 정치적 의도가 개입되었다고 평가할 수 있다.

강력한 애국주의와 혁명영웅주의 강조는 중국 건국의 역사를 묘사하는 데도 차이를 보인다. 구판에서는 신중국의 성립이 침략에 의해 고초를 겪은 굴욕의 역사를 끝냈다는 의미를 강조했다.[44] 그러나 신판 교과서에는 중국의 건국을 제국주의, 봉건주의, 관료자본주의 통치를 뒤집은 진정한 의미의 독립적인 자주 국가가 되었음을 강조했다. 이는 중화인민공화국 건국이 단지 굴욕의 역사를 끝낸 것이 아니라 제국주의, 봉건주의, 관료주의를 타도했다는 측면에서 한층 국가주의를 강조한 맥락으로 해석할 수 있다.

통일전선의 당위성 강조는 통일전선이 신중국 역사라는 역사적 사실을 강조하기 위함이다. 통일전선 과정에서 민족문제는 통합의 절대 명제이다. 특히 티베트나 신장 등 변방 소수민족에 대한 역사 기술은 통합의

---

44 課程敎材硏究所·歷史課程敎材硏究開發中心 編著, 2006, 4쪽.

시금석과도 같다. 이 부분에서 새로운 교과서는 티베트에 대한 기술을 당의 역할 속에서 접근하고 있다. 즉 판첸라마의 요청과 중국의 평화적인 노력에 따라 중국인민해방군이 라싸에 진주했다고 묘사한다.[45] 구판 교과서에서는 이 부분이 작은 설명 자료로 올라가 있다.[46] 신판 교과서에서는 본문의 내용으로 이 부분을 직접 거론했다. 신판에서 이 부분을 직접 언급한 것은 침략군이라는 점령군의 이미지를 희석하기 위한 정치적 의도로 읽힌다. 통일전선 관련 기술이 정치적 필요에 따라 선택적으로 용인된다는 점을 알 수 있다.

중국은 한국전쟁의 참가국인 동시에 휴전협정의 조인 당사국이다. 2020년은 중국이 중국인민지원군 이름으로 한국전쟁에 참전한 지 70년이 되는 해이다. 특히 2020년은 미중 갈등이 본격적으로 심화하면서 한국전쟁에 대한 보수적 입장이 계승되고 있다. 이러한 입장은 8학년 역사교과서의 한국전쟁 기술의 연장선상에 놓여 있다. 개편된 8학년 역사교과서의 한국전쟁 공식 평가는 여전히 항미원조(抗美援朝), 보가위국(保家衛國)이다.[47] 미국의 북한 침략으로 전쟁 기원을 묘사하고 있으며 한국전쟁 참전은 세 가지 불가피성을 거론하는 것으로 대신했다.

개정된 역사교과서는 한국전쟁에서 중국군 파병의 불가피성을 ① 미군 비행기의 중국영공 침입과 동북지역 변경도시 폭격, ② 미국의 타이

---

45 教育部組織編寫 齊世榮 總主編, 2018, 4-5쪽.
46 課程教材研究所·歷史課程教材研究開發中心 編著, 2006, 4쪽.
47 教育部組織編寫 齊世榮 總主編, 2018, 8-11쪽. 중국은 2020년 10월 19일 "위대한 승리를 아로새기고, 평화와 정의를 수호하자(銘記偉大勝利, 捍衛和平正義)"는 주제로 중국인민지원군의 한국전쟁 참전 70주년 기념식을 거행했다. 여기서도 '항미원조'라는 용어를 그대로 사용했다. 기념식 내용에 대해서는 다음 참고. 『新華網』, 2020.10.19.

완해협 진입으로 안보 위협 증가, ③북한정부의 요청 등으로 정리했다.[48] 즉, 자신의 안보 위협에 대한 방어적 차원에서 참전을 결정했다는 일관된 입장을 견지하고 있다. 신판 교과서는 이러한 입장을 여전히 유지하고 있다. 구판과 비교하여 가장 특이한 점은 중국의 참전을 중국공산당 중앙위원회(이하 중공중앙)의 결정에 의한 것이라는 점을 분명히 했다.[49] 구판에서는 이 부분이 빠져 있다.[50]

중국정부는 당중앙 결정으로 1951년부터 10월 25일을 항미원조 기념일로 지정했다. 북한과의 관계 설정 및 유지 발전을 여전히 중시한다는 의미이다. 또한 교과서는 중국의 정전협정 조인 등 한국전쟁에서 중국의 역할을 강조했다. 한국전쟁이 패배의 전쟁이 아닌 승리의 전쟁이었다는 것을 강조하기 위해서 교과서는 중국이 평화공간 조성에 기여했으며, 그 결과 중국의 국제 지위 상승을 가져왔다는 점도 의미 있게 기술했다. 구판 교과서에서는 정전협정 체결로 중국과 조선이 전쟁에서 승리한 것으로만 기술하고 있다.[51] 이 점에 비해서 신판 교과서의 전쟁 평가는 승리의 역사로 기록하고픈 중국의 정치적 의도가 반영된 표현으로 볼 수 있다. 교과서 기술처럼 중국에게 한국전쟁은 승리의 전쟁인 동시에 정의의 전쟁으로 여전히 간주되고 있다.[52]

---

48 신판에서는 "1950년 10월 펑더화이(彭德懷)를 사령관으로 하는 중국인민지원군"이라는 표현 안에 1950년 10월 바로 뒤에 "중공중앙 결정에 근거하여"라는 표현을 추가했다. 이는 상황논리에 따른 참전이 아니라 중국의 주체적인 결정이라는 점을 강조하는 맥락이다. 教育部組織編寫 齊世榮 總主編, 2018, 8쪽.

49 教育部組織編寫 齊世榮 總主編, 2018, 8쪽

50 課程敎材硏究所·歷史課程敎材硏究開發中心 編著, 2006, 7쪽. 구판에서는 "1950년 10월 펑더화이(彭德懷)를 사령관으로 하는 중국인민지원군"이라는 표현만 등장한다.

51 課程敎材硏究所·歷史課程敎材硏究開發中心 編著, 2006, 10쪽.

사회주의 건설 과정에서는 중국공산당의 역사 시대구분을 그대로 따르고 있다. 회복기, 1.5시기 등 시기 구분을 토대로 중국이 국공내전(國共內戰)을 극복하고, 경제기반을 회복하고, 경제계획을 통해서 사회주의국가 건설에 나아갔다는 점을 기술했다. 이 과정에서 소련의 도움을 분명하게 명시한 점은 이채롭다. 구판에서 156개 프로젝트를 소련과 협력했다고 명시했다.[53] 신판 교과서에는 156개 프로젝트뿐만 아니라 강철, 메탄, 전력, 기계제조 등 구체적인 협력 분야를 열거하여 중국과 소련의 협력 경험을 평가했다.[54] 이는 아마도 미국과 전략경쟁을 하고 있는 중국 입장에서 러시아와의 협력을 염두에 둔 의미로 해석할 수 있다.

이 외에 인민대표대회제도 확립을 통해서 헌법 제정 의미를 강조했다. 농업, 수공업의 사회주의 개조, 사회주의 기본제도 수립, 중국의 사회주의 초급단계 진입 등도 교과서에 성과로 기술했다. 이 과정에서 정책 실패로 발생한 대약진이나 문화대혁명을 일종의 '오류(誤謬)'와 '곡절(曲折)'로 묘사하고 있다.[55] 이는 구조적인 문제나 체제와 관련된 문제로 인식하지 못하도록 강제하는 역사인식을 드러낸 것이다. 교과서는 또한 사회주의 신

---

52 시진핑 주석은 2020년 10월 19일 중국인민혁명군사박물관에서 열린 중국인민지원군의 한국전쟁 참전 70주년 기념 전시회에서 "중국인민지원군은 정의의 기치를 높이 들고 조선 인민, 군대와 함께 죽음을 초개같이 여기고 피 흘려 분투하면서 항미원조전쟁의 위대한 승리를 거두고 세계평화와 인류진보사업을 위하여 거대한 기여를 했다"고 평가하고, 한국전쟁 참전을 정의의 승리, 평화의 승리, 인민의 승리로 묘사했다. 이에 대한 내용은 다음 참고. 「習近平: 在新時代繼承和弘揚偉大抗美援朝精神 爲實現中華民族偉大復興而奮鬪」(cpc.people.com.cn/n1/2020/1019/c64094-31897908.html, 검색일 2020년 10월 19일).

53 課程教材研究所·歷史課程教材研究開發中心 編著, 2006, 19쪽.
54 敎育部組織編寫 齊世榮 總主編, 2018, 19쪽.
55 敎育部組織編寫 齊世榮 總主編, 2018, 27-31쪽.

중국 건설 과정에서 법치(法治)의 근간으로서 헌법 가치의 중요성을 강조했다. 게다가 헌법의 귀속성, 소재(所在), 실행 주체(主體)는 중국공산당이라는 점을 분명히 적시했다. 즉, 모든 권력이 국민에게도 나온다는 개념보다는 "모든 권력은 인민에게 속한다"는 권력 소재의 의미를 기술했다. 이는 인민권력을 대리하는 주체가 중국공산당이라는 정치논리가 여전히 헌법 해석에 작용하고 있다는 것을 의미한다.[56] 중국에서 모든 권력은 인민에게서 나오는 것이 아니라 인민에게 속한다는 권력 귀속논리가 교과서에 그대로 기술된 것이다.

2018년 3월 제13기 전국인대 제1차 회의에서 헌법을 일부 수정하는 과정에서도 인민 귀속 헌법의 수정 대리자로서 중국공산당의 지위와 역할은 그대로 투영되었다. 당이 법에 우선하는 현실에도 불구하고 개정된 역사교과서는 법치를 강조했다. 당위성 차원에서 1954년 헌법 제정을 통해 비로소 중국 국가 지도체제가 정비되고 완료되었다는 점을 기술했다. 이는 당에 의한 통치가 아니라 법에 의한 통치가 역사적 맥락을 통해 오늘날에도 관철되고 있다는 점을 학생들에게 고지하는 일종의 정치 선전 효과를 기대하는 조치로 분석할 수 있다.

사회주의 초급단계와 관련해서 교과서는 1956년 말 기본적으로 농업, 수공업, 자본주의 상공업에 대한 사회주의 개조를 완성하고, 이를 사회주의 기본제도의 완성으로 보아 이때부터 사회주의 초급단계에 진입했다고 서술하고 있다.[57] 구판 교과서에서도 1956년 말 중국은 기본적으

---

56 이러한 논리는 2018년 3월 당과 국가기구 개혁을 통해서 당의 영도를 가장 중시하는 통치거버넌스 변화로 나타났다.
57 教育部組織編寫 齊世榮 總主編, 2018, 7-28쪽.

로 사회주의 초급단계에 진입했다고 기술하고 있다는 점에서 사회주의 초급단계에 대한 인식의 변화는 나타나지 않는다.[58] 이러한 기술은 사회주의 초급단계라는 것이 개혁개방 이후 만들어진 개념이 아니라 역사적 맥락을 갖는 개념이라는 역사성을 드러내는 것으로 사회주의 초급단계라는 것이 매우 오랜 중국의 사회주의 경험에서 비롯되었다는 근원성과 연계성의 강조라고 할 수 있다. 이는 사회주의 초급단계를 100년으로 설정하여 2050년 사회주의 중등국가(시진핑은 이를 사회주의 현대화 강국으로 표현)를 완성하겠다는 장기 맥락이 신중국 건립부터 지금까지 변하지 않고 지속된다는 점을 드러내는 역사 기술이다.

동시에 시진핑 주석이 강조하는 사회주의 현대화 강국이라는 것이 제19차 당대회를 전후하여 만들어진 개념이 아니라 이미 신중국 초기에 설정된 테제라는 점을 부각시키는 기술이다. 교과서의 서술은 이 개념 역시 역사성을 갖고 있다고 하는 역사적 맥락과의 연결성을 보여준다. 구판 교과서와 신판 교과서 모두 이 부분에서는 큰 차이를 보이지 않는다. 학생들에게 이른바 '신시대'라는 새로운 사회주의 길이 사실상 역사적 연계성이 있는 개념이라는 인식을 갖게 하기 위한 조치로 해석된다. 즉, 장기적 관점과 지속적 관점에서 사회주의 중국의 역사를 이해하는 데 필요한 개념이라는 교육적 필요성에 따라 교과서에 기술된 것으로 평가할 수 있다.

문화대혁명에 대한 서술은 단절과 맥락의 연계가 혼용되어 나타난다. 문화대혁명에 대한 중국의 공식 입장은 1981년 '역사문제에 관한 결의'를 통해서 이미 그 공(功)과 과(過)가 정리되었다. 교과서는 이 시각을 그

---

58 課程敎材硏究所·歷史課程敎材硏究開發中心 編著, 2006, 24-25쪽.

대로 문화대혁명 기술에 적용했다. 대신에 문화대혁명의 발발로 당정기관이 타격을 받고, 많은 간부와 지식인들이 비판을 받았으며, 민주와 법제가 유린되고, 사회와 생산 질서가 혼란에 빠졌다는 점을 비교적 상세히 그리고 객관적으로 기술했다.[59] 저우언라이와 많은 간부가 당과 국가의 일상적인 업무를 견지하면서 문화대혁명이 가져온 손실을 최소화하려고 노력했다고 평가한 것은 간부 역할과 관련하여 이채롭다.

이러한 교과서 기술은 혼란기에 간부 역할의 중요성과 지도자의 능력을 평가하는 내용으로 사회주의 강국 건설과정에서 직면하게 되는 많은 문제와 어려움을 지도력을 발휘하여 극복하자는 일종의 영웅만들기 전략으로 분석할 수 있다. 그러나 교과서는 문화대혁명에서 마오쩌둥의 노력을 평가한 반면에 '사인방'을 반혁명 집단으로 이미지화했다. 집단적 광기의 공동 부채의식을 피해 나가는 기술로 볼 수 있다. 이는 최고지도자의 권위와 관련된 문제로 최고지도자는 오류가 없어야 한다는 점을 강조하기 위한 일종의 역사 재해석이라고 할 수 있다.

문화대혁명에 대한 심각한 좌절과 거대한 손실 평가는 '역사 문제에 관한 결의' 내용을 그대로 교과서에 반영했다.[60] 문화대혁명의 발발을 시행착오라고 묘사하고 심지어 세계 역사는 파란만장한 곡절을 겪으면서 전진한다고 기술했다. 이는 오히려 역사의 참상과 여기에서 자유롭지 못한 중국공산당의 행태를 합리화하는 게 아닌가하는 의구심을 갖게 한다.

59　教育部組織編寫 齊世榮 總主編, 2018, 28-30쪽.

60　문화대혁명에 대한 당의 공식 평가에 대해서는 다음 문건 참고. 「關于建國以來黨的若干歷史問題的決議(一九八一年六月二十七日中國共產黨第十一屆中央委員會 第六次全體會議一致通過)」(www.gov.cn/test/2008-06/23/content_1024934.htm, 검색일 2020년 10월 8일).

문화대혁명이 왜 일어났는지 그리고 폐해는 구체적으로 무엇이었는지는 자세하게 설명하지 않고 넘어간다. 이는 아마도 문제의 근원을 찾아 들어가 보면 당의 책임성 문제로 귀착되는 것을 우려하기 때문이다. 오히려 중국공산당이 높은 열정으로 사회주의 건설 사업에 나서서 어려움을 극복하고 커다란 성과를 거뒀다고 자찬하고 있다. 이처럼 교과서는 중국공산당 통치의 정당성과 합법성을 높이는 방향으로 문화대혁명을 긍정적으로 서술하고 있다.

이러한 역사의 왜곡 내지 신격화는 문화대혁명 당시 영웅 모범 인물을 소개하고 이를 정형화하는 하는 가운데 시진핑 주석이 직접 거명한 자오위루(焦裕綠) 이야기가 추가된 것으로 확인할 수 있다.[61] 구판에서는 자오위루에 대한 언급이 전혀 없는 것과 대조적이다. 자오위루에 대한 언급은 아마도 시진핑 주석을 고려한 조치로 보인다. 왜냐하면 자오위루는 시진핑 주석이 본받아야 하는 간부의 모범 사례로 여러 차례 언급했기 때문이다. 2014년 3월 허난성 란카오현(蘭考縣)을 방문하여 시진핑 주석은 자오위루 기념관을 방문했다. "자오위루의 정신은 영원하며 계승해 나가야 한다"[62]고 강조할 정도로 자오위루를 높이 평가하고 자신의 여러 저서에서도 인용했다.

따라서 개편교과서에 자오위루를 강조한 것은 시진핑 주석의 영향력이 깊게 드리워진 결과로 볼 수 있다. 시진핑 주석이 올바른 간부상의 표

---

61 사진을 클로즈업하고 따로 공간을 할애하여 자오위루에 대해 자세히 소개했다. 教育部 組織編寫 齊世榮 總主編, 2018, 31쪽.

62 시진핑 주석의 란카오현 방문과 자오위루에 대한 평가는 다음 참고. 「習近平重訪蘭考: 焦裕祿精神是永恒的」(www.gov.cn/xinwen/2014-03/18/content_2640380.htm, 검색일 2020년 10월 8일).

상으로서 자오위루를 영웅화한 것과 무관하지 않을 것이다. 물론 학생들에게 어떠한 간부상이 이른바 '신시대'에 필요한 간부상인지 교육하는 데 더할 나위 없는 소재가 바로 자오위루이기 때문이다.

2. 주요 이슈 기술의 정치적 맥락

앞서 시계열적 분석에 따른 교과서 내용을 검토했다면 여기서는 주로 주요 사건의 횡적 맥락, 즉 동시대적 공간 의미에서 보이는 정치적 맥락에 주목해서 교과서를 분석한다. 교과서 내용의 주제 분석에서는 건국 이후 현재까지 특정 이슈에 대한 중국의 평가, 대응을 중심으로 주제별로 교과서 내용을 들여다보고 분석한다. 주로 교과서 내용에 기초하여 ①경제체제 개혁, ②대외개방, ③중국특색 사회주의 건설, ④민족대단결, ⑤국방건설과 외교, ⑥과학과 사회 등의 내용 분석을 통해서 교과서 기술의 정치적 맥락을 들여다본다.

경제체제 개혁 부문에서는 경제체제 개혁을 어떻게 기술하고 있고 이러한 기술이 갖는 정치적 의미를 분석한다. 대외개방 부문에서는 대외개방의 성과와 한계를 어떻게 기술하는지 살펴보고 이 과정에서 시진핑 주석의 아버지 시중쉰(習仲勳) 기술 사례를 비판적으로 검토한다. 중국특색 사회주의 건설 부문에서는 이른바 '시진핑 사상'이 어떤 맥락으로 교과서에 삽입되어 있는지 근거를 추적한다. 그리고 제19차 당대회 〈보고〉 내용이 어떤 수준에서 얼마만큼 교과서에 수록되어 있는지 분석하고 의미를 평가한다. 마지막으로, 현 시진핑정부가 강조하고 있는 여러 국가적 의제들이 교과서에 어떻게 설명되고 있는지 검토 분석한다.

민족대단결 부문에서는 중국이 다민족국가의 성격을 어떻게 기술하고, 양안관계와 화인공동체 등 민족주의와 애국주의가 어떻게 활용되는지 살펴본다. 이 과정에서 양안 문제 관련 중국 당국의 움직임을 어떤 시각에서 서술하고 그것이 갖는 정치적 의미는 무엇인지 평가한다. 국방건설과 외교 부문에서는 국방건설의 현황을 묘사하는 방식, 외교에서 시진핑 주석의 성과가 어떻게 묘사되는지 분석한다. 과학과 사회 부문에서는 국가주의(國家主義) 강조에 동원되는 영웅들이 어떻게 기술되고 묘사되는지 검토한다. 아울러 사회생활에서 시진핑 주석의 발언(wording)이 어느 수준에서 어떻게 교과서에 기술되어 있는지 살펴본다. 또한 과학과 사회 발전을 위한 당의 노력이 어떻게 강조되는지도 분석한다. 이러한 분석을 통해서 주요 이슈에 대한 교과서 기술의 정치적 의미를 탐색한다.

교과서는 20세기 중국의 3대 역사적 변화로서 신해혁명, 중화인민공화국 수립과 사회주의제도 건립 그리고 개혁개방을 특정하여 기술하고 있다. 이러한 역사 변화 기술은 시진핑 주석의 집권이 중국 역사 변화의 연장선상에 있는 역사적 지위를 갖는 변화라는 점을 고려한 기술로 판단된다. 일각에서 제기하는 시진핑 주석의 개혁이 덩샤오핑과 다른 길을 가는 것이 아닌가 하는 의구심에 일종의 반대논리를 역사적 맥락의 유사성을 통해서 극복하고자 하는 의도로 파악할 수 있다. 시진핑식 개혁과 덩샤오핑식 개혁이 역사의 맥락에서는 동일하다는 교육 효과를 기대한 접근으로 파악할 수 있다.

이러한 논리와 사고는 개혁개방을 시작한 중국공산당 제11기 중앙위원회 제3차 전체회의를 복권, 명예회복 등의 용어를 사용하여 '정상화'로 표현한 것에서도 그대로 보인다.[63] 그리고 이러한 '정상화'는 이전 역사인

---

63 教育部組織編寫 齊世榮 總主編, 2018, 34-36쪽.

문화대혁명의 퇴행적 역사를 종결하는 의미도 함께 담고 있다. 이 부분을 신판 교과서는 역사적 전환점으로 묘사하고, 구판 교과서는 중국특색이 있는 사회주의 건설로 묘사하고 있다.[64] 교과서는 '정상화' 작업의 최종을 〈중국공산당 중앙위원회의 건국 이래 당의 약간 역사 문제에 대한 결의〉 통과로 보고 있음을 분명하게 적시하고 있다. 다음으로, 경제체제 개혁에 큰 비중을 두고 서술하고 있다. 이는 사실상 경제문제 해결인 동시에 샤오캉사회(小康社會) 건설을 위한 정치문제 해결의 실마리를 제공하기 때문이다.

가족 단위 농업생산책임제(家庭聯産承包責任制)를 실시하여 생산 적극성을 자극하여 경제 발전을 촉진하고 토지 장기 임대와 가구별 경영, 스스로 손익을 부담하는 개혁이 1983년 전국적으로 보급될 정도로 실효성을 거뒀다는 점을 강조했다. 일종의 정책의 승리, 올바른 정책의 구현이라는 시각에서 기술하고 있다고 볼 수 있다.[65] 이 연장선상에서 1984년 10월 중국공산당 제12기 중앙위원회 제3차 전체회의〈중공중앙의 경제체제 개혁에 관한 결정〉[66] 통과와 도시개혁 추진을 기업 경영 자주권 획득으로 긍정 평가했다. 1993년 중국공산당 제14기 중앙위원회 제3차 전체회의에서는 〈중공중앙의 사회주의 시장경제체제의 약간 문제에 관한 결정〉이 통과되었다.[67] 경제체제 개혁이 사회주의 기본제도와 시장경

---

64 課程敎材硏究所·歷史課程敎材硏究開發中心 編著, 2006, 48쪽.
65 敎育部組織編寫 齊世榮 總主編, 2018, 38-41쪽.
66 「中共十二屆三中全會關于經濟體制改革的決定(全文)(中國共産黨第十二屆中央委員會第三次全體會議一九八四年十月二十日通過)」(news.cnr.cn/native/gd/201310/t20131030_513984770.shtml, 검색일 2020년 10월 9일).
67 「中共中央關于建立社會主義市場經濟體制若干問題的決定(中國共産黨第十四屆中央委

제와 결합하여 경제의 조화로운 발전과 안정적인 고속성장 실현에 기여했다고 긍정적으로 평가했다.

이러한 평가는 중국공산당이 옳은 결정을 했다는 점을 부각시키기에 충분한 논거로 활용됐다. 이런 측면에서 보면 경제체제 개혁에 대한 긍정 평가가 교과서 기술에 널리 확대된 것을 알 수 있다. 대외개방 역시 경제특구 조성이 좋은 성과를 거뒀다는 등 긍정 평가 위주로 기술됐다. 1990년 중앙 푸둥(浦東) 개발 선포를 상하이의 기회 포착으로 묘사하는 등 개혁개방 시기 지방정부의 능동성과 적극성을 강조하는 점도 눈에 띈다. 경제특구 → 연해개방도시 → 연해경제개방구 → 내지대외개방 전략의 변화를 긍정 평가한 점도 특징이다. 구판 교과서가 경제개혁과 대외개방 등 중국 경제의 전환점에서 덩샤오핑의 역할에 주목한 기술과 다른 점이다. 구판 교과서는 제10과에서 개혁개방의 총설계사로서 덩샤오핑의 역할을 중점 부각시켰다.[68]

교과서는 또한 2001년 12월 세계무역기구(WTO) 가입 역시 새로운 공간 개척으로 묘사했다. 이 과정에서 시진핑 주석의 아버지인 시중쉰의 업적이 교과서에 등장한다. "1979년 4월 중앙 업무회의에서 광둥성위원회 주요 책임자가 광둥의 우세를 살려 홍콩, 마카오와 가까운 선전, 주하이 및 산터우에 수출 가공구를 조성하자고 제안"했다는 표현이 등장한다.[69] 이 제안자가 바로 당시 광둥성 서기를 맡고 있던 시진핑 주석의

員會第三次全體會議1993年11月14日通過)」(www.china.com.cn/zhuanti2005/txt/2002-04/12/content_5131747.htm, 검색일 2020년 10월 10일).
68　課程教材研究所·歷史課程教材研究開發中心 編著, 2006, 48-50쪽.
69　教育部組織編寫 齊世榮 總主編, 2018, 44-45쪽.

아버지인 시중쉰이다.[70] 따라서 이러한 이야기가 교과서에 실린다는 것은 시진핑 주석의 권위 확립과 관련하여 교과서가 활용되고 있다는 사실을 확인할 수 있다. 우상화와 영웅화의 정치적 계산이 드리워진 결과로 해석할 수 있다.

중국특색 사회주의 건설 내용에서는 지도사상에서 덩샤오핑 이론, '3개 대표' 중요사상, 과학적 발전관, 시진핑 신시대 중국특색의 사회주의 사상을 순차적으로 강조했다.[71] 이제 막 선보인 이른바 '시진핑 사상'을 중국특색 사회주의의 계승과 발전의 결과로 부각시켜 설명했다. 또한 덩샤오핑의 개혁개방과 사회주의 현대화의 공헌을 평가했다. 특히 중국 사회주의 건설과 발전에서 덩샤오핑의 개혁개방을 마르크스주의가 중국에서 발전한 새로운 단계라고 평가하면서도 마르크스·레닌주의의 기존 담론에서 레닌주의를 뺐다. 중국이 마르크스주의를 대표한다는 논리를 새롭게 정립하는 과정으로 보인다. 교과서는 마르크스레닌주의, 마오쩌둥 사상, 덩샤오핑 이론, 3개 대표론, 과학적 발전관, 시진핑 신시대 중국특색 사회주의가 결국 마르크스주의의 중국화(中國化) 결과라고 설명했다.[72]

그러나 19대 기술에서는 다시 마르크스·레닌주의라는 단어가 등장하는 것을 보면 현재 관련 논의에 대해 합의가 이루어지지 않은 것으로 보인다. 이른바 중국특색의 사회주의가 마르크스주의의 새로운 구현자이며 적임자라는 논리는 바로 시진핑 주석이 강조하는 중국특색 사회주의의

---

70 「習仲勳如何帶領廣東改革開放"先走一步"」(history.people.com.cn/n/2015/1012/c372327-27687651.html, 검색일 2020년 10월 10일).
71 教育部組織編寫 齊世榮 總主編, 2018, 46-52쪽.
72 教育部組織編寫 齊世榮 總主編, 2018, 51쪽.

역사적 연원과 연결된다고 볼 수 있다. 이러한 논리는 바로 시진핑 주석이 주창하는 '마르크스주의 중국화'로 연결되고 세계 마르크스주의 운동에서 중국이 '적자'이며 '법통'임을 강조하는 맥락으로 이해할 수 있다.[73] 새롭게 개편된 8학년 역사교과서는 이러한 논리 구조를 그대로 적시하고 있다.

교과서는 제19차 당대회 주요 내용을 기술하면서 '시진핑 신시대 중국특색 사회주의 사상'을 공식적으로 언급했다.[74] 게다가 이 사상이 기존 사상의 계승과 발전이며 '마르크스주의 중국화'의 최신 성과임을 분명히 밝혔다. 시진핑이라는 인물이 교과서에 이론의 계승자이자 발전가로서 등장했다. 이는 신격화와 영웅화와는 차원을 달리하는 이론가이자 사상가로서 시진핑 주석의 정치적 지위와 함께 사상적 지위를 부여하는 것으로 해석할 수 있다. 학생들에게 시진핑 주석의 지위가 이미 정치적 지도자의 위상을 뛰어 넘었다는 것을 강조하는 맥락이다.

또한 교과서는 사상적 연원을 구현하는 구체적인 실천으로서 시진핑 주석이 주창한 단계별 사회주의 현대화 강국 건설 논리를 그대로 싣고 있다. 샤오캉사회 건설을 위한 기초단계로서 2020년부터 2035년, 완성단계인 2035년부터 2050년까지 두 단계 접근을 교과서에 그대로 적시

---

73 시진핑 주석이 19대에서 강조한 마르크스주의 중국화에서도 마르크스·레닌주의에서 레닌주의를 뺀 마르크스주의만을 단독으로 호칭하고 있다. 이는 레닌주의를 일국주의(一國主義)로 간주하고 보편적인 원리로서 오직 마르크스주의만이 중국이 계승할 이데올로기라는 일종의 지도이념에 대한 새로운 해석을 담고 있다는 점에서 주목할 변화라고 할 수 있다. 시진핑 주석이 제창한 마르크스주의의 중국화·시대화·대중화에 관련된 내용은 다음 참고. 「習近平: 繼續推進馬克思主義中國化時代化大衆化」(www.xinhuanet.com/politics/2017-09/29/c_1121747887.htm, 검색일 2020년 10월 10일).

74 教育部組織編寫 齊世榮 總主編, 2018, 51쪽.

했다.[75] '4개 전면(四個全面)'[76]의 전략구상을 시진핑을 핵심으로 하는 당중앙이 제기했다고 하여 높은 가치를 부여했다. 이는 자연스럽게 시진핑 주석 개인의 권위 강화와 제고를 고려한 것으로 평가할 수 있다. 또한 학생들은 교과서를 통해서 이를 배우게 되면서 시진핑의 지위가 지도자뿐만 아니라 이론가, 사상가라는 점이 은연중에 각인될 수 있기 때문이다.

이 밖에도 교과서는 중국특색의 사회주의 길 관련하여 당중앙의 성과로서 '일대일로(一帶一路)' 건설, 아시아인프라투자은행(AIIB) 설립, 자유무역 시범구 건설, 인류운명공동체, 국제행사 유치 등 현재 진행되고 있는 내용을 교과서에 충실히 반영하여 기술했다.[77] 이는 현재 진행 중이기 때문에 평가가 갈릴 수 있음에도 불구하고 교과서에 넣었다. 이는 19대와 시진핑 주석의 현 시기를 배려한 결과로 해석할 수 있다. 교과서에 최신 움직임을 반영하여 교과서가 역사적 현재의 모습을 담아내고 이는 현 지도부에 대한 신뢰 내지 존경으로 교과서 내용이 연결되도록 교과서를 설계한 것으로 평가할 수 있기 때문이다.

중화권의 단결도 교과서에서 한 단원을 할애할 정도로 중요하게 다뤘다. 민족대단결과 홍콩, 마카오 반환 장에서는 중국은 56개 민족으로 구성된 통일 다민족국가라는 복합국가 정체성을 강조했다.[78] 이를 지탱하

---

75 教育部組織編寫 齊世榮 總主編, 2018, 53-58쪽.
76 '4개 전면'은 시진핑 주석이 2014년 11월 푸젠성 현지시찰, 12월 장쑤성 시찰에서 제기한 개념으로 사회주의 현대화 건설을 위해서는 네 가지를 전면적으로 추진해야 한다는 의미로 제기했다. 즉, 샤오캉사회 전면 건설(全面建成小康社會), 개혁의 전면적인 심화(全面深化改革), 전면적인 법에 의한 통치(全面依法治國), 전면적인 엄격한 당관리(全面從嚴治黨) 등 네 가지를 지칭한다.
77 教育部組織編寫 齊世榮 總主編, 2018, 57쪽.
78 教育部組織編寫 齊世榮 總主編, 2018, 60-69쪽.

는 논리적 기반으로서 자치(自治)를 설명했다. 예컨대 민족지역 자치는 기본 정치제도라고 소개하고 반드시 국가의 통일 지도하에서 실행을 강조했다. 이를 실행하기 위한 제도 노력으로서 소수민족 우대정책, 소수민족 지역 경제건설 강화, 서부대개발, 소수민족 문화 보호 및 발전 중시 등을 언급했다. 또한 지역 통합 키워드로서 '일국양제(一國兩制)'를 적시했다.

이는 타이완, 홍콩, 마카오 등은 장래에 통합해야 하는 이른바 중국 고유의 영토임을 교과서에 분명히 밝힌 것이다. 다른 측면에서 '일국양제'의 계속 강조는 언젠가 이들 세 지역을 통일해야 하는 당위성이 있기 때문에 통합의 키워드로서 계속 강조하는 의미를 담고 있다. 한편 홍콩에 군을 파견하는 것은 국가 안전 수호를 위한 것이지 내정간섭이 아니라는 점도 밝혔다. 구판 교과서에는 없는 내용이 신판 교과서에 추가되었다.[79] 신판 교과서는 또한 홍콩, 마카오 반환을 100년 국치(國恥)를 씻어내는 것으로 표현했다. 홍콩과 마카오 문제를 국가주의와 애국주의 맥락에서 접근하고 있음을 보여주고 있다.[80]

타이완 관련하여 교과서는 '평화통일'과 '일국양제'가 타이완 정책의 기본 방침임을 적시했다.[81] 이 부분은 구판 교과서에서도 일관되게 강조하는 내용이다.[82] 이러한 내용이 교과서에 기술되어 있다는 점에서 '일국

---

79 구판 교과서의 홍콩 반환 관련 기술은 다음 참고. 課程教材研究所·歷史課程教材研究開發中心 編著, 2006, 60-63쪽.
80 최근 진행되고 있는 홍콩에 대한 일련의 조치(국가법, 국기법, 휘장법, 국가보안법 등)는 바로 이러한 애국주의의 일환으로 홍콩을 중국 내 일부로 묶어두려는 의도된 행동이라고 볼 수 있다.
81 教育部組織編寫 齊世榮 總主編, 2018, 70-73쪽.
82 課程教材研究所·歷史課程教材研究開發中心 編著, 2006, 65-67쪽.

양제'가 결국 타이완을 평화통일하기 위한 제도적 준비라는 것을 학생들에게 선전하고 있다. 그리고 중국의 노력으로 해협양안의 긴장이 완화되었다고 소개하고 양안관계 변화를 위한 타이완에 대한 조치는 어쩔 수 없는 상황에서 피동적으로 취해진 것으로 묘사했다. 또한 교과서는 '92공식(九二共識)'[83]의 역사성을 강조했다.

이는 타이완은 중국의 일부라는 중국 당국의 대(對) 타이완 인식이 굳건함을 보여주는 사례로 묘사한 것이다. 따라서 평화통일을 위해서는 양안관계의 평화와 안정이 전제되어야 하고 그 전제를 위한 노력은 '92공식' 견지와 '타이완 독립 반대'라는 점을 신판 교과서는 분명히 했다. 그런 관점에서 2015년 11월 시진핑 주석과 마잉주 총통 회담을 1949년 이후 양안 지도자의 첫 역사적 만남으로 중요하게 기술했다. 두 장의 사진과 함께 이 부분을 부각시켰다.[84] 자연스럽게 시진핑 주석의 지도력도 함께 부각되는 효과를 기대한 것으로 보인다.

교과서는 국방건설과 관련하여 자체 제조 핵잠수함 보유를 선전하고 공군 발전을 설명하면서 '항미원조전쟁(抗美援朝戰爭)'이라는 표현을 쓰기도 했다. 해당 문장에서는 항미원조전쟁이라는 표현과 조선전쟁이라는 표현을 혼용해 사용했다.[85] '항미원조전쟁'이라는 표현은 부록에 실린 연표에도 등장했다. 연표에는 1950년 조선전쟁에 참전하고, 1953년 항미원조전쟁이 종료되었다는 표현이 등장한다.[86] 이 과정에서 장다오핑을 전

---

83 '92공식'은 1992년 10월 해협회(海協會)와 해기회(海基會)가 홍콩에서 만나 해협 양안은 모두 하나의 중국 원칙을 견지한다는 내용을 합의한 것을 가리킨다.

84 敎育部組織編寫 齊世榮 總主編, 2018, 72-73쪽.

85 敎育部組織編寫 齊世榮 總主編, 2018, 78쪽.

86 敎育部組織編寫 齊世榮 總主編, 2018, 10쪽.

쟁영웅으로 묘사하여 한국전쟁이 영웅의 죽음과 함께했다는 점을 부연했다. 교과서에는 한국전쟁을 여전히 항미원조전쟁으로 기록하고 있다.[87] 한국전쟁에서 사실상 미국의 군사력을 경험한 이후 중국은 국방건설의 중요성과 필요성을 절감했다. 그 사례가 바로 공군력의 발전으로 나타났다. 교과서에서는 미사일 발전을 강군 건설의 자랑스러운 사례로 언급했다. 또한 강한 군대 위용 사례로 2017년 7월 30일 네이멍구 주르허(朱日和) 연합훈련기지에서 개최한 중국인민해방군 건군 90주년 기념 열병식을 소개했다.[88] 이는 당연히 사열에 참석한 최고지도자로서 시진핑 주석의 높은 권위를 보여주는 사례이기도 하다.

독립자주와 평화외교 관련해서는 신중국 건립을 100년 중국 굴욕 외교를 끝내고 외교사업의 새로운 장을 연 것으로 묘사했다. 이 과정에서 중국이 제기한 '평화공존 5원칙'이 국제적으로 큰 영향을 끼쳤음을 강조했다. 반둥회의에서는 '구동존이(求同存異)' 방침을 발표하여 회의 성공을 이끌었다고 자평했다. 아울러 타이완 테러도 함께 강조하여 타이완의 적대성을 부각시켰다.[89] 한편 신중국 외교성과 기술 과정에서 저우언라이의 역할을 높이 평가하는 교과서 기술이 있었다. 이 과정에서 지도자의 중요성이 다시 각인되었다. 외교 발전 부분에서는 1971년 10월 제26회 유엔총회에서 중국의 회원국 가입을 외교의 성과로 묘사했다. 미국, 일본과의

---

87 2020년 한국전쟁 참전 70주년을 맞아 10월 19일 중국인민혁명군사박물관에서 개최된 한국전쟁 70주년 관련 기념 전시회에서 시진핑 주석을 포함하여 정치국 상무위원 7명이 모두 참석했다. 중국은 한국전쟁 참전을 '항미원조전쟁'으로 부를 정도로 여전히 중요한 역사적 사실로 기념하고 있다.

88 教育部組織編寫 齊世榮 總主編, 2018, 79-80쪽.

89 教育部組織編寫 齊世榮 總主編, 2018, 85-88쪽.

수교, 다자외교 참여, 중요 국제회의 개최 등도 외교 발전의 성과로 기술했다. 외교사업 발전에서 중미관계 정상화를 먼저 언급한 구판 교과서와 대비된다.[90] 특히 신판 교과서는 일대일로 국제협력 포럼 사진을 게재하여 외교발전의 성과가 시진핑 주석에 집중되도록 기획한 것으로 보인다.

과학문화 성과에서는 원자폭탄, 수소폭탄, 인공위성, 유인 우주선 등을 거론했다. 심지어 이를 중국이 국제 지위를 갖게 한 중요한 요소라고 설명했다.[91] 일종의 자긍심을 제고하는 애국주의 기술이 교과서에 널리 퍼져있다. 이 과정에서 덩자센(鄧稼先), 첸쉐썬(錢學森), 양리웨이(楊利偉), 위안룽핑(袁隆平), 투유유(屠呦呦) 등 과학 발전에 공헌한 인재들을 영웅으로 묘사했다. 그리고 '973계획'[92] 등 다양한 국가 주도형 과학정책의 성과를 묘사했다. 그리고 문화발전을 위해서 교과서는 중국특색의 사회주의 길의 자신감, 이론 자신감, 제도 자신감, 문화 자신감을 강조했다. 철학사회과학공작좌담회 시진핑 발언을 그대로 인용 기술했다.[93] 그런데 이 네 가지 자신감은 시진핑 주석이 강조하는 내용으로 문화발전과 성과에서 시진핑 주석의 발언(wording)을 그대로 교과서에 반영했다.

사회생활의 변화 분야에서는 통신 방식(휴대폰, 인터넷 등)의 변화를 사회생활의 주된 변화 사례로 거론했다. 이 밖에 일인당 주택면적, 도농 주민 수입과 소비 증가, 소비구조의 최적화, 여가 생활 중시, 교통수단(특히 고속철도와 항공, 지하철 등)의 발달, 통신 네트워크 발달 등을 중국의 성

90　課程教材研究所·歷史課程教材研究開發中心 編著, 2006, 80-81쪽.
91　教育部組織編寫 齊世榮 總主編, 2018, 90-95쪽.
92　중대 과학문제와 관련한 〈국가중점기초연구발전계획〉.
93　教育部組織編寫 齊世榮 總主編, 2018, 95쪽.

과와 자랑으로 기록했다. 국위선양의 한 영역으로서 대중체육운동의 발전 역시 애국주의 고취를 통한 중화민족의 위대성을 교과서에 담아내고 있다고 평가할 수 있다.

IV. 맺음말

구판 8학년 역사교과서와 비교하여 이번 신판 8학년 역사교과서는 다음과 같은 몇 가지 차이점을 보인다. 먼저, 구성 측면에서 구판 교과서는 7단원 21과, 신판 교과서는 6단원 20과로 구성해 단원과 과가 하나씩 줄었다. 구판 교과서는 중화인민공화국 성립과 공고, 사회주의의 길 탐색, 중국특색 사회주의 건설, 민족단결과 조국통일, 국방건설과 외교성취, 과기교육과 문화, 사회생활 등 7단원으로 구성되었다. 반면에 신판 교과서는 중화인민공화국 성립과 공고, 사회주의 제도 건립과 사회주의 건설 탐색, 중국특색 사회주의의 길, 민족단결과 조국통일, 국방건설과 외교성취, 과기교육과 사회생활 등 6단원으로 구성되었다. 주목할 점은 다음과 같다.

신판 교과서 1단원 제2과에서 한국전쟁을 '항미원조(抗美援朝)'라는 독립된 과(課)로 편성했다. 한국전쟁 참전 근거로 '중국공산당 중앙위원회 결정'을 명기했다. 구판 교과서에서는 북한의 요구로 파병했다는 점에서 중국 자체의 주도적인 결정을 강조했다. 이는 중국의 한국전쟁 참전을 미국이 절대로 생각하지 못했다는 점을 강조하는 것으로 이어졌다. 이 역시 구판에 없는 내용이 추가되었다. 중국의 민첩성을 강조한 것으로 판단된다. 또한 중국군의 활약상을 평가하면서 애국주의, 혁명영웅주의와 함께 국제주의 정신을 추가했다. 구판에서는 애국주의와 혁명영웅주의만 강조했다. 중국의 국제화 이미지 반영으로 평가할 수 있다. 또한 한국전쟁 승리로 중국 경제건설에 상대적으로 안정되고 평화로운 환경을 얻어냈다고 평가했다. 특히 한국전쟁 참전이 중국의 국제적 지위를 제고했다고 평가하면서 한국전쟁 참전의 긍정성을 부각했다.

다음으로, 문화대혁명에 대한 기술을 의도적으로 우회했다. 구판 교과서는 2단원 제7과 '문화대혁명' 10년이라고 독립된 과(課)로 비중 있게 문화대혁명을 다뤘고, 논조도 매우 비판적이다. 그러나 신판 교과서는 문화대혁명이라는 독립된 과는 없고 대신 제6과 '간난신고의 탐색과 건설 성취'에서 에둘러 문화대혁명을 기술했다. 구판과 달리 신판에서는 독립적으로 '대약진과 인민공사화', '문화대혁명'을 과(課)로 다루지 않고 모두 '간난신고의 탐색과 건설 성취'라는 한 과로 통합하여 기술했다. 또한 신판에서는 마오쩌둥의 착오 인식에 의해서 당중앙이 수정주의를 제안했다는 내용을 삭제하여 마오와 당중앙에 대한 비판을 약화시키고 있다. 특히, 문화대혁명의 발동이 자본주의 부활을 방지하기 위한 것이라는 점을 강조하는 것은 자본주의의 발흥을 경계하는 현 시진핑정부의 전략 기조와 닮아있다. 한편, 구판에서는 문화대혁명 시작 이후 당내 투쟁이 멈추지 않았다는 점을 부각시킨 데 비해서 신판에서는 린뱌오(林彪) 주위로 반혁명 집단이 형성되어 반혁명 정변을 꾀했다는 점을 직접 강조하여 특정 인물에 대한 과오 관점에서 이 문제에 접근한다.

한편 개혁개방에 대한 기술도 현 권력 중심을 반영했다. 즉, 구판 교과서는 제10과 중국특색 사회주의 건설에서 개혁개방의 총설계사로 덩샤오핑의 지위와 역할을 적극 묘사했다. 그러나 신판 교과서는 제10과 중국특색 사회주의 건설에서 개혁개방의 모든 역사를 병렬적으로 나열, 소개하고 있다. 구판에 비해서 신판에서 덩샤오핑의 총설계사로서 지위 강조보다는 덩샤오핑 이론의 지도지위 확립 차원에서 덩샤오핑의 역할을 소개했다. 아울러 개혁개방 추진과정에서 역대 최고지도자들의 지위와 역할을 강조하는 가운데 총결적 의미로서 시진핑 주석의 시진핑 신시대 중국특색 사회주의사상을 마르크스 중국화의 최신 성과이자 중화민족의 위대한 부흥을 실현하는 지침으로 소개했다. 그리고 신판에서는 제11과를 신설하여 중국의 꿈을 이루기 위한 분투노력으로서 시진핑 주석 집권기의 노력을 집중 소개했다. 시진핑 주석의 지도력 강화를 위해서 교과서가 활용되는 진면목을 보여주었다.

또한 일국양제에 대해서는 한층 명확한 중국의 입장이 교과서에 반영되었다. 구판 교과서 제12과 일국양제는 조국통일의 대업을 실현하는 앞길을 밝혀주는 것으로 국내외 호평을 받고 있다고 일국양제의 가치를 평가했다. 그러나 신판 교과서 제13과 평화통일과 일국양제는 조국통일의 대업을 완성하는 기본 방침이라는 표현이 등장한다. 일국양제가 국내외 호평을 받고 있다는 세평 소개와 달리 신판 교과서에서는 일국양제가 기본 방침임을 강조하고, 특히 사회주의제도 견지를 분명히 기술했음을 알 수 있다. 이러한 신판 교과서의 구판 교과서의 기술 내용의 차이를 통해서 몇 가지 의미를 파악할 수 있다.

첫째, 신판 8학년 역사교과서는 공시적·통시적 접근을 통해서 중국의 역사과정을 성과 중심, 자신감, 지도자 권위 중심으로 종횡으로 기술하고 있다. 그 과정에서 교과서 전반에 시진핑시기 중국공산당이 강조하는 이른바 국가주의와 애국주의가 행간에서 강조되었다. 특히 시진핑 주석 개인의 리더십에 대한 강조가 여타 교과서와 달리 많은 부분 할애되었다. 이는 우리의 교과서 기술 방식과 시각을 달리하는 부분이다. 우리는 특히 현대사 기술에 있어서 매우 조심스럽게 접근한다. 관련자가 살아 있고, 아직 역사적으로 정리되지 않은 논쟁적인 사례가 많기 때문이다. 그러나 개편된 역사교과서 사례에서 보듯이 중국의 역사교과서는 현재의 이슈를 중심으로 거꾸로 거슬러 올라가며 기술한다. 그리고 그 중심에는 항상 중국공산당 중심의 당국가체제와 이 체제의 리더로서 '핵심' 지위를 갖는 시진핑 주석이 자리하고 있다.

둘째, 개편된 교과서가 현 집권세력의 이해와 관심사를 대변하는 일종의 정치 교과서로서 역할을 하고 있다. 이는 중국의 교과서가 사실상 당의 선전부(宣傳部)에서 그 내용을 검토하고 있다는 제도적 제약에서 자유롭지 못하다는 것을 의미한다. 중국공산당 제19차 전국대표대회와 시진핑 주석 등 현재 성과를 중심으로 교과서의 주요 내용을 기술했다. 이는 현 중국의 교과서가 계승과 지속의 역사 맥락에 기반을 두고 있지만 대부분 현 시기를 부각시키는 방향으로 교과서 내용이 설계되었다는 점을 반영한다. 그 중심에는 시진핑 주석의 지도력 제고 및 권위 강화가 녹아 들어가 있다. 정치 지도자로서 시진핑 주석의 권위뿐만 아니라 이론가, 사상가로서의 권위가 교과서 곳곳에 자리하고 있다. 현 체제와 관련한 내용으로 기술되고 지도자 옹위로 내용이 수렴되고 있다.

셋째, 한국전쟁은 역사적 맥락에 따라 여전히 '항미원조전쟁'이며 가정과 국가를 보위하기 위한 불가피한 선택으로 묘사한다. 이처럼 기존 관행의 지속 측면에서 수용을 하는 것이 새롭게 설계하는 것보다 위험이 적기 때문이다. 큰 이견이 없는 과거의 역사적 사실은 관행에 기초하여 기술하는 측면이 강하다. 그러나 체제와 지도력에 관련된 부분은 교과서에 바로바로 그 변화된 내용을 수정, 보완하여 기술했다. 즉, 현 시기 중국의 움직임을 교육하기 위한 방편으로 교과서를 활용하고 있음을 보여준다.

그런 측면에서 보면 시진핑 주석은 일반적인 지도자가 아니라 현실을 인도하고 미래를 설계하는, 완벽한 이론으로 무장한 준비된 지도자라는 이미지가 교과서 행간에 녹아 들어가 있다.

결론적으로 이번에 개편된 8학년 역사교과서는 단순하게 말하면 살아 있는 권력을 역사로 만들어가는 과정에서 만나게 되는 '중국식' 교과서라고 할 수 있다. 그리고 그 중심에서 중국의 현실 정치권력의 이해를 충실히 반영하고 있다.

참고문헌

김윤권 외, 2018, 『중국 반부패의 제도와 정책에 관한 연구』, 대외경제정책연구원.
서진영, 2011, 『21세기 중국정치』, 폴리테이아.
양갑용, 2019a, 『젊은 간부 발탁과 상실의 세대 '60후'』, 인천대학교 중국학술원 관행중국.
_____, 2019b, 『중국의 통치 정당성과 엘리트 정치』, 국가안보전략연구원.
조영남 책임편집, 2018, 『시진핑 사상과 중국의 미래-중국공산당 제19차 전국대표대회 분석』, 지식공작소.
권은주, 2020, 「『중외역사강요』의 한국 고대사·동아시아사 서술 내용과 역사인식 분석」, 『동북아역사논총』 70.
김지훈·정영순, 2004, 「최근 중국 중고등학교 역사 교과서 속의 한국과 한국사-「역사교학대강」 교과서와 「역사과정표준」 교과서의 비교검토-」, 『중국근현대사연구』 23.
손인주, 2020, 「두려움의 정치: 시진핑 권력 강화의 심리적 동인」, 『한국정치학회보』 54-1.
안치영, 2018, 「과연 시진핑 1인체제가 형성되었는가?」, 『황해문화』.
양갑용, 2016, 「시진핑 주석의 '핵심' 지위 획득의 의미: 중국 공산당 제18기 중앙위원회 제6차 전체회의」, 『동아시아연구원 EAI 논평』.
_____, 2020, 「중국 '신시대' 변화 논리와 함의」, 『국가안보전략연구원 전략보고』 65.
여유경, 2014, 「시진핑의 제도적 조정을 통한 권력과 정당성 강화: 중국 공산당 19차 전국대표대회를 중심으로」, 『아태연구』 25-4.
오병수, 2020, 「시진핑 시대 중국의 역사정책과 자국사의 재구성-『역사, 중외역사강요』 과목의 개설 배경과 이데올로기-」, 『역사교육』 156.
우성민, 2020, 「『중외역사강요』 속의 중국식 글로벌 가치관 '인류운명공동체'의 서술과 시사점」, 『동북아역사논총』 70.
이성원, 2021, 「2019 검정 교과서 『중학교 역사 ①』의 분석-중국 고대사를 중심으로-」, 『역사와 담론』 97.
이유표, 2020, 「중국 고등학교 국정교과서 『중외역사강요』의 고대문명사 서술 특징」, 『동북아역사논총』 70.
이평수·김택경, 2021, 「2020년 초판 중학교 역사 교과서의 중국 명·청사 부분 서술 분석-학습 요소와 성취기준 해설의 주제를 중심으로」, 『역사와 담론』 97.

이희옥, 2015, 「시진핑 시기 반부패운동의 정치논리-시장, 법치, 거브넌스의 관계-」, 『중소연구』 39-1.

정동준, 2019, 「중국 역사 교과서의 고대사 서술 분석-2016년판 중학교 국정교과서의 특징과 문제점을 중심으로-」, 『중국고중세사연구』 52.

課程教材研究所·歷史課程教材研究開發中心 編著, 2006, 『中國歷史(八年級下冊)』, 人民教育出版社.

中共中央黨史研究室, 2011a, 『中國共産黨歷史: 1921-1949年』, 中共黨史出版社.

_____, 2011b, 『中國共産黨歷史: 1949-1978年』, 中共黨史出版社.

教育部組織編寫 齊世榮 總主編, 2018, 『中國歷史(八年級下冊)』, 人民教育出版社(baike.baidu.com/item/%E6%95%99%E7%A7%91%E4%B9%A6/2768436?fr=aladdin, 검색일 2020년 4월 1일).

「關于建國以來黨的若干歷史問題的決議(一九八一年六月二十七日中國共産黨第十一届中央委員會 第六次全體會議一致通過)」(www.gov.cn/test/2008-06/23/content_1024934.htm, 검색일 2020년 10월 8일).

「羅平漢, 王濤: 學習習近平總書記關于群衆路線的重要論述」(theory.people.com.cn/n/2013/1213/c49150-23830531.html, 검색일 2020년 4월 3일).

「毛澤東: 黨委會的工作方法」(theory.people.com.cn/n1/2016/0226/c49157-28151895.html, 검색일 2020년 4월 1일).

「毛澤東: 黨委會的工作方法」(theory.people.com.cn/n1/2016/0226/c49157-28151895.html, 검색일 2020년 4월 1일).

「孫志剛任貴州省委書記 陳敏爾不再憺任」(renshi.people.com.cn/n1/2017/0716/c139617-29407855.html, 검색일 2020년 4월 3일).

「習近平: 繼續推進馬克思主義中國化時代化大衆化」(www.xinhuanet.com/politics/2017-09/29/c_1121747887.htm, 검색일 2020년 10월 10일).

「習近平: 爲決勝全面小康社會實現中國夢而奮鬪」(www.xinhuanet.com//politics/2017-07/27/c_1121391548.htm, 검색일 2020년 4월 5일).

「習近平: 在紀念毛澤東同志誕辰120周年座談會上的講話」(cpc.people.com.cn/n/

2013/1226/c64094-23952651.html, 검색일: 2020년 4월 8일).

「習近平: 在新時代繼承和弘揚偉大抗美援朝精神 爲實現中華民族偉大復興而奮鬪」(cpc. people.com.cn/n1/2020/1019/c64094-31897908.html, 검색일 2020년 10월 19일).

「習近平談做好組織工作: 關鍵在黨 關鍵在人」(news.12371.cn/2018/07/04/ARTI 1530657673950302.shtml, 검색일 2020년 4월 3일).

「習近平的'網上群衆路線'」(www.cac.gov.cn/2018-04/20/c_1122711955.htm, 검색일 2020년 4월 3일).

「習近平主持中共中央政治局會議」(www.gov.cn/xinwen/2017-09/18/content_5225983. htm, 검색일 2020년 4월 8일).

「習近平重訪蘭考: 焦裕祿精神是永恒的」(www.gov.cn/xinwen/2014-03/18/content_ 2640380.htm, 검색일 2020년 10월 8일).

「習近平總書記在文藝工作座談會上的重要講話(全文, 2014年 10月 15日)」(www.gddx.gov. cn/gdswdx/132108/132112a/201747/index.html, 검색일 2020년 3월 28일).

「習仲勳如何帶領廣東改革開放"先走一步"」(history.people.com.cn/n/2015/1012/c372327- 27687651.html, 검색일 2020년 10월 10일).

「中共十二屆三中全會關于經濟體制改革的決定(全文)(中國共産黨第十二屆中央委員 會第三次全體會議一九八四年十月二十日通過)」(news.cnr.cn/native/gd/201310/ t20131030_513984770.shtml, 검색일 2020년 10월 9일).

「中共中央關于建立社會主義市場經濟體制若干問題的決定(中國共産黨第十四屆中央委員 會第三次全體會議1993年11月14日通過)」(www.china.com.cn/zhuanti2005/txt/2002- 04/12/content_5131747.htm, 검색일 2020년 10월 10일).

「中國共産黨黨組工作條例(試行)」(www.mod.gov.cn/big5/auth/2015-06/17/ content_4590597.htm, 검색일 2020년 4월 2일).

「中國共産黨地方委員會工作條例」(dangjian.people.com.cn/n1/2016/0105/c117092- 28012181.html, 검색일 2020년 4월 1일).

「中央明確: 干部能上也能下, 四種人堅決調整下來」(renshi.people.com.cn/n/2015/0627/ c139617-27217310.html, 검색일 2020년 4월 3일).

「中組部印發《關於學習貫徹習近平總書記重要批示精神加强黨委(黨組)領導班子建設的通 知》」(dangjian.people.com.cn/BIG5/n1/2016/0226/c117092-28151399.html, 검색일

2020년 4월 3일).

馮俊, 「習近平總書記敎我們學'四史'」(dangjian.people.com.cn/n1/2021/0308/c117092-32046040.html, 검색일 2021년 7월 23일).

제2부

고등학교 『중외역사강요』 분석

1
『중외역사강요』의 한국고대사·동아시아사 서술과 역사인식 분석

권은주 동북아역사재단 연구위원

I. 머리말

중국은 개혁개방 이후인 1980년대 후반부터 교과서 편찬을 검정제로 운영하다가 최근 다시 국정제로 전환했다. 고등학교 역사교과서의 경우 새로 제정된 〈보통 고중(고등학교) 역사과정표준(2017년판)〉(이하 〈새표준〉)에 의거해 만든 국정교과서를 2019년 9월 신학기부터 일부 지역에서 사용하기 시작했고, 2022년까지 전국에 확대 적용할 예정이다.[1]

---

1 『중외역사강요』가 처음 사용된 지역은 베이징, 상하이, 톈진, 랴오닝성, 산둥성, 하이난성이다. 원래 계획에는 6개 지역에서 먼저 사용하고, 2020년 가을학기(신학기)에 9개 지역으로 더 확대되었다. 2020년 4월 7일자 중국 교육부 통지 〈教育部辦公廳關于遴選建立普通高中新課程 新教材實施國家級示範區和示範校的通知〉에 따르면, 전국 32개 국가급 시범구와 96개 국가급 시범학교를 선정하여 새 교재를 사용한다고 한다.

중국이 국정제로 재전환하기 이전 검정제를 실시했던 것은 냉전체제의 종식과 개혁개방, 글로벌 사회로의 편입 등 시대적 흐름과 관련이 있었다. 그러나 이후 중국의 급속한 경제성장에 따른 빈부격차, 민족갈등, 사회주의체제 이완 등은 다시 강력한 국가권력과 통제를 정당화하는 움직임을 가져왔다. 이것이 교육에서는 국정교과서로 나타났다. 중국은 국정 역사교과서를 통해 마르크스유물론에 입각한 '중국특색 사회주의'와 '통일적 다민족국가'를 강조하고, 애국주의교육을 강화하여 현 중국의 역사적 정당성을 확보하고자 했다.

새 국정 고등학교 역사교재 편찬에 대한 직접적인 계기는 2012년 제18차 중국공산당대회에서 시진핑(習近平) 총서기가 한 '도덕과 정치, 어문(語文), 역사' 교재 구성에 대한 연설이었다. 그는 도덕과 정치, 어문, 역사 교재를 하나로 통일하고 편찬하는 것을 국가권력, 국가의 행위로 규정하고, 장기적인 학교 교육과 인재배양 계획을 수립해야 한다고 했다. 이후 역사교과서의 국정제 시도는 중국 내부에서도 많은 논쟁을 일으켰다.[2] 그러나 2017년 시진핑 집권 제2기를 맞이하면서 중국은 내부의 반대 목소리를 누르고, 국정교과서를 본격적으로 추진했다. 그 결과 〈새표준〉이 발표되었다.

〈새표준〉에 따른 교과서 편찬을 위해 중국 교육부 산하 국가교재위원회 역사전문위원회에서 교재 편집 서술(編寫)을 담당할 조직(이하 편사조)

'각 성(省)마다 1개의 시범구와 2개의 시범학교를 설정하여 3년 동안 실시한다는 내용이다. 따라서 『중외역사강요』의 사용 범위와 전면 사용 시기는 변동이 있을 가능성이 있다.

2 국정제 논란은 윤세병, 2019, 「중국의 역사교과서 논쟁과 국정화」, 『역사교육연구』 31 참조.

을 구성했다.³ 편사조는 장하이펑(張海鵬)⁴과 쉬란(徐藍)⁵이 총주편을 맡고, 베이징대학, 베이징사범대학, 서우두사범대학, 푸단대학, 화둥사범대학, 중앙당사문헌연구원, 중국사회과학원의 전문가와 인민교육출판사 및 고등학교 일선 교사로 구성되었다.

편사조는 고등학교 국정 새 역사교과서인 필수『중외역사강요(中外歷史綱要)』(상·하), 선택성 필수 1~3『국가제도와 사회치리(國家制度與社會治理)』·『경제와 사회생활(經濟與社會生活)』·『문화교류와 전파(文化交流與傳播)』의 초안을 작성했고, 중국 전국 11개 성, 시, 자치구에서 선정한 시범학교에서 시험 사용 과정을 거쳤다. 편사조는 시범학교를 방문하여 교과서에 대한 의견과 각 지역 역사교육연구원 및 전문가들의 의견을 청취한 뒤 내용을 수정했다. 이 수정본을 역사전문위원회에서 심사했고, 다시 140여 명의 전문가가 심도 있게 독해 한 뒤, 초·중·고 및 필수·선택 역사교과서들을 상호 비교하며 개선했다. 여러 차례 반복하여 개정한 뒤『중외역사강요(상)』는 2019년 6월 초 정식으로 승인되어 2019년 가을 신학기 베이징, 상하이 등 6개 지역 1학년부터 사용했다. 이후 나머지 교과서도 완성되어『중외역사강요(하)』는 2020년 봄학기에, 선택성 필수 1~3

---

3   〈새표준〉에 따른 중국 고등학교 역사교과서의 편찬 과정은 張海鵬, 2019,「統編高中歷史教科書的學科體係和學術體係－適應和掌握統編高中歷史教材《中外歷史綱要》(上)的意見」,『課程·教材·教法』39-9와 인민교육출판사에서 출판한 필수『中外歷史綱要(上)』(2019)·『中外歷史綱要(下)』(2020), 선택성 필수 1~3『國家與社會治理』(2020)·『經濟與社會生活』(2020)·『文化交流與傳播』(2020) 後記 참조.

4   장하이펑(張海鵬): 1939~. 중국사회과학원 학부위원. 주요 연구『中國近代史基本問題研究』,『簡明中國近代史讀本』,『中國近代通史』,『台灣史稿』등.

5   쉬란(徐藍): 1947~. 중국 서우두사범대학 교수, 서우두사범대학 국가중점학과 세계사학과 책임자. 주요 연구『國際冷戰中的大國戰略關係研究』,『英國與中日戰爭1931-1941』,『國家大戰略與對外政策調整－20世紀40-60年代冷戰態勢的演變』등.

교과서는 가을학기부터 사용되었다.[6]

새 역사교과서의 주편을 담당했던 장하이펑은 「통편 고중 역사교과서의 학과체계와 학술체계-통편 고중 역사교재『중외역사강요(상)』의 적응과 장악에 대한 의견」[7]에서 『중외역사강요(상)』의 목적, 서술 주의점, 핵심 목표와 전략 등을 밝혔다. 그 내용은 사실 새 역사교과서 모두에 해당하는 것이다.

장하이펑이 밝힌 『중외역사강요』의 목적은 첫째 국가의 의지와 사회주의 핵심 가치관을 교육에 구현하고, 둘째 고등학교 역사학과 5개 핵심 교양(유물사관, 시공관념, 사료실증, 역사해석, 가정과 국가를 생각하는 감정(家國情懷, 애국심))을 관철하고, 셋째 편찬 서술 과정에서 학과체계와 학술체계를 수립하며, 넷째 중국특색 사회주의 사업, 당과 국가의 장기 통치와 안녕, 중화민족의 위대한 부흥(중국몽)을 실현하기 위한 전략에 있다.

서술 주의점에서 주목되는 것은 첫째 애국주의교육을 중시하며 중국 고대사부터 역대(歷代) 강역의 변천을 설명하고, 국가주권의 중요성과 국방 해양의 권익 교육을 강화하는 것이다. 둘째는 민족관계를 중시하고 민족단결의식을 강화하여 자고(自古) 이래 중국이 통일적 다민족국가로 발전하여 중화민족을 형성하고, 중화민족 공동체의식을 구축한 것을 설명해야 한다는 것이다. 여기서 중국 국정 역사교과서 편찬의 목적이 역사를 활용하여 현재 중국의 영토(분쟁지 포함) 안정, 민족통합, 체제유지에 있음을 알 수 있다.

---

6 선택과목인『史學入門』과『史料講讀』도 제작이 완료된 것으로 보이나, 출판 판매 여부는 잘 확인되지 않는다.

7 張海鵬, 2019.

더 나아가 중국은 자기중심의 세계사 서술을 통해, 신(新)세계질서를 구축하려고 한다. 이는 세계사에 해당하는 『중외역사강요(하)』의 핵심 목표와 전략을 통해서 확인할 수 있다. 이 교과서의 마지막에는 교과서의 핵심 메시지를 담은 '세계로 눈을 돌려, 인류운명공동체 건설을 추진'이라는 주제의 활동과가 있다.[8] 내용을 보면 2013년 시진핑이 국제사회에 '인류운명공동체' 이념을 제시하고, 이후 여러 차례 관련 연설로 유엔 결의 등의 성과를 내었다고 한다. '인류운명공동체' 구축은 '신시대 중국특색 사회주의'의 기본 방침이며, '중국이 어떠한 세계를 추구하는가'라는 질문에 대한 답변이라고 했다. 그리고 신시대 중국 고등학생들은 세계적 시야를 갖추고, 인류운명공동체 구축을 위한 이해를 갖고, 국가와 세계 발전을 연계하여 중화민족의 위대한 부흥과 인류 진보 사업에 지혜와 역량을 받칠 뜻을 세워야 한다고 했다.[9]

이렇게 중국은 새로운 국정 역사교과서를 통해, 마르크스유물론에 입각한 중국특색 사회주의와 통일적 다민족국가를 강조하고, 애국주의교육을 강화하여 현 중국의 역사적 정당성을 확보하고, 더 나아가 중국 중심의 세계사를 기술, 세계사 서술에서 중국의 역할과 중국특색 사회주의의 우수성을 강조하고 있다.

이러한 역사교육 정책과 역사교과서의 국정화는 당연히 중국사 자체의 새로운 해석과 서술을 동반하게 된다. 그뿐만 아니라 이웃 나라, 이웃

---

[8] 『中外歷史綱要(下)』, 人民教育出版社, 2020, 143-145쪽.
[9] 최근 중국은 시진핑의 인류운명공동체 관련 원고를 모아 『인류운명공동체 추진 견지를 논함(論堅持推動構建人類命運共同體)』이라는 책으로 출판했다. 중국공산당사와 문헌연구원(中共中央黨史和文獻研究院)에서는 이를 영어·프랑스어·일본어로 번역·출판하여 중국 국정교과서뿐만 아니라 국외에 확산·선전을 강화하고 있다.

민족과의 교류사나 이웃의 역사서술에서 자기중심적인 해석이 이뤄질 수밖에 없고, 심할 경우 역사왜곡을 일으킬 가능성이 높아진다.

이 글에서는 위와 같은 문제의식을 가지고 『중외역사강요』를 중심으로 중국 국정 역사교과서의 한국고대사와 동아시아사 서술에서 드러나는 문제점 및 교과서에 사용되는 '역사용어'의 함의, '첨삭'을 통해 드러나는 신중화주의의 모습을 살펴보도록 하겠다.

II. 한국고대사 관련 서술 내용

중국 중등학교 역사교과서에서 보이는 한국고대사 관련 서술 내용에 대한 분석은 지금까지 여러 차례 이뤄졌다.[10] 『중외역사강요』의 한국사 관련 내용은 2000년대 이후 교과서와 크게 달라진 것은 없다. 그러나 교과서 편찬을 국가권력이자 국가의지의 표현으로 보고 국정교과서를 만든 만큼, 최근 중국의 역사인식 및 한국사에 대한 이해를 가장 잘 보여준다는 점에서 이 장에서는 한국고대사 관련 서술 내용을 살펴보도록 한다.

---

10 관련 연구로는 김지훈·정영순, 2004, 「최근 중국 중고등학교 역사교과서 속의 한국과 한국사-「역사교학대강」 교과서와 「역사과정표준」 교과서의 비교검토」, 『중국근현대사연구』 23; 동북아역사재단 편, 2006, 『중국 역사교과서의 한국고대사 서술문제』, 동북아역사재단; 안병우, 2006, 「중국 역사교과서의 한국 전근대사 서술 추이」, 『白山學報』 75; 김지훈, 2007, 「한·중 역사갈등 줄이기-동북공정과 중국의 역사교과서-」, 『역사문제연구』 17; 황유진, 2017, 「중국 중등 역사교과서의 한국사 서술 양상과 문제점: 통일적 다민족 국가론을 중심으로」, 부산대학교 석사학위논문; 우성민, 2018, 「신간 중국 중등 역사교과서 개편 동향과 한국사 관련 서술 검토」, 『중국학연구』 86; 정동준, 2019, 「중국 역사교과서의 고대사 서술 분석-2016년판 중학교 국정교과서의 특징과 문제점을 중심으로-」, 『중국고중세사연구』 52 등 참조.

1. 지도에서 보이는 중국의 영토주의 역사관

1) 전국시대 장성과 진대 장성의 동단(東端)을 확장한 지도

『중외역사강요(상)』에 수록된 〈전국 형세도〉와 〈진조 형세도〉를 보면 전국시대 연(燕)나라의 장성과 진(秦)나라의 장성선을 압록강을 넘어 대령강과 청천강 부근까지 연결하여, 한반도 서북부 일부를 중국 영토로 표시했다.[11] 이러한 장성 표시와 영토 표시는 영토주의에 입각한 역사관이 반영된 것으로, 탄치샹(譚其驤)의 『간명중국역사지도집(簡明中國歷史地圖集)』을 그대로 따르거나 확대했다. 이런 성격의 지도는 중학교 새 역사교과서에도 확인된다.[12]

교과서 본문에는 연·진과 고조선의 관계에 대한 서술이 없지만, 지도 표시는 『사기』, 『위략』, 『진서』 등의 내용을 근거로 한 것이다.[13] 연·진과 고조선의 경계나, 장성의 위치에 대해서는 논란이 많다. 그런데 최근 중국에서는 장성을 장성 벽체뿐만 아니라 관애, 성대, 봉화대 등 다양한 방어시설과 부대시설을 포함한 것으로 확대하여 개념을 설정하고

---

11 『中外歷史綱要(上)』, 人民教育出版社, 2019, 10쪽 〈戰國形勢圖〉, 16쪽 〈秦朝形勢圖〉.

12 우성민, 2018, 419-423쪽.

13 『사기』 흉노전의 "진이 농서, 북지, 상군을 설치하고 장성을 설치하여 호(胡)를 막았다", "연 역시 장성을 축조했는데, 조양으로부터 양평에 이르렀다. 상곡 어양, 우북평, 요서, 요동군을 설치하여 호를 막았다"; 『사기』 조선열전의 "처음 연의 전성기 때부터 일찍이 진번과 조선을 침략하여 복속시키고 관리를 두고 장새를 쌓았다"; 『삼국지』, 동이 한전의 위략 인용 "뒤에 (조선의) 자손이 점차 교만하고 포학해져 연이 장수 진개를 보내 서방을 공격하여 땅 이천 여 리를 얻어, 만번한을 경계로 삼으니 조선이 마침내 약해졌다"; 『진서』 지리지 낙랑군조에 "조선, 둔유, 혼미, 수성은 진이 축조한 장성이 시작된다"; 『태강지리지(太康地理志)』의 "낙랑군 수성현에는 갈석산이 있는데 장성이 여기에서 시작한다" 등.

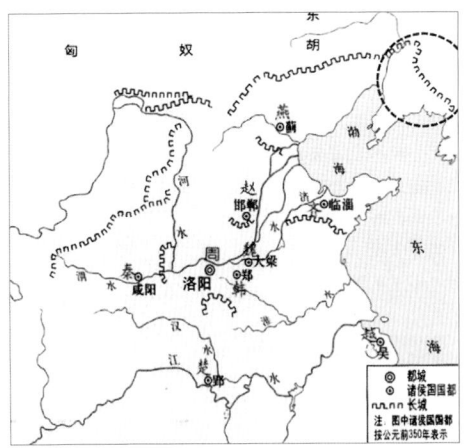
그림 1 전국 형세도

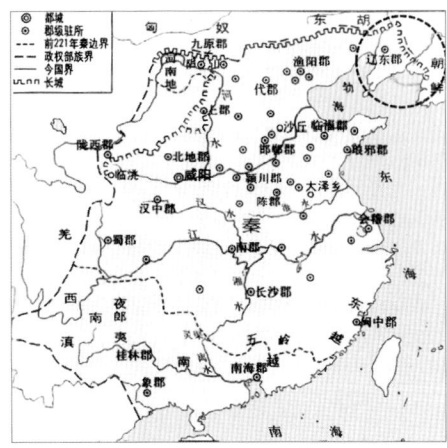
그림 2 진조 형세도

있다.[14] 이와 관련하여 요동지역과 한반도 서북부에서 연·진대 장성 벽체가 발견되지 않자, 새로운 장성 개념을 적용한 지도에서는 〈그림 1, 2〉와 같이 장성이 벽체로 연결되지 않았다는 'ㅁㅁㅁ'과 같은 형식으로 표시했다.

게다가 중국은 연·진 장성뿐만 아니라 한(漢) 장성(〈그림 3〉 참조)을 서로 연결하여 상호 존재 사실의 근거로 삼고 있다. 예를 들어, 한의 장성은 진의 장성을 기반으로 하고, 진의 장성은 연의 장성을 기반으로 하여 연용하거나 개축한 것으로 보며, 이에 맞춰 사료 역시 선험적으로 해석한다. 중국의 이러한 시각에 대해서는 한국 학계에서 많은 비판 연구가 있

---

14 이는 〈장성보호공정〉 이후 정론으로 다뤄지고 있다. 또한 교과서 상에서도 그대로 적용하고 있는데, 예를 들어 신간 『중국역사』 7학년 하에서는 "명대 장성은 성벽을 주체로, 관애, 성대, 봉화대 등으로 조성되고 선을 따라 위소, 주둔 군대, 둔전 운영, 생산을 진행하며, 서로 이어진 도로를 건설하여 하나의 완전한 군사방어체제를 형성했다"고 서술하여, 기왕의 장성과 다른 개념을 설명하고, 명대 장성을 산하이관까지가 아닌 압록강 하구 구련성까지 표시하고 있다(우성민, 2018, 421-422쪽 재인용).

었다.[15] 장새가 장성에 포함되는 것인가는 차치하고, 장성이든 장새든 연·진의 방어시설이 한반도 경내에 있었다는 고고학적 증거는 없다. 진 장성의 동단은 연 장성과 밀접한 관련이 있지만, 진 장성의 동단이 낙랑군 수성현으로 기재된 것은 문헌상의 오류라는 것이 잘 밝혀져 있다. 더욱이 한 장성의 동단은 축조 기록조차 없다는 점에서, 중국 측의 주장은 학술적 증거나 논리가 취약하다.[16]

2) 서한과 조위 영역을 한반도 북부까지 확장한 지도

〈그림 3·4〉는 『중외역사강요(상)』에 수록된 〈서한 강역도〉와 〈삼국 정립 형세도(262)〉이다.[17] 두 지도에서 한반도 북부를 서한(西漢, 前漢, 기원전 202~기원후 8)과 조위(曹魏, 220~265)의 영역으로 표시했다. 이것은 공통적으로 기원전 108년 한나라가 고조선을 멸망시키고 평양 지역에 설치

---

15 자세한 비판 내용은 오강원, 2006, 「중국 중고교 역사교과서의 고조선 서술 분석과 비판」, 『중국 역사교과서의 한국고대사 서술문제』, 동북아역사재단; 이한상, 2010, 「연 북장성의 주향에 대한 논의」, 『고고학탐구』 7; 홍승현 외, 2014, 『중국 역대 장성의 연구』, 동북아역사재단; 공석구, 2014, 「『中國歷史地圖集』의 戰國時期 燕 長城 고찰」, 『백산학보』 99; 공석구, 2015, 「『중국역사지도집』의 평양지역까지 연결된 秦 長城에 대한 검토」, 『한국고대사연구』 43; 공석구, 2017, 「청천강 유역까지 연결된 漢長城 東端문제 고찰 - 『中國歷史地圖集』의 사례를 중심으로」, 『동북아역사논총』 56 등 참조.

16 북한의 대령강(大寧江) 지역에서 약 120km의 고려시대 장성유적이 확인되었는데(손영종, 1987, 「대령강반의 옛장성에 대하여」, 『력사과학』 2), 중국은 이것이 진 장성의 흔적이라고 주장했다. 그러나 이 장성은 한반도 서북(중국 방면)에서 들어오는 적을 막기 위해 축조되었다는 점에서 방어 특성상으로도 진 장성이 될 수 없다. 『사기』 몽염열전에는 진나라 장성의 동단이 요동에 이르렀다고 했고, 『사기정의』에서는 진시황이 쌓은 장성이 요하에 이르렀다고 했다. 사실상 진나라 장성이 요하를 넘지 못했고, 연·진 장성과 관련한 유적이 요서지역 부신(阜新)까지만 확인되고 있어 진대 장성 기록에 근간한 연·진·한 장성의 주장은 무실한 것이다.

17 『중외역사강요(상)』, 22쪽 〈西漢疆域圖〉, 26쪽 〈三國鼎立形勢圖(262年)〉.

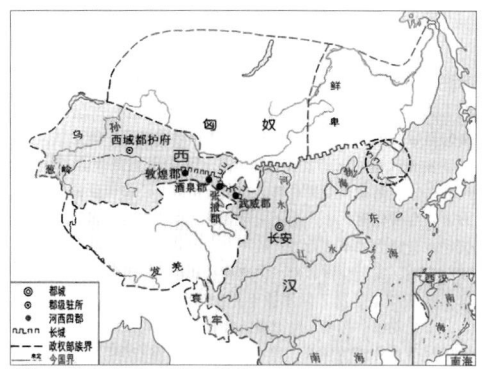
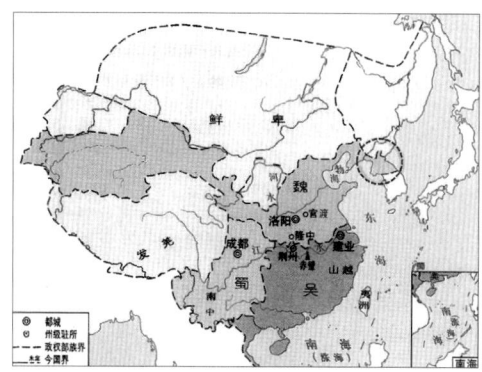

그림 3 서한 강역도   그림 4 삼국 정립 형세도(262)

했던 낙랑군을 근거로 한다. 낙랑군은 313년 고구려에 의해 완전히 멸망할 때까지 존속했다. 그러나 그 성격과 범위에 대해서는 논란이 많다.

중국 학계는 한사군과 같이 이민족 거주지에 세워진 변군(邊郡)을 한 제국 내의 일반 군현처럼 국가 영역으로 이해하여, 역사지도에서 중원왕조의 범위를 최대치로 확대하고 있다. 즉 이민족 지역에서의 변군현 설치를 곧 영역 지배로 파악하고 있는 것이다.

그러나 한국 학계에서는 한의 군현제도와 통치·행정 시스템이 그대로 작동했는지와 주민 구성에 대한 연구들을 통해 중국과는 다른 해석을 하고 있다.[18] 예를 들어, 변군은 군현 단위의 거점(城)을 중심으로 교통로를 통해 토착세력과 교류하거나 영향력을 제한적으로 행사했다는 것

---

18 이하 한국 학계의 연구는 안정준, 2017, 「1990년대 이후 한국 학계의 樂浪郡 연구현황과 문제의식」, 『인문학연구』 34; 권오중, 2008, 「낙랑군 역사의 전개」, 『인문연구』 55; 권오중 외, 2010, 『낙랑군 호구부 연구』, 동북아역사재단; 오영찬, 1996, 「낙랑군의 토착세력 재편과 지배구조」, 『한국사론』 35; 윤용구, 2007, 「새로 발견된 낙랑목간」, 『한국고대사연구』 46 등 참조.

이다. 그리고 한사군에서 낙랑군과 현도군을 제외한 진번·임둔군은 실제 설치 여부 자체가 논란이 있고, 설치되었다고 해도 얼마 못 가 정식 폐지되었다.[19] 현도군은 고조선 유민과 토착집단의 저항과 성장으로 군의 치소를 몇 차례 이동했고, 낙랑군과 더불어 주변 지역을 제외하고 직접 지배를 실현할 수 없었다고 본다.

서한이 무너지고 후한이 들어서며 다시 낙랑군에 대한 영향력이 강화되기도 하지만 부침이 있었고, 낙랑군의 지배세력은 토착화된다. 위·진시기에도 한때 중국과 낙랑군의 결속이 강해지기도 하지만 지속적이지 않았고, 〈그림 3·4〉에 표시된 전체 지역에 대한 직접 지배나 영토화의 실현은 부정적이다. 특히 고구려의 성장과 예맥계 토착세력의 정치적 성장을 고려할 때, 한반도 북부 지역에 대한 영역 표시는 제고되어야 할 것이다.

여기서 중요한 점은 〈그림 3·4〉에서 보이는 공통점이다. 그것은 현재의 중국 국경선 즉 중국 영토를 고려한 경계선이 역사 지도에서 중국이 주장하는 역사 영역과 중첩되어 표시되어 있다는 점이다. 중원왕조뿐만 아니라 당시 유목민족의 영역 및 주변부 지역(해양, 도서 포함)을 아울러 현재 중국 땅(영토권 주장 지역 포함)과 유사하게 외곽 점선을 그렸다. 해당 공간이 과거부터 중국에 속해 있음을 시각적으로 보여주고 있는데, 현재 강역을 기준으로 그 안의 모든 역사가 중국사임을 강조하는 통일적 다민족국가론의 영토 관념을 적용한 결과이다.[20]

19　기원전 82년 폐지, 관할 지역은 현도군과 낙랑군에 통합되었다.

20　양승훈·박현숙, 2019, 「초급중학교 『중국역사』교과서(2016년판)의 한국고대사 서술 내용과 특징」, 『선사와 고대』 59, 153쪽.

특히 〈삼국 정립 형세도〉에서 고구려 영역을 현재 중국 국경선 범위 안에 포함시키고 있다는 점이 주목된다. 고구려라는 이름을 의도적이든 아니든 지도에 표시하지 않았지만, 잠재적으로 중국역사 범위 안에 포함시키고 있음을 알 수 있다. 이는 한국고대 북방사와 관련된 지역이 표시된 다른 지도에도 해당되며, 중국의 영토주의 역사관과 교과서에서 지도를 통해 의도한 것이 무엇인지 잘 보여준다.[21]

3) 발해사 관련 서술과 지도

『중외역사강요(상)』에서 발해사 부분에 대해서는 본문 서술상 좀 더 명확한 입장을 보이고 있다. "동북의 말갈족 속말부가 강대해졌다. 당 현종이 그 수령 대조영을 발해군왕으로 책봉했다. 당조 주변의 소수민족이 건립한 정권은 조국의 변강 지구 개발에 적극적인 공헌을 했다"라고 했다.[22] 여기서 조국은 중국을 가리킨다.

대조영의 출신을 속말부 수령으로 본 것은 '속말말갈로 고구려에 붙은 자', '속말소번으로 고구려를 쫓아 안으로 옮겼다(고구려 멸망 후 중국 내지로 강제 이주(遷徙)한 것을 이름)' 등의 기록을 근거로 한다.[23] 그러나 이들

---

21 중국 역사교과서의 강역도는 역사상 중국의 영역 변천사를 넘어 '통일적 다민족국가의 형성사'라는 거대한 서사 구조에서 중요한 축을 담당하고 있다는 지적이 있다. 내적으로는 분리 독립의 움직임에 대해서 민족분열주의의 논리를 적용하고, 외적으로는 주변국과의 영토분쟁 지역에 대해 자국의 영토임을 내세우며 실지(失地) 회복의 명분을 제공한다는 것이다(윤세병, 2018, 『중국 역사교과서의 서사구조와 이데올로기』, 경인문화사, 120-121쪽).

22 『중외역사강요(상)』, 34-35쪽.

23 『신당서』, 말갈전, "발해는 본래 속말말갈로, 고구려에 붙은 자이며 성은 대씨이다(渤海, 本粟末靺鞨, 附高麗者, 姓大氏)"; 『동문선』, 사불허북국거상표, "신이 삼가 살피건대, 발해의 원류는 구려(고구려)가 멸망하기 전에 본래 사마귀 혹 같은 부락으로 말갈에 속

기록에는 대조영을 '속말말갈 수령'이라고 한 곳은 없다. 반면 중국 사서인 『구당서』에서는 '고구려 별종(別種)'으로, 『삼국유사』, 『제왕운기』 등 한국 사서에는 '고구려의 옛 장수'라고 했다. 과거 대조영 출신에 대한 논란은 속말말갈 또는 고구려와 관련된 기록 중 하나를 취사선택하는 경향 때문이었다. 그러나 현재 한국 학계에서는 대체로 이들 기록이 모순된 것이 아니라고 본다. 대조영은 속말말갈 출신이지만, 이미 고구려인이 된 고구려 장수였던 사실을 보여주는 것으로 이해하고 있다. 여기서 중요한 것은 발해가 고구려 유민과 고구려계 말갈세력들이 당의 지배에 저항한 고구려 부흥운동의 결과로 건국한 독립국이라는 점이다.[24]

그런데 중국 역사교과서에서 대조영이 고구려 옛 장수로 고구려인이었다는 사실을 배제한 채 발해를 속말말갈의 수령이 세운 속말말갈의 나라로 전제하고 있다. 그리고 발해의 독립성을 부정하고 당의 지방정권으로 본 '통일적 다민족국가론'의 입장을 반영하고 있다. 이것은 중국 학계의 일반적인 견해이다. 이러한 인식으로 인해 중국 학계에서는 당에 반기를 들고 독립국을 세웠던 발해 초기 '진국(振國 또는 震國)' 단계를 부정하면서, 초기 국명이 '말갈'이라는 주장이 제기되기도 했다.[25] 그리고 비록

했습니다. 번성하여 무리를 이루어 속말소번이라 했고, 일찍이 구려를 쫓아 안으로 옮겼습니다(臣謹按, 渤海之源流也, 句驪未滅之時, 本爲疣贅部落, 靺鞨之屬, 寔繁有徒, 是名栗末小蕃, 嘗逐句驪內徙)" 등.

24 대조영의 출자와 당에 저항하여 독립 국가를 세운 과정에 대한 한국 학계의 연구는 한규철, 1992, 「발해건국과 남북국의 형성」, 『한국고대사연구』 5; 송기호, 1995, 「대조영의 출자와 건국 과정」, 『발해정치사연구』, 일조각; 임상선, 1999, 「발해 건국과 참여 집단」, 『발해의 지배세력연구』, 신서원; 한규철, 2000, 「발해 건국을 성공케 한 요동의 고구려유민세력」, 『春史 卞麟錫敎授 停年紀念論叢』; 김종복, 2004, 「발해의 건국과정에 대한 재고찰」, 『한국고대사연구』 34; 권은주, 2010, 「7세기 후반 북방민족의 反唐활동과 발해건국」, 『백산학보』 86 등 참조.

그림 5 당조 전기 강역과 변강 각 족의 분포도(669)

당에 반기를 든 시기가 있다고 해도, 713년 당 현종의 '발해군왕' 책봉을 계기로 발해·당 사이의 정식 국교 수립을 당의 지배 수용으로 이해하여 발해를 당의 지방정권으로 설명하고, 이를 교과서에 그대로 반영했다.[26]

그것을 시각적으로 잘 보여주는 것이 〈그림 5〉의 '발해도독부(713년 설치)' 부분이다.[27] 그런데 이 지도는 고구려가 멸망한 바로 다음해인 669년의 지도이다. 발해가 건국한 것은 698년이며, 당의 '발해군왕'과 '도독' 책봉은 713년의 일이다. 그런데도 이 지도에 '발해도독부'를 표시한 것은 의도적이라 할 수 있다. 게다가 713년에 책봉된 '도독'은 '발해도

---

25 張碧波, 2002, 「渤海早期國號考索」, 『黑龍江民族叢刊』 2002-1; 紀勝利·郝慶雲, 2004, 「渤海國初建之際國號考」, 『中國邊疆史地研究』 14-2; 魏國忠, 2014, 「論大祚榮政權初稱"靺鞨"」, 『社會科學戰線』 2014-8 등.

26 『중외역사강요(상)』의 발해사 관련 부분은 기본적으로 기존 중국 역사교과서와 크게 달라지진 않았다. 이와 관련한 분석과 비판은 임상선, 2006, 「중국 역사교과서의 발해사 내용 비판」, 『중국 역사교과서의 한국고대사 서술문제』, 동북아역사재단 등 참조.

27 『중외역사강요(상)』, 35쪽 〈唐朝前期疆域和邊疆各族分布圖(669年)〉.

독'이 아닌 '홀한주도독'이었다.[28] 중국 학생들과 일반인들에게 낯선 '홀한주' 대신 '발해'라고 표기한 것은 이 지역이 중국(당)의 지방이었다는 것을 시각적으로 인지시키기 위한 장치라고 할 수 있다. 지도와 더불어 "당조 주변의 소수민족이 건립한 정권은 조국의 변강 지구 개발에 적극적인 공헌을 했다"라는 문장을 발해사 관련 내용 뒤에 잇따라 서술한 것은 669년 상황은 아니지만 곧 발해 지역이 당의 영역이 되었다는 것을 보여주기 위한 것이다.[29]

2. 한국사 서술에서 보이는 중국 중심의 역사인식

앞에서 살펴본 중국의 영토주의 역사관이 보이는 한국고대사 관련 지도는 모두 중국사를 다루는『중외역사강요(상)』에 보이는 내용이다. 우리가 한국고대사로 보는 고조선, 고구려, 발해 등과 관련된 내용이지만, 중국에서는 중국사로 범주화한 것이다. 따라서 직접적인 한국사 이해를 반영한다고 볼 수는 없다. 직접적인 한국사 이해를 반영하는 내용은 세계사를 다룬『중외역사강요(하)』에서 살펴볼 수 있다. 2000년대부터 중국 역사교과서에서 한국사 관련 서술은 크게 축소되었는데,[30]『중외역사강요』에서도 마찬가지이다. 하권에서 직접 한국사에 대한 내용을 다룬 것은 '제

---

28 『구당서』권199하, 열전149하, 발해말갈, "睿宗先天二年(713), 遣郞將崔訢往冊拜祚榮爲左驍衛員外大將軍·渤海郡王, 仍以其所統爲忽汗州, 加授忽汗州都督, 自是每歲遣使朝貢.":『신당서』권219, 열전144, 발해, "睿宗先天(712-713)中遣使拜祚榮爲左驍衛大將軍·渤海郡王,以所統爲忽汗州,領忽汗州都督."

29 같은 지도에 보이는 북정도호부(702년 설치), 흑수도독부(726년 설치)도 같은 맥락에서 이해할 수 있다.

30 주 10 참조.

'2단원 중고시기의 세계-제4과 중고시기 아시아-남아시아와 동아시아 국가'에서 총 10줄 분량에 해당한다. 내용(번역문)은 다음과 같다.

> ① 7세기 말, 신라는 초보적으로 조선(한)반도를 통일하고 중국을 모방하여 중앙집권국가를 세웠다. ② 10세기 초 신라인 왕건이 고려왕조를 세웠다. ③ 고려왕조는 중국 당제도를 본받아 중앙에 3성 6부제를 세웠고, 지방은 10도(道)로 구분하고, ④ 토지국유제를 시행하고, 과거제를 도입하여 관원을 선발했으며, 중국 유가경전과 시문의 사장(詞章)문학이 광범위하게 전파되었다. ⑤ 14세기 말 고려대장 이성계가 스스로 왕이 되어 한성으로 천도하고 국호를 조선으로 바꾸었다. ⑥ 16세기 말, 일본 도요토미 히데요시(豐臣秀吉)는 20만 대군을 파견하여 조선을 침략했다. 조선은 중국에 지원을 요청했다. 명조는 조선으로 군대를 파견하여 싸웠다. 명조의 대장 등자룡(鄧子龍)과 조선의 대장 이순신은 전투 중 장렬하게 희생했다. 7년간의 험난한 전투를 거쳐 중국과 조선 군민은 일본의 침략에 저항하여, 승리를 얻었다.
>
> -『중외역사강요(하)』, 25-26쪽

위에서 먼저 눈에 띄는 것은 한국사 서술의 시작이 7세기 말이라는 점이다. '제2단원 중고시기의 세계'의 머리말에서는 "세계사에서 5~15세기는 일반적으로 중고시기라고 불린다"[31]고 하여, 이 단원에서의 한국사 서술의 시간 범위는 문제가 없어 보인다. 그러나 중고시기 이전의 단원에서 한국사 서술은 찾아 볼 수 없다는 점에서, 실제 『중외역사강요』에서

---

31 『중외역사강요(하)』, 14쪽.

한국사의 시작은 7세기 말이라고 할 수 있다. 그리고 중고시기를 5세기부터로 설정했기 때문에, 이 단원에서 한국사를 삼국시기부터 서술할 수도 있는데, 신라의 통일부터 시작한 것은 무엇 때문일까. 그것은 삼국시기부터 언급할 경우 고구려를 언급하지 않을 수 없기 때문이 아닐까 의심이 든다.

관련해서 원문 ②부분 '신라인 왕건'이 '고려왕조를 세웠다'라는 서술이 주목된다. 이는 ⑤의 '고려대장 이성계'가 조선을 건국했다는 식의 서술 방식과 동일하여 역사왜곡이라고 할 수는 없다. 그러나 그 안의 함의를 살펴보아야 한다. 중국 학계에서는 왕건이 고구려와 전혀 관계가 없고, 고려 역시 고구려와 무관한 역사라고 주장한다.[32] 이러한 주장을 함축한 것이 바로 '신라인 왕건'이 '고려왕조를 세웠다'라는 구절인 것이다.

이 글은 한국고대사를 중심으로 분석했기 때문에 이 외의 한국사와 관련된 서술에 대한 상세 분석은 생략하도록 한다. 다만, 신라와 고려가 중국제도를 모방하여 중앙집권을 이루고, 문화적 발전을 이뤘다는 식의 서술은 독자적 발전이나 내재적 성장 및 중국 문화의 자발적 수용과 변용을 고려하지 않는 것이다. 중국의 일방적 영향을 강조한 중국 중심의 역사인식이 반영된 서술이라고 할 수 있다. 고려가 '토지국유제'를 시행했다고 하는 것은, '전시과제도'와 '왕토사상'을 근거로 하는 것인데 '왕토사상'은 관념에 불과하고 상당한 사전(私田) 또는 민전(民田)이 존재했다는 점에서 한국 학계에서는 고려의 토지국유제를 인정하지 않는다.[33]

---

32 史長樂, 2006, 「王建爲何定國號爲高麗」, 『東北史地』 2006-6; 楊保隆, 1999, 「論高句麗與王氏高麗無前後相承關係」, 『社會科學戰線』 1999-1 등.

33 1970년대에 고려시대의 토지제도에 대한 논쟁이 있었으나, 전시과에 의해 사적 소유권이 제한되었지만 단순한 토지국유제로 규정할 수는 없다고 정리했다. 고등학교 『한

그리고 조선의 국호가 먼저 제정되고 천도된 사실을 순서를 뒤바꿔 서술한 점이나,[34] 임진왜란에서 명군의 파견 및 중국의 역할을 강조한 서술 등에서 한국사에 대한 이해 부족과 중국 중심의 인식을 확인할 수 있다.

III. 동아시아사 서술 비교

이 장에서는 동아시아사와 한국사 서술의 특징을 비교하도록 한다. 결론부터 말하면 동아시아사 서술 역시 한국사 관련 서술과 마찬가지로 중국 중심의 역사인식과 서술 특징을 확인할 수 있다. 그리고 한국을 포함한 동아시아 국가들의 서술 비중을 통해, 현재 중국이 인식하고 있는 동아시아 국가의 위상과 중요도를 어느 정도 확인할 수 있다.

1. 중국의 문화·정치·군사적 영향을 강조하는 동아시아사 서술

1) 중국 모방 중앙집권국가 건립

『중외역사강요』에서는 중국 주변 국가들이 중국(제도)을 모방하여 중앙

  『국사』 교과서는 고려시대의 토지제도인 전시과를 소개하며, 개인의 소유지인 민전에 대해서도 설명했다. 예로 "민전은 매매, 상속, 기증, 임대 등이 가능한 사유지로서, 귀족이나 일반 농민의 상속, 매매, 개간을 통하여 형성되었다. 또, 소유권이 보장되어 함부로 빼앗을 수 없는 토지였으며, 민전의 소유자는 국가에 일정한 세금을 내야 했다. 대부분의 경작지는 개인 소유지인 민전이었지만, 왕실이나 관청의 소유지도 있었다"(제7차 교육과정 고등학교 『국사』, 국사편찬위원회 우리역사넷 참고)라고 서술했다.

34 조선이란 국호를 정하고 사용한 것은 1393년(태조 2) 2월이며, 한양 천도는 그 다음해인 1394년(태조 3) 10월의 일이다.

집권국가를 건립했다고 서술하고 있다. 고대 동아시아 국가인 일본, 조선, 베트남, 신라 등의 중앙집권국가 건립을 중국제도를 모방한 결과로 오인하도록 기술하고 있는 것이다.

① 고대일본과 조선은 중국을 모방하여 중앙집권국가를 건립
－하권, 24쪽 학습초점

② 베트남은……중국제도를 모방하여 중앙에서 지방에 이르는 관료제도를 시행
－하권, 25쪽 역사종횡

③ 개혁(다이카개신) 이후 약 반세기를 넘어 일본은 중국을 모방하여 중앙집권국가를 건립
－하권, 25쪽

④ 7세기 말 신라는 조선반도를 초보적으로 통일하고 중국을 모방하여 중앙집권국가를 건립
－하권, 25쪽·147쪽 연표

이러한 서술은 동아시아사를 이해할 때, 타율성과 정체성(停滯性)을 조선사의 특징으로 본 일제 식민사관과 같은 오류를 범할 수도 있다는 점에서 우려가 된다. 신라의 경우 중앙집권화 과정은 4~6세기에 걸쳐 장기간에 이뤄졌고, 7세기 이후 당제(唐制)를 수용한 뒤에도 그대로 모방한 것이 아니라 신라의 전통적인 제도를 중심으로 변용하여 운영했다. 동아시아 각 지역의 역사를 제대로 이해하지 못하고 중국 모방만을 강조할 경우, 동아시아사는 왜곡될 수밖에 없다.

동아시아 국가들의 중앙집권화와 문화적 발전에 중국제도의 수용이 전제나 필수 요건이 아닌, 독자적인 발전 과정에서 자신의 필요성에 의해 주체적으로 수용한 측면을 이해해야만 올바른 동아시아사 서술이 가능할 것이다.

2) 전근대 중국과 주변국을 종번관계로 개념화

『중외역사강요』에서는 전근대 동아시아에 대한 중국의 문화적 우위만이 아니라, 정치적 위계를 제도적 종속적인 관계로, 즉 중국의 전통적인 천하관과 근대적 종주국-속국의 개념을 결합하여 변용시킨 '종번관계'로 개념화[35]하여 설명하고 있다. 바로 전근대 동아시아 여러 나라는 중국과 '종번관계'를 맺었고, 중국의 '번속국'이었다는 것이다.

상권에 보면 전근대 중국과 주변 국가들 간에 종번관계가 형성되었고, 중국에 정치적으로 예속된 나라인 번속국으로 조선, 유구, 베트남, 미얀마 등을 꼽았다. 중국과 동아시아 국가들 사이의 종번관계는 1879년 일본이 유구를 합병하면서 해체되었고, 조선의 경우 1895년 시모노세키조약(馬關條約)으로 독립한 것으로 서술했다.[36]

베트남의 경우 하권 '제2단원 중고시기의 세계'에서 언급이 전혀 없고, '역사종횡'에서 '고대베트남'을 다루며 번속국과 종번관계를 강조하고 있다. 이것은 베트남 역사의 독자성보다 중국과의 정치적 예속관계를 강조한 것으로, 중국 중심의 동아시아사 인식을 잘 보여주는 사례이다.

베트남은 예전에 교지로 불렸는데, 진·한에서 당 말까지 천여 년간 베

---

[35] 『중외역사강요(상)』, 98쪽 〈역사종횡: 종번관계〉, "경제 문화발전 정도의 차이로 인해, 명·청시기에 중국과 주변 일부 나라들 사이에는 일종의 종번관계라는 국가관계체제가 형성되었다. 일부의 주변 국가는 명·청 조정을 향해 '납공칭신(納貢稱臣, 조공을 바치고 신하를 칭함)'을 행하며, 명·청 황제의 책봉을 받았고, 명·청 황제의 연호를 사용했다. 종주국은 번속국의 내정을 간섭하지 않았다. 이러한 관계는 무력을 통해 형성된 것이 아니다. 조선, 유구, 베트남, 미얀마 등의 국가가 모두 중국과 이러한 관계를 형성했다. 1879년 일본이 유구를 합병하면서부터 이러한 종번관계는 점차 해체되었다."

[36] 『중외역사강요(상)』, 98-99쪽.

트남 북부는 줄곧 중국의 중앙정권의 관할 아래에 있었다. 당나라 말년에 이 지역은 분열 할거 상태가 되었다. 968년 베트남 북부의 지방 통치자가 자립하여 왕이 되고, 이후 북송에 이르러 승인받아 번속국(藩屬國)의 지위를 획득했다. 1010년 베트남에 이조(李朝)가 건립되어 국호를 '대월(大越)'로 정하고, 중국제도를 모방하여 중앙에서 지방에 이르는 관료제도를 시행했다. 명나라가 건립된 이후 줄곧 베트남에 직접 주현을 설치하고 베트남의 번속국 지위를 회복했다. 이후 베트남과 중국은 종번(宗藩)관계를 유지하다가 19세기 서방 식민세력의 침입을 받았다.

—하권, 25쪽, '역사종횡: 고대베트남'

중국이 동아시아 국가들을 종번관계, 번속국으로 규정한 것은 '조공책봉'관계를 근거로 한다. 고대부터 전근대 한국사에 포함된 모든 나라는 중국과 '조공책봉'관계를 맺어왔다. 그렇다면 우리나라 전근대 모든 역사는 중국과 종번관계를 맺고 중국의 번속국이었다는 결론이 나온다. 다른 동아시아 국가들도 마찬가지이다.

중국에서 종번은 황실과의 관계에서 쓰이던 용어로, 주변 국가와의 국가관계에 쓰인 적은 없고 역사용어로 개념화한 것도 최근의 일이다. 사료상에 '외신(外臣)', '속국(屬國)', '번국(藩國)' 등의 표현은 확인되지만, '종번관계'는 확인되지 않는다. 이것은 지극히 근대적인 개념이다.[37]

---

37 중국 학자들도 '종번관계'라는 용어의 문제점을 들어 '번속'이라는 용어(이 용어 역시 한국 학계에서는 그 본질적인 내용과 개념에 대해서 비판과 논란이 많음)를 사용한 연구가 많다(李大龍, 2006, 『漢唐藩屬體制研究』, 中國社會科學出版社; 黃松筠, 2008, 『中朝歷代朝貢制度研究』, 吉林人民出版社; 付百臣 主編, 2008, 『中國古代藩屬制度研究』, 吉林人民出

전근대 동아시아 국제관계에서 보편적으로 존재한 외교 의례 형식인 책봉조공관계를, '종번관계'라는 이름의 국가관계 내지 체제로 개념화하여 설명하는 것은, '번(속)국'의 중국왕조에 대한 종속성을 은연중 강조하는 것이다. 또한 '번(속)국'으로 표현되는 여러 나라의 주체적 입장과 다양한 대중(對中)관계를 하나의 틀로 설명함으로써, 각 시기별·대상별 특수 상황에서 맺어진 상호성이 배제되었다. 이는 중국이 주도하고 중국의 입장에서 주변국을 관할, 통제하는 시스템으로 오인되어, 제국주의적인 시각이라는 비판을 면하기 어렵다.[38]

3) 중국의 동아시아 원조전쟁 프레임

이상과 같이 중국은 동아시아에서 문화적·정치적 종주국으로서의 중국의 이미지를 더욱 진화시켜, 스스로 동아시아 그리고 더 나아가 세계의 평화와 질서의 수호자라고 위치 짓기에 이른다.[39] 중국은 자국이 참전했던 베트남전쟁, 임진왜란, 6·25전쟁 등을 중국의 항프·항미·항왜·항일 원조에 의해 승리한 전쟁으로 교과서에 서술하고 있다. 다음은 베트남전

版社 등). 그리고 '종번관계'라는 용어가 제국주의시대에 유럽의 경험으로 등장한 종주권, 종주국, 속국의 개념을 번역한 일본식 용어를 그대로 중국과 동아시아의 전통적인 관계에 적용하며 만들어진 것으로, 실제 역사상과 맞지 않다는 것을 인정하고 있다(劉淸濤, 2017, 「"宗主權"與傳統藩屬體係的解體 -從"宗藩關係"一詞的來源談起」, 『中國邊疆史地研究』 2017-3) 중국 국정교과서가 학계에서 합의되지 않은 용어를 개념화해 사용하고 있는 것이다.

38 중국의 '중화민족사'를 중심으로 하는 자국사 서술과 그에 연동하는 주변 지역 및 민족(현 중국 내부의 소수민족사와 동아시아사 포함) 역사서술의 '제국성'에 대해서는 유용태, 2009, 「근대 중국의 민족제국주의와 단일민족론」, 『동북아역사논총』 23; 오병수, 2014, 「중국 근대 역사교과서의 자국사 구축과정과 '중화민족'」, 『역사교육』 132; 오병수, 2017, 「항전시기 중국의 "중국 근대사" 서술과 동아시아 인식의 변용 및 그 유산」, 『서강인문논총』 50 등 참조.

쟁의 사례이다.

베트남전쟁은 베트남이 프랑스와 미국의 침략에 항거한 민족해방전쟁이다. 제2차 세계대전 이후 호치민이 이끈 베트남독립연맹(베트남공산당)은 베트남 북부에 베트남공화국을 건립했다. 프랑스 식민세력은 권토중래하여 베트남 남부에 괴뢰정권을 유지했다. <u>중국의 원조 아래, 베트남인민은 항프전쟁의 승리를 얻었다.</u> 그러나 미국의 방해로 베트남은 통일을 실현할 수 없었다. 베트공은 남월정권에 반대하는 유격전을 펼쳤다. 미국은 소위 '공산주의 침투'를 막기 위해 먼저 남월정권에 재정과 군사적 지원을 했고 이후 직접적으로 군대를 파견하여 작전을 수행하며 아울러 베트남 북부에 폭격을 가했다. <u>소련, 중국 등의 큰 지원을 받은 베트남군민은 미국의 침략을 격패시켰고,</u> 미국 국내에서는 대규모 반전운동이 일어났다. 1973년 파리정전협정에 서명하며 미국은 베트남 침략전쟁을 멈추었다. 1975년 베트남 남부가 해방되며 전국 통일을 실현했다. 베트남인민의 항미전쟁은 승리를 얻었다.

—하권, 118쪽, '역사종횡: 베트남전쟁'

원조전쟁 프레임을 통해, 중국이 제국주의 침략 등에서 동아시아 국가들을 수호하는 데 큰 역할을 수행한 것으로 평가하며, 중국의 도움으로 각 나라는 침략전쟁에서 이길 수 있었다고 평가한다. 이는 역사상의 원조

---

39   여기서 더 나아가 "중국은 세계 평화의 건설자, 전 지구 발전의 공헌자이자 국제질서의 수호자(中國作爲世界和平的建設者, 全球發展的貢獻者和國際秩序的維護者)"(『중외역사강요(하)』, 141쪽)로 자처하고 있다.

전쟁을 통해 최종 현재와 미래의 세계질서와 평화를 유지하는 데 중국의 역할이 필수불가결한 역사적 귀결임을 논증하기 위한 것이며, 중국의 '인류운명공동체', '일대일로' 세계 전략과도 연결된다.[40]

이러한 중국의 위치 짓기로 인해 역사교과서에는 중국이 주변국을 침략하거나 중국이 침략을 받아 위태롭게 된 상황은 서술하지 않거나 매우 축소하고 있다. 평화의 수호자이자 강국의 위상이 손상 받을 수 있는 역사 사실을 배제하는 것이다.

4) 중국의 영토주의 역사관과 일국체제론 반영

앞서 살펴본 중국의 영토주의 역사관이 보이는 한국사 관련 지도와 마찬가지로 그 밖에 티베트, 베트남 북부, 몽골, 만주, 남시베리아, 연해주, 사할린, 남해열도 등지가 나오는 역사지도는 동일하게 현재의 중국 국경선과 거의 중첩되어 있다. 그것은 이들 공간이 고대부터 중국의 영토이며, 이 지역에 있었던 역사가 중국사라는 주장을 시각적으로 보여주는 것이다.

그 기준은 청조 때의 최대 강역이다. 〈그림 6〉은 청나라의 최대 강역도로, 중국은 이때의 영토를 기준으로 중국사를 범주화한다. 근대와 현대에 역사 문제로 연해주, 타이완, 난하이(南海) 도서에 대한 영토주권이 일시 훼손되었지만, 이들 지역은 여전히 중국의 영토라고 주장하며 이를 지도에 표현했다.[41] 앞서 사례로 든 〈그림 3~6〉에서 공통적으로 난하이 부

---

40 중국의 '인류운명공동체'와 '일대일로' 세계 전략과 관련해서는 우성민, 2020, 「『중외역사강요』 속의 중국식 글로벌 가치관 '인류운명공동체'의 서술과 시사점」, 『동북아역사논총』 70 참조.

41 『중외역사강요(상)』, 80쪽 〈淸朝疆域圖(1820年)〉와 관련해서 교과서는 "청조가 '강역을 확정(다짐)(疆域的奠定)'한 중요한 역사적 의의"(78쪽 학습초점), "왜 청조가 현대 중

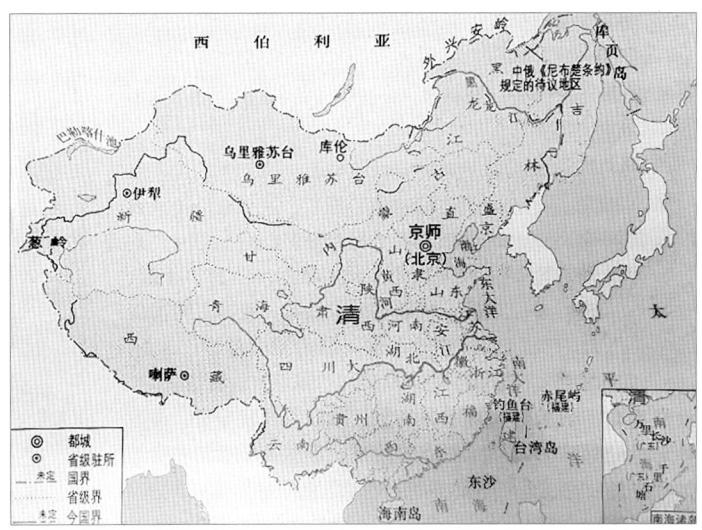

그림 6 청조 강역도(1820)

분을 별도로 확대하여 제시하고 있는 것도 같은 목적이다. 이러한 관점은 역사 부분만이 아니라 선사 고고학과 관련해서도 확인된다. 현재 중국의 영토 위에 신석기 유적을 표시한 〈그림 7〉은 타이완 아래쪽으로 해양 영토선을 표시하고 있다.[42] 그리고 전체 지도에 담지 못한 하이난섬(海南島) 아래의 난하이열도를 네모상자 안에 별도로 보여주고 있다. 이는 선사시대부터 이들 지역이 중국의 범주에 속한다는 것을 보여주기 위한 것이다.

이러한 영토주의 역사관은 국제 분쟁을 유발하는 해양 영토와 일국체제의 대상에 대한 서술에서도 확인된다. 센카쿠열도 및 남중국해, 타이완

국의 판도를 기본적으로 확정(다짐)했다고 하는가"(80쪽 생각할 점)라는 질문을 학생들에게 던진다. 이것은 현재의 영토와 역대 강역의 관계를 환기시키기 위한 것이다.

42 『중외역사강요(상)』, 3쪽 〈中國新石器時代文化遺存分布圖〉.

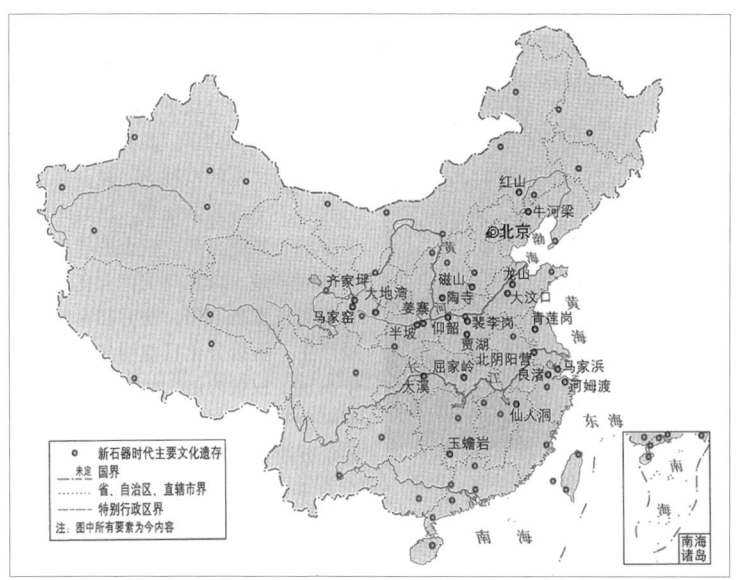

그림 7 중국 신석기시대 문화유적 분포도

등 영토분쟁과 관련된 서술에서 역사적으로 타이완이 중국 영토이고, 펑후(澎湖)군도가 중국 동남 해강(海疆: 해양 영토)이라는 사료와 연구성과를 제시하고 있다. 제2차 세계대전 이후의 국제질서를 설명하며, 제국주의 시기에 일부 영토를 침탈당했지만, 얄타체제에서 일본이 탈취했던 동북지구, 타이완과 부속도서, 펑후군도 등이 다시 중국의 영토가 되었다는 것을 특기하고 있다.[43]

신흥국가의 발전에서 "20세기 1960~1980년대 싱가포르, 한국 등 아시아 국가의 경제가 고속성장을 실현하고 신흥공업국가를 이뤘다"[44]라는

---

43 『중외역사강요(하)』, 104쪽.
44 『중외역사강요(하)』, 129쪽.

설명에서 타이완·홍콩을 뺀 것은 이러한 중국의 영토주의 역사관과 일국체제 입장을 반영한 서술이라고 할 수 있다.

2. 동아시아사 서술에서 보이는 한국사 서술의 문제점

『중외역사강요』의 동아시아사 서술에서 차지하는 한국사 관련 서술의 비중은 일견 그렇게 높아 보이지 않는다. 교과서의 각 단원의 전체적인 인식과 내용에 대한 이해를 먼저 살펴 볼 수 있는 부분은 머리말에 해당한다. 한국사 서술이 집중되어 있는 『중외역사강요(하)』의 '제2단원 중고시기(5~15세기)의 세계'의 머리말에는 아시아와 관련해서 아랍·인도·일본만이 언급되어 있고, 한국은 거론되지 않았다. 이는 전체 단원에서 한국이 차지하는 비중과 위치를 짐작하게 한다.

> 세계역사에서 5~15세기는 일반적으로 '중고시기'라고 불린다.……
> 아시아에서는 아랍제국이 정치적인 안정, 경제 번영을 이루고, 동서문화 교류의 다리가 되었다. 돌궐(튀르크)인은 인도에서 델리술탄국을 건립하고, 일본은 다이카(大和)개신 이후 중앙집권국가를 건립하고 이후 막부가 실권을 장악했다. —하권, 14쪽 전체 15줄 중

위 내용에서도 일본사에 비해 한국사 서술은 절반도 되지 않는다.[45]

---

45 제2단원 제4과 '중고시기의 동아시아' 본문에 일본 서술은 17줄, 한국 서술은 10줄이다. 일본은 별도로 '탐구와 발전 코너'에 사카모토 타로(坂本太郎)의 『일본사』중 일본의 쇄국정책에 대한 비평을 8줄 소개한다.

다른 단원에서도 일본, 인도, 아랍은 여러 차례 비중 있게 다루었으나, 한국에 대해서는 거의 언급되지 않는다. '중고시기'뿐 아니라 근현대시기의 한국사 역시 그렇다. 제13과 중 '아시아의 각성'에서 1911년 중국의 신해혁명과 제16과 중 '아시아 민족민주운동의 새로운 고조'에서 중국의 공산당 성립과 국공합작 등은 중요하게 다루면서, 동아시아 민족운동에 영향을 준 3·1운동은 전혀 언급하지 않는다. 일제 침략에 대해서도 중국 침략과 중국의 항일에 많은 부분을 할애하면서, 일제의 조선 식민지배에 관해서는 '1910년 일본이 조선반도를 병탄했다'와 전후 얄타체제에서 '조선이 최종 독립된 것을 승인'이라는 짧은 문장만 있다. '일본군 위안부', 1930~1940년대 전시체제 강제동원, 독립운동 등에 대해서도 전혀 언급하지 않았으며, 현대 한국사 역시 신흥국가 발전에서 국가명만 나오고 있다. 갑오중일전쟁(청일전쟁)이나 6·25전쟁에 관련한 기술이 상대적으로 분량이 많지만, 중국사를 다룬 『중외역사강요(상)』에 나오는 내용으로 한국사를 서술하기 위한 것이 아닌 중국의 대외전쟁, 원조전쟁사를 기술한 내용이다.

『중외역사강요』에서 동아시아 각 나라의 서술 비중은 중국이 현재 중시하는 외교 대상의 중요성과 관련이 있다. 『중외역사강요』에는 실제 한국사의 서술 분량이 적지만, 동아시아 국가들 중 본문에서 직접 개별 역사가 기술된 나라는 많지 않다. 앞서 살펴본 제4과에서 한국사 서술에 10줄 정도를 할애한 것도 상대적으로 비중이 낮은 것은 아니라는 지적도 있다. 중국 역사교과서는 정치성이 강하기 때문에, 국제관계에서의 위상이나 중국이 외교적으로 중요하게 여기는 정도에 따라 역사 기술이 달라진다고 한다.

한국의 경우 북한이 중국의 오랜 우방이고, 대한민국 역시 현재 중요한 외교대상국이기 때문에 어느 정도 서술되었지만, 베트남의 경우 하권 '중고시기' 단원의 본문에서 전혀 언급되지 않았다. 과거 베트남이 중국의 최우방이었던 시기에는 중국 역사교과서에 가장 많이 서술되었으나 현재 양국의 관계가 매우 악화되었기 때문에 본문에서 삭제된 것이라고 한다. 한편 일본에 대한 서술이 많은 것은 일본의 국제 위상과 관련이 있다고 한다.[46]

결국 중국 역사교과서에서 차지하는 동아시아사와 한국사 서술의 비중은 중국의 현재 정치·외교적 인식에 영향을 받아 임의로 조정되었다고 볼 수 있다. 동아시아 지역의 개별적인 역사 경험의 다소(多少)와는 별개로 분량이 배정되었기 때문에, 시공간적으로나 내용 면에서 불균형한 동아시아사, 한국사 서술이 이뤄질 수밖에 없다.

또한 세계사를 다루는 『중외역사강요(하)』에서 한국사의 비중이 낮은 원인은 기본적으로 세계사에 대한 중국의 영향이나 중국의 세계사적 위치를 강조하기 위한 서술이 강화되었기 때문이다. 하권이 세계사를 다룬다는 것을 모르고 부분 부분을 읽다보면 세계사인지 중국사인지 모호할 정도로 중국사와 관련된 내용과 사료가 많이 제시되어 있다. 세계사에서 중국사 서술이 증가하고, 중국사의 위상에 준하거나 대비할 만한 동아시아사 서술에 중점을 두다 보니, 그 밖의 주변부 역사는 소외될 수밖에 없고, 중국을 제외한 동아시아 국가와 지역 간의 관계사는 거의 언급되지 않는다.

중국을 강조하는 이러한 서술 태도로 인해, 한일 교류와 관련한 기술

---

[46] 중국 역사교과서에 한국, 베트남, 일본의 서술 분량 차이가 중국의 대외관계와 중국이 인식한 대상국의 위상과 관련이 있다는 점은 김지훈(아시아평화와역사연구소)의 의견을 참고한 것임을 밝힌다.

에서 간접적인 오류가 발견되기도 한다. 하나는 하권의 중고시기 일본사 서술에서 "진·한 무렵 중국 이주민이 야철과 논농사 기술을 일본에 가져와 일본사회의 발전을 추동시켰다"라는 부분이다. 고대일본의 야철·벼농사·제방축조 기술 등이 고대 한국과 한반도 이주민에 의해 전래되었다는 것은 한·일 학계의 정설이다. 그런데 이 교과서에는 고대 한국인의 역할을 배제한 채 곧바로 중국에서 이주한 사람들이 일본의 사회 발전을 가져온 것으로 서술하고 있는 것이다. 그리고 일본의 중앙집권국가 건립을 중국을 모방하여 '646년 다이카개신 이후 약 반세기 만에'라고 기술한 반면, 한국은 7세기 말인 신라의 통일 이후로 서술하고 있다. 이러한 서술은 한국이 일본보다 늦거나 비슷한 시기에 중앙집권국가를 건립한 것으로 오인할 수 있다.[47] 고대일본의 제도 정비에는 상당기간에 걸쳐 삼국이 영향을 끼쳤고, 다이카개신과 이후 중앙집권화에는 그보다 앞선 삼국의 중앙집권화 경험과 한반도 도래인의 역할이 컸다는 것은 잘 알려진 사실이다.[48] 그런데 『중외역사강요』 등 중국 역사교과서에는 고대한국 또는 한반도 도래인의 역할과 영향은 빠지고 중국의 역할만 기술함으로써 중국 중심의 동아시아사관을 여실히 보여준다.

---

[47] 『중외역사강요(하)』, 25쪽.

[48] 참고로 2020년 검정 통과된 일본 중학교 『사회(역사)』 교과서는 한반도 이주민이 도작(稻作)을 전래했다는 사실과 다이카개신 등 정치·문화 발전에 중국과 고대한국의 영향을 함께 언급하고 있다. 東京書籍, 『中學校 社會(歷史)』, 32쪽, 37쪽; 山川出版, 『中學校 社會(歷史的分野)』, 30쪽, 36-37쪽 등.

Ⅳ. '용어'와 '첨삭'에 담긴 중화주의

중국문자는 소리글자인 한글과 달리 뜻글자이다. 글자 한 자 한 자 속에 뜻을 담고 있어, 공문서나 역사책, 문학 작품을 가릴 것 없이 글자를 매우 신중하게 선택하여 사용한다. 이를 달리 말하면 특정 '용어'에는 사용자의 목적성이나 의도가 담겨 있다는 의미이다. 특히 중국 교과서에서 사용되는 '용어'는 학계에서 통용되는 의미도 있지만, 중국 당중앙과 국가의 역사교육에 대한 시각과 정책이 반영되어 있다고 할 수 있다.

예를 들어, 최근 중국의 민족정책과 역사 연구에서 북방지역과 중국 중원지역, 소수민족과 한족의 교류와 융합에서 '융합(融合)'이라는 용어 대신 '교융(交融)'이라는 용어가 두드러지게 사용되고 있다. 과거 역사교과서에서 '융합'으로 표현되었던 것이 '교융'으로 대체되었다. '교융'이라는 단어가 중화민족의 형성에 다민족이 상호 교류하며 융합되었다는 좀 더 적극적인 의미를 담을 수 있기 때문이다. 한족(漢族)의 역사가 중심이었던 중국사에 대한 비판을 극복하고, 중화민족을 구성하는 과거의 여러 소수민족이 모두 적극적으로 교류에 참여하면서 자연스럽게 융합이 이뤄졌다는 것을 강조하며 '통일적 다민족국가론'을 보완하기 위한 것이다.[49] 이러한 '교융'의 작용은 중국 영토 또는 역사 공간의 확장이라는 결론을 수반한다. 그 결과 앞서 살펴본 영토주의 역사관이 반영된 지도를 정당화

---

49 于宏偉는 "민족사의 내용은 교육에서 역사상 각 민족의 상호 '교왕(交往)·교류(交流)·교융(交融)'의 역사과정을 학습하여 각 민족이 공동으로 중화문명을 창조했고, 모두 다민족 통일국가의 발전과 번영을 만들어내는데 중요한 공헌을 했다는 것을 이해해야 한다"라고 했다(于宏偉, 2020, 「統編高中歷史教材"中華民族共同體"內容評述」, 『教育與社會科學綜合』 2020-3, 52쪽).

할 수 있게 된다. 더불어 "당조 주변의 소수민족이 건립한 정권(발해 포함)은 조국의 변강 지구 개발에 적극적인 공헌을 했다"라는 식의 서술의 명분을 얻게 된다.

'종번관계'라는 용어는 『중외역사강요(상)』의 '역사종횡'에서 "경제·문화 발전 정도의 차이로 인해, 명·청시기에 중국과 주변 일부 나라들 사이에서 형성된 국가관계 체제이며, 종주국은 번속국의 내정을 간섭하지 않았다"고 했다.[50] 그렇지만 이 용어는 글자 자체에 전근대적인 가부장적 위계질서와 유사한 국가 간 위계와 제도적 종주국-속국관계를 내포함으로써 이미 중국과 주변 국가들의 일방적 상하관계를 설정하고 있다. 이를 교육받는 중국 학생들은 중국의 제국주의 질서에 편제되어 있는 하나의 동아시아 체제를 머릿속에 그릴 수밖에 없고, 자국 중심의 불평등한 동아시아사관을 가질 가능성이 높다.

'조공책봉', '납공칭신(納貢稱臣)'의 형태는 전근대 중국과 외교관계를 맺었던 동아시아 여러 나라의 보편적인 현상이었다. 동일한 형태를 보인 '고구려', '발해' 등을 중국의 지방정권으로 주장하는 만큼, '종번관계'라는 용어로 설명되는 동아시아 여러 나라의 역사는 상황에 따라 중국사로 편입되거나 주장될 가능성이 잠재되어 있다. 중화주의로 빚어낸 '중화민족', '중화문명' 등도 동일한 확장성을 가진 개념으로, 동아시아 민족과 문화는 언제든지 중화민족과 중화문명으로 각색될 위험이 있다.

중국은 동아시아에서 중국을 중심으로 한 중화문명권을 설정하고, 동아시아 문명의 종주국이자, 세계문명의 주요 중심지 중 하나로 자신을 설정하고 있다. 현재 중국 영토 안에 있었던 이민족의 국가는 모두 지방정

---

50 주 35 참조.

권으로 격하시키고, 발해에 대한 서술과 마찬가지로 독립된 역사 발전과 영토 확장이 아닌 조국(하나의 중국)의 변강지구를 개발한 역사로 의미를 폄하하고 있다. 중국 영토 밖의 동아시아사는 '종번관계'를 맺은 번속국으로 설정함으로써 지방정권보다는 조금 낫지만, 중국의 종주권 아래에 두고 있다. 그러면서 중국의 경제·문화·정치적 우위와 영향을 강조함으로써 '중화민족', '중화문화' 등 확장성을 갖는 중화주의에 언제라도 편제될 수 있는 여지를 둔다.

중국은 민족의 개념은 근대 이후에 형성되었다고 보는 보편적 인식과 거리가 먼, 고대부터 중화민족이 형성되었다고 주장한다. 선험적으로 중화민족을 이루는 여러 소수민족이 일찍부터 통일의식을 지니고 있었고, 통일적 다민족국가인 중원왕조에 대해 공통의 조국의식을 지니고 있었다는 것이다. 이는 중국 내 각 민족의 단결과 통일의식을 고취하기 위한 현재적 필요에 따른 자의적 해석이다.[51]

중국 역사교과서가 역사의 주체로서 국민 통합의 이데올로기로서 중화민족과 찬란한 중화전통문화를 강조하는 것은 국가정체성 강화라는 맥락과 연결된다. 그에 따라 영광의 유무로 교과서 서술에서 선택과 배제가 이뤄졌고, 중원왕조와 병존했던 다른 민족과 관련한 서술에서 대립과 갈등, 중원왕조의 탄압 등은 배제될 수밖에 없었.

서술 배제, 삭제의 방식은 한국사 관련 서술에서도 확인할 수 있다. 비교 예로 2001년 〈전일제 의무교육 역사과정표준(실험본/검정제)〉에 따른

---

[51] 중원과 사방이라는 지정학적 서열구조에 임의로 집어넣고, 지역적·문화적 우열의식에서 비롯된 화이관과 책봉조공관계에서 파생된 의례적 외교관계의 다양성을 배제한 역사 해석은 팽창적 문화주의로서의 중화주의 역사관을 잘 보여준다(윤휘탁, 2006a, 「중국 중·고교 역사교과서에 반영된 '中華意識'」, 『중국사연구』 45, 288쪽).

중국 역사교과서의 경우, 한국의 역사는 진·한(秦漢)시대부터 나온다. 고등학교『중국고대사』제6절 '양한(兩漢)시기의 대외관계' 중 '조선과의 관계'라는 소제목에서 삼한과의 교류와 특산품에 대해 서술했고, 중국인 수만 명이 피난한 사실과 조선의 특산인 단궁과 과하마를 중국이 수입하고, 중국이 동경(銅鏡), 칠기, 철제 생산도구를 수출했다는 점 등을 기술하고 있다. 그러나 이때부터 한나라의 고조선 침략과 한사군의 설치에 대한 기술은 삭제되었다. 한나라의 침공과 지배를 강조할 경우 중국이 지속적으로 임진왜란이나 6·25전쟁을 '항왜·항미원조' 프레임으로 한반도를 군사적으로 도왔다는 서술 내용과 부조화를 이룰 수 있기 때문이라는 지적이 있는데, 유의할 만하다.[52]

이렇게 불리한 내용은 삭제하는 방식으로 중국의 영향력과 중화문명의 우수성을 강조하는 서술 방식은 일찍부터 있었다. 그런데『중외역사강요』에서는 7세기 말 이전 한국사 서술을 아예 빼버림으로써 고조선부터 고구려까지 이어지는 한국사와 관련된 모든 논란에서 벗어나고 있다.[53] 그러면서도 앞서 살펴본 지도 자료를 통해 중국의 역사 영토에 대한 입장을 드러내며 중국의 의도를 충분히 반영하고 있다.

---

52 김지훈·정영순, 2004, 163-165쪽 참조.
53 2001판 9학년 의무교육 초급중학교 교과서『세계역사』제1책에 "기원 전후 조선반도의 북부는 고구려 노예제 국가가 통치했다. 이후 서남과 동남부 또는 백제와 신라라는 두 개의 노예제 국가가 출현했다. 이후 몇 백 년 동안 반도에는 삼국정립의 국면이었다. 봉건관계는 전후로 3개 국가에서 발전했다. 676년 신라가 조선반도 대부분의 지역을 통일했다"는 서술이 있었지만, 2002년 실험본『세계역사』에서는 관련 서술이 완전히 삭제되었다. 2004년 실험본『중국역사』7학년(하)의 "조선반도상의 국가는 수나라, 당나라와 빈번하게 왕래했다"고 서술하여 삼국이 있었다는 내용이 삭제되었고, 고구려 지도에도 삭제되었다.

고구려와 관련된 문제는 중국사인 상권과 세계사인 하권에서 모두 생략함으로써 고구려사가 중국사인지 한국사인지에 대한 논란을 일견 피한 것으로 보인다. 그러나 〈삼국 정립 형세도〉(그림 4)에 국명을 표기하지는 않았지만 중국 역사 영토 범위 안에 고구려의 영역을 포함시키고, 수와 고구려의 전쟁을 '정벌'이라는 용어를 사용한다는 점에서 고구려를 중국사로 보는 인식을 드러내고 있다. 교과서에는 수와 고구려의 전쟁이 왜 일어났는지, 고구려는 어떤 입장이었는지, 전쟁의 결과가 어떠했는지 전혀 언급하지 않았다. 고구려의 입장에서 수의 '침공'은 침략전쟁이었다. 그런데도 '정벌'이라는 용어를 쓴 것은 지방정권인 고구려가 중앙인 수에 반기를 들거나 잘못을 저질러 징벌한다는 의미를 가지고 있다. 이것은 흉노와 한나라의 전쟁이나 돌궐과 당나라의 전쟁, 몽골과 송나라의 전쟁 등을 국가 간의 전쟁이 아닌 통일을 유지하거나 통일하기 위한 내전으로 본 것과 성격이 같다. 설명을 배제했지만, 중국 중심의 역사인식과 '통일적 다민족국가론'을 드러내고 있는 것이다.

중국을 중심으로 하는 역사인식, '중화'라는 개념과 이와 관련된 중화문명, 중화민족의식, 중화국가, 중화 강역, 통일적 다민족국가론 등을 중화주의 혹은 신(新)중화주의 역사인식이라고 부른다.[54] 현재 중국에서 '중화'는 당면한 각종 문제점을 해소하기 위한 정신적 접합체 역할, 특히 민족의 단결을 고취시키고 국가의 통일을 정당화하는 국가 이데올로기로 활용되고 있다. 중화는 과거에는 지리 개념인 '중국(中國: 중원, 중토)'과 인

---

54 윤휘탁, 2006a; 윤휘탁, 2006b, 『新중화주의: '중화미족 대가정 만들기'와 한반도』, 푸른역사; 유용태, 2005, 「중국 대학 역사교재의 한국사 인식과 중화사관」, 『중국의 동북공정과 중화주의』, 고구려연구재단 참조.

문 개념인 '화하(華夏: 족명)'의 결합이었지만, 현재는 중국이라는 지역과 이 지역에서 생활하는 인류 및 그들이 창조한 문화의 통일체로 인식되고 있다.[55] 자연, 민족, 문화 개념까지 포괄한 광의의 개념으로, 매우 탄력적이고 확장성을 가지고 있다. 따라서 중국 역사교과서에 직접적인 서술이 없다고 해도, 한국사를 포함한 동아시아사는 중국사에 편입될 위험에 놓여 있다고 할 수 있는 것이다.[56]

이상과 같이 중국 국정교과서인 『중외역사강요』는 의도된 '용어' 사용과 의도된 '첨삭'을 통해 중화주의로 재구성한 한국사와 동아시아사를 서술하고 있다. 정치·외교적 중요도에 의해 세계사와 동아시아사에서 중

---

[55] 윤휘탁, 2006a, 262쪽.

[56] 오병수의 연구에 따르면, 중국에서 독립적인 학문영역으로서 '근대사'가 성립된 것은 1930년대이다. 근대 역사학의 발전과 일제의 침략으로 고조된 민족주의가 그 배경이다. 변강(邊疆)과 속국(屬國)에 대한 전통적 지배권 상실 등에 대한 비판적 서술이 주류를 이루었다. 중국은 일본의 침략적 동아시아 담론에 대응하면서 스스로의 민족, 강역, 문화를 절대화하는 한편 기왕의 동아시아 인식을 재구성했다. 전통적인 중화주의를 대신하여 자국의 안전과 문화적 통합의 대상으로서 동아시아를 새롭게 창출했다. 동아시아 인식은 현재 자국의 안전을 위해서는 주변에 대한 정치적 개입을 정당화는 역사서술로 계승되고 있다. 중국 역사교과서의 자국사 서술은 '중화민족'사를 중심으로 근대일본의 제국적 역사서술 방식과 인식론적 방법을 공유하는 한편, 내부 소수민족에 대한 억압과 주변에 대한 팽창을 속성으로 하는 이중의 '제국성'을 특징으로 한다. 동아시아는 중국 주도의 질서 체계와 중국 문화를 매개로 통합되어야 할 지역으로 재구성하고 있다. 1930년대 『新標準初中本國史』(周予同, 開明書店, 1935) 제4장 '중화민족의 확대'에서 만주족이 입관 후 한족에 동화되었고 몽골, 티베트 신장, 묘족은 물론 조선, 미얀마, 태국, 베트남을 번속(藩屬)화함으로써 현재 중화민족의 기초를 닦았다고 했다. 청의 강역과 조공국을 모두 중화민족이라는 이름으로 포괄하고 있다. 이러한 논리에서 조선은 베트남, 태국, 버마와 함께 중화민족을 구성하는 일부로 파악되었다(오병수, 2017, 273-274쪽). 현재 중국 교과서에 조선을 중화민족이라고 표현하고 있지는 않지만, 최근 확인되는 중국 소설과 인터넷에 관련 글을 보면, 이와 같은 인식이 많음을 확인할 수 있다.

국의 위상과 역할을 강조하며 그에 맞는 역사를 서술하여, 주변 국가와 민족의 역사는 타자화되고 종속적인 불균형한 역사상(歷史像)을 보인다. 따라서 새로운 중화주의로 무장한 '종번관계', '중화문명', '중화민족' 등 확장성을 가진 역사 개념과 인식에 의해 강제로 중국사에 포섭되어 역사를 뺏기는 것은 아닌지 걱정하지 않을 수 없다.

V. 맺음말

이상 『중외역사강요』를 중심으로 중국 고등학교 국정 역사교과서의 특징과 문제점, 한국고대사와 동아시아사 서술의 내용과 역사인식을 살펴보았다.

최근 중국은 스스로 강대국임을 선언하고 새로운 동아시아 질서, 세계 질서를 중국 중심으로 구현하려고 하며, 다양한 담론을 확산시키고 있다. 이와 발맞춰 중화민족주의와 대국 외교를 정당화하기 위한 자국사와 세계사의 전면적 재구성을 시도했다. 그 결과의 하나가 『중외역사강요』와 같은 국정 역사교과서이다.

역사학의 성과를 교육현장에서 전달하는 역사교과서는 그 서술 방식과 내용이 정치적인 문제에 속한다는 지적은 일찍부터 있었다. 현장에서의 역사교육은 각 나라가 처한 역사적 상황에 따라 그 국가의 교육이념을 실현하기 위한 목적성이 보다 명시적으로 드러나기 마련이며, 교과과정이나 교과서의 구체적 서술이 이런 전제하에서 만들어진다는 것이다.[57]

57　박영철, 2002, 「중국역사교과서의 한국사서술」, 『역사교육』 84, 111쪽.

중국특색 사회주의체제하에 역사교과서 편찬을 국가권력 내지 의지라고 표명하고 있는 중국의 경우 이러한 성격이 더욱 분명하다.

원래 사회주의체제에서 계급투쟁을 중심으로 한 역사서술은 민족주의 역사서술과 상호 배타성을 갖는다. 그런데 중국 역사교과서는 1980년대 이후부터 계급투쟁을 중심으로 서술되던 것이 점차 민족주의 중심의 서술로 변화하면서 자체 논리의 모순을 극복해 갔다.[58] 신석기시대의 전통을 이어, 전국시대에 이미 '중국', '중화' 개념이 형성되고 삼황오제라는 인문시조에 대한 정체성을 형성해 갔다고 주장한다. 기존에 통일적 다민족국가론이 가지고 있었던 역사서술상의 모순들을 극복하기 위해, 선진시기부터 '중화민족공동체'의식이 형성되었다거나 다원적 '중화문화'가 형성되었고, 고대부터 민족 '교융(交融)'에 의해 중화민족과 역대 강역이 형성되었다고 주장하고 있다. 그러면서 다시 '중국특색 사회주의'를 내세우고 유물사관에 입각한 서술을 강화하며 재진화를 거듭하고 있다.[59]

현재 중국 내의 모든 역사를 하나의 중국사로 주장하기 위해, 전통적인 중국 영토는 아니지만 변경지역과 교집합을 이루는 역사(예로 고구려, 발해)를 지방정권으로 주장할 수밖에 없고, 현재의 중국 영토와 관련 없지만 영토 내 지방정권과 비슷한 외교관계나 교류를 맺었던 국가들(예로 베트남, 신라, 고려, 조선)을 종번관계로 설정한다. 이에 따라 갈등과 대립에 대한 내용이나 침략에 대한 서술은 삭제되고, 독자적인 문화나 발전에 대한

---

58 박영철, 2002, 114-119쪽.

59 고대 문명사와 인문시조 및 유물사관에 입각한 서술 경향은 이유표, 2020, 「중국 고등학교 국정교과서 《중외역사강요》의 고대문명사 서술 특징」, 『동북아역사논총』 70 참조.

기술은 축소되었으며, 중국의 경제·문화·정치적 영향이 강조된 심하게 불균형한 한국사와 동아시아사 서술이 이뤄지게 되었다.

참고문헌

권오중 외, 2010, 『낙랑군 호구부 연구』, 동북아역사재단.
오강원 외, 2006, 『중국 역사교과서의 한국고대사 서술문제』, 동북아역사재단.
윤세병, 2018, 『중국 역사교과서의 서사구조와 이데올로기』, 경인문화사.
윤휘탁, 2006b, 『新중화주의: '중화민족 대가정 만들기'와 한반도』, 푸른역사.
이개석 외, 2005, 『중국의 동북공정과 중화주의』, 고구려연구재단.
홍승현 외, 2014, 『중국 역대 장성의 연구』, 동북아역사재단.
권은주, 2010, 「7세기 후반 북방민족의 反唐활동과 발해건국」, 『백산학보』 86.
김지훈, 2007, 「한·중 역사갈등 줄이기-동북공정과 중국의 역사교과서」, 『역사문제연구』 17.
김지훈·정영순, 2004, 「최근 중국 중고등학교 역사교과서 속의 한국과 한국사-「역사교학대강」 교과서와 「역사과정표준」 교과서의 비교검토」, 『중국근현대사연구』 23.
박영철, 2002, 「중국역사교과서의 한국사서술」, 『역사교육』 84.
손영종, 1987, 「대령강반의 옛장성에 대하여」, 『력사과학』 2.
안병우, 2006, 「중국 역사교과서의 한국 전근대사 서술 추이」, 『白山學報』 75.
안정준, 2017, 「1990년대 이후 한국 학계의 樂浪郡 연구현황과 문제의식」, 『인문학연구』 34.
양승훈·박현숙, 2019, 「초급중학교 『중국역사』 교과서(2016년판)의 한국고대사 서술 내용과 특징」, 『선사와 고대』 59.
오병수, 2014, 「중국 근대 역사교과서의 자국사 구축과정과 '중화민족'」, 『역사교육』 132.
_____, 2017, 「항전시기 중국의 "중국 근대사" 서술과 동아시아 인식의 변용 및 그 유산」, 『서강인문논총』 50.
우성민, 2018, 「신간 중국 중등 역사교과서 개편 동향과 한국사 관련 서술 검토」, 『중국학연구』 86.
_____, 2020, 「『중외역사강요』 속의 중국식 글로벌 가치관 '인류운명공동체'의 서술과 시사점」, 『동북아역사논총』 70.
유용태, 2009, 「근대 중국의 민족제국주의와 단일민족론」, 『동북아역사논총』 23.
윤세병, 2019, 「중국의 역사교과서 논쟁과 국정화」, 『역사교육연구』 31.

윤휘탁, 2006a, 「중국 중·고교 역사교과서에 반영된 '中華意識'」, 『중국사연구』 45.

이유표, 2020, 「중국 고등학교 국정교과서《중외역사강요》의 고대문명사 서술 특징」, 『동북아역사논총』 70.

정동준, 2019, 「중국 역사교과서의 고대사 서술 분석-2016년판 중학교 국정교과서의 특징과 문제점을 중심으로」, 『중국고중세사연구』 52.

한규철, 1992, 「발해건국과 남북국의 형성」, 『한국고대사연구』 5.

황유진, 2017, 「중국 중등 역사교과서의 한국사 서술 양상과 문제점: 통일적 다민족 국가론을 중심으로」, 부산대학교 석사학위논문.

『中外歷史綱要(上)』, 人民教育出版社, 2019.

『中外歷史綱要(下)』, 人民教育出版社, 2020.

劉淸濤, 2017, 「"宗主權"與傳統藩屬體係的解體-從"宗藩關係"一詞的來源談起」, 『中國邊疆史地研究』 2017-3.

于宏偉, 2020, 「統編高中歷史教材"中華民族共同體"內容評述」, 『教育與社會科學綜合』 2020-3.

張海鵬, 2019, 「統編高中歷史教科書的學科體係和學術體係-適應和掌握統編高中歷史教材《中外歷史綱要》(上)的意見」, 『課程·教材·教法』 39-9.

2
『중외역사강요』의 고대문명사 서술 특징

이유표 동북아역사재단 연구위원

I. 머리말

2017년 중국은 〈보통 고등학교 역사과정표준(普通高中歷史課程標準) 2017〉[1](이하 〈과정표준 2017〉)을 발표, 역사교과서의 국정화를 발표했다.[2] 〈과정표준 2017〉이 발표한 국정 역사교과서는 총 여섯 과목으로, 필수인

1　中華人民共和國敎育部, 2020, 『普通高中歷史課程標準(2017年版2020年修訂)』, 人民敎育出版社.
2　중국은 공산화 이후 국정 역사교과서를 사용하다가 1988년 이후 검정제로 바꾸었다. 이에 대해서는 김유리, 2005, 「역사교학대강에서 역사과정표준으로-최근 중국의 역사교육과정 개혁-」, 『역사교육』 96 참고. 시진핑정권 출범 이후, 중국 중고등학교 역사교과서 국정화 과정에 대한 분석은 윤세병, 2017, 「중국의 역사과 교육과정의 현황: 2011·2017 과정표준을 중심으로」, 『역사교육논집』 65; 윤세병, 2019, 「중국의 역사교과서 논쟁과 국정화」, 『역사교육연구』 33 참고.

『중외역사강요(中外歷史綱要)』(상·하)를 비롯하여, 선택성 필수(選擇性必修)[3]인 『국가제도와 사회치리(國家制度與社會治理)』, 『경제와 사회생활(經濟與社會生活)』, 『문화교류와 전파(文化交流與傳播)』, 그리고 선택인 『사학입문(史學入門)』과 『사료강독(史料閱讀)』이다. 이 가운데 가장 먼저 정식으로 사용된 것이 바로 『중외역사강요』(이하 『강요』)다.

『강요』의 후기에 의하면, 『강요』는 중국 교육부가 조직하고, 중국사회과학원의 장하이펑(張海鵬)[4] 연구원과 서우두사범대학(首都師範大學)의 쉬란(徐藍)[5] 교수가 총편집을 맡아 편찬한 것으로, 전국 11개 성·시·자치구에서 시범교육을 거쳤다.[6] 이는 정식으로 교육현장에 투입하기 전, 수정과 보완을 위한 조치였다. 이를 통해 각계 전문가들의 의견을 수렴한 후, 『강요』는 2019년 9월부터 상하이(上海), 베이징(北京), 톈진(天津), 하이난

---

[3] 선택성 필수는 학생 개인의 흥미와 심화학습의 필요에 따라 선택 이수하는 과목을 말한다(中華人民共和國教育部, 2020, 9쪽).

[4] 장하이펑: 남, 1939~, 중국 후베이성(湖北省) 샤오간(孝感) 출신, 1964년 우한대학 역사학계 졸업 후 중국과학원 근대사연구소 재직(1977년 중국사회과학원으로 재편), 중국사회과학원 근대사연구소 연구원(2004년 퇴임), 중국사학회 회장, 제10대 전국인민대표를 역임. 『中國近代史研究』(공저, 福建人民出版社, 2005), 『中國近代通史』(공저, 江蘇人民出版社, 2007) 등 300여 편의 논저를 발표함.

[5] 쉬란: 여, 1947~, 중국 베이징 출신, 서우두사범대학 역사학과 교수. 1990년 서우두사범대학에서 박사학위 취득, 현 중국사학회 부회장, 베이징시역사학회 상무이사 재임. 대표 저서로 『英國與中日戰爭 1931-1941』(首都師範大學出版社, 1991)이 있으며, 국가급 교재 『世界史』(吳于廑·齊世榮 주편, 高等教育出版社, 1994)를 개발하는 등 교재 집필에 많이 참여하고 있음

[6] 베이징, 톈진, 상하이, 저장성(浙江省), 산둥성, 허난성(河南省), 광둥성(廣東省), 쓰촨성(四川省), 닝샤후이족자치구(寧夏回族自治區), 신장위구르자치구(新疆維吾爾自治區), 하이난성 등의 교육과학원(소), 교연실 및 일부 학교에서 교과서 시범교육에 참여했다고 한다(教育部組織編寫, 2019, 『中外歷史綱要(上)』, 人民教育出版社, 197쪽; 教育部組織編寫, 2020, 『中外歷史綱要(下)』, 人民教育出版社).

성(海南省), 랴오닝성(遼寧省), 산둥성(山東省) 등 여섯 개 성·시에서 정식으로 사용되기 시작했다.[7] 교재의 출판은 인민교육출판사(人民敎育出版社)가 담당했고, 지도는 중국지도출판사(中國地圖出版社)가 제작했다.[8]

중국의 역사교과서 국정화는 현재 중국의 행보와 함께 생각해 볼 필요가 있다. 중국은 2003년 〈과정표준 2003〉을 발표한 이후, 장고의 시간을 갖다가 2017년에 이르러서야 새로운 〈과정표준 2017〉을 발표했다. 중학교용 〈역사과정표준(歷史課程標準)〉이 2011년에 나온 것과도 6년의 차이가 있다. 그 까닭에 대해 윤세병은 후진타오(胡錦濤)에서 시진핑(習近平)으로 권력이 이양되는 제18차 전국대표대회 이후 공산당은 교과서 편찬이 국가 권한임을 밝히고 국가교재제도와 국가교재위원회를 요구했다는 것을 지적했다.[9] 바로 시진핑이 정권을 잡을 때부터 교과서 국정화를 구상했다는 것이다.[10] 이러한 맥락에서 봤을 때, 〈과정표준 2017〉이 발표된 것은 2018년 3월 14일 전국인민대표대회에서 시진핑 국가주석의 연

---

7   樊未晨, 2019.8.28, "普通高中三科統編敎材今秋在六省市使用", 『敎育部政府門戶網站』(www.moe.gov.cn/fbh/live/2019/51084/mtbd/201908/t20190828_396234.html, 검색일 2020년 9월 29일).

8   敎育部組織編寫, 2019, 197쪽.

9   윤세병, 2017, 92-93쪽.

10 그렇다면 왜 국정교과서는 시진핑 집권과 동시에 출간되지 않고, 집권 2기에 들어서서야 출간되었는가? 이 문제는 여러 가지 원인을 고려해 볼 수 있다. 먼저 시진핑 집권 후 국정을 장악해 나가는 과정에서 무리하게 추진할 필요는 없었을 것이다. 또 시진핑의 사상과 정책을 교과서에 반영하기 위해서는 급하게 출간하기보다는 시간을 두고 출간하는 것이 더 유리했을 것이다. 특히 시진핑 장기집권과 관련이 있는 제19차 전국대표대회(2017년)의 결정을 교과서에 포함시키기 위한 의도로 볼 수 있다. 또 역사교과서를 출판하는 출판사 사이에 얽혀 있는 복잡한 이해관계도 고려해 볼 수 있을 것이다. 어쩌면 이 문제는 국정교과서가 출간부터 전국으로 일제 적용되지 않고, 일부 지역에서 시범 사용하는 것과 관련이 있을 수 있다.

임과 동시에 새로운 교과과정을 시행하려는 의도로 볼 수 있다.[11]

이는 또한 중국이 추진했던 이른바 '역사공정'과도 밀접한 관련이 있다. 중국 내부적으로는 1990년대 중반부터 시작된 투 트랙의 역사 '공정', 곧 변지(邊地)지역의 역사를 '통일적 다민족국가론'이라는 인식으로 정리하는 동북공정(東北工程), 신강항목(新疆項目), 서남변강항목(西南邊疆項目), 북강항목(北疆項目) 등의 프로젝트를 완수했고, 내지(內地)의 역사적 시원을 밝히고자 추진된 하상주단대공정(夏商周斷代工程)(1996~2000)과 중원지역 및 주변지역의 문화적 시원을 밝히고자 추진된 중화문명탐원공정(中華文明探源工程)(2001~2015)이 완료되었다. 바로 2017년은 이처럼 투 트랙으로 진행된 대형 역사 '공정'의 성과를 이용하여, 기존과는 다른 새로운 '중국적' 역사표준을 세울 수 있는 이론적 바탕이 준비된 시점이기도 하다.

이와 함께 시진핑 국가주석은 2013년 취임하자마자 국제사회에 '운명공동체(命運共同體)'이념을 제시했다. 2013년 3월 23일, 러시아를 방문한 시진핑은 모스크바 국립국제관계대학(MGIMO) 연설에서 '운명공동체'이념을 제기한 이후,[12] 2015년 9월 28일 뉴욕 유엔 사무국에서 '인류

---

11 윤세병, 2019, 25쪽. 김지훈은 2017년 중국공산당 제19차 전국대표대회에서 통과된 〈중국공산당당장(中國共産黨黨章)〉의 "당과 정부와 군과 민간과 학교에서 동서남북, 중앙에서 당이 모든 것을 영도한다(黨政軍民學 東西南北中 黨是領導一切的)"는 방침의 영향이 중국 국정 중학교 『중국역사』 교과서에 영향을 미쳤다는 것을 지적한 바 있다 (김지훈, 2019, 「국가의지와 역사교과서의 정치화-2018년 중국 중학교 역사교과서의 현대사 서술」, 『역사교육연구』 33). 이 방침은 『강요』에도 그대로 작용한 것으로 보인다.

12 習近平, 2013.3.23, "順應時代前進潮流, 促進世界和平發展", 「國家主席習近平在莫斯科國際關係學院的演講(全文)」, 『中國政府網』(www.gov.cn/ldhd/2013-03/24/content_2360829.htm, 검색일 2020년 9월 29일).

운명공동체' 구축을 위해 노력할 것을 호소했고,[13] 2017년 2월 10일에는 유엔 결의로 채택되었다.[14] '인류운명공동체'론은 결국 중국 내부의 '통일적 다민족국가론'의 확장론으로, 중국이 '통일적 다민족국가론'으로 '중화민족'이 평화공존을 해나가는 것처럼, 인류가 맞이할 갖가지 도전 또한 세계 인류가 '평화공존'을 통해 극복해 나갈 수 있다는 자신감을 드러낸 것이라고 할 수 있다. 2017년 10월 18일, 시진핑 주석이 중국공산당 제19차 전국대표대회에서 "평화발전의 길을 견지하고, 인류운명공동체 구축을 추진하자(堅持和平發展道路, 推動構建人類命運共同體)"[15]고 호소한 것 또한 이러한 맥락에서 이해할 수 있다.

중국사를 다룬 『강요(상)』 말미의 '활동과제'의 주제가 '애국주의와 통일 다민족국가의 진전(家國情懷與統一多民族國家的演進)'이라는 것과, 세계사를 다룬 『강요(하)』 말미의 '활동과제'가 '세계로 눈을 돌려, 인류운명공동체 구축을 추진하자(放眼世界, 推動構建人類命運共同體)'를 주제로 삼고 있는 것이 바로 중국이 국정 역사교과서를 편찬한 배경이 무엇인지 여과 없이 드러내는 것이라 할 수 있다. 다시 말해, '통일적 다민족국가'라는 논리를 가지고 중국사를 재편하고,[16] '인류운명공동체'라는 맥락에서, '세

13　習近平, 2015.9.28, "携手構建合作共贏新伙伴, 同心打造人類命運共同體", 『人民網』 (theory.people.com.cn/n1/2018/0104/c416126-29746010.html, 검색일 2020년 9월 29일).

14　新華社, 2017.2.10, "聯合國決議首次寫入'構建人類命運共同體'", 『新華網』(www.xinhuanet.com/world/2017-02/11/c_1120448960.htm, 검색일 2020년 9월 29일).

15　新華社, 2017.2.10, "習近平提出, 堅持和平發展道路, 推動構建人類命運共同體", 『新華網』(www.xinhuanet.com/politics/19cpcnc/2017-10/18/c_1121821003.htm, 검색일 2020년 9월 29일).

16　윤세병과 김지훈은 중국 국정 역사교과서에 나타난 선명한 '국가의지'를 강조한 바 있다(윤세병, 2019; 김지훈, 2019).

계사' 속으로 '중국'이 편입되는 것이 아닌, '중국'의 입장에서 '세계사'를 다시 정립하겠다는 의도 또한 발견할 수 있다.

    사실 '통일적 다민족국가론'과 '인류운명공동체'이념은, 대내적으로 언제 터질지 모르는 민족 간의 갈등, 대외적으로 중국의 패권화를 우려하는 국제 사회의 움직임에 대응하는 것으로, 온전히 동시대적인 문제에 불과하다. 그렇기 때문에 이 두 담론을 통시적으로 적용하는 것은 무리가 있다. 특히 자연적 장벽 등의 연유로 교통과 통신이 발달하지 않았던 고대 문명사 서술에, 어떻게 이 두 담론을 적용했는지, 또 이를 위해 기존 교과서와 어떻게 다른 내용 구성을 꾸렸는지 살펴볼 필요가 있다. 따라서 본문은 『강요』의 고대문명사 부분, 곧 『강요(상)』의 제1단원 '중화문명의 기원에서 진·한 통일 다민족 봉건국가의 건립과 공고(從中華文明起源到秦漢統一多民族封建國家的建立與鞏固)', 그리고 『강요(하)』의 제1단원 '고대문명의 탄생과 발전(古代文明的產生與發展)'의 내용을 분석 대상으로 삼아, 그 속에 반영된 두 담론을 중심으로, 그 특징과 한계를 지적해 보고자 한다.

II. 〈과정표준 2017〉 고대문명사 부분의 특징

〈과정표준 2017〉은 2014년에 논의가 시작되어 2017년에 확정된 것으로 목차 구성은 〈표 1〉과 같다.[17]

    이 중 제4장 '교육과정 내용(課程內容)'에는 각 과목의 주요 내용이 들어가 있다. 〈과정표준 2003〉에서는 이 부분의 표제가 '내용표준(內容標

---

17 윤세병, 2017, 106쪽.

표 1 〈과정표준 2017〉 목차

중국어	번역문[18]
一. 課程性質與基本理念 　(一) 課程性質, (二) 基本理念	1. 과정의 성질과 기본이념 　(1) 교육과정의 성질, (2) 기본이념
二. 學科核心素養與課程目標 　(一) 學科核心素養, (二) 課程目標	2. 학과 핵심역량과 교육과정의 목표 　(1) 학과의 핵심역량, (2) 교육과정의 목표
三. 課程結構 　(一) 設計依據, (二) 結構, (三) 學分與選課	3. 교육과정의 구성 　(1) 설계의 근거, (2) 구성, (3) 시수 및 선택과목
四. 課程內容 　(一) 必修課程, (二) 選擇性必修課程 　(三) 選修課程	**4. 교육과정 내용** 　**(1) 필수과정**, (2) 선택 I 과정, (3) 선택 II 과정
五. 學業質量 　(一) 學業質量內涵, (二) 學業質量水平 　(三) 學業質量水平與考試評價的關係	5. 학업의 질적 표준 　(1) 학업의 질적 내용, (2) 학업의 질적 수준 　(3) 학업의 질적 수준과 시험 평가의 관계
六. 實施建議 　(一) 教學與評價建議 　(二) 學業水平考試與命題建議 　(三) 教材編寫建議 　(四) 地方和學校實施本課程的建議	6. 실시 건의 　(1) 교수 학습과 평가 건의 　(2) 학업수준 평가와 대입시험 출제 건의 　(3) 교과서 집필 건의 　(4) 지방과 학교의 본 교육과정 실시 건의
附錄1 歷史學科核心素養水平劃分 附錄2 教學與評價案例	부록A 학과 핵심 역량의 수준 부록B 교수·학습과 평가(예시)

準)'이었다. 여기서 〈과정표준 2017〉의 '교육과정 내용'에 기록된 『강요』의 고대문명사 내용을, 2003년판의 해당 부분과 비교하여 검토해 보겠다. 먼저 중국 고대문명사 부분의 설명을 살펴보자.

〈표 2〉를 통해 〈과정표준 2017〉과 기존 2003년판의 차이점을 비교할 수 있다. 먼저, 〈과정표준 2003〉에서 정치사(『역사』 I), 경제사(『역사』 II), 문화사(『역사』 III)로 나뉘어 있던 '내용표준'이 〈과정표준 2017〉에서는 하나로 합쳐졌다. 이는 각 주제별로 나뉘어 있던 필수 교과과정을 통사적

18　윤세병, 2017, 106쪽 번역 참고.

표 2 〈과정표준 2017〉과 〈과정표준 2003〉의 중국 고대문명사 부분 비교

시기	〈과정표준 2017〉	〈과정표준 2003〉
선사 및 삼대	1.1 초기 중화문명(『강요(상)』) 석기시대 중국 경내의 대표적인 문화 유적을 이해하여, 중화문명의 기원 및 **사유제, 계급**, 그리고 국가 탄생의 관계를 인식한다. 갑골문, 청동명문 및 기타 문헌 기록을 통하여 **사유제, 계급** 및 초기국가의 특징을 이해한다.	- 고대 중국 경제의 기본 구조와 특징 (『역사』 II) (1) 고대 중국 농업의 주요 경작 방식과 토지제도를 알고서, 고대 중국 농업 경제의 기본 특징을 이해한다.
춘추 전국	1.2 춘추전국시기의 정치, 사회 및 사상 변화 (『강요(상)』) 춘추전국시기의 경제발전과 정치 변화를 통하여, 전국시기 변법운동의 필연성을 이해한다. 노자, 공자 학설을 이해하고, 맹자, 순자, 장자 등을 통하여, '백가쟁명'의 국면 및 그 의의를 이해한다.	- 고대중국의 정치제도(『역사』 I) (1) 종법제와 분봉제의 기본 내용을 이해하여, 중국 초기 정치제도의 특징을 인식한다. (2) '시황제'의 내력과 군현제 건립의 역사적 사실을 알고서, 중국 고대 중앙집권제도의 형성 및 그 영향을 이해한다.
진·한	1.3 진한 대일통 국가의 건립과 공고 (『강요(상)』) 진나라의 통일 업적과 한나라의 삭번(削藩), 강토 개척, 독존유술 등의 정책을 이해하여, **통일 다민족 봉건국가의 건립 및 공고**의 중국 역사상의 의의를 인식한다. 진·한시기의 **사회 모순과 농민 기의**를 이해하여, 진나라 붕괴와 양한 쇠망의 원인을 인식한다.	- 중국 전통문화 주류 사상의 변천 (『역사』 III) (1) 제자백가를 알고서, 춘추전국시기 백가쟁명 형성의 중요한 의의를 인식하고, 공자·맹자와 순자 등 사상가 및 유가 사상의 형성을 이해한다. (2) 한나라 유학이 정통사상으로 된 역사적 사실을 안다.

으로 합쳐서 편찬하겠다는 의도와 관련이 있다.

내용적으로도 〈과정표준 2017〉이 교과서 서술 기조가 더욱 상세해졌는데, 이는 각 내용의 집필표준을 제시해 주었다라기보다는 교과서의 장절을 요약한 느낌이다. 기존의 '내용표준'이라는 표제를 '교육과정 내용'으로 변경한 것 또한 이러한 맥락에서 이해할 수 있다.

또한 유물사관을 표면적으로 드러낸 것이 특징이다. 일단 〈과정표준 2003〉에서 세 차례 등장하는 '유물(唯物)'이라는 단어가 2017년판에서

는 51차례나 나타난다. 특히 '내용표준'에서는 한 차례도 보이지 않았는데, 2017년판 '교육과정 내용'에서는 31차례나 보인다. 량옌(梁燕)은 〈과정표준 2003〉은 '역사유물주의의 기본관점과 방법을 학습'[19]한다는 문장만 있을 뿐 역사유물주의의 기본관점과 방법이 무엇인지 명확히 드러나지 않았지만, 2017년판[20]은 이를 보다 명확히 밝혔다는 점을 지적했다.[21] 이는 〈표 2〉에서도 마찬가지다. 2003년판은 중국 초기의 농업, 제자백가 사상의 전개, 그리고 중국고대 중앙집권제 형성까지의 서술 기조를 간단히 밝혔지만, 2017년판은 여기에다 '사유제'와 '계급', '사회 모순'과 '농민 기의' 등, 유물사관의 핵심 용어를 표면적으로 드러냈다. 또, 진·한(秦漢) 왕조에 대해서는 '통일 다민족 봉건국가의 건립 및 공고'라는 중국 역사상의 의의를 인식해야 한다고 했다.

다음으로, '통일적 다민족국가론'을 드러낸 것 또한 특징이다. 개혁개방 이후 사회주의 지배이념이 그 기능을 점차 상실하면서 중화민족주의가 등장했다. 대표적인 것이 '염황자손(炎黃子孫)'의 구호와 '중화민족의 다원일체구조(中華民族的多元一體格局)'[22]이론이다. 사회주의와 중화민족

---

19 中華人民共和國敎育部, 2003, 『普通高中歷史課程標準(實驗)』, 人民敎育出版社, 5쪽.

20 中華人民共和國敎育部, 2020, 14쪽, "인류사회형태가 밑에서 위로 발전, 생산력과 생산관계 사이의 변증관계, 경제기초와 상부구조 사이의 상호작용, 사회가 발전해 나가는 과정 속에서 인민 군중의 중요한 작용 등, 유물사관이 과학적 역사관임을 이해하고, 인류역사발전의 전체적 추세를 정확히 이해할 수 있으며, 유물사관을 역사적 학습과 탐구에 응용하여, 아울러 유물사관을 현실 문제를 인식하고 해결하는 지도 사상으로 삼는다."

21 梁燕, 2018, 「2003年版與2017年版普通高中歷史課程標準比較」, 內蒙古師範大學 碩士學位論文, 14쪽.

22 費孝通, 1999, 「中華民族的多元一體格局」(1988), 費孝通 等, 『中華民族多元一體格局』, 中央民族大學出版社.

주의는 서로 갈마들면서 중국을 들어 올리는 지배이념으로 작용했으나, 이번 〈과정표준 2017〉에서는 중국을 받치는 두 기둥으로서의 역할을 강조하고 있다.

마지막으로, 석기시대의 '국가 탄생'과 청동기시대 '초기 국가'의 특징을 이해하는 부분이 새로 추가됐다. 기존의 교육과정 '표준'은 선사시대의 경제적 측면을 강조했다면, 이번 교육과정 '표준'은 국가를 강조하는 정치적·민족적 측면이 강화된 것을 볼 수 있다. 이 또한 '통일적 다민족국가론'으로 생각해 볼 수 있는데, 1996년부터 중국이 청동기시대 왕조의 연대를 확정짓기 위해 추진했던 '하상주단대공정'[23]과 중국 전역의 선사유적을 대상으로 중국문화의 근원을 탐구하기 위해 추진한 '중화문명탐원공정'[24]이 완료된 것과 관련이 있다.

서양의 고대문명사 부분은 어떻게 내용을 서술했는지 살펴보자. 〈표 3〉을 보면, 두 〈과정표준〉 사이에는 내용상 큰 변화가 있다. 〈과정표준 2003〉에서는 고대 그리스와 로마의 정치제도와 문화사를 주요 내용으로 다룬 데 반해, 〈과정표준 2017〉에서는 '초기 인류 문명'의 탄생, '각 문명 고국', '고대 각 대제국' 등 그 '표준' 범위를 고대 그리스와 로마로 제한하지 않았다. 이는 지난 교육과정에서 그리스와 로마를 위주로 편성된 세계사를, 이제는 새로운 방식으로 재구성하겠다는 의지의 표현으로 생

---

[23] 夏商周斷代工程傳家組 編著, 2001, 『夏商周斷代工程1996-2000年階段成果報告』(簡本), 世界圖書出版公司; 김경호·심재훈·민후기·최진묵, 2008, 『하상주단대공정: 중국 고대문명 연구의 허와 실』, 동북아역사재단.

[24] 박양진 등, 2007, 『중화문명탐원공정과 중국 선사고고학 연구현황 분석』, 동북아역사재단; 史一棋, 2018.5.29, "'探源工程'成果: 考古實證中華文明五千年", 『新華網』(www.xinhuanet.com/politics/2018-05/29/c_1122901854.htm, 검색일 2020년 9월 29일).

표 3 〈과정표준 2017〉과 〈과정표준 2003〉의 세계 고대문명사 부분 비교

시기	〈과정표준 2017〉	〈과정표준 2003〉
선사-고대	1.15 고대문명의 탄생과 발전 초기 인류 문명의 탄생을 알고, 각 문명 고국 발전의 서로 다른 특징을 이해하고, 아울러 이러한 특징이 형성된 서로 다른 시간적 공간적 조건을 분석하고 인식한다. 고대 각 대제국의 지역적 영향과 서로 다른 문명 사이의 초기 관계를 인식한다.	• 고대 그리스 로마의 정치제도 (1) 그리스 자연 지리 환경과 그리스 도시국가 제도의 그리스 문명의 영향을 이해하고, 서방 민주정치가 탄생한 역사적 조건을 인식한다. (2) 아테네 민주정치의 주요 내용을 알고, 민주정치의 인류문명 발전에 대한 중요한 의의를 인식한다. (3) 로마법의 주요 내용 및 로마제국 통치에서 로마법의 작용을 이해하고, 인류 사회 생활에서 법률의 가치를 이해한다. • 서방 인문정신의 기원 및 그 발전 (1) 고대 그리스 소피스트학파와 소크라테스 등의 사람의 가치에 대한 서술을 이해하고, 인문정신의 함의를 이해한다.

각된다. 특히 '각 문명 고국 발전의 서로 다른 특징(各文明古國發展的不同特點)', 그리고 '서로 다른 시공간적 조건(不同時空條件)', '서로 다른 문명 사이의 초기 관계(不同文明之間的早期聯系)' 등 '서로 다른(不同)'이라는 말이 유독 강조되는 것이 눈에 띤다. 다시 말해, 서로 다른, 곧 다양한 문명 발생의 자체적 특징을 살펴 본 후, '문명 사이의 초기 관계'를 살펴 교류 또는 교융을 통한 인류 문화의 탄생을 이야기하려는 것으로, 이 또한 중국이 강조하는 이른바 '인류운명공동체'의 시각과 밀접한 관련이 있어 보인다.

이상으로 〈과정표준 2017〉의 '고대문명사' 부분 내용을 2003년판과 비교하여 살펴보았다. 〈과정표준〉의 체제상의 변화 외에도, 내용적으로 '유물사관'이 표면적으로 드러났으며, '통일적 다민족국가론'적 이념 또한 고대문명사에까지 적용된 것을 알 수 있다. 〈과정표준 2003〉에는 드

러나지 않았던 석기시대의 국가 탄생과 청동기시대 초기국가의 특징을 이해하는 부분이 새로 첨가된 것 또한 '통일적 다민족국가론'을 바탕으로 추진된 '하상주단대공정'과 '중화문명탐원공정'이 완료된 것과 관계가 있다. 세계사 부분에서도 큰 변화가 눈에 띄는데, 바로 그리스와 로마를 중심으로 기록된 교과서 편찬 기조가, '서로 다른', '문명 고국', '시간적 공간적 조건', '문명 사이의 초기 관계'를 강조하는 방향으로 내용이 변경되었다. 이는 중국이 그리는 세계사의 모습, 그리고 중국이 국제사회에 강조하는 '인류운명공동체'와 밀접한 관련이 있어 보인다. 그렇다면 이러한 '신 〈과정표준〉'이 교과서에서 어떻게 체현되었을까? 그 내용을 계속해서 살펴보도록 하겠다.

III. 『중외역사강요』 고대문명사 부분의 특징

『강요』에서 고대문명사를 다루는 부분은 『강요(상)』의 제1단원과 『강요(하)』의 제1단원이다. 단원 구성을 살펴보면 〈표 4〉와 같다.

먼저, 그 시기를 보면 『강요(상)』의 중국은 진·한시기(220)까지, 『강요(하)』의 세계사는 서로마 멸망(476)까지다. 서로마의 멸망은 중국의 위진남북조(魏晉南北朝)시기에 해당되기 때문에, 두 시기를 같은 '고대문명사' 범위로 설정하는 것은 무리가 있어 보인다. 그러나 『강요(하)』 제2과의 서술 중점인 로마제국의 전성기는 중국의 양한(兩漢)시기에 해당되기 때문에, 시간적으로 양자를 같은 '고대문명사' 범위로 설정해도 무방할 듯하다.

다음으로 분량을 보면, 두 권 모두 제1단원을 범위로 하지만, 『강요

표 4 『중외역사강요』 고대문명사 부분 목차

『강요(상)』	『강요(하)』
제1단원 중화문명의 기원에서 잔혹한 통일 다민족 봉건국가의 건립과 공고 　제1과 중화문명의 기원과 초기 국가 　제2과 제후 분쟁과 변법 운동 　제3과 통일 다민족 봉건국가의 건립 　제4과 서한과 동한—통일 다민족 봉건국가의 공고	제1단원 고대문명의 탄생과 발전 　제1과 문명 탄생과 초기 발전 　제2과 고대 세계의 제국과 문명의 교류

(상)』은 총 4과 24쪽, 『강요(하)』는 총 2과 13쪽으로 구성되어 있다. 그만큼 분량상의 차이가 있기 때문에, 분석 또한 『강요(상)』에 보다 비중을 둘 것이다.

그리고 내용 분석의 틀은 〈과정표준 2017〉의 내용을 참고하여, 『강요(상)』는 '통일적 다민족국가론'과 '유물사관'을, 『강요(하)』는 '서로 다른' 문명 사이의 '관계'를 중점적으로 보고자 한다. 이 가운데 '통일적 다민족국가론'은 많은 내용을 포함하고 있는데, 그중 '전설의 역사화' 부분은 현재 학계의 논쟁이 뜨거우므로 별도로 살펴볼 것이다.[25]

1. 『중외역사강요(상)』에 나타난 통일적 다민족국가론

『강요(상)』에서 고대문명사 부분은 제1단원 '중화문명의 기원에서 진·한

---

[25] 중국 중학교 국정교과서의 여러 특징에 대해서는 다음 글 참고. 윤세병, 2017; 조복현, 2017, 「중국의 현행 역사과 과정표준 연구」, 『중국사연구』 110; 김유리, 2018, 「국정제로 회귀한 중국의 중학교 역사교과서 분석」, 『역사교육』 148; 정동준, 2019, 「중국 『역사』 교과서의 고대사 서술 분석」, 『중국고중세사연구』 52; 윤세병, 2019; 김지훈, 2019 등.

통일 다민족 봉건국가의 건립과 공고'에 편제되어 있다. 이 부분은 단원 제목에서 이미 그 서술적 이론 배경이 잘 드러나 있다. 전술한 대로 개혁개방 이후 사회주의적 지배논리가 점차 퇴색하면서 이를 대체하기 위해 등장한 것이 바로 '염황자손(炎黃子孫)'으로 상징되는 중화민족주의(中華民族主義)이다. 이는 고고학계에서 등장한 이른바 수빙치(蘇秉琦)의 '구계유형론(區系類型論)'[26]과 인류학에서 나타난 페이샤오퉁(費孝通)의 '중화민족의 다원일체구조'[27]론으로 시너지 효과를 일으켰다. 이는 기존 '황허문명(黃河文明)'을 중심으로 중국의 문화가 발전해 왔다는 일원론적 발전론과 한족(漢族)을 중심으로 중국이 형성되었다는 한족 중심 중국론을 대체하면서, 중국의 문명은 선사시기 중국 각지에서 발전한 이후 상호 교류를 통하여 중국의 문명을 이루었고, 이 문명의 주체는 한족이 아닌 중국 내 거주하는 모든 민족, 곧 '중화민족(中華民族)'의 자랑스러운 역사라는 논리를 도출했다. 이 논리는 교과서 서술에 그대로 반영되었다.

먼저 선사시기 부분에서는 지도 두 장이 눈에 띈다.[28] 기존 〈과정표준 2003〉에서는 선사시대 유적 관련 내용이 없기 때문에 국정 중학교 『중국역사』 7학년 상권과 비교해 보겠다. 중학교 교과서에서는 초기 인류 유적으로 중국 중동부지역의 지도에 베이징인(北京人)과 위안모우인(元謀人) 유적만 표시한 데 반해,[29] 고등학교 『강요(상)』에서는 중국 전도에다가 대표적인 구석기시대 유적을 표시했다.

---

26 蘇秉琦 저, 박재복 역, 2016, 『중국 문명의 기원을 새롭게 탐구한 구계유형론』, 고고.
27 費孝通, 1999.
28 敎育部組織編寫, 2019, 2-3쪽.
29 敎育部組織編寫, 2017, 『中國歷史』(7年級上), 人民敎育出版社, 3쪽.

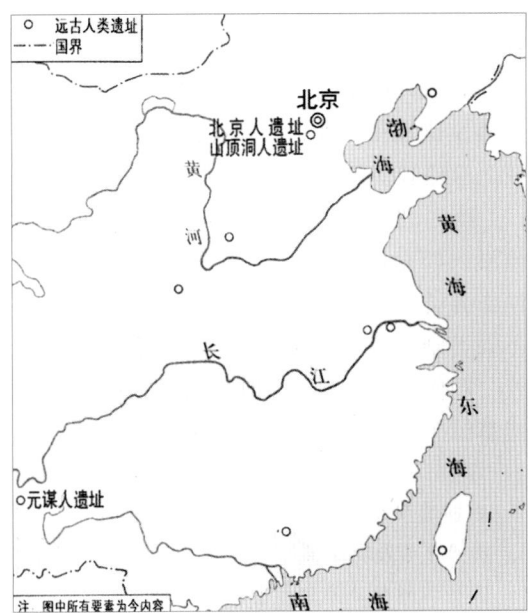

중학교 『중국역사』 7학년 상권 〈중국 경내 주요 고인류 유적분포도〉

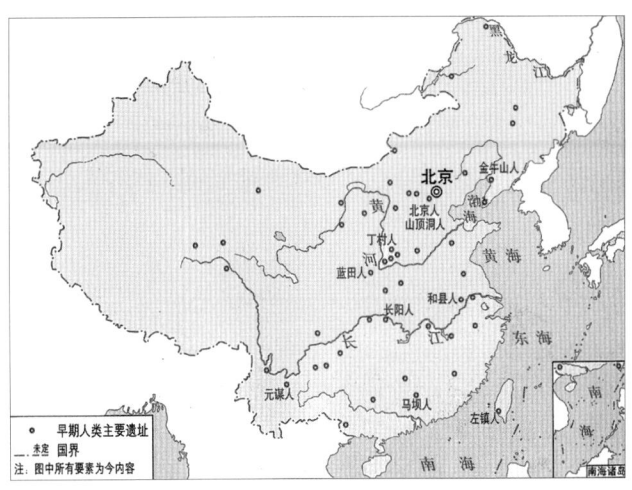

고등학교 『강요(상)』 〈중국 구석기시대 중요 인류유적 분포도〉

그림 1 중국 중·고등학교 국정 역사교과서의 구석기시대 유적분포도

제2부 고등학교 『중외역사강요』 분석 245

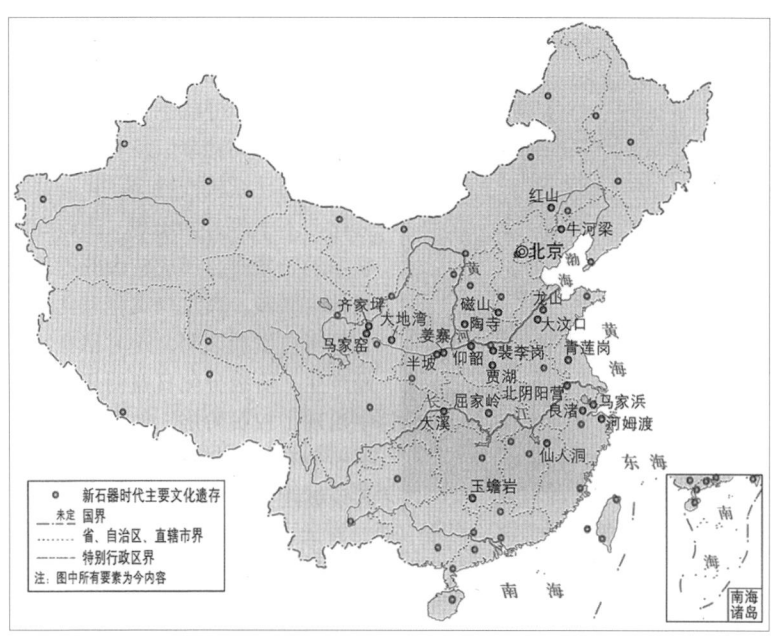

그림 2 중국 중학교 『중국역사』 7학년 상권 〈중국 신석기시대 주요 유적분포도〉

또 신석기시대와 관련하여, 중학교 교과서와 고등학교 교과서 모두 같은 지도(그림 2)를 실었으나,[30] 내용적으로 보면, 중학교 교과서에서는 황허 유역 반포(半坡)유적과 창장강 유역의 허무두(河姆渡), 량주(良渚)유적을 중심으로 서술한 반면, 고등학교 『강요(상)』에서는 내용이 소략해진 대신 황허 중류지역의 양사오문화(仰韶文化), 하류의 다원커우문화(大汶口文化)와 룽산문화(龍山文化), 창장강 하류의 허무두문화와 량주문화는 물론 랴오허(遼河) 상류의 훙산문화(紅山文化)까지 광범위하게 언급했다.[31]

---

30 敎育部組織編寫, 2017, 7쪽.
31 敎育部組織編寫, 2019, 2-4쪽.

이는 중학교 과정에서는 중원 중심론적 고대문명 발전론의 맥락에서 교육하고, 고등학교 과정에서는 중국문명의 다원성을 강조하려는 교육적 의도다.

『강요(상)』의 내용을 더 살펴보면, 중국에서 발견된 1만여 곳 이상의 신석기유적에 대해 "다원일체적 발전의 기초를 다졌다"고 평가했다. 이는 수빙치의 '구계유형론'[32]은 물론 이를 바탕으로 10여 년간 추진된 '중화문명탐원공정'의 성과를 그대로 반영한 것이라 할 수 있다. 특히 8쪽의 '확장학습(學習拓展)'에서 수빙치의 말을 그대로 인용하면서, 중국문화의 전통과 중국문명의 다원성을 강조한 것에서도 확인할 수 있다.

중국 고고학자 수빙치는 「중국 선사사 재구성에 관한 사고(關於重建中國史前史的思考)」에서 다음과 같이 말했다. "세계 기타 유수의 역사 문화 계통과 상대적으로, 중국문화는 한 계통이라고 말하기도 하고, 중국 고대문화는 또 다원적이라 말하기도 하는데, 그 발전은 결코 한 가닥의 선으로 관철된 것이 아니라, 여러 가닥의 선이 상호 교착된 그물과 같은 것이지만, 여기에는 간선과 지선이 있다. 각 문화 구계(區系)는 이미 상대적으로 안정된 것이지만, 또 그렇다고 막혀있는 것도 아니었다.……중국문명이 독특한 색채를 띠며, 풍부하고 다채롭게, 지금까지 끊이지 않고 이어져 내려온 까닭은, 또 중화민족이 하나의 통일적 다민족국가를 형성할 수 있었고 아울러 수천 년 동안 세계의 동방에 우뚝 설 수 있었던 까닭은 모두 중국문화의 전통 및 중국문명의

32　蘇秉琦 저, 박재복 역, 2016.

> 学习拓展
>
> 我国考古学家苏秉琦在《关于重建中国史前史的思考》中说：" 相对于世界其他几大历史文化系统而言，中国文化是自我一系的； 中国古代文化又是多源的； 它的发展不是一条线贯彻始终，而是多条线互有交错的网络系统，但又有主有次。各大文化区系既相对稳定，又不是封闭的……中国文明之所以独具特色、丰富多彩、连绵不断，中华民族之所以能够形成一个统一的多民族国家并在数千年来始终屹立在世界的东方，都与中国文化的传统、中国文明的多源性有密切关系。"

그림 3 『중외역사강요』 8쪽 '확장학습' 내용

다원성과 밀접한 관련이 있다."[33]

『강요(상)』에 의하면, 이처럼 신석기문화에서 다져진 '다원일체적 발전의 기초'는 춘추전국시기의 '화하정체성(華夏認同)'을 거쳐, 진나라 통일 후 '다민족 봉건국가'의 건립으로 나타났으며, 한나라시기에는 더욱 공고화되었다.

10쪽에서는 "춘추에서 전국에 이르는 시기, 민족 관계에 중요한 변화나 나타났다. 춘추시기, 중원 각국의 사회 발전이 이웃한 융적만이(戎狄蠻夷)보다 선진적이었기 때문에 스스로 '화하'라 일컬었다. 빈번한 왕래와 밀접한 관계 속에서, 이들 민족에게는 또한 '화하정체성' 관념이 나타나게 되었다. 전국시대에 들어선 후, 융적만이는 점차 화하족으로 융입(融入)되었다. 화하는 대량의 신선한 혈액을 흡수하면서 더욱 안정화 되었고,

---

33 教育部組織編寫, 2019, 8쪽.

더욱 광범위하게 분포하게 되었다"[34]고 한다. 이는 춘추전국의 분열 국면 속에서도, 민족융합의 움직임이 나타났다고 인식한 것이다. 당시 제자백가(諸子百家) 사이에서도 분열된 중국이 하나로 '통일'되어야 한다는 공통된 인식이 나타나기도 했다.[35] 그러나 이는 분열과 혼란으로 도탄에 빠진 세상을 구제하기 위한 사상적 측면에서 나타난 것이지, 결코 민족적 측면에서 나타난 것은 아니었다.

춘추시기의 '존왕양이(尊王攘夷)'는 중국과 외국 간의, 전국시기의 '합종연횡(合從連橫)'은 중국 내부의 지역감정을 오히려 부추긴 측면이 있다. 그럼에도 『강요(상)』은 15쪽에서 "통일된 중앙집권국가의 형성은 필연적인 역사 발전이자, 객관적인 필요에 의한 것이었다. 전에 없던 통일적 봉건국가는 각 민족의 왕래와 교류, 교융을 촉진시켰고, 통일 다민족국가의 정치·경제·사회적 발전을 촉진했다"[36]고 서술했다. 전국시대 육국(六國) 유민의 반란에 의한 진의 멸망에 대해서도, 사회주의적인 시각에서 진의 폭정에 대한 농민의 반란으로 묘사할 뿐 민족적·지역적 갈등에 대해서는 애써 회피하는 모습을 보인다.[37]

---

34 教育部組織編寫, 2019, 10쪽.

35 이에 대해 『강요(상)』은 제3과의 도입부에서 다음과 같이 서술했다. "전국 중후기, 통일은 점차 당시 사람들의 공통적인 인식이 되었다. 맹자(孟子)는 '하나로 안정(定于一)'이라는 사상을 제기했다. 전국 말기에 편찬된 『여씨춘추(呂氏春秋)』의 기록에서는 '혼란은 천자가 없는 것보다 큰 것이 없고, 천자가 없으면 강자가 약자를 이기고, 많은 무리가 적은 무리에 포악하게 굴며, 병기를 가지고 서로 해치니, 쉴 수가 없다'고 했는데, 저자는 통일만이 전란을 끝낼 수 있다고 여긴 것이다(14쪽)." 이와 관련된 연구성과로는 이성규, 1974, 「전국시대 통일론의 형성과 그 배경」, 『동양사학연구』 8-9; 陸靑松, 2018, 『文化的視野: 秦統一問題的再研究』, 三秦出版社 등 참고.

36 教育部組織編寫, 2019, 15쪽.

37 教育部組織編寫, 2019, 16-17쪽.

한나라시기의 발전에 대해 『강요(상)』은 한나라의 통일정책을 주로 다루었다. 202년 한나라 성립 이후, 이른바 '문경지치(文景之治)'라 불리는 문제(文帝)와 경제(景帝)시기의 '휴양생식(休養生息)'을 거치면서 국력을 회복한 한나라는, 무제(武帝)시기에 이르러 본격적인 통일정책을 펴기 시작했다. 특히 '추은령(推恩令)'을 통한 제후국 세력의 약화와 중앙집권의 강화, 염철(鹽鐵) 전매와 화폐개혁을 통한 경제력 강화, 그리고 전국시기부터 이어져 내려온 제자백가의 사상을 폐출하고 오직 유학만 존숭한다는 '존숭유술(尊崇儒術)'을 대표적인 정책으로 서술했다. 그리고 흉노와 서남이 정벌 및 실크로드를 통한 서역개척 등을 언급하면서, 『강요(상)』은 "통일 다민족 봉건국가가 더욱 공고해졌다"고 평가했다. 이는 지난 교육과정에서도 일관적으로 중시하던 것이지만, 현재 중국이 사회주의적 유물사관을 다시금 강조한 것과 이른바 'G2'의 한 축으로서의 중국의 경제력을 과시하는 것, 그리고 최근 발표된 소수민족지구에서의 중국어교육 강화[38] 등이 한나라시기의 통일정책과 오버랩된다. 게다가 한나라 때 흉노와 서남이 정벌 및 실크로드 발견을 통한 서역개척 등은 현재 중국이 펼치는 '일대일로(一帶一路)'정책은 물론 20세기 후반부터 중국이 추진한 여러 역사 공정들과도 일맥상통하기 때문에 더욱 현실적으로 다가온다. 다시 말해, 이러한 교과서의 서술은 현재 중국이 추진하고 있는 여러 정책의 정당성을 역사적인 맥락에서 뒷받침해 주는 의도가 숨어있는 것이라 할 수 있다.

---

38 艾北疆, 2020.9.11, "全面落實國家統編教材使用工作, 堅定不移推進國家通用語言文字教育",『光明網』(news.gmw.cn/2020-09/11/content_34176219.htm, 검색일 2020년 9월 29일).

2. 전설과 역사의 아슬아슬한 줄타기

사마천(司馬遷)은 『사기(史記)』의 첫머리를 「오제본기(五帝本紀)」로 설정했다. 이 「오제본기」는 바로 '황제(黃帝)'로부터 시작된다. 사마천은 그 까닭에 대해 "학자들이 오제를 많이 일컬은 지가 오래되었다. 그러나 『상서(尚書)』에는 오직 요(堯) 이후만 기록되어 있는데, 백가들이 말하는 황제는 그 글이 별로 우아하지가 않아서 선생들이 말하는 것을 꺼리고 있다.······내가 여러 학설을 차례로 논하여, 그중 상대적으로 나은 것을 골라 「본기」의 첫머리에 드러냈다"[39]고 했다. 다시 말해, 사마천은 『사기』를 편찬하면서 '사(史)', 곧 역사란 무엇인지에 대한 끊임없는 고민을 통해 어떤 확고한 신념을 지녔을 것으로 추측된다. 그가 생각했던 '역사'란 무엇일까? 어쩌면 『사기』가 만들어 낼 '사실(史實)'이 신빙성 있는 '사실(事實)'에 근거해야 한다는 것일지도 모른다. 그러나 다른 한편으로 그의 신념은 오히려 후세에 그가 기록한 '사실(史實)'에 의해 '사실(事實)'이 재창조되는 아이러니를 가져왔다.

예컨대, 사마천은 중국은 물론 자신도 인식하고 있던 '천하' 여러 민족의 계보를 '황제'로 소급시켰다. 심지어 조선(朝鮮)은 은(殷)나라 유민인 기자(箕子),[40] 흉노(匈奴)와 월(越)은 우(禹)의 후손이라고 서술했는데,[41] 은나라와 우임금 모두 황제의 후손으로 전승되었기 때문에, 천하의 족속이

---

39 『史記』 권1, 五帝本紀(中華書局, 1959), 46쪽. "學者多稱五帝, 尙矣. 然『尚書』獨載堯以來, 而百家言黃帝, 其文不雅馴, 薦紳先生難言之······ 余幷論次, 擇其言尤雅者, 故著爲本紀書首."

40 『史記』 권38, 宋微子世家, 1620-1621쪽.

41 『史記』 권110, 匈奴列傳, 2879쪽; 越王句踐世家, 1739쪽.

그림 4 중국 허난성 정저우시(鄭州市) 황허풍경명승구(黃河風景名勝區)에 위치한 황제와 염제상(『한중역사현안바로알기』, 동북아역사재단, 2012, 24쪽)

모두 황제의 후손이라는 인식이 생겨났다.[42] 따라서 중국 역대 모든 왕조는, 심지어 이민족이 세운 왕조 또한 '황제'의 후예를 자처하면서 황제에 대한 제사를 중시했다.

이 같은 황제 후손 인식은 현재 '염황자손(炎黃子孫)'이라는 구호 속에 녹아있다. 현행 국정 중학교『중국역사』7학년 상권에서는 이를 '원고적 전설(遠古的傳說)'이라는 단원에서 다루었다. 단원 도입부에서 "중국의 오래된 전설 속에서 염제(炎帝)와 황제는 수많은 창조적 발명을 하여, 중화민족의 '인문시조(人文始祖)'로 존숭을 받았다"고 표현했다. 그리고 본문에서, "전설 속의 염제는, 그 부락은 주로 산시(陝西) 웨이허(渭河)유역에서 활동했다고 한다. 전설에서 염제는 백성들에게 개간과 농사를 가르쳤

---

42 張大可·凌朝棟·曹强 著, 2015,『史記學槪要』, 商務印書館, 106쪽.

는데, 생산 도구를 제작하고, 오곡과 채소를 심었다. 또 도기를 제작하고, 방직을 발명했으며, 소금을 생산할 줄 알았고, 백성들에게 통상 교환을 가르쳤다.…… 전설에 의하면 염제는 거문고와 비파 같은 악기를 제작했고, 가장 이른 천문과 역법 지식도 갖추고 있었다고 한다"라고 기술했다.[43]

황제에 대해서는 "성은 공손(公孫), 이름은 헌원(軒轅)이다. 황제는 이미 궁실을 지어 추위와 더위를 피할 수 있었고, 의상을 제작하고, 우물을 팠으며, 배를 만들고, 구리를 제련할 줄 알았으며, 아울러 활과 화살, 지남거(指南車)를 발명했다고 전해진다. 황제시기에 창힐(蒼頡)은 문자를 창조했고, 영륜(伶倫)은 음률을 제작했으며, 예수(隸首)는 주판을 발명했다고 전해지고, 황제의 아내인 누조(嫘祖)는 누에를 칠 줄 알아 방직에 능했다고 전해진다"[44]고 기록했다. 그리고 반포, 양사오 유적을 비롯한 황허와 창장강 유역에서 출토된 여러 유물의 사진을 게재했는데, 이러한 전설의 신빙성을 높이려는 의도이다.

비록 염제를 이야기할 때는 '전설(傳說)'이라 쓰고, 황제를 이야기할 때는 '전해지다(相傳)'라고 했지만, 둘을 함께 말할 때는 '전설' 혹은 '원고전설'로 표현했다. 염제와 황제를 역사로 인식하는 것은 유보했지만, 황제 같은 경우 신화나 전설로 인식하기보다는 그래도 역사로 인식하고 싶어하는 의도를 은근히 드러낸 것이라 할 수 있다. 이러한 의도는 『강요(상)』에서도 반영되었는데, 4쪽의 '부락에서 국가로(從部落到國家)' 소절의 내용을 살펴보자.

---

43 教育部組織編寫, 2017, 13쪽.
44 教育部組織編寫, 2017, 13-14쪽.

옛 사서에 전해지길(古史相傳), 중국의 역사는 삼황오제부터 시작된다고 한다. 삼황시대는 비교적 이른데, 〈삼황의〉 이름 또한 여러 설이 있고, 신화적 색채가 농후하다. 오제의 사적은 비교적 구체적이다. 전설에서 오제의 시작은 황제가 차지하고 있다. 황제는 황허 중상류 일대 부락의 수령이었다. 그는 다른 부락 수령이었던 염제와 연합하여 '염황부락연맹(炎黃部落聯盟)'을 결성했는데, 그들은 후세에 '화하시조(華夏始祖)'로 존숭 받고 있다.[45]

비록 황제를 이야기할 때 '전설에서 오제의 시작'으로 표현했지만, 이 단락에서 전체적으로 흐르는 맥락은 바로 '옛 사서에 전해지길'이라는 말이다. 또 염황의 사적을 이야기할 때는, '전설'이라는 주어가 걸리지 않는 새로운 문장으로 시작하면서, 단정적인 문장을 사용하는 것 또한 황제와 염제시기를 역사적 맥락에서 이해하고자 하는 의도를 보여준다.

염황 서술에서 보이는 역사와 전설의 아슬아슬한 줄타기는 요(堯)·순(舜)·우(禹) 서술에서도 계속된다. 요순에 대해 『강요(상)』은 "오제 중 마지막 두 자리는 요와 순으로, 중원지역의 연맹 수령이었을 것이다. 요가 연로했을 때, 추천과 순에 대한 그의 관찰을 근거로, 순이 요의 자리를 계승했다. 이러한 계승 방법을 '선양(禪讓)'이라고 한다. 고고학이 증명했듯이, 오제 후기에 대략 상당하는 룽산문화시대는 중국 땅에 방국이 숲처럼 들어섰던 시기로, 역사에서는 '만방(萬邦)'시대라 일컫는다. 어떤 방국의 도성은 규모가 비교적 큰데, 예컨대 타오스유적(陶寺遺蹟)의 궁전 건축과 천문건축 및 각종 예기(禮器)로, 계급과 계층 분화 또한 비교적 명확하기

---

45 教育部組織編寫, 2019, 4쪽.

때문에, 어떤 전문가는 국가의 초기 형태를 갖추었다고 여기기도 한다"[46]고 서술했다.

고고학으로 역사를 증명할 수 있을까? 20세기 초, 일본과 중국에서 나타난 '의고(疑古)' 사조는 기존 중국의 역사가 '오제'시대부터 시작한다는 인식에 치명타를 날렸다. '오제' 가운데 요순은 춘추시기에 나타나기 시작하고, 황제는 전국시대에 이르러서야 나타나며, 그 이전의 삼황 전승은 전국 및 그 이후의 기록에 보이기 시작하는데, 시대가 이른 고사일수록 그 출현시기는 오히려 늦다는 것이다.[47] 이러한 의고 사조는 '동주(東周) 이전의 역사는 믿을 수 없다'[48]는 극단적인 양상으로 전개되기도 했다. 이러한 '고사변(古史辨)' 사조는 서구의 실증주의 사조와 결합하여 시너지효과를 이루면서 향후 수십 년간 학계에 큰 영향을 끼쳤다.

이러한 의고사조의 대안으로 중시되기 시작한 것이 바로 고고학이다. 1920년대 후반부터 추진된 인쉬(殷墟) 발굴을 통한 대량의 갑골 출토는, '동주 이전의 역사'에 대한 불신론을 일축시키며, 중국의 역사를 상나라 인쉬시기까지 끌어 올렸다.[49] 이후 중국은 중국 전역의 수많은 고고 발

---

46 教育部組織編寫, 2019, 4쪽.

47 白鳥庫吉, 1909, 「支那古傳說の研究」, 『東洋時報』 131; 顧頡剛, 1923, 「與錢玄同先生論古史書」, 『古史辨』(1), 上海古籍出版社, 1982년판 등.

48 胡適, 1922, 「自述古史觀書」, 『古史辨』(1), 上海古籍出版社, 1982년판, 22-23쪽.

49 서양에서는 중국 최초의 왕조를 대체로 '상'으로 보고 있다. 대표적인 것이 캠브리지 중국사 특권 『선진사(The Cambridge History of Ancient China)』로, 키틀리(David Keightley)가 집필한 제4장의 소제목을 '상: 중국 최초의 역사적 왕조(The Shang: China's First Historical Dynasty)'로 설정했다. Michael Loewe ed., 1999, *The Cambridge history of ancient China: from the origins of civilization to 221 B.C.*, Cambridge, UK; New York: Cambridge University Press.

굴을 통해, 그동안 황허 유역 중심의 중국 고대문명사를 '구계유형론'이라는 이론적 틀을 이용하여 중국 전역으로 확장시켰다. 그리고 1990년대 리쉐친(李學勤)은 「의고시대를 걸어나오며(走出疑古時代)」를 발표하면서,[50] 그동안 축적된 고고학적 증거를 가지고 20세기를 풍미했던 '의고' 사조의 극복을 천명하기도 했다.

이러한 배경 속에서 추진된 것이 '하상주단대공정'(1996-2000)과 '중화문명탐원공정'(2001-2015)이다. 전술했듯이 중국은 '하상주단대공정'을 통해 고대사의 연대를 확정지으려 했고, '중화문명탐원공정'을 통해 신석기시대를 역사의 영역에서 해석하고자 노력했다. 그러나 그 과정과 결과에 대해 학계의 잡음이 끊이지 않고 있다. 특히 '하상주단대공정' 같은 경우, 하(夏)대를 약 기원전 2070년에서 기원전 1600년으로, 상(商)대를 약 기원전 1600년에서 기원전 1046년으로 대략 확정지었으나, 학계의 논란은 계속되고 있다.[51]

그럼에도 교과서에는 이 연표를 적용시켜, 중국 고대문명사의 표준으로 삼고 있다. 5쪽에서는 "하(夏) 부락의 우(禹)는 치수로 공을 세워, 순(舜)의 선양(禪讓)을 받아 연맹의 수령이 되었다. 약 기원전 2070년, 우는 중국 최초의 노예제국가인 하를 건립했다"고 서술했고, 또 "하왕조 마지막 왕은 걸(桀)인데, 포학무도하여 백성들이 끊임없이 하왕조의 통치에

---

50 李學勤, 1992, 「走出疑古時代」, 『中國文化』 1992-2.
51 하상주단대공정이 끝나고, 간략한 보고서가 출판되기는 했으나(夏商周斷代工程傳家組 編著, 2001), 20년이 지난 현재까지도 정식 보고서는 출판되지 않고 있다. 하상주단대공정을 둘러싼 여러 논란에 대해서는 김경호·심재훈·민후기·최진묵, 2008; 정원철, 2016, 「중국 고대 문명 연구의 회고와 전망-중국의 고대 문명 역사공정에 대한 한국 학계의 대응을 중심으로」, 『동북아역사논총』 53 등 참고.

반항했다. 약 기원전 1600년, 상(商) 부족의 수령인 탕(湯)의 통솔 하에 군대를 일으켜 걸(桀)을 토벌하여, 하나라 군대를 크게 패퇴시키고 걸을 남방으로 추방시키니, 하왕조가 멸망했다"고 서술했다. 그리고 6쪽에서는 "상왕조 말기, 사회 모순이 첨예해졌다.⋯⋯ 기원전 1046년, 주(周) 부족의 수령인 주무왕(周武王)이 민중을 이끌고 주(紂)를 정벌하여, 쌍방이 상나라 도읍의 남쪽 교외인 목야(牧野)에서 격전을 펼쳤다"고 서술했다.[52]

게다가 아직까지 동시대적인 문자자료가 나타나지 않아 그 실체가 아직 밝혀지지 않은 하나라를 역사로 반영한 것 또한 문제로 지적할 수 있다. 전거했듯이 5쪽에서는 기원전 2070년 우가 하왕조를 건립했다고 기술하고, "고고학자는 허난성(河南省) 뤄양시(洛陽市) 옌스(偃師)에서 발견된 얼리터우유적(二里頭遺蹟)이 하문화(夏文化)의 유존(遺存)일 가능성이 크다고 한다"[53]고 서술하여 '얼리터우유적'과 하나라를 연결시키고 있다. 고고학적으로 얼리터우유적의 중요성은 두말 할 나위가 없다. 그러나 여기에 '하'라는 프레임을 씌운다면, 오히려 얼리터우유적의 진정한 가치를 훼손시킬 우려가 있다. 따라서 1999년부터 얼리터우유적의 발굴을 주도했던 중국사회과학원 고고연구소의 쉬훙(許宏) 연구원은 얼리터우와 하를 연결시키는 것, 심지어 하의 존재를 과도하게 긍정하는 것에 우려를 표하지만,[54] 베이징대학의 쑨칭웨이(孫慶偉) 같은 경우 '역사적인 맥락 속에서 고고학을 연구'하는 방법론으로 충분히 극복이 가능하다고 주장하고 있다.[55]

52　敎育部組織編寫, 2019, 5-6쪽.
53　敎育部組織編寫, 2019, 5쪽.
54　許宏, 2019, 「二里頭遺蹟與夏商文化探索」, 第二屆"夏文化"國制硏討班演講稿.

이 같은 학계의 첨예한 대립에도 불구하고,[56] 『강요(상)』이 '하상주단대공정'을 그대로 반영하고, 하나라의 존재를 인정하면서 얼리터우유적을 하나라의 유존으로 인식하는 것은 무엇 때문일까? 여러 가지 이유가 있겠지만, 그중 비교문화적인 콤플렉스를 지적하고자 한다. 중국과 함께 세계 4대문명으로 거론되는 지역의 국가 출현시기를 보면,[57] 이집트 같은 경우 대략 기원전 3500년에 노예제 소국들이 나타났고, 기원전 3100년 경에는 초보적으로 통일된 고대 국가가 수립되었으며, 메소포타미아에서는 기원전 3500년경에 도시를 중심으로 한 소국들이 나타났고, 대략 기원전 24세기에 초보적인 통일이 이뤄졌다고 한다. 인도에서는 인더스강 유역의 모헨조다로와 하라파에서 대략 기원전 23~기원전 18세기에 상당하는 문명이 나타났다고 한다. 만약 하나라를 인정하지 않는다면, 중국 초기 국가의 성립시기는 상나라 인쉬시기에 상당하는 기원전 1300년경으로 떨어지게 된다. 물론 기원전 20세기를 전후한 고대 도시 문명 유적으로 타오스유적, 얼리터우유적 같은 훌륭한 고고유적이 중국 고대문명의 시작을 알려주지만, 동시대적 문자자료로 그 문명의 주체가 누구인지 알 수 없는 상황에서, 춘추전국시대를 거쳐 형성된 풍부한 신화 전설 자료는 결코 뿌리칠 수 없는 유혹이다. '하상주단대공정'의 추진을 제안한 숭젠(宋建)은 이스라엘의 테드모어와 교류하면서, 중동의 아쉬르학과 이집트학의 체계적인 연대학에 자극을 받았다고 한다.[58] 바로, 중국도 메소

---

55 孫慶偉, 2018, 『鼏宅禹蹟: 夏代信史的考古學重建』, 三聯書店.
56 이와 관련된 세계 학계의 인식에 대해서는 심재훈, 2020, 「이리두 중국 고대국가 기원론의 딜레마」, 『역사학보』 245 참고.
57 이 연대는 『강요(하)』와 국정 중학교 『세계역사』 9학년 상권의 내용을 참고했다.
58 岳南 著, 심규호·유소영 옮김, 2005, 『하상주단대공정』(1), 일빛, 31-42쪽.

포타미아와 이집트처럼 연대학이 확고하게 자리 잡으면, 중국 역사의 시원 또한 그 연대를 정확히 밝힐 수 있을 것으로 생각했다는 것에서 그 근저에 자리 잡은 비교문화적인 콤플렉스를 확인해 볼 수 있다.

3. 유물사관에 입각한 서술

1949년 중국 공산화 이후, 유물사관은 중국 역사학계의 지배이념이었다. 비록 개혁개방 이후 역사학 연구에서 유물사관이 차지하는 비중이 크게 줄어들었지만, 역사교육적 측면에서는 지속적으로 주도적 지위를 점하고 있다. 그러나 〈과정표준 2003〉에서는 유물사관을 내세우기는 했지만 '내용표준'에 이를 드러내놓고 강조하지는 않았다. 그러나 전술했듯이 〈과정표준 2017〉에서는 '유물'이라는 말이 대폭 증가했다. 또 '교과과정 내용'에서는 '사유제', '계급', '사회 모순', '농민 기의' 등의 용어가 등장했다. 이는 유물사관을 다시금 교과서에 직접적으로 적용하려는 시도로 볼 수 있다. 이러한 키워드를 중심으로 『강요(상)』에 나타난 유물사관적 서술 특징을 살펴보도록 하겠다.

먼저 4쪽 신석기시대의 경제 발전 부분에서는 다음과 같이 서술하고 있다. "다원커우문화와 량주문화 등의 고고 발견이 나타내듯이, 이 시기에 사유제가 이미 나타났고, 계급 분화가 날로 분명해졌으며, 부락 중에서 특권 계층이 나타났다. 그들은 전쟁을 통해 부단히 재부와 권력을 다투었다. 중국은 곧장 계급 사회로 진입하는 문턱에 있었다."[59] 이는 국가 발전 단계와 밀접한 관련을 맺는데, 씨족 사회에서 부락연맹 사회로 바뀌

---

59 教育部組織編寫, 2019, 4쪽.

면서 나타난 변화를 '사유제'와 '계급'으로 설명한다. 이러한 유물사관적 서술 태도는 5쪽 "우(禹)는 중국 최초의 노예제국가인 하(夏)를 건립했다"는 서술로 부락연맹에서 국가 단계로의 변화를 설명하는 것에서도 알 수 있다.

그리고 7쪽에서는 상(商)과 서주(西周) 시기를 중국 노예제사회 경제 발전 및 번영의 시기로 표현하면서, '역사종횡(歷史縱橫)' 코너에서는 '상주시기 노예 매매'에 대한 내용을 수록했다. 이는 중국이 설정한 하상주로 이어지는 노예제 국가의 양상을 방증하기 위한 것이다.

상주시기의 노예 매매

『주례(周禮)』「지관(地官)·질인(質人)」의 기록에 의하면, 상주 노예제 국가는 노예와 가축의 매매를 전문적으로 담당하는 관리를 두었는데, 당시 노예 매매의 보편성을 볼 수 있다. 홀정(曶鼎) 명문은 노예 매매와 관련된 가격을 기록했는데, 다섯 노예의 몸값은 말 1필과 한 묶음의 비단에 상당했다.

그러나 기존 〈과정표준〉에 의거한 『역사』 교과서의 중국 고대문명사 서술 부분에는 '노예'라는 단어는 보이지 않는다. 그리고 '사유제', '계급'을 나타내는 서술은 경제사 부분을 다룬 『역사』Ⅱ에 제한적으로 나타난다. 『역사』Ⅰ에도 하나라의 성립과 관련된 말은 있지만, "약 기원전 2070년, 우가 우리 나라 역사상 첫 번째 왕조인 하를 건립했다"고만 했지, 그 성격을 '노예제'로 국한 짓지 않았다는 것에서 양자 간 차이를 볼 수 있다.

『강요(상)』에 기록된 선사시기부터 진·한에 이르는 사회 발전단계를

> **历史纵横**
>
> 商周时期的奴隶买卖
>
> 据《周礼·地官·质人》记载，商周奴隶制国家设有专门掌管奴隶和牲畜买卖的官吏，可见当时奴隶买卖的普遍。曶（hū）鼎铭文记载了有关奴隶买卖的价格，五名奴隶的身价相当于一匹马加一束丝。

그림 5 『강요(상)』 역사종횡, '상주시기 노예 매매'

정리해 보면, 씨족사회에서 부락연맹사회로 발전하면서 사유제와 계급이 나타났고, 부락연맹에서 국가가 성립되면서 노예제가 나타났으며, 춘추전국시기의 혼란기를 거쳐 중앙집권적 진·한제국이 나타나면서 봉건제로의 전환이 완수된 것이라 할 수 있다.

이러한 일련의 사회 변화가 기존 〈과정표준 2003〉에 입각한 교과서에서는 전혀 보이지 않는다. 『역사』I 에서는 하나라의 세습제도, 서주의 분봉제와 종법제, 춘추 이후 군현제의 출현과 진·한 중앙집권제 국가의 출현이라는 비교적 역사적 맥락에서 도출해 낸 내용을 전개한다. 바로 이러한 내용 서술이 중국에서 강조하는 '중국특색'에 더욱 가까운 것 같은 느낌을 지울 수 없다. 따라서 유물사관에 입각한 『강요(상)』의 내용 전개는 오히려 '중국특색'이 옅어진 것 같은 이미지를 던져준다.

또 『강요(상)』은 이른바 '사회 모순'과 '농민 기의'를 강조했다. 진·한(秦漢)왕조의 멸망은 물론 심지어 하상주의 멸망까지, 모두 폭정에 의한 멸망과 백성들의 기의로 일관되어 있다. 하나라는 마지막 왕인 걸이 '포학무도'하여 '백성들이 부단히 하왕조의 통치에 반항'한 결과로 멸망했고, 상나라는 말기에 사회 모순이 첨예화되었고, "마지막 왕인 주(紂)가 많은 궁전과 정원을 만들고, 종일 술과 음악에 취하여 생활이 부패해졌으며, 또 '포락(炮烙)'과 같은 형벌을 만들어 신민(臣民)들을 해쳤기 때문에 〈백성들의〉 공분을 불러일으켰다"고 한다. 서주 또한 기원전 841년, "주려왕(周厲王)이 이익을 탐하여 포학한 정치를 펴서 '국인폭동(國人暴動)'을 야기했다.…… 기원전 771년, 서북 유목 민족인 견융(犬戎)이 서주 왕실의 혼란을 틈타 호경(鎬京)을 공격하고 주유왕(周幽王)을 살해하여, 서주가 멸망했다"고 서술했다.[60]

이른바 '진·한 통일 다민족 봉건국가'의 멸망 또한 이와 다르지 않다. 『강요(상)』에 따르면, 전국(戰國)을 통일한 진나라는 진시황(秦始皇)의 가혹한 형벌과 토목공사로 인해 계급 간의 모순이 점차 격화되었고, 분서갱유(焚書坑儒) 같은 도 넘은 폭정으로 인해 결국 농민 기의로 멸망했다고 한다.[61] 서한(西漢)과 신(新)의 멸망 또한 이와 크게 다르지 않다. 서한(西漢) 말 왕망(王莽)의 찬탈은 "토지 겸병이 심해지고, 부세와 요역이 무거워짐에 따라 파산한 농민이 노비로 전락하거나 유망하게 되면서 사회가 동요되고 불안정"해졌기 때문이고, 왕망이 세운 신나라의 멸망은 "왕망 통치 말년에 국가에 심한 가뭄과 메뚜기의 재앙이 나타나, 황무지가 천리에 이르니, 녹림(綠林)과 적미(赤眉) 등 농민의 대기의가 결국 폭발했다"고 서술했다.[62]

이는 기존 『역사』 I 의 11쪽에서 진(秦)의 멸망에 대해 "진왕조는 황제의 전제 권위에 의존하여, 인민에 대한 압착(壓搾)이 강화되면서, 계급 간의 모순이 빠르게 격화되었다. 많은 농민들은 이를 견디지 못해 진승(陳

---

60 教育部組織編寫, 2019, 5-6쪽.
61 教育部組織編寫, 2019, 16-17쪽.
62 教育部組織編寫, 2019, 22쪽.

勝)과 오광(吳廣)의 지도하에 반란을 일으켜 중국 역사상 최초의 대규모 농민 기의가 폭발했다."[63]고 진의 멸망에 대해 간단히 언급한 것 외에는 기타 초기 국가의 멸망 과정을 자세히 언급하지 않은 것과 대조적이다.

  이러한 내용 체제의 변화, 곧 '사회 모순'에 따른 '농민 기의'의 발생, 그리고 국가의 멸망을 강조한 것은, 역설적으로 『강요(상)』 후반부에서 주장한 중국의 주요한 사회적 모순이 이미 해결되고, 중국특색 사회주의의 새로운 시대에 접어들었기 때문에, 모두가 중화민족의 위대한 부흥과 중국몽(中國夢)의 시대를 실현하기 위해 노력해야 한다는 자신감이 느껴진다. 그러나 중국이 강조하는 '중화민족의 위대한 부흥'과 '중국몽'은 결국 아직 '중화민족의 위대한 부흥'이 오지 않았고, '중국몽' 또한 실현되지 않았다는 것을 의미한다. 장하이펑은 교학과정에서 진 말 농민 기의와 서한, 동한 말 농민 기의는 모두 사회 계급 모순이 날로 첨예해진 결과라는 것에 주의해야 한다고 했다.[64] 상기한 자신감 이면에 잠재된 수많은 내부적 모순은 교육현장의 지역적·대상적 성격에 따라 다르겠지만, 결국 중국에 위기로 다가올 수도 있을 것이다. 따라서 이러한 국가 멸망의 메커니즘을 역사교육을 통해 환기시킴으로써, 현재 중국이 마주한 민족적·경제적·환경적 모순을 어떻게 해소해 나가야 하는지 학생들 스스로 고민하게끔 하는 의도가 숨어있는 것은 아닌지 생각된다.

---

63 人民敎育出版社課程敎材硏究所·歷史課程敎材硏究開發中心 編著, 2005, 『普通高中課程標準實驗敎科書 歷史』Ⅰ, 人民敎育出版社, 11쪽.

64 張海鵬, 2019, 「統編高中歷史敎科書的學科體系和學術體系－適應和掌握統編高中歷史敎材『中外歷史綱要』(上)的意見」, 『課程·敎材·敎法』2019-9, 28쪽.

4. 『중외역사강요(하)』의 세계 고대문명사 서술의 특징

앞의 〈과정표준〉과 비교를 통해 언급했듯이, 『강요』(2017)의 세계 고대문명사 관련 서술은 2003년판과 큰 차이를 보이는데, 바로 2003년판에서는 그리스와 로마에만 초점을 맞췄다면, 2017년판에서는 '서로 다른(不同)' 여러 지역의 '문명 고국', '시간적 공간적 조건', '대제국의 지역적 영향', '문명 사이의 초기 관계' 등에 초점을 맞췄다. 그렇다면 어떠한 체계로 이들 '서로 다른' 여러 문명을 하나로 녹여서 서술했을까? 『강요(하)』의 제1단원을 보면서 그 체계와 특징을 살펴보도록 하겠다.

옌샤오양(晏紹樣)은 『강요(하)』의 서술이 '시공관념' 곧 "특정한 시간 관계와 공간 관계 속에서 사물에 대해 관찰하고 분석하는 의식과 사유방식"이 중요하게 작용했다는 것을 지적했다. 그는 이를 "사람들은 스스로 자신의 역사를 창조하지만, 이는 그들이 창조하고 싶은 대로 하는 것도 아니고, 그들이 선택한 조건 속에서 창조하는 것도 아니며, 직접적으로 부딪치고, 이미 정해진, 과거로부터 계승되어 온 조건 속에서 창조되는 것이다"라는 마르크스의 말로 표현할 수 있다고 했다.[65] 곧 다양한 조건 속에서, 다양한 농업과 목축업이 나타나고, 다양한 문화가 창조되었기 때문에, 세계 문화는 다원성을 띤다는 것으로 풀이할 수 있다.

『강요(하)』는 최초의 문명이 서아시아의 메소포타미아, 북아프리카의 나일강 유역, 남아시아의 인더스강과 갠지스강 유역, 중국의 황허와 창장강 유역, 그리고 유럽의 발칸반도 남부와 지중해지역에서 나타났다고 서

---

[65] 晏紹樣, 2020, 「高中統編『中外歷史綱要(下)』世界上古中古史內容解讀(上)」, 『中小學敎材敎學』 2020-5, 4쪽.

술했다. 그리고 생산력 발전 수준과 교통의 제한을 받아 각 문명은 기본적으로 독립적으로 발전했으며, 분명한 다원적 특징을 띤다고 밝혔다. 그리고 시간적 순서에 따라, 메소포타미아, 이집트, 인도, 고대 그리스에 대한 지리적 특징과 문화적 특징 등을 간단히 서술했다. 예컨대, 메소포타미아 수메르 문명과 바빌로니아시기의 『함무라비 법전』, 이집트의 나일강 범람으로 인한 천문역법과 종교의 발전, 인도의 카스트제도와 불교, 고대 그리스의 지리적 제약으로 인한 도시국가의 발전과 민주정치, 문화 등이다.

그러나 『강요(하)』는 이러한 고대문명의 다원성을 설명하기 전 유물사관에 입각한 사유제와 계급의 발생, 그리고 노예제사회로의 전환을 설명한다. 농업과 목축이 활발해지면서 전문적으로 수공업에 종사하는 사람들이 생겨나고 잉여 생산품이 축적되면서 사유제와 계급이 발생했다. 부락과 부락 사이의 전쟁을 통해 정복민과 피정복민이 생기면서 자연스럽게 노예제사회로 발전해 나갔고, 노예주와 노예 사이의 계급투쟁 또한 생기게 되었다. 계급 모순과 부락 전쟁 사이의 복합적 작용 속에서 정부·군대·감옥 등의 '강제기관'이 나타나면서 '국가'가 형성되었고, 기록과 관리의 필요에 따라 문자가 나타나게 되었다. 이러한 획일적 사회발전 논리는 〈과정표준 2017〉에서 강조한 '서로 다른' 다원성과는 거리가 있어 보인다. 유물사관이라는 획일적인 사관으로 다원성을 언급하는 것은 내재적인 모순성이라 할 수 있다.

이어서 제2과 '고대 세계의 제국과 문명의 교류'에서는 주로 교류에 초점을 맞추어 무력 확장이라는 강제적 수단을 이용한 교류와 무역을 통한 교류를 통해, 문명 사이의 교류가 이루어졌다고 한다.

이집트 신왕국시기의 메소포타미아 점령, 바빌로니아의 지중해 동안 진출, 아시리아의 소아시아와 이집트 정복, 고대 그리스의 지중해 연안으로의 진출 및 식민지 개척 등을 통해, 문명 사이의 강제적 교류가 이루어졌다. 기원전 6세기에 이르러서는 이란고원에서 페르시아가 흥기하면서, 메소포타미아는 물론 이집트와 소아시아, 그리고 발칸반도를 아우르는 대제국을 이루었다. 기원전 4세기에는 '알렉산더'의 마케도니아가 흥기하여 페르시아를 멸망시키고 이집트와 메소포타미아는 물론 인더스강 유역까지 진출했지만, 오래가지 못하여 분열되었고, 원래 이탈리아 중부의 도시국가였던 로마가 흥기하여 지중해 연안을 정복하여 대제국을 이루었다.[66]

『강요(하)』가 이러한 무력과 무역을 통한 교류로 서로 다른 지리적 환경 속에서 성장한 문명들 사이의 교류가 촉진되었다는 것을 언급하기 위한 장치이다. 예컨대, 서아시아의 농경과 야철 기술의 확산, 서아시아의 신화와 이집트 예술의 그리스 전파, 그리고 페니키아 문자의 유럽 전파 등이 대표적인 사례다. 이는 최근 중국이 강조하는 '문명 간의 대화'와 '인류운명공동체' 담론,[67] 그리고 '일대일로' 같은 중국의 세계화 전략과도 맥을 같이한다. 그리고 교과서는 결국 로마제국과 중국 사이에 있었던 교류를 거론하면서 화룡점정을 찍었다.

---

[66] 『강요(하)』는 로마의 확장을 설명하면서, "대량의 전쟁 포로와 피정복민을 노예로 매매하면서, 노예제가 신속히 발전했다"는 말과, 로마제국 통치하에 지중해는 200여 년간의 평화를 유지하면서, "노예와 수많은 평민들의 고된 노동으로, 제국 내 여러 지역의 경제적 연계성 강화 및 무역이 발전하면서, 제국은 1~2세기 동안 공전의 번영을 누렸다"는 유물사관에 입각한 서술 또한 잊지 않았다(敎育部組織編寫, 2020, 10쪽).

[67] 潘岳, 2019.9.11, "古老文明對話與人類命運共同體", 『人民網』(theory.people.com.cn/n1/2019/0911/c40531-31349316.html, 검색일 2020년 9월 29일).

기원 전후, 한왕조(漢王朝)와 로마제국은 각각 유라시아 대륙의 동서 양단에서 흥기했다. 양대 강국 사이에는 관방의 직접적인 왕래가 없었으나, 실크로드를 통하여 쌍방 간의 간접적인 무역과 문화교류가 있었다. 일찍이 페르시아제국시기, 중국의 비단이 이미 지중해 동안(東岸)에 이른 적이 있다. <u>동한(東漢)의 반초(班超)는 서역을 경영하면서, 일찍이 감영(甘英)을 대진(大秦, 로마)에 사신으로 파견한 바 있다. 로마가 지중해 동부지역을 정복한 이후, 현지 상인들 또한 동쪽에 뜻을 두고, 한왕조와 직접적인 관계를 맺으려 했다. 2세기 로마의 상인이 낙양에 이르렀다.</u> 이후 로마 상인은 끊임없이 동쪽으로 와서 중국과 무역을 했다.[68]

이러한 내용 전개는 기존 그리스와 로마를 위주로 다루던 『역사』 교과서에는 보이지 않다가 이번에 새롭게 들어간 것이다. 현행 국정 중학교 『세계역사』 9학년 상책에는 지중해와 메소포타미아 사이의 교류는 서술되어 있지만, 중국과의 교류는 다루지 않고 있다. 기존 검정제 인민교육출판사 중학교 『세계역사』 9학년 상권 '자유독서카드(自由閱讀卡)'란에서 '로마제국과 동한제국(羅馬帝國與東漢帝國)'을 주제로 중국과 로마 간의 교류를 언급한 적이 있지만,[69] 본문에서 언급하지는 않았다. 오히려 현행 국정 중학교 『중국역사』 7학년 상책에서 이를 본문에서 다루고 있지만, 『강요(상)』에서는 다루지 않고 있다.

68　教育部組織編寫, 2020, 12쪽.
69　課程教材研究所·歷史課程教材研究開發中心 編著, 2006, 『世界歷史(9年級上)』, 人民教育出版社, 40쪽.

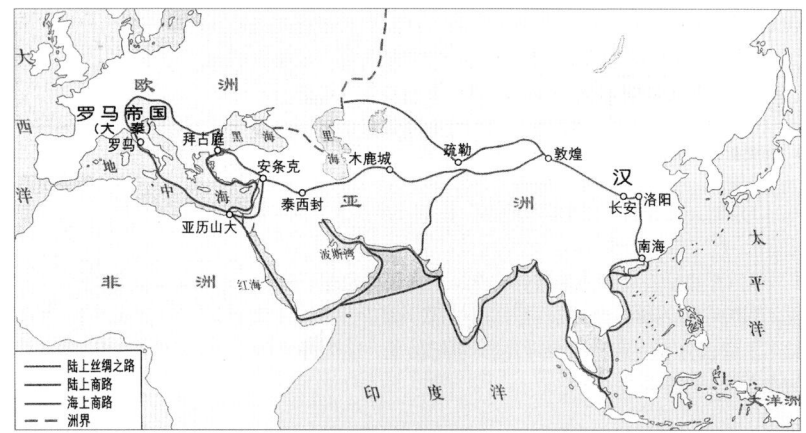

그림 6 한왕조와 로마제국 교류의 주요 노선도(『강요(하)』, 12쪽)

한나라와 로마 사이의 교류는 유라시아 대륙 양단이 공식적으로 교류를 시작한 시기다. 중학교 교육과정에서 이를 『중국역사』의 범위에서 다루고, 고등학교 교육과정에서는 '세계사'의 영역에서 다루는 것이 흥미롭다. 어쩌면 중학교와 고등학교 국정교과서 편찬이 독립된 체제 속에서 진행됐을 가능성이 있다. 그러나 중국 역사교과서 국정화가 충분한 준비를 거쳐 추진되었다는 것을 고려해 볼 때,[70] 양자 간 합의에 의한, 어쩌면 그보다 더 고도의 의도가 반영된 결과일 가능성도 있다. 다시 말해, 중학교 교육과정에서는 중국사가 세계사로 들어가는 과정을 의도했다면, 고등학교 교육과정에서는 세계사가 중국사로 들어오는 과정을 의도했을 가능성이 있다는 것이다. 실제로 중학교 『중국역사』 7학년 상에서는 "반초가 서역에 있을 때, 또 감영을 대진(로마)에 사신으로 파견한 적이 있다. 감영은 안식(安息, 파르티아)에 이른 후 저지를 받아 계속 나아갈 수 없었으

---

70 윤세병, 2017, 92-93쪽.

나, 이번 사행으로 서아시아로 통하는 길이 열리게 되었다"고 서술하여, 중국의 의지를 강조했고, 위『강요(하)』에서는 로마 '현지 상인'들의 의지를 강조한 것이, 이러한 의도를 반증한다고 할 수 있다. 다시 말해, 교류와 융합을 통한 인류 문화의 전개, 이른바 '인류운명공동체'가 형성되는 과정이 결코 일방적인 것이 아닌 쌍방의 노력에 의한 결과라는 것을 입체적으로 구현하기 위한 의도라 하겠다.

IV. 맺음말

이상으로 2019년 9월부터 중국 6개 성/시에서 정식으로 사용중인『중외역사강요』의 고대문명사 부분의 특징을 살펴보았다. 먼저 〈과정표준 2017〉의 '교육과정 내용'과 2003년판의 '내용표준'을 비교하면서, 체제상의 변화는 물론, 내용적으로『강요(상)』에서 '유물사관'이 표면적으로 드러난 것과 '통일적 다민족국가론'적 이념이 강조된 것,『강요(하)』에서는 기존 그리스·로마 위주의 내용이 '서로 다른' 문명 고국, '서로 다른' 시공조건, 그리고 '서로 다른' 문명들 사이의 초기 관계를 강조하는 내용으로 변경되었다는 것을 지적했다.

이어서『강요』의 고대문명사 부분에 나타난 내용적 특징을 〈과정표준 2017〉에 두드러진 기조를 가지고 분석했다.『강요(상)』의 고대문명사 부분은 '통일적 다민족국가론'과 '전설과 역사 사이의 줄타기', 그리고 '유물사관'이 두드러졌고,『강요(하)』는 '서로 다른' 다양한 지리적 조건 속에서 발전한 고대문명이 무력과 무역이라는 메커니즘을 통해 서로 교류해 나가는 양상을 그리고 있다.

이 과정에서 파악한 내용적 특징을 몇 가지 지적하는 것으로 이 글을 마무리하고자 한다.

첫째, 『강요(상)』에 보이는 전설과 역사의 아슬아슬한 줄타기, 다시 말해 전설을 역사로 인식하고자 하는 속내가 드러나 있다는 여러 가지 요인이 복잡하게 얽혀있지만, 그중 비교문화적인 관점에서 중국의 고대문명 출현 시간이 메소포타미아와 이집트, 인도 고대문명보다 시간적으로 뒤떨어진다는 콤플렉스에서 비롯되었을 가능성이 있다.

둘째, 『강요(상)』은 씨족사회에서 부락연맹으로 발전하면서 사유제와 계급이 발생했고, 부락연맹에서 국가가 성립되면서 노예제가 나타났으며, 춘추전국의 혼란기를 거쳐 진·한제국이 들어서면서 봉건제로 전환되었다는 '유물사관'에 입각해 내용을 전개한다. 그러나 이는 기존『역사』I의 하나라의 세습제도, 서주의 분봉제와 종법제, 춘추 이후 군현제의 출현과 진·한 중앙집권제 국가의 성립으로 이어지는 내용 전개가 오히려 역사적 실제에 가깝고, 또 중국이 강조하는 '중국특색'에 더욱 부합한다.

셋째, 『강요(하)』는 '서로 다른' 다양한 지리적 조건 속에서 발전한 고대문명을 강조하면서도 그 발전단계는 '유물사관'이라는 정해진 틀로 해석하는 모순을 드러낸다. 이 '유물사관'이라는 획일적 사관으로 '서로 다른' 다양성을 이야기하는 것 자체가 『강요(하)』가 지닌 내재적 모순성이라고 하겠다.

넷째, 『강요(하)』의 고대문명사 부분은 서력 기원을 전후한 시기 유라시아대륙 양단에 있었던 로마와 한나라 간의 교류로 막을 내린다. 흥미로운 것은 이 내용이 현행 중학교 과정에서는 『중국역사』 7학년 상권에서 다루고 있다는 것이다. 중학교 교육과정에서는 중국사가 세계사로 들어가는 과정을 의도했다면, 고등학교 교육과정에서는 세계사가 중국사로 들어오는 과정을 의도했을 가능성이 높다. 교류와 융합을 통한 인류문화의 전개, 곧 이른바 '인류운명공동체'가 형성되는 과정은 결코 일방적인 것이 아닌 쌍방의 노력에 의한 결과라는 것을 구현하기 위한 의도이다.

마지막으로, '통일적 다민족국가론'과 '인류운명공동체'는 중국의 동시대적인 고민이자 현재 중국이 나아가고자 하는 방향성을 제시하는 구호이다. 이를 교과서에 직접적으로 반영한 것은 현재 중국이 추진하고 있는 정책의 정당성을 주입하여 지지를 얻으려는 것으로 파악된다. 다시 말해 중국은 고대부터 다원일체의 통일적 다민족국가였고, 중국과 세계는 오래전부터 밀접한 관계를 맺고 있었기 때문에 '인류운명공동체' 담론 또한 명분이 있다는 것이다. 그러나 이러한 프로파간다를 전면에 내세우는 것, 또 교육 현장에서 그대로 학습시키는 것은 아직 대내외적으로는 공감대가 형성되지 않았기 때문으로 풀이된다. 대내적으로 언제 터질지 모르는 민족 간의 갈등, 대외적으로 중국의 패권화를 우려하는 국제 사회의 움직임, 어쩌면 이러한 구호와 교과서에 과도하게 반영한 것 자체가, 바로 중국의 발전을 저해할 수 있는 감추고 싶은 '아킬레스건'을 아이러니하게 전면적으로 드러낸 것은 아닌지, 조심스럽게 생각해 본다.

참고문헌

김경호·심재훈·민후기·최진묵, 2008, 『하상주단대공정: 중국 고대문명 연구의 허와 실』, 동북아역사재단.
박양진 등, 2007, 『중화문명탐원공정과 중국 선사고고학 연구현황 분석』, 동북아역사재단.
蘇秉琦 저, 박재복 역, 2016, 『중국 문명의 기원을 새롭게 탐구한 구계유형론』, 고고.
岳南 著, 심규호·유소영 옮김, 2005, 『하상주단대공정』(1), 일빛.
김유리, 2005, 「역사교학대강에서 역사과정표준으로 – 최근 중국의 역사교육과정 개혁 – 」, 『역사교육』 96.
＿＿＿, 2018, 「국정제로 회귀한 중국의 중학교 역사교과서 분석」, 『역사교육』 148.
김지훈, 2019, 「국가의지와 역사교과서의 정치화–2018년 중국 중학교 역사교과서의 현대사 서술」, 『역사교육연구』 33.
심재훈, 2020, 「이리두 중국 고대국가 기원론의 딜레마」, 『역사학보』 245.
윤세병, 2017, 「중국의 역사과 교육과정의 현황: 2011·2017 과정표준을 중심으로」, 『역사교육논집』 65.
＿＿＿, 2019, 「중국의 역사교과서 논쟁과 국정화」, 『역사교육연구』 33.
이성규, 1974, 「전국시대 통일론의 형성과 그 배경」, 『동양사학연구』 8·9.
정동준, 2019, 「중국『역사』교과서의 고대사 서술 분석」, 『중국고중세사연구』 52.
정원철, 2016, 「중국 고대 문명 연구의 회고와 전망–중국의 고대 문명 역사공정에 대한 한국 학계의 대응을 중심으로」, 『동북아역사논총』 53.
조복현, 2017, 「중국의 현행 역사과 과정표준 연구」, 『중국사연구』 110.

『史記』, 中華書局(1959년판).
課程教材研究所·歷史課程教材研究開發中心 編著, 2006, 『世界歷史』(9年級上), 人民教育出版社.
教育部組織編寫, 2017, 『中國歷史』(7年級上), 人民教育出版社.
＿＿＿＿＿＿, 2019, 『中外歷史綱要(上)』, 人民教育出版社.
＿＿＿＿＿＿, 2020, 『中外歷史綱要(下)』, 人民教育出版社.

孫慶偉, 2018,『鼏宅禹蹟: 夏代信史的考古學重建』, 三聯書店.

陸青松, 2018,『文化的視野: 秦統一問題的再研究』, 三秦出版社.

人民教育出版社課程教材研究所·歷史課程教材研究開發中心 編著, 2005,『普通高中課程標準實驗教科書 歷史』Ⅰ, 人民教育出版社.

張大可·凌朝棟·曹强 著, 2015,『史記學槪要』, 商務印書館.

中華人民共和國教育部, 2003,『普通高中歷史課程標準(實驗)』, 人民教育出版社.

_____, 2020,『普通高中歷史課程標準(2017年版2020年修訂)』, 人民教育出版社.

夏商周斷代工程傳家組 編著, 2001,『夏商周斷代工程1996-2000年階段成果報告』(簡本), 世界圖書出版公司.

顧頡剛, 1923,「與錢玄同先生論古史書」,『古史辨』(1), 上海古籍出版社, 1982년판.

梁燕, 2018,「2003年版與2017年版普通高中歷史課程標準比較」, 內蒙古師範大學 碩士學位論文.

白鳥庫吉, 1909,「支那古傳說の研究」,『東洋時報』131.

費孝通, 1988,「中華民族的多元一體格局」, 費孝通 等, 1999,『中華民族多元一體格局』, 中央民族大學出版社.

李學勤, 1992,「走出疑古時代」,『中國文化』1992-2.

晏紹祥, 2020,「高中統編『中外歷史綱要(下)』世界上古中古史內容解讀(上)」,『中小學教材教學』2020-5.

張海鵬, 2019,「統編高中歷史教科書的學科體系和學術體系-適應和掌握統編高中歷史教材『中外歷史綱要』(上)的意見」,『課程·教材·敎法』2019-9.

許宏, 2019,「二里頭遺蹟與夏商文化探索」, 第二屆"夏文化"國制硏討班演講稿.

胡適, 1922,「自述古史觀書」,『古史辨』(1), 上海古籍出版社(1982년판).

潘岳, 2019.9.11, "古老文明對話與人類命運共同體",『人民網』(theory.people.com.cn/n1/2019/0911/c40531-31349316.html, 검색일 2020년 9월 29일).

樊未晨, 2019.8.28, "普通高中三科統編教材今秋在六省市使用",『敎育部政府門戶網站』(www.moe.gov.cn/fbh/live/2019/51084/mtbd/201908/t20190828_396234.html, 검색일 2020년 9월 29일).

史一棋, 2018.5.29, "'探源工程'成果: 考古實證中華文明五千年",『新華網』(www.xinhuanet.

com/politics/2018-05/29/c_1122901854.htm, 검색일 2020년 9월 29일).

習近平, 2013.3.23, "順應時代前進潮流, 促進世界和平發展", 「國家主席習近平在莫斯科國際關係學院的演講(全文)」, 『中國政府網』(www.gov.cn/ldhd/2013-03/24/content_2360829.htm, 검색일 2020년 9월 29일).

_____, 2015.9.28, "携手構建合作共贏新伙伴, 同心打造人類命運共同體", 『人民網』(theory.people.com.cn/n1/2018/0104/c416126-29746010.html, 검색일 2020년 9월 29일).

新華社, 2017.2.10, "習近平提出, 堅持和平發展道路, 推動構建人類命運共同體", 『新華網』(www.xinhuanet.com//politics/19cpcnc/2017-10/18/c_1121821003.htm, 검색일 2020년 9월 29일).

_____, 2017.2.10, "聯合國決議首次寫入'構建人類命運共同體'", 『新華網』(www.xinhuanet.com/world/2017-02/11/c_1120448960.htm, 검색일 2020년 9월 29일).

艾北疆, 2020.9.11, "全面落實國家統編教材使用工作, 堅定不移推進國家通用語言文字教育", 『光明網』(news.gmw.cn/2020-09/11/content_34176219.htm, 검색일 2020년 9월 29일).

Loewe, Michael ed., 1999, *The Cambridge history of ancient China: from the origins of civilization to 221 B.C.*, Cambridge, UK; New York: Cambridge University Press.

3
『중외역사강요』의 '인류운명공동체' 서술과 시사점

우성민 동북아역사재단 연구위원

I. 머리말

신중국 건국 70주년을 맞이한 2019년 가을학기 시작에 맞춰 중국 교육부는 일반 고등학교 역사교과서인 신판 보통 고중 역사교재『중외역사강요(中外歷史綱要)』를 공식 출간했다.[1]

2017년 중국공산당 제19차 전국대표대회 이후 반포된 〈보통 고등학교 역사과정표준 2017〉에 의거한 것이다.[2]

---

1 教育部組織編寫, 2019,『中外歷史綱要(上)』, 人民教育出版社. 2019년 8월 중국 교육부 고시에 고등학교 1학년은 9월부터『중외역사강요』를 사용할 것을 공지했고, 신교재를 사용하는 곳으로 베이징, 상하이, 톈진, 랴오닝성, 산둥성, 하이난성 등 6개 지역을 발표했다.

2 李卿 編輯, 2018,『普通高中歷史課程標準)(2017)』, 人民教育出版社.

중국 일반 고등학교 역사교과서 구판의 경우 개혁개방 이후 달라진 시대적 수요에 대처하기 위해 교육과정개혁 작업에 착수하는 과정에서 2001년부터 도입된 역사과정표준에 따른 2003년 과정표준을 적용한 교과서를 사용해왔다.[3]

중국 일반 고등학교 1학년에 중국사와 세계사를 통합한 기존 형태의 『역사』1, 『역사』2, 『역사』3을 정치사, 경제사, 문화사 중심의 필수과목으로 오랫동안 배우다가 2019년 9월부터 중국사와 세계사를 분리한 형태로 전환했다.

『중외역사강요』의 '중(中)'은 중국사에 해당하고 '외(外)'는 세계사에 해당하는 외국사를 의미한다. 고등학교 1학년 상반기에는 상권인 중국사를, 하반기에는 하권인 세계사를 배우지만, 구판에 비해 중국사의 비중이 더욱 증가했다.

2019년 8월 27일 중국 교육부가 기자간담회를 열고 새로운 고등학교 역사교과서는 중화 5,000년 문명사, 중국인민 170여 년의 투쟁사와 중국공산당 90년사, 민족단결 진보교육 및 국가주권, 해양의식 교육을 중점 학습 내용으로 다룬다고 밝힌 바와 같다.[4] 이번 보통 고중 역사교재 총주편(總主編)이자 중국사학회 역대 회장이었던 장하이펑(張海鵬)은 이번 일반 고등학교 역사교과서로 선정된 총 5권은 필수교재인 『중외역사강요』

---

3 중화인민공화국 수립 당시에는 구소련 교육을 모델로 삼아 중국 교육부에서 작성한 교육 지침인 교학대강을 기준으로 사용했다. 김지훈, 2007, 「중국의 신교육과정과 역사과정표준실험교과서」, 『동북아역사논총』 17, 229쪽; 윤세병, 2017, 「중국의 역사교육과정의 현황: 2011·2017 과정표준을 중심으로」, 『역사교육논집』 65.

4 "教育部: 新編高中歷史教材突出國家主權, 海洋意識教育", 『紅星新聞』, 2019.8.27 (baijiahao.baidu.com/s?id=1642998656528238712&wfr=spider&for=pc).

(상·하), 선택적 필수교재인 『국가제도와 사회치리』, 『경제와 사회생활』, 『문화교류와 전파』 세 권임을 설명했다. 교재는 역사적 사실에 기초하여 티베트, 신장, 타이완 및 그 부속도서, 남중국해 도서 등 한 부분도 분할할 수 없는 중국의 영토로서 역사적 연원을 가르쳐서 국가통일과 국가주권, 안보의식 수호에 대한 의식 고양을 목적으로 한다고 강조했다.

중국사회과학원 학부위원으로 장하이펑과 함께 보통 고중 역사교재 총주편인 서우두사범대학 역사학원 세계사학과 쉬란(徐藍) 교수는 새로운 역사교재 편찬팀은 영웅인물의 교육적 기능을 중시하여 중국역사상 대표적인 영웅인물들을 교재 안에 녹여냈는데, 그 실례로 『중외역사강요(상)』에 약 70여 명, 30여 개의 영웅군을 다루었다고 소개했다.

특히 변강을 개척했던 위청(衛青), 곽거병(霍去病), 나라에 충성했던 악비(岳飛), 항왜(抗倭) 영웅인 척계광(戚繼光), 갑오해전의 등세창(鄧世昌), 항일전쟁의 영웅 자오이만(趙一曼), 쭤취안(左權), 한국전쟁의 영웅 양건쓰(楊根思), 황지광(黃繼光), 추사오윈(邱少雲) 등의 실례를 들었다.[5]

개편한 새로운 고등학교 역사교과서의 총주편들이 스스로 천명한 바와 같이 중점학습 내용이 '국가통일과 국가주권, 안보의식 수호'임을 밝혔는데, 이는 타이완 주권과 서양 자본주의에 의한 사회주의체제를 위협하는 요소들에 대응하기 위함임을 알 수 있다.

새로운 역사교재에서 특별히 중시하여 나열한 영웅들도 국토를 지키거나 영토를 확장시킨 위인들이다. 보통 고중 역사교재 총주편이 '해양의식 교육'을 중점학습 내용이라고 역설하면서 영토주권 수호의 문제로 귀결시키고 있듯이 결국에는 개편된 중국 고등학교 역사교과서가 국가정체

---

5   주 4와 같음.

성 확립의 관점에서 출발하고 있음을 확인할 수 있다.

중국 교육부가 사회주의 국가체제 유지를 위한 중요 수단으로 역사교과서를 제작했음을 보여주는 단서이다.[6] 이는 당중앙이 당의 교육 방안을 완전히 관철시키기 위해 교과서는 국가의지를 체현하는 것이고 교과서 편찬이 국가의 권리라고 밝힌 것과 무관하지 않다.[7]

실례로 2017년 7월 중국은 국무원 산하에 국가교재위원회를 설립하여 전국 교과서 작업을 인도하고 총괄한다는 교과서 관련 중대 정책을 발표했다.[8] 국무원 부총리가 위원회의 주임, 교육부부장(장관)과 중앙선전부 부장(장관)이 부주임을 맡아 교과서 제작 과정 중의 중대한 문제를 해결하는 역할을 할 것이라고 보도했다.

중앙선전부 부장의 경우 현재 중앙정치국 위원이자, 중앙서기처 서기 중 한 명이며 중앙정신문명 건설지도위원회 판공실 주임이다. 명실상부한 중국 지도부가 교과서 편찬의 배후에 있다는 점에서 중국 최고 영도자의 의지를 대변한다고 할 수 있다.

중국 교육부 기자간담회에 앞서 중앙선전부 부장은 '시진핑 주석의 역사학에 관한 중요 논술이론에 대해 학습하는 세미나'에 참석하여 연설하면서 시진핑 주석의 중요 논술에 대해 다음과 같이 강조했다.

역사를 배우는 '학사(學史)', 역사를 연구하고 다루는 '치사(治史)', 역사를 사용하는 '용사(用史)'의 각 방면을 관통하고, 공산당사(黨史)와 국

---

6 김지훈, 2019, 「국가의지(國家意志)와 역사교과서의 정치화−2018년 중국 중학교 역사교과서의 현대사 서술」, 『역사교육연구』 33, 83-117쪽

7 "對話國家教材委員會委員: 教材建設實質上是國家事權", 『光明日報』, 2017.7.14; 김지훈, 2019, 83-117쪽.

8 "國務院決定成立國家教材委員會 劉延東", 『中國新聞網』, 2017.7.6.

사, 중화민족사, 세계사 등 각 분야를 포함하여 역사와 역사학에 대해 당대 중국공산당원들이 철저히 파악해야 한다고 강조했다. 고도의 역사 자신감과 역사의식, 넓은 역사 시야와 큰 역사관, 강한 문화 자신감과 역사적 사명을 드러내는 것이 바로 신시대 중국역사 연구의 중요한 지침이자 기본 준칙이라는 것이다.

중국공산당원이 공산당사와 중국사 및 세계사를 모두 섭렵하여 미래의 새로운 역사를 만들어가는 주체가 되어야 한다는 중국 지도부의 역사 인식을 반영한 것이다. 『중외역사강요』에서 공산당사와 중국사 및 세계사를 구판에 비해 상세하게 다루게 된 배경으로도 볼 수 있다.

이어서 중앙선전부 부장은 신중국 건국 70년간 중국의 사학 발전성과는 훌륭하며 인재도 많이 배출했는데, 이제 새로운 시작점에서 마르크스주의의 우월적 지위를 유지하면서 중국특색의 역사학 학문체계·학술체계·담론체계 구축을 가속화해야 한다고 강조했다. 아울러 역사연구와 역사교육을 결합하여 근본부터 바로잡고 역사학문의 본연을 착실히 찾아가는 동시에 '역사허무주의'에는 분명히 반대해야 한다고 역설했다. 그리고 중국인들이 정확한 역사관, 민족관, 국가관, 문화관을 수립하도록 인도해야 한다고 설명했다.

위의 중앙선전부 부장이 언급한 '역사연구와 역사교육 결합'의 중요성은 사실 시진핑 주석의 발언을 인용한 내용이다.

2019년 1월 중국사회과학원 산하 중국 최고의 역사 연구기관인 중국역사연구원 설립을 축하하면서 시진핑 주석이 축하 전보를 보내 "국가주권·국가안보·영토보전·국가통일 등 중국의 '핵심이익' 수호를 위하여 중국인민의 통일된 역사의식을 고취한다"고 밝혔다. 이는 상술한 새로운 고등학교 역사교과서의 총주편이 밝힌 교과서의 중점학습 내용인 '국가

주권, 해양의식 교육'과 일맥상통한다.

중국역사연구원의 '역사연구'의 기능과 중국 고등학교 역사교과서의 '역사교육'의 기능을 보면 시진핑 주석과 중앙선전부 부장이 공통적으로 지적한 '역사연구와 역사교육 결합'과 연결된다는 것을 알 수 있다.

교과서는 국가의지를 체현하는 것이라는 의미는 곧 중국 최고지도부의 의지를 총체적으로 반영하는 것이라고 이해할 수 있다.[9]

제19차 당대회 보고에서는 "교육강국 건설은 중화민족의 위대한 부흥의 기본 사업이므로 교육사업을 우선 위치에 두고 교육 현대화에 박차를 가해 국민이 만족하는 교육을 실시해야 한다"고 강조했다. 이는 시진핑 주석이 집권 2기를 맞이하여 집권 1기에 제시했던 '양대 100년의 꿈'인 공산당 창당 100주년까지 전면적 샤오캉(小康)사회를 실현하고 중화인민공화국 건국 100주년까지 부강하고 현대화된 사회주의 국가를 건설하겠다는 목표를 구체적으로 제시하면서 발언한 것이다.

여기서 주목할 점은 중국을 부강하고 아름다운 사회주의 강국으로 건설하겠다는 국가 미래 전략과 함께 중국특색의 대국외교로 신형 국제관계를 구축하고 인류운명공동체를 추진한다는 대외정책이 포함되어 있다는 점이다. '교육 강국' 건설이라는 원대한 포부를 갖고 전방면의 교육 개혁을 추진하는 가운데 개발된『중외역사강요』는 중국 당지도부의 국정운영 지침인 신시대 중국특색 사회주의의 전략을 고스란히 관철하고 있다.

이러한 맥락에서 중국 고등학교 역사교과서에 대한 종합적인 분석을 통해 중국 역사학계의 새로운 시각과 역사인식의 변화를 총체적으로 검토하는 작업은 매우 중요하다. 그동안 국내 학계의 중국 역사교과서 연구

---

9   김지훈, 2019.

는 한중수교 이래 현재까지 지속적으로 진행되면서 다양한 논제에 대한 분석 결과를 발표했지만,[10] 『중외역사강요』에 대한 연구는 시작 단계라는 점에서 주목할 필요가 있다.[11]

흥미로운 점은 『중외역사강요(하)』의 마지막을 장식한 활동과제(活動課)의 주제가 '세계로 눈을 돌려, 인류운명공동체 건설 추진'이라는 점이다. 인류운명공동체 구축은 '신시대' 중국특색 사회주의 기본방침이며, '중국이 어떠한 세계를 추구하는가?'라는 질문에 대한 답변이라고 소개한다.[12]

『중외역사강요』(상·하)의 대단원을 인류운명공동체 구축으로 종결했다는 것은 사실상 『중외역사강요』의 핵심 목표에 해당한다고 해도 과언이 아니다. 『중외역사강요(상)』의 활동과제 주제인 '가정과 나라에 대한 애정과 통일적 다민족 국가의 발전'과 짝을 이루고 있는 셈이다. 현재 중국의 역사적 정당성을 확보하기 위한 목표와 중국의 세계 전략을 교육으로 실현하고자 하는 목적을 드러낸 것이다.

당지도부의 국정운영 지침인 신시대 중국특색 사회주의의 기본방침이라고 하는 '인류운명공동체'는 어떤 의미를 내포하고 있을까? '인류운명공동체' 담론 구축의 배경과 내용은 무엇인가?

이에 이 글에서는 『중외역사강요』에 서술된 인류운명공동체의 내용과 함의에 주목하여 검토하고자 한다. 다만, 선제 작업으로서 언론을 통해

---

10 오병수, 2016, 「국내학계의 중국 역사교과서 연구 경향과 과제」, 『동북아역사논총』 53, 147-170쪽; 김지훈, 2007, 224쪽.

11 우성민, 2020, 「중국 역사교과서의 개편과 자국사 및 세계사의 '현대' 서술」, 『역사와 교육』 30, 252쪽.

12 教育部組織編寫, 2020, 『中外歷史綱要(下)』, 人民教育出版社, 143쪽.

소개된 인류운명공동체 관련 보도 사례에 이어 초중등 교과서의 서술 내용 등을 검토한 뒤『중외역사강요』에서 어떻게 상호 유기적으로 연결되는지 순차적으로 파악하고자 한다.

II. 인류운명공동체 담론의 구축 배경과 언론보도 사례

최근 중국에서 표방하는 인류운명공동체 담론은 포스트 코로나시대에 접어들면서 오히려 국제적으로 외면 받고 있다. 남중국해 분쟁이 지속적으로 고조되고, 미중 무역전쟁도 격화되는 가운데 미국을 비롯한 유럽에서 인류운명공동체 담론에 대한 부정적 시각을 표면적으로 드러내고 있다. 그러나 중국 외교부는 유엔 창립 75주년을 맞이하여 유엔의 역할, 국제 정세, 지속 가능한 발전, 방역 협력과 같은 문제에 대한 중국의 입장과 제안을 담은 보고서를 발행했다.[13]

보고서에서는 오늘날 전 세계가 코로나로 인해 큰 격동의 시기에 접어든 새로운 상황에서 중국은 계속해서 대국(大國)으로서의 책임을 다하고, 대국의 공헌을 할 것이며 더 많은 글로벌 공익물자를 제공하여 세계 평화와 발전에 기여할 것이라고 강조했다.[14] 이어 보고서의 마지막에서 우리는 세계의 모든 국가와 협력하여 다자주의를 견지하고, 함께 유엔 재

---

13 "中國外交部發布『中國關于聯合國成立75周年立場文件』",『人民日報海外版』, 2020. 9.17.
14 주 13과 같음.

정비를 다시 시작하며, 공동으로 인류운명공동체를 구축할 것이라고 역설했다.[15]

코로나로 글로벌화가 역풍을 맞은 상황에서도 중국은 국제사회를 향해 인류운명공동체 구축을 지속적으로 추진할 것으로 전망된다. 인류운명공동체는 인류의 미래를 공유하는 공동체라는 개념으로 글로벌 거버넌스를 위한 중국식 해결책을 제공한 것이다.

중국 최대의 검색엔진 바이두에 따르면 인류운명공동체는 자국의 이익을 추구할 때 다른 나라를 합리적으로 배려하면서 발전을 추구하면서도 각국의 공동발전을 촉진하는 것을 목표로 한다고 설명한다.[16] 인류는 지구가 하나뿐이고 모든 국가가 같은 세계에 살고 있기 때문에 인류운명공동체의식을 제창할 필요가 있다는 것이다. '인류운명공동체'라고 하는 글로벌 가치관은 상호 의존적 국제 권력관, 공동 이익관, 지속 가능한 발전관, 글로벌 거버넌스관(觀)이 포함된다고 소개했다.[17]

인류운명공동체 담론의 시작이 2012년 11월 제18차 중국공산당 전국대표대회에서 시진핑 주석이 당 총서기 겸 국가주석, 당중앙군사위 주석에 오른 시점과 동일하다는 점에 주목할 필요가 있다. 시진핑 주석이 취임 후 처음으로 외국 인사를 만났을 때, "국제 사회는 점점 더 당신 안에 내가 있고, 내 안에 당신이 있는 '운명공동체'가 되었다"고 하면서 복잡한 세계 경제 상황과 글로벌 문제에 직면하여 남을 고려하지 않고 자기 자신

---

15 주 13과 같음.

16 『百度百科』(baike.baidu.com/item/人類命運共同體/1096715?fr=aladdin).

17 주 16과 같음. 이 글의 제목도 인류운명공동체를 글로벌 가치관이라고 설명한 부분을 인용한 것이다.

만 생각하는 것은 불가능하다고 했다.[18]

'운명공동체'는 중국정부가 거듭 강조해온 인류 사회의 새로운 개념이라고 정의하면서 시진핑 주석이 국제형세 변화와 시대적 추세에 따라 인류가 어떠한 세계를 건설하고, 어떻게 구축해나갈지 등 인류 운명과 결부된 중요 과제에 대해 고민해왔음을 드러냈다.

2011년 9월에 출간된 『중국의 평화 발전』 백서에서 시진핑은 '운명공동체'라는 새로운 시각으로 인류가 공동의 이익과 가치를 추구해야 한다는 새로운 논리를 제안했다.[19] 오늘날 세계는 한 세기 동안 볼 수 없었던 큰 변화에 직면해 있는데, 예를 들면 정치적 다극화, 경제적 세계화, 문화적 다양화, 사회적 정보화의 흐름을 되돌릴 수 없으며 각국 간의 유대와 상호 의존은 심화되고 있지만 여러 공통적인 도전에 직면해 있다고 강조한 것이다.

특히 식량 안보, 자원 부족, 기후 변화, 사이버 공격, 인구 폭발, 환경오염, 전염병 유행, 초국제 범죄 등 전 세계의 비전통 안보문제가 차례로 등장하여 국제질서와 인간 생존에 심각한 도전이 되었음을 제기했다. 이러한 시대적 배경 가운데 사람들은 어느 국가에 살든, 어떤 종교를 믿든, 원하든 원하지 않던 사실상 이미 '운명공동체'가 되어 인류의 공통된 도전에 대응할 목적으로 일종의 글로벌 가치관이 형성되기 시작했으며 점차 국제적인 공감대를 얻고 있다. 인류운명공동체 담론 구축의 출발점을 비교적 상세하게 다루면서 담론에 대한 구체적 논의가 국제사회에 전파되

---

18 주 16과 같음.
19 "中國國務院新聞辦公室6日發表『中國的和平發展』白皮書", 『國務院新聞辦公室網站』, 2011.9.6.

고 확산되는 과정을 소개했다.

상술한 2012년 중국공산당 제18차 전국대회에 이어 2013년 3월 시진핑 주석이 탄자니아를 방문했을 때 "역사를 통해 중국과 아프리카는 항상 '운명공동체'였으며 공동의 역사적 난제, 공동발전의 임무 및 공동의 전략적 이해관계가 우리를 밀접하게 연결하고 있다"고 발언한 것을 최초의 사례로 설명했다. 그러나 일반적으로 2013년 3월 23일 시진핑 주석이 모스크바 국제관계연구소에서 "시대의 발전적 흐름에 순응하여 세계 평화와 발전을 촉진하라"라는 제목으로 연설한 사례가 '인류 문명의 방향에 대한 중국의 판단'을 세계에 알린 시발점이라고 했다.[20]

이어 시진핑 주석이 2015년 아시아 보아오포럼 연례회의에 참석하면서 "아시아 운명공동체로 나아가는 것을 통해 인류운명공동체를 구축하자는 방안을 창안했다"고 강조했다. 그리고 동시에 '운명공동체'를 향한 "네 가지 주장"을 제안했는데 ① "각국이 상호 존중과 평등한 대우를 견지하고, ② 상생 협력과 공동발전을 견지하며, ③ 공통적·포괄적·협력적이고 지속 가능한 안보를 견지하며, ④ 서로 다른 문명의 포용과 수용 및 교류와 학습을 견지한다"는 내용이다.

아프리카와 러시아에 이어 중국 하이난성의 보아오로 무대를 옮기면서 '운명공동체'에서 '아시아 운명공동체'로, 다시 '인류운명공동체'로 규모와 영향력이 점진적으로 확대되는 경향을 확인할 수 있다.

결국 2015년 9월 뉴욕 유엔 본부에서 시진핑 주석은 "오늘날 세계 각국은 상호 의존적이며 동고동락하고 있다. 우리는 유엔헌장의 목적과 원칙을 계승하고 이행함으로써 상생 협력을 핵심으로 하는 신형의 국제 관

---

20 教育部組織編寫, 2020, 143쪽.

계를 구축하여, 인류운명공동체를 만들자"는 연설을 통해 명실공히 국제무대에서 인류운명공동체 담론의 위상을 드러냈다.

2017년 10월 제19차 중국공산당전국대회에서 시진핑 주석은 평화발전의 길을 견지하며 인류운명공동체 건설을 추진해야 한다고 제안하는 동시에 글로벌 거버넌스 시스템의 개혁 촉진을 제창했다. 중국의 당·국가·군의 최고지도자가 제안하며 중시한 만큼 2017년 12월에 개최된 중국인 초청 공식행사에서 '인류운명공동체'가 최종 후보에 올랐으며 2017년의 국제 단어로 선정되었다고 평가했다.

2018년 3월 개최된 제13차 전국인민대표대회 제1차 회의에서는 인류운명공동체를 헌법에 추가하기 위해 급기야 헌법까지 개정했다. 헌법 서문 제12번째 단락에서 기존의 "각국과의 외교관계와 경제 문화 교류를 발전시키고"를 "각국과의 외교 관계와 경제 문화 교류를 발전시키고 '인류운명공동체'의 건설을 촉진한다"라고 수정한 것이다.

2015년 아시아 보아오포럼에 이어 2018년 4월에 개최된 아시아 보아오포럼 개막식 기조연설에서 시진핑 주석은 "역사적 흐름에 순응하고 인류의 복지를 증진시키는 관점에서 인류운명공동체 건설 제안"을 재차 강조했다. 특히 인류운명공동체가 유엔 결의에 기입된 사실을 언급하며 여러 국가에서 지지하고 있다고 평가했다. 중국과 국제사회에서 동시에 주목받도록 강조해온 인류운명공동체 담론은 중국의 권위 있는 문예월간지 『교문작자(咬文嚼字)』에서도 2018년 상위 10대 유행어 중 하나로 발표했다.

2018년 12월 18일 개혁개방 40주년 기념연설에서도 시진핑 주석은 지난 40년 중국의 위대한 역사적 업적을 요약하며 개방형 세계경제 건설과 인류운명공동체 구축 및 글로벌 거버넌스 시스템의 개혁을 적극 추진하겠다고 밝혔다. 동시에 패권주의와 권력 정치에 반대한다는 입장을 분명히 하고, 세계의 평화 발전을 위해 중국의 지혜, 중국식 솔루션, 중국의 힘으로 지속적으로 기여할 것이라고 역설했다. 반드시 개방 확대를 견지하여 인류운명공동체를 부단히 추진할 것을 강조한 것이다.[21]

해를 거듭하면서 인류운명공동체 담론 구축을 강조하는 정도가 세지고 내용도 구체화되는 가운데 2019년 10월 중국공산당 제19차 중앙위원회에서도 독립적으로 자주적인 평화 외교정책을 유지하고 개선하여 인류운명공동체를 추진하겠다고 설명했다. 시진핑 주석의 집권 시작을 알리는 시점부터 대두된 인류운명공동체 담론이 처음에는 '운명공동체'와 '아시아 운명공동체'의 개념에서 시작하지만 궁극적으로 글로벌 거버넌스 시스템 개혁을 위한 '중국 솔루션'으로 확대 발전하고 있음을 확인할 수 있다. 시진핑 주석이 참석하는 크고 작은 규모의 국내외 컨퍼런스와 포럼에서 '인류운명공동체'는 빼놓을 수 없는 핵심 키워드가 된 것이다.

상술한 바와 같이 2020년 3월 세계보건기구에서 코로나19 팬데믹을 선언했지만 3월 26일 중국 『신화망(新華網)』은 신종코로나바이러스 대응 관련 G20 특별정상회담에서 시진핑 주석은 인류운명공동체 이념하에 국가들과 방역에 관한 유익한 방법을 공유하고 가능한 모든 도움을 제공할 것이라고 밝혔다.[22] 포스트 코로나시대에도 인류운명공동체 구축을 위한 중국의 입장은 변화가 없음을 보여주는 실례라 할 수 있다.

이어 중국 『신화망』의 3월 30일자 기사에서 시진핑 주석의 저서 『인

---

21 주 16과 같음.
22 "習近平在二十國集團領導人應對新冠肺炎特別峰會上發表重要講話", 『新華網』, 2020. 3.26.

류운명공동체 구축 추진 견지를 논함』의 일문판이 출판되었는데, 외국 독자들이 시진핑 주석과 중국의 외교사상과 정책을 이해하는 데 큰 도움이 된다고 강조했다.[23] 『인류운명공동체 구축 추진 견지를 논함』은 2018년 6월 중앙문헌출판사에서 출간된 것으로 시진핑 주석의 중요 원고 85편을 수록했다고 『인민망(人民網)』은 전하고 있다.

특히 "어떤 세계를 건설할지, 이 세계를 어떻게 건설할지" 등 인류의 미래 운명에 관계되는 중요한 과제에 관한 시진핑 주석의 이론적 사고를 더 깊이 이해하고, 인류운명공동체 구축 이념의 시대적 배경과 주요 내용, 실현 방법을 파악하는 데 도움이 될 뿐만 아니라 시진핑 주석 외교 사상의 풍부한 내용과 중국의 외교 방침 및 정책을 깊이 이해하는 데 중요한 의미가 있다고 상세하게 소개했다.[24] 2019년 4월 중앙편역출판사를 통해 영문판을 출간했는데,[25] 1년 만에 다시 일문판이 출간된 것이다. 중국의 외교 사상을 각국의 언어로 번역하여 전 세계에 선전함으로써 세계 지도자로서의 위상을 광범위하게 드러내고자 한 것이다.

『중국사회과학망』의 5월 25일자 기사에서도 제2차 세계대전 종식 75주년을 기념한 시진핑 주석의 연설에서 (중국이) 국제 평등과 정의를 수호하고 다변주의를 지지하여 국제질서의 수호자가 되고자 하며 그 일환으로 인류운명공동체를 구축하고자 한다고 역설했다.[26] 『중국사회과학망』은 중국 내 최대 규모의 국가 전략 싱크탱크 중국사회과학원의 소식

---

23 "習近平『論堅持推動構建人類命運共同體』日文版出版發行", 『人民網』, 2020.3.29.
24 " 習近平同志『論堅持推動構建人類命運共同體』出版發行", 『人民網』, 2018.10.15.
25 "習近平『論堅持推動構建人類命運共同體』英文版出版發行", 『央視網』, 2019.4.9.
26 "從二戰歷史吸取經驗教訓", 『中國社會科學網-中國社會科學報』, 2020.5.25.

을 전문적으로 다루는 국가급 사회과학 학술연구 포털사이트이다.

2020년 1월 설립 1주년을 맞이한 중국사회과학원, 중국역사연구원이 신간발표회를 개최하고 중국특색의 역사학체계, 학술체계, 담론체계 구축을 위해 개정판 『역사연구』, 『중국역사연구원집간』, 『역사평론』을 창간한다는 소식을 알렸다.[27] 전면적으로 전국 사학 연구를 총괄 지도하여 능동적으로 의제를 설정하고, 학술 방향을 이끄는 역할을 할 것임을 시사하면서 인류운명공동체 구축을 위해서 역사적 계몽을 제공할 것을 강조한 것이다.

특히 중국역사연구원은 중국사회과학원 산하의 연구소들을 중심으로 조직된 국가 정상급 중국역사 정책·연구 기관으로서 인류운명공동체 실현을 위해 중국적 시각의 세계역사 서술 등 학문적 근거 제시가 설립 목표에 포함되어 있음을 주목할 필요가 있다.

이러한 당중앙의 요구에 부응하듯 중국역사연구원 고대사연구소 소장은 『인민일보』에 "중국특색의 철학 사회과학 구축을 위해 중국 고대제도사 연구를 계속 심화시켜야 한다"는 논설을 발표하면서 인류운명공동체 담론을 뒷받침하는 학문적 근거를 중국 사료에서 찾고자 하는 사례로 시진핑 주석의 발언을 인용했다.[28] 시진핑 주석이 중국특색 사회주의제도와 국가경영체계가 중화민족이 고대부터 형성해온 국가제도 및 국가경영체계 간 내재한 논리적 관계에 대해 분석해야 함을 강조하면서 중국 고대의 '협화만방(協和萬邦: 만방 협력하여 평화를 이룬다)'과 오늘날의 인류운동

---

[27] "打造高端學術出版和傳播平台－中國歷史研究院歷史研究雜志社新刊發布會述要", 『人民日報』, 2020.2.3.
[28] "構建中國特色哲學社會科學: 不斷深化中國古代制度史研究", 『人民日報』, 2020.6.22.

공동체 간의 상관관계를 논하고 탐구하는 사례를 본보기로 제시한 사실을 강조한 것이다.

'협화만방'은 중국고대 유가 오경(五經) 중 하나인 『서경(書經)』, 곧 『상서(尚書)』 요전(堯典)의 '백성소명 협화만방(百姓昭明 協和萬邦)'에서 유래했다.[29] 인류운명공동체 담론의 근원을 중국고대 원전에서 찾음으로써 인류운명공동체 담론의 중국적 정체성을 역설하려는 의도로 보인다.

표면적으로는 2017년 2월 유엔 사회발전위원회 제55기 회의에서의 시진핑 주석의 연설 내용과 같이 "각국 국민이 한마음으로 협력해 아름다운 세계를 건설하는 것으로 상호 존중하고, 평등하게 협상하며, 냉전적 사고와 독재정치를 버리고, 대항하지 않고 대화하며, 동반자의 관계지만 동맹을 맺지 않는 나라와 국가가 새로운 길로 교류해야 함"을 강조했지만, 실제는 중국이 신형 국제질서를 이끄는 대국의 역할을 계속 발휘할 것임을 시사하는 것이다.

최근 몇 년 동안 중국을 대표하는 주요 언론들이 앞다투어 인류운명공동체 담론 구축에 대해 지속적으로 보도하는 현상과 인류운명공동체 담론이 신판 고등학교 역사교과서 『중외역사강요』의 핵심 내용이 되어 공식 출간된 사실은 어떠한 상관관계가 있을까? 중국 최고지도부가 새롭게 개편된 중국 역사교과서와 주요 언론을 통해 왜 동시에 인류운명공동체 담론을 강조하고 있을까?[30]

2017년 중국공산당 제19차 전국대표대회에서 통과된 〈중국공산당당

---

29 『尚書』 권1, 堯典, 1쪽(『四庫全書』 電子版(網上版), 四部叢刊景宋本).

30 이와 관련하여 당중앙의 통일전선 업무 방면에서의 참모 역할을 하는 중국공산당중앙통일전선공작부와 중국공산당중앙위원회, 중앙정치국 상무위원회 등 중국 최고지도부의 대외 정책 결정 과정 등을 동시에 살펴볼 필요가 있다.

장(中國共産黨黨章)〉(이하 〈당장〉)에서는 중국공산당의 영도가 "당과 정부와 군과 민간과 학교에서, 동서남북, 중앙에서 당이 모든 것을 영도한다(黨政軍民學 東西南北中 黨是領導一切的)"[31]고 했다. 중국공산당은 개혁개방 이후 경제성장과 이에 따른 국내의 각종 사회경제 문제를 해결하고 미국과 대립하면서 강대국으로 도약하기 위해서는 중국공산당의 강력한 리더십이 필요하다고 판단했다.

2017년 중국공산당 제19차 전국대표대회 이후에 출간된 중국 역사교과서는 '당이 모든 것을 영도한다'는 〈당장〉에 따라 중국공산당의 역대 당대회와 지도자들의 사상 및 주요 정책을 비교적 자세하게 소개했다. 그 가운데 인류운명공동체는 시진핑 2기 체제를 알리는 2017년 중국공산당 제19차 전국대표대회에서 새로운 중국의 통합모델로 제시된 것이다.[32]

인류운명공동체가 시진핑 제1기 체제보다 현저하게 부각되는 과정에서 최근 언론 보도는 상대적으로 급증했다. 같은 맥락에서 중국의 국가의지를 관철하기 위한 수단으로 밝힌 교과서에 인류운명공동체는 주요한 서술 대상이 되었다. 〈보통 고등학교 역사과정표준 2017〉[33]에 반영된 역사교과서 개정 작업의 지도적 사상과 기본 원칙에 '인류운명공동체'는 포함되어 있지 않기 때문이다. 2017년 중국 고등학교 역사과정표준 제작 시점이 중국공산당 제19차 전국대표대회보다 이전이었기 때문에

---

[31] "怎樣認識"黨是領導一切的"寫入黨章?", 『人民日報』, 2018.1.25; 『中國共産黨章程』, 2017(zh.wikisource.org/wiki/%E4%B8%AD%E5%9B%BD%E5%85%B1%E4%BA%A7%E5%85%9A%E7%AB%A0%E7%A8%8B_(2017%E5%B9%B4)).

[32] 이희옥, 2017, 「중국공산당 제19차 전국대표대회 결과와 의미」, 『중국산업경제브리프』.

[33] 李卿 編輯, 2018.

현행 교과서에 중국 최고지도부의 공식적인 담론을 반영하기 위해서는 2017년 중국 고등학교 역사과정표준을 근거로 신속한 보완 작업이 수반되었다.

다음은 고등학교 역사교과서인 『중외역사강요』와 비교 대조하는 차원에서 중국 초등학교와 중학교 역사교과서에서 다룬 인류운명공동체의 내용을 검토하고자 한다.

III. 중국 초·중 역사교과서의 인류운명공동체 서술

중국 교육부는 2017년 9월부터 초등학교, 중학교의 『도덕과 법치』, 『어문』, 『역사』 과목의 교재는 국정에 해당하는 통편 교재만 사용한다는 방침을 공식 발표했다.[34]

『도덕과 법치』는 기존의 『사상과 품덕』을 변경한 과목으로, 개인, 가정, 학교, 사회, 국가, 세계에 대해 국가가 요구하는 윤리를 교육한다. 초등학교의 『도덕과 법치』의 경우 5학년, 6학년 상하책에서 찬란한 전통문화를 강조하면서 역사 내용을 다룬다. 그중 『도덕과 법치』 6학년 하책의 제4단원 '세계를 더욱 아름답게 하자'에서 인류운명공동체와 연결된 인류세계가 더 나은 미래를 만들기 위해 노력할 것을 학습 목표로 한다.[35] 다

---

34 中華人民共和國教育部, 2017, 「教育部辦公廳關于2017年義務教育道德與法治·語文·歷史和小學科學教學用書有關事項的通知」(教材廳函(2017)6號)(www.moe.gov.cn/srcsite/A26/moe_714/201707/t20170703_308452.html).

35 教育部組織編纂 魯潔 總主編, 2020, 『義務教育教科書 道德與法治 六年級』(下), 人民教育出版社.

시 제1과 '과학기술의 발전, 인류 복지의 건설', 제2과 '날로 중요해지는 국제기구', 제3과 '우리는 평화를 사랑한다'의 소단원으로 나누고, 제2과에서 중국이 세계무역기구에 가입한 이후 세계에 미친 영향에 대해 학생들이 토론하도록 유도한다. 특히 '중국과 국제기구'라는 주제의 단원에서 중국은 평화, 발전, 협력, 공영을 기치로 하여 민족 부흥의 중심축을 촉진하고 중국특색의 대국외교 이념을 이행하며 국가의 이익을 보호한다고 강조했다. 초등학생 교육과정부터 국내적·국제적 책무를 동시에 발휘하기 위한 미래 비전을 제시한 것으로 볼 수 있다.

연합국 창설 회원국으로 연합국 설립 과정부터 참여한 중국은 연합국 안보이사회 상임이사국으로서 평화와 안보에 관계된 중대한 실무에 영향력 있는 발언권이 있다고 설명한다. 아울러 중국은 본래 스스로 중대한 국제적 책임을 짊어지고 있으며 연합국의 권위를 존중하고, 각 항목의 업무에 적극 참여하며 인류 평화와 발전 사업에 중요한 역할을 발휘하고 있다고 역설했다.[36]

'활동 공원'이라는 보조학습 코너에서 2015년 시진핑 주석이 연합국 창립 70주년 기념활동에 참가하여 '중국은 시종 세계의 평화의 건설자, 글로벌 발전의 공헌자, 국제질서의 수호자가 될 것이라고' 밝혔음을 소개한 뒤 학생들이 시진핑 주석의 발언에 대해 대화하도록 설정했다. 중국은 연합국 이외에도 각종 국제기구에 광범위하게 참여하며 적극적으로 다자적인 사무에 가담한다고 설명하면서 국제질서와 국제체제가 공정하고 합리적인 방향을 향해 발전하도록 중국이 속한 연합국, 세계 주요 20개국(G20), 상하이협력기구, 브릭스(BRICS) 국가들이 적극적으로 역할을 발

36　教育部組織編纂 魯洁 總主編, 2020, 71쪽.

휘할 것을 지지한다고 밝혔다.

다시 '활동 공원'에서 중국이 참가하는 국제기구와 그 공헌도 점차 많아진다고 평가하면서 학생들에게 중국이 가입한 국제기구를 소개한 자료를 배열한 뒤 서로 상응하는 내용을 연결하도록 하는 질문을 제시했다. 실례로 상하이협력기구 소개 자료에는 회원국인 중국, 러시아, 우즈베키스탄, 카자흐스탄, 키르기스스탄, 타지키스탄, 인도, 파키스탄 등 8개국이 설립한 국제조직이라고 서술하면서 상호 신뢰, 상호 이익, 평등, 협상, 다양한 문명 존중, 공동발전의 '상하이 정신'을 창도했다고 강조했다. 아울러 전쟁과 질병, 빈곤, 환경오염 등 인류가 직면한 재난과 고통을 서술한 뒤, '평화는 세계의 조류'라는 소주제 하에 평화 중요성을 시사했다. 현재 국제사회는 전쟁의 빈도와 규모가 일부 하강세를 보이는 추세이나, 평화는 힘들여 얻은 것이니 더욱더 소중히 여겨야 한다는 것이다.

제2차 세계대전 종전 70주년을 기념하여 여러 국가가 연합하여 거행한 다양한 활동을 소개하고, 국가주권은 침범할 수 없는 신성한 것이므로 국가 간 상호 존중하고, 다른 나라의 문화와 제도 및 가치관을 존중해야 한다고 하면서 유엔총본부 앞에 있는 평화를 상징하는 '묶인 권총' 사진을 게재했다.[37] 이어 '중국의 평화를 위한 공헌'이라는 소주제하에 중화민족은 역대로 평화를 사랑하며 시종 평화 발전의 길을 견지해왔고, 자주독립과 평화외교 정책을 실행할 것을 확고히 해왔다고 평가했다.[38] 중국은 다른 나라의 내부 실무에 간섭하지 않고, 자신의 의지를 다른 사람에게 강요하지 않으며 이웃과 우호적으로 지내는 원칙에 따라 평화공존, 공

---

37 教育部組織編纂 魯洁 總主編, 2020, 78쪽.
38 教育部組織編纂 魯洁 總主編, 2020, 79쪽.

동발전을 목표로 함을 드러낸 것이다.

위의 본문과 관련된 보조학습 코너를 별도로 만들어 중국은 확고부동한 평화공존의 5원칙, 즉 상호 주권과 영토보전의 존중, 상호 불가침, 상호 내정 불간섭, 평등과 상호 이익, 평화공존의 기초 위에 각국과 협력하며 발전을 도모할 것을 강조했다. 그리고 5원칙 중 주권, 영토 등 국가 구성의 핵심 요소를 반복적으로 서술함으로써 홍콩, 타이완, 남중국해 영유권 분쟁 관련 중국 측 입장에 대한 의지를 학생들에게 심어주기 위한 것으로 보인다.

동시에 중국은 권력 정치를 반대하며, 패권은 영원히 잡거나 확장시키실 수 없으므로 국제 분쟁의 평화적인 해결을 주장한다고 밝혔다. 국제 핫이슈에서 중국의 소리를 낼 것이라고 역설하는데, 이는 상술한 2018년 12월 18일 개혁개방 40주년 기념 시진핑 주석의 연설 내용과 동일하다. 중국이 권력 정치와 패권을 반대한다고 한 것은 주권, 영토보전 및 상호 불가침의 원칙과 함께 궁극적으로 미국을 지적하는 것으로 볼 수 있다.

상술한 바와 같이 초등학교 과정부터 현재 중국의 국제문제의 입장과 외교 정책 및 방향을 확고하게 인지시키고자 하는 의도를 확인할 수 있다.

소단원의 마지막 단락에서 중국은 시종 공동발전의 길을 걸어왔으며 평화 발전을 촉진시킴으로써 인류운명공동체를 만들어갈 것임을 명시하는데, 바로 '일대일로'가 인류운명공동체 구축의 중요한 실천적 플랫폼이라고 해석했다.

본문 아래 〈그림 1〉과 같은 대화와 삽화를 통해 '일대일로'의 의미를 이해하기 쉽게 알려주고 있다.[39]

---

[39] 教育部組織編纂 魯洁 總主編, 2020, 80쪽.

그림 1 『도덕과 법치』(6학년, 하) 4단원의 2015년 시진핑의 연합국 창립 70주년 기념 연설과 '일대일로' 및 인류운명공동체 구축

- 내가 듣기로는 '일대일로'는 아시아, 유럽과 아프리카 대륙 및 부근의 해양의 상호 연결과 상호 소통에 힘써 연선국가들 간의 협력 관계를 강화하는 것이라고 들었어.
- 나는 100여 개의 국가와 국제기구가 '일대일로' 건설에 참여하고 있다는 것을 알아.
- 내가 보기에 중국이 제안한 '일대일로'는 바로 공동으로 발전하고 평화를 공유할 수 있는 최적의 사례라고 생각해.

학생들이 대화하는 형태로 '일대일로'를 일목요연하게 정리하여 '일대일로' 건설이 인류운명공동체 구축을 위해 나아가는 실질적인 뒷받침이 되고 있음을 강조했다. 이어 다소 거리가 있지만 중국인민해방군의 역할과 함께 다음의 내용을 전하고 있다.

중국은 시종 세계 평화의 건설자요, 국제질서의 수호자로 중국 군대는 시종 세계 평화를 보호하는 굳건한 역량이다. 중국인민해방군은 설립 이래 시종 중국인민의 수호자요, 국가안보의 보호자이며, 세계 평화를 지키는 확고한 보위자다. 강대한 국방역량은 평화를 유지하고 전쟁에서 이기는 중요한 보증이다. 근년 이래 중국 군대는 해상 구조 원조, 평화유지군, 합동군사훈련과 해적퇴치 등 국제 군사활동에 적극적으로 참여하여 안보영역에서 대국의 책임을 전담할 것이다.

인류운명공동체 구축 건설을 위해서 강력한 국방력이 전제 조건이 되고 있음을 암시하는 것으로 이해된다.

본문에 이어 중국인민해방군 현역부대가 육군, 해군, 공군, 로켓군 및 전략지원부대로 구성되었음을 소개하는 사진을 게시했다. 2016년 11월까지 중국이 연이어 24회의 연합국 수호행동에 참가했고 누계하면 3만이 넘는 군사 인원, 경찰, 군사관원을 배출했음을 설명하는 사진을 게시했다.[40]

이상의 초등학교 『도덕과 법치』 6학년 하책은 2020년 1월에 인쇄되었기에 최신 판본의 내용임을 주목할 필요가 있다.

초등학교 과정에 이어 중등과정에서는 8학년(중학교 2학년) 학생이 사용하는 역사교과서 『중국역사』 하책에서 인류운명공동체 구축 담론에 대해 교육하고 있다.

『중국역사』(8학년, 하)는 중국정부가 2011년 말, 애국주의 정치교육으로서 역사교육을 강조하는 교육과정을 제정한 뒤 2017년 중등 역사교육과 관련하여 국정화 방안을 공식 발표한 후 새롭게 개발한 교재이다.[41]

전반적으로 중화인민공화국시대를 다루면서 국가 발전의 전체적 국면과 미래의 전망과 관련된 신발전 이념 수립을 제안하고, '일대일로' 건설을 통한 중국과 세계의 공동번영 구현을 설명하는 맥락에서 인류운명공동체를 소개한다.[42]

『중국역사』(8학년, 하)의 경우 『도덕과 법치』 6학년 하책에 비해 두 단원에서 좀 더 상세하게 설명하고 분량도 늘렸다. 초등과정과 연계하면서 더 많은 비중을 차지한다고 볼 수 있다. 초등과정의 연계뿐 아니라 중등

---

40   教育部組織編纂 魯洁 總主編, 2020, 80쪽.
41   김지훈, 2019.
42   教育部組織編纂 齊世榮 總主編, 2018c, 『義務教育教科書 中國歷史 八學年』(下), 人民教育出版社.

과정 내에서도 중국고대사를 중심으로 한 『중국역사』 7학년 상책과 유기적으로 연결되는 사례를 확인할 수 있다. 예를 들면, 한무제시기 해상 실크로드를 소개하면서 시진핑 주석이 2013년 관련국들에게 제안한 '일대일로' 정책을 설명한 뒤, 송대시기 해외무역도 및 원대 교통노선도와 연결시킴으로써 당대 국가 계획의 역사적 배경을 명시하고 있음을 알 수 있다.[43]

현대사 편인 『중국역사』(8학년, 하)에서 '일대일로'를 현재 중화민족의 위대한 부흥인 '중국몽' 실현을 위한 추진 동력으로 강조하고, 미래의 전방위 외교전략과 인류운명공동체 구축이 유기적으로 연결되도록 교육방침을 설정하고 있다.

제3단원 '중국특색의 사회주의 길' 제11과 '중국몽을 실현하기 위한 노력'의 도입 부분에서 시진핑 주석을 핵심으로 한 당중앙은 역사의 바통을 이어받아 전체적인 국면을 장악하여 전략을 짜고 힘을 다해 나라를 다스리고 중화민족의 위대한 부흥을 실현하기 위한 막강한 힘을 모았다고 밝히고 있다.

제11과를 다시 '중국몽의 웅대한 청사진', '네 가지 전면 전략', '신발전 이념', '경제 건설의 중대한 성과'의 소주제로 나눈 뒤 '경제 건설의 중대한 성과'의 본문 아래 '관련 역사'라고 하는 보조학습 코너에서 '일대일로'에 대해 다음과 같이 자세히 소개하고 있다.[44]

43　敎育部組織編纂 齊世榮 總主編, 2018a, 『義務敎育敎科書 中國歷史 七學年』(上), 人民敎育出版社, 71쪽; 敎育部組織編纂 齊世榮 總主編, 2018b, 『義務敎育敎科書 中國歷史 七學年』(下), 人民敎育出版社, 45쪽, 63쪽.

44　敎育部組織編纂 齊世榮 總主編, 2018c, 57쪽.

十三个五年规划的建议』, 提出要牢固树立创新、协调、绿色、开放、共享的新发展理念, 着力提高发展质量和效益, 形成平衡发展结构, 改善生态环境, 实现合作共赢, 增进人民福祉.

新发展理念针对的是我国发展中的突出矛盾, 回答的是中国当前最为紧迫的现实问题, 关系我国发展全局和未来前景.

经济建设取得重大成就

改革开放以来, 我国社会主义现代化建设取得了巨大成就. 中国的国内生产总值持续高速增长, 粮食、棉花、肉类和原煤、钢、水泥等200多种工农业产品的产量在世界名列前茅. 我国人民生活水平大幅提高, 综合国力不断跃上新台阶.

近年来, 我国经济发展的内外环境发生深刻变化. 以习近平同志为核心的党中央作出我国经济发展进入速度变化、结构优化、动力转换的新常态的科学判断. 我国创新宏观调控的思路和方式, 优化升级产业结构, 积极推进科技创新, 保障了国家经济的持续稳定增长.

中共十八大以来, 我国加快构建开放型经济新体制, 深入实施 "一带一路" 建设, 筹建和成立亚洲基础设施投资银行, 加快自由贸易试验区建设, 推进人民币国际化进程, 体现了中国与世界其他各国携手建设持久和平、共同繁荣的和谐世界的美好愿景.

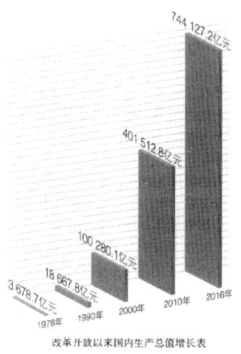

改革开放以来国内生产总值增长表

> **相关史事**
>
> "一带一路", 即 "丝绸之路经济带" 和 "21世纪海上丝绸之路". 它涉及60多个国家和地区, 未来亚太经济圈, 西接欧洲经济圈, 穿越非洲, 环连欧亚, 涉及人口约44亿, 经济总量约21万亿美元, 分别占全球的63%和29%.
>
> 2013年以来, 中国(上海) 自由贸易试验区等多个自贸区相继成立. 在自贸区内, 对外贸易变得更加自由和便利. 自贸区是 "一带一路" 建设在国内的重要支点.
>
> 2015年12月, 亚洲基础设施投资银行正式成立, 这是全球首个由中国倡议设立的多边金融机构, 旨在为亚洲国家的基础设施建设提供资金支持, 推动 "一带一路" 建设顺利实施.

亚洲基础设施投资银行开业仪式

综合国力的持续增强, 使中国在实现国家重大战略发展目标、主办国际盛会、应对突发事件、战胜重大自然灾害等方面具备了雄厚的物质基础和精神力量. 伴随着综合国力的不断提升, 中华民族伟大复兴的中国梦一定能够实现!

그림 2 『중국역사』(8학년, 하) 제11과 '관련 역사'의 '일대일로'

'일대일로', 즉 '실크로드 경제벨트'와 '21세기 해상실크로드'로, 60여 개 국가와 지역이 포함되고 동으로 아시아태평양경제권, 서로 유럽경제권에 잇닿아 있으며, 아프리카를 가로질러 아시아와 유럽을 연결하고, 약 44억 인구가 포함되며, 경제총량은 21만 억 달러로 각각 전 지구의 63%와 29%를 차지한다.……종합국력이 지속적으로 강대해짐으로써 중국은 국가의 중요한 발전 전략목표를 실현하고, 국제대회를 주최하며, 돌발상황에 대응하고, 대형 자연재해를 이겨내는 등 여러 방면에서 풍부한 물질적 기초와 정신적인 힘을 갖추게 했다. 이와 더불어 종합국력이 부단히 향상됨에 따라 중화민족의 위대한 부흥의 중국몽은 반드시 실현될 것이다.

'일대일로'의 설명에 이어 '지식 확장'이라고 하는 보조학습 코너에서 인류운명공동체 구축을 별도의 주제로 다루면서 상세하게 서술한다.[45]

인류운명공동체의 구축

중국공산당 제18차 대표대회 이후 시진핑은 세계 구도와 발전의 추세에 착안해 '인류운명공동체'라는 새로운 사상 이념을 제안하고 여러 자리에서 이 이념을 거론했다.

2015년 9월 28일 시진핑은 제70회 유엔총회 기조연설에 참석하여 '손잡고 협력상생의 파트너 관계를 구축하여 공동으로 인류운명공동체를 만들자'라는 주제로 뜻깊은 연설을 통해 협력 상생을 핵심으로 신형 국제관계를 구축해 인류공동운명체를 만들어가자고 강조했다. 시진핑은 연설에서 이 목표를 실현하기 위해 다음과 같은 노력이 필요하다고 밝혔다. "평등하게 대하고, 서로 의논하며 서로 이해하는 동반자 관계를 구축해야 한다. 아울러 공평하고 정의로우며 함께 건설하고 누리는 안전한 구조를 조성해야 한다. 동시에 개방적이고 창의적이며, 포용적인 발전모드를 도모하고, 화이부동(타인과 화목하게 지내지만 자기중심과 원칙을 잃지 않는다), 겸수병축(서로 다른 내용의 사물을 받아들이고 보존한다)의 문명교류를 촉진하며, 친자연적인 발전을 추구하는 생태시스템을 수립해야 한다.

45　教育部組織編纂 齊世榮 總主編, 2018c, 58쪽.

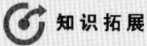

그림 3 『중국역사』(8학년, 하) 제11과 '지식 확장'의 인류운명공동체의 구축

인류운명공동체에 대한 중국의 제안은 국제사회의 강렬한 반향을 일으켰고, 현재 국제관계에 긍정적이고 심원한 영향을 주었다. 2017년 2월, 유엔 사회발전위원회 제55기 회의에서 협의를 거쳐 '아프리카 개발을 위한 새 동반자 관계의 사회적 측면'에 관한 결의를 만장일치로 통과시켰고, '인류운명공동체' 구축 이념이 처음으로 유엔결의안에 실리게 되었다.

상술한 중국 최대의 검색엔진 바이두의 설명과 초등학교의 『도덕과 법치』 6학년 하책의 서술에 비해 압축적으로 정리되어 있음을 확인할 수 있다. 중국특색의 사회주의를 위대한 역사적 전환으로 높이 평가하고 공산당의 역할을 강조하면서 중국 당지도부의 가이드라인을 반영한 것이다.

제3단원 제11과 '중국몽을 실현하기 위한 노력'에 이어 제5단원 '국방건설과 외교성과'의 제17과 '외교의 발전'에서도 인류운명공동체 구축 이념을 다루고 있다.『도덕과 법치』 6학년 하책의 구조와 동일하게 인류운명공동체 구축에 앞서 제15과 '굳건한 국방건설', 제16과 '독립자주의 평화외교'의 순서로 설명했다. 견고한 국방과 강력한 군대가 사회주의 현대화 건설의 중요한 조건이자 중국의 평화외교정책을 견지하는 데 뒷받침이 된다는 당지도부의 입장을 그대로 표명한 것으로 보인다. 제15과 '철벽장성'에서 '육·해·공군의 건설', '미사일 부대의 발전', '신시대 강군의 길'의 소주제로 본문을 구성한 뒤 중국의 군대 개혁이 거둔 중대한 성과와 강한 군대 건설의 새로운 국면에 대해 서술한 다음에 제16과 '독립자주적 평화외교'로 이어지기 때문이다. 물론 지식 확장 코너 '100만 대군축'에서 1980년대에 들어선 이래 당과 국가 지도자들은 한동안 세계대전이 발발하지 않을 것임을 정확히 예견했다고 설명한 뒤 중국인민해방군의 100만 감축을 전 세계에 선언한 내용이 사실상 이 단원의 마지막이라 새 단원인 '평화외교'와 의도적으로 연결시키는 해석도 가능할 것이다.

　제16과 '독립자주적 평화외교'의 '평화공존 5원칙의 제시'라는 소단원에서 미국 등 일부 제국주의 국가는 신중국에 대해 적대적 태도를 취하며 외교 고립 정책을 실행하여 중국과는 수교하지 않고 중국에 대해 봉쇄와 통상정지를 실행했다고 서술한 내용은 주목할 필요가 있다. 제17과 '외교의 발전'의 '중미수교와 중일수교'에서도 신중국 수립 후, 미국정부는 신중국을 적대시했으며 신중국에 대해 봉쇄와 통상 정지, 포위와 위협 정책을 실행했다고 강조한다. 이어 '전방위 외교'라는 소단원에서 제3단원 제11과 동일하게 '일대일로'와 함께 인류운명공동체 구축을 소개한다.[46]

전방위 외교

개혁개방 이후 중국은 계속해서 독립 자주의 평화외교 정책을 시행했고 평화공존 5원칙의 기초 위에서 다른 국가와의 우호협력 관계를 발전시켜나갔다. 중국은 주변 국가와의 선린·우호 관계 개선과 발전을 중시하고 개발도상국과의 정치경제 협력 강화를 중시했으며, 중미·중일 관계의 안정적 발전에 힘쓰고 중소관계 정상화를 점진적으로 실현하며 EU 국가와의 관계를 적극적으로 발전시켰다.

중국은 전 세계 동반자 관계를 적극적으로 발전시키고 공상(共商: 지혜를 한데 모아 이익공동체를 구축함)·공건(共建: 전략과 힘을 모아 책임공동체를 구축함)·공향(共享: 국민에게 수혜를 주는 운명공동체를 구축함)의 글로벌 통치관을 견지하고, 평화·발전·협력·공영의 시대 조류에 순응하며, 글로벌 거버넌스 개혁과 건설에 적극적으로 참여하며 인류운명공동체 구축을 추진했다. 중국은 다자외교를 적극적으로 확장하고 유엔과의 협력을 강화하며 지역 분쟁을 해결하고 세계평화를 수호하며 공정하고 합리적인 세계 신질서를 구축하기 위해 노력했다. 중국은 다자 경제·사회 영역의 활동에 광범위하게 참여하고 환경, 식량, 범죄 예방, 마약, 난민, 여성 등 글로벌 문제에서 긍정적인 역할을 했다.

중국특색의 대국외교가 전면적으로 추진되면서 전방위, 다차원, 입체화의 외교 구도가 형성되었다. 오늘날 중국은 이미 세계 170여 개 국가와 수교했고 100여 개의 정부 간 국제단체 업무에 참여했다. 중국은 제1회 '일대일로' 국제협력서밋포럼, 아시아태평양경제협력체(APEC) 비공식 정상회의, G20 정상회의, 브릭스(BRICS) 정상회의, 아

46　教育部組織編纂 齊世榮 總主編, 2018c, 87쪽.

시아 교류 및 신뢰구축 회의(CICA) 등 중요한 국제회의를 개최했으며 국제협력을 강화하고 있다. 중국의 국제 지위는 계속 높아져 세계 평화와 안보, 발전을 수호하고 촉진하는 견고한 주체가 되었으며 국제 사무에서 날로 중요한 역할을 발휘하고 있다.

위의 내용을 본문으로 하고 '일대일로' 국제협력서밋포럼에 참석한 지도자 및 국제기구 책임자들과 옌시후(雁栖湖) 국제컨벤션센터를 나서는 시진핑 사진을 게재했다.[47]

구판에 없었던 제3단원 '중국특색의 사회주의의 길'에서 새롭게 제11과 '중국몽 실현을 위한 노력과 분투'를 추가하여 '뉴 노멀 시대', '일대일로'와 함께 인류운명공동체와 같은 보편논리를 강조한 이유는 무엇일까?

중국의 미래를 책임지게 될 청소년들에게 대내적으로는 중화민족의 위대한 부흥의 실현과 함께 대외적으로 전방위 외교정책인 인류운명공동체 구축이라는 국정 목표를 명확하게 각인시키는 것이다. 아울러 이는 결과적으로 중국에 대한 국제사회의 견제와 우려를 불식시키는 역할을 기대할 수 있다는 해석도 가능할 것이다.

IV. 『중외역사강요』의 인류운명공동체 서술

중국 초중등 역사과정에 비해 고등학교 역사과정인 『중외역사강요』에서는 세계사 중 현대 부분에 해당하는 하책의 마지막 제9단원에서 인류운

47　教育部組織編纂 齊世榮 總主編, 2018c, 88쪽.

명공동체 건설에 대해 비교적 상세하게 설명한다.

구판 중국 고등학교 역사교과서인 『역사』 1에서는 제8단원 '오늘날 세계정치 구도의 다변화 추세'에서 제25과 '양극화 세계의 형성', 제26과 '다극화 세계의 출현', 제27과 '세기의 교차점에서의 세계 구도'라는 소주제로 나누어 마무리했다.[48]

한편, 신판 『중외역사강요』에서는 제9단원 '당대 세계 발전의 특징과 주요 추세'에서 제22과 '세계 다극화와 경제 글로벌화', 제23과 '평화발전과 협력공영의 시대조류'를 소주제로 나누고 기존에 없었던 활동과(活動課) '세계로 눈을 돌려, 인류운명공동체 건설 추진'을 추가하여 대단원의 막을 내렸다.[49]

제22과 '세계 다극화와 경제 글로벌화'는 구판의 소주제와 비슷하지만 인류운명공동체의 개념 설명이 포함되어 있고, 제23과와 활동과는 구판에 없었던 새로운 내용으로 인류운명공동체에 초점을 맞추고 있음을 알 수 있다. 다만, 구판의 제7단원 '현대 중국의 대외관계'의 단원 도입 부분에서 개혁개방 이래 중국정부는 연합국과 지역별 국제조직의 외교활동에 적극 참여하여 찬란한 성과를 거두었다고 강조한 뒤 세계 평화 수호와 인류 공동발전의 촉진을 위한 중대한 공헌을 했다고 평가하고 있음을 주목할 필요가 있다.[50]

사실상 '인류운명공동체'라는 개념이 신판에서 처음 등장했지만 구판

---

48 人民教育出版社 課程教材研究所·歷史課程教材研究開發中心, 2009, 『普通高中課程標準實驗歷史敎科書 歷史 1 必修』, 人民敎育出版社, 118-129쪽.
49 敎育部組織編寫, 2020, 132-145쪽.
50 人民敎育出版社 課程敎材硏究所·歷史課程敎材硏究開發中心, 2009, 107쪽.

의 '세계 평화 수호와 인류 공동발전의 촉진을 위한 중대한 공헌'의 내용과 상호 연결된다.

다음은 『중외역사강요』 제9단원 도입 부분부터 인류운명공동체와 관련된 서술을 소개하면서 상술한 초중등 역사교과서 서술 내용과 비교해보고자 한다.[51]

오늘날 세계는 바로 '대발전', '대변혁', '대조정' 시기에 처해 있고, 평화와 발전은 여전히 이 시대의 주제이다. 세계 다극화, 경제 글로벌화, 사회정보화, 문화다양화는 심화 발전하고 있고 글로벌 거버넌스와 국제질서의 변혁은 가속화하여 추진되고 있으며 각국의 상호 연계와 의존은 날로 심화되어 국제역량을 비교하면 더욱 균형 있게 되어 평화 발전의 대세를 막을 수 없게 되었다. 이와 동시에 세계는 불안정적이고 불확실한 돌발적 상황에 직면하고 있어 인류가 당면한 여러 공동의 도전을 각국이 서로 협력하여 해결해야 한다. 세계는 백 년간 전무한 대변화에 직면하여 중국이 창안한 인류운명공동체 건설 추진을 견지하고 있는데, 이는 중국이 세계 평화 발전과 글로벌 거버넌스 개혁 및 건설에 대해 제안한 중국의 지혜이며 중국 솔루션이다.

이 단원의 학습을 통해 냉전 종식 후 세계 발전의 특징과 글로벌 문제를 알아보고 인류사회가 당면한 기회와 도전을 인지하며, 평화·발전·협력·공영의 시대 조류를 이해하고자 함을 밝혔다. 인류운명공동체 건설 의식을 견고히 수립하여 전 지구의 평화 발전을 공동으로 촉진할 것임을

51　教育部組織編寫, 2020, 132쪽.

강조한 것이다. 전반적으로 초중등 역사교과서에 비해 『중외역사강요』는 단원 목표로서 시작부터 인류운명공동체 건설의 취지와 목적이 명확하다.

제22과 '세계 다극화와 경제 글로벌화'에서 미국은 세계의 유일한 초대형 대국으로 미국이 주도하는 단일 세계를 세우고자 희망했지만 9·11사건, 이라크전쟁 등으로 인한 중동 정세가 한층 더 동요되면서 어렵게 되었음을 강조했다. 미국은 더 이상 세계를 주도할 힘이 없다고 부연했다.

이와 대조적으로 중국은 한층 더 개혁개방 하여 평화 발전을 이루고, 다자외교를 적극 전개했다고 설명한다. 상호 존중·공평정의·협력공생의 신형 국제관계 건설을 위해 책임감 있는 대국의 역할을 현재 발휘하고 있고 계속 발휘할 것이라고 서술하여 미국과 대비했다.

제23과 '평화 발전과 협력공영의 시대조류'의 '인류발전이 직면한 문제'라는 소단원에서 2008년 국제금융위기 발생 이래 세계 경제 성장 동력은 여전히 부족하며 빈부 격차가 날로 더해가고 있음을 다음과 같이 설명했다.[52]

> 오늘날 세계는 결코 안정된 것이 아니며 평화와 발전은 엄중한 도전을 맞이하고 있다. …… 반면 최고 빈곤층 50% 인구가 소유한 자산은 인류 재산 총량의 1%를 차지한다. 이러한 상황은 지금까지 기본적으로 변하지 않았다. …… 『2018년 글로벌 빈부 격차 보고서』에 따르면 전 지구의 26개 대부호의 자산이 지구의 최하 빈곤층 38억 인구의 전

---

52 教育部組織編寫, 2020, 139쪽.

재산에 해당한다. 평화와 안전 방면에서 지역의 핫이슈도 여기저기서 일어났다. 예를 들면, 제2차 세계대전 이후 발생한 아랍국가와 이스라엘 분쟁의 실마리는 지금까지 해결되지 않았다. 2011년 시리아 내전이 발생했고 2018년 1월까지 이미 540만 명의 난민이 생겼으며, 대규모 인도주의적 재난을 초래했다. 이 외에 핵 확산, 국제 형사 범죄, 생태환경 악화, 테러리즘, 인터넷 안보, 대규모 전염병 등 안보 위협이 지속되고 만연하며 해양권익과 자원 쟁탈이 날로 격렬해지고 패권주의와 독재정체는 여전히 존재하고 인류는 여러 공동의 난제에 직면하고 있다.

중국이 미국을 대신하여 '중국 솔루션'으로서 인류운명공동체 건설을 제안한 당위성을 시사한 것이다.

아울러 '역사 종횡'이라고 하는 보조학습 코너에서 인류의 공동 난제 중 생태환경 악화에 해당하는 '파리기후변화협정'을 설명하면서 2019년 미국이 정식으로 '파리기후변화협정'을 탈퇴했음을 서술했다. 이어 '협력 공영 중 글로벌 공동발전의 촉진'이라는 소단원에서 연합국, 국제화폐기금조직, 세계은행, 세계무역조직 등 각종 글로벌 문제에 직면하여 제2차 세계대전 이후 설립한 주요 국제조직을 소개했다. 또한 글로벌 거버넌스를 개혁하고 국제협력을 강화하는 것은 이미 국제사회의 공동 관심사가 되었다고 강조했다.

그리고 2001년에 성립된 상하이협력조직이 현재 유효하게 유라시아 지역의 안전을 수호하고 있다고 서술했다. 2009년에 처음으로 개최된 브릭스 정상회의와 2015년 설립된 신개발은행 등은 브릭스 국가들이 협력 공생하여 신흥시장국가와 개발도상국의 공동 이익을 보호하는 플랫폼이라고 평가한 뒤 이러한 조직에 중국이 적극적으로 참여하고 있음을 역설했다.

특히 중국은 세계 평화의 건설자, 글로벌 발전의 공헌자, 국제질서의 수호자로서 인류가 직면한 공동 문제를 해결하기 위해 스스로의 솔루션을 제공했다고 반복 서술한다. 한편으로는 중국은 평화, 발전, 협력, 공영의 기치를 계속 높이 들고 평화공존의 5원칙으로 신형 국제관계 건설을 추진했다고 평가한다.

한편, 세계는 백 년간 없었던 대변화에 직면하고, 냉전 후 국제질서에 존재하는 혼란과 글로벌 문제에 직면했기에 중국이 인류운명공동체 구축을 창안하여 한층 더 글로벌 거버넌스 개혁을 촉진할 것임을 밝혔다. 앞서 살펴본 초중 교재의 서술과 중심 내용이 동일함을 알 수 있다.

본문 중간에 '사료 열독'이라고 하는 보조학습 코너에서 다음과 같은 시진핑의 연설문을 인용했다.[53]

> 우리는 각국 국민이 한마음으로 협력해 인류운명공동체를 구축하고, 평화 지속, 보편적 안전, 공동 번영, 개방 포용, 청결하고 아름다운 세계를 건설할 것을 호소한다.……대화로 분쟁을 해결하고, 협상으로 이견을 해소하며, 전통과 비전통적 안보위협에 전면적으로 대처하고, 모든 형태의 테러리즘에 반대하는 것을 견지해야 한다. 한 배를 타고 무역과 투자의 자유화와 편리화를 촉진하고, 경제 글로벌화를 보다 개방적·포용적으로 혜택을 베풀고, 균형 있게 함께 이익을 얻는 방향으로 추진해야 한다. 세계문명의 다양성을 존중하고 문명의 교류로 문명의 벽을 뛰어넘으며, 문명의 상호 존중이 문명의 충돌을 넘고, 문

---

53 教育部組織編寫, 2020, 141쪽.

① 史料阅读

我们呼吁，各国人民同心协力，构建人类命运共同体，建设持久和平、普遍安全、共同繁荣、开放包容、清洁美丽的世界。要相互尊重、平等协商，坚决摒弃冷战思维和强权政治，走对话而不对抗、结伴而不结盟的国与国交往新路；要坚持以对话解决争端、以协商化解分歧，统筹应对传统和非传统安全威胁，反对一切形式的恐怖主义。要同舟共济，促进贸易和投资自由化便利化，推动经济全球化朝着更加开放、包容、普惠、平衡、共赢的方向发展。要尊重世界文明多样性，以文明交流超越文明隔阂、文明互鉴超越文明冲突、文明共存超越文明优越。要坚持环境友好，合作应对气候变化，保护好人类赖以生存的地球家园。

—— 习近平《决胜全面建成小康社会，夺取新时代中国特色社会主义伟大胜利》

构建人类命运共同体，是基于中国对当今世界和平与发展大势的准确把握，是源自中华文明"以和为贵""协和万邦"的和平思想与和谐理念，是中国为推动世界和平与可持续发展给出的一个可供选择的、理性可行的行动方案，是为了推动国际秩序和国际体系朝着更加公正合理的方向发展。

人类命运共同体的建设是一个长期、复杂和曲折的过

▲ "一带一路"宣传画

探究与拓展

问题探究

有人这样理解"人类命运共同体"：

（他们）将地球比作一艘大船，190多个国家就是这艘大船的一个个船舱。世界各国只有相互尊重、平等相待，合作共赢、共同发展，实现共同、综合、合作、可持续的安全，坚持不同文明兼容并蓄、交流互鉴，承载着全人类共同命运的"地球号"才能乘风破浪，平稳前行。

你同意这种理解吗？谈谈你对构建人类命运共同体的认识。

学习拓展

搜集"一带一路"的资料，以图文并茂的形式呈现"一带一路"倡议和具体实施情况，特别在政策沟通、设施联通、贸易畅通、资金融通、民心相通等方面的国际合作，进一步理解中国在构建人类命运共同体中作出的努力。

그림 4 『중외역사강요(하)』 제23과 '사료열독' 및 '학습개척'의 '인류운명공동체 구축', '일대일로' 선전도[54]

의 공존이 문명의 우월을 초월하게 해야 한다. 환경 친화적이고, 협력하여 기후변화에 대응하며, 인류가 의지하여 살아가는 지구촌을 잘 보호해야 한다.

　- 시진핑: 샤오캉사회의 전면적 성취는 반드시 이룰 것이며, 신시대 중국특색 사회주의의 위대한 승리는 반드시 쟁취할 것이다.

'인류운명공동체' 구축을 통해 각국 국민이 한마음으로 협력해 아름다운 세계를 건설할 것을 호소하며 구체적인 내용을 제시한 것이다. 상호 존중하고 평등하게 협상하며, 냉전적 사고와 독재정치를 버리고 대화하며, 동반자의 관계지만 동맹을 맺지 않는 나라와 국가가 새로운 길로 교류해야 함을 강조했다.

이어서 중국 역사 속에서 인류운명공동체의 근원에 대해 다음과 같이 소개했다.

인류운명공동체 구축은 중국이 오늘날 세계 평화와 발전 추세에 대해 정확하게 파악한 것에 근거를 두고 있다고 하며, 그 근원은 중화문명의 "이화위귀(以和爲貴: 조화를 귀하게 여기다)", "협화만방"의 평화사상과 조화 이념이다.[55]

상술한 『인민일보』의 논설에서 '인류운명공동체' 담론을 뒷받침하는 중국 사료로 '협화만방'을 인용한 사례와 동일한 내용임을 확인할 수

54　教育部組織編寫, 2020, 141쪽.
55　教育部組織編寫, 2020, 141쪽.

있다.

다시 본문에서 중국은 세계평화와 '지속 가능한 발전'을 위해 선택 가능하고 합리적으로 실행 가능한 실시 방안을 제시했는데, 국제질서와 국제체제가 더욱 공정하고 합리적인 방향으로 발전하게 하기 위함이라고 강조한다. 즉, "인류운명공동체 건설이 장기적이며 복잡한 과정을 거치는데 중국정부가 솔선수범하여 몸소 힘써 실천하고 있다"고 밝히면서 실행 방안으로서 '일대일로' 창의에 대해 다음과 같이 상세하게 소개한다.[56]

2013년 중국이 제안한 '실크로드 경제벨트'와 '21세기 해상실크로드', 약칭 '일대일로' 협력 창의이다. 이 창의는 중국의 고대 실크로드가 남긴 고귀한 교훈이 남겨준 것으로 각국 국민이 평화와 발전의 공동 꿈을 추구하는 것에 착안하여, 개방 포용의 공상(共商)·공건(共建)·공향(共享)의 원칙을 굳게 지켜 중국과 관련 국가의 경제협력, 공동 번영을 제공하는 새로운 플랫폼과 새로운 동력이 되는 것이다. 2014년 11월 중국은 실크로드 기금을 설립하여 '일대일로' 건설에 대한 자금을 지원했다.
2019년 4월 베이징에서 개최한 제2회 '일대일로' 국제협력 정상포럼 기간 동안 각 나라가 283개 항목 수행성과를 달성했고, 총액 640억 달러의 항목 합작 협의에 서명했다. 이 외에 2015년 12월 중국이 창의하여 설립한 아시아인프라투자은행이 정식으로 수립했고 약칭 '아투행'이라 한다. 2019년 7월 아투행은 이미 100여 개 회원을 확보했다. 이러한 구체적인 조치는 중국이 현재 자신의 발전을 통해 세계

56　教育部組織編寫, 2020, 141쪽.

에 혜택이 돌아가게 하는 것이다.

'일대일로' 창의가 각국 국민이 평화적으로 발전하는 공동의 비전에서 착안했음을 밝힌 기술은 상술한 『중국역사』(8학년, 하)의 맥락과 동일하다. 이 외에 2019년 7월 '아투행'의 현황 등 '일대일로' 창의를 통해 거둔 최신 성과를 집중적으로 소개하면서 중국의 발전을 통해 세계에 혜택이 돌아가게 한다는 내용이 추가되었다.

위의 본문에 이어 '역사 종횡' 코너에서 다음과 같이 아시아문명대화대회를 소개하고 있어 주목할 필요가 있다.[57]

2019년 5월 15일 아시아문명대화대회가 베이징에서 열렸다. 이 대회에서 시진핑은 "문명교류의 상호학습 심화로 아시아운명공동체를 건설하자"는 취지의 연설을 발표했다. 이 대회는 아시아와 세계 각국의 찬란한 문명 성과를 전승하고 높여 문명의 상호 이해와 상호 존중, 상호 학습과 상호 귀감에 목적을 두고 공동발전의 플랫폼을 구축하는 것에 의미를 두고 있다. 아시아 문화의 자신감을 강화하고 아시아의 창조적 능력을 분발시켜 아시아운명공동체와 인류운명공동체 건설을 위한 정신적 버팀목으로 삼아야 한다.

'아시아문명대화대회'는 중국이 2019년 5월 15~22일까지 '아시아문명주간'으로 선포하고, 전통 음식과 음악 등 문화를 교류하는 다채로운 행사를 개최한 학술대회이다. 캄보디아, 그리스, 싱가포르, 스리랑

---

57 教育部組織編寫, 2020, 142쪽.

카, 아르메니아 대통령 등 47개국 정상과 유네스코 등 국제기구 대표단 2,000여 명이 참석한 국제행사였다.

『중외역사강요』 제9단원의 본문에서 인류운명공동체에 집중 조명하다가 갑자기 '아시아운명공동체' 건설을 강조하는 이유는 무엇일까? 물론 상술한 2015년 아시아 보아오 포럼에서 '아시아운명공동체'를 언급한 적은 있지만 인류운명공동체에 비해 상대적으로 주목받지 못했다는 측면에서 더욱 의문이 생긴다. 인류운명공동체를 장기적으로 추진하는 데 필요한 실행 방안으로 착안되었다고 하는 '일대일로' 프로젝트가 미국의 '채무 함정 외교'라는 비난에 직면하고 곳곳에서 벽에 부딪히자 '아시아운명공동체'로 가까운 우군부터 확보하려는 의도로 해석되기도 한다.[58]

제9단원을 마무리하면서 복습 효과를 위한 '탐구와 확장'이라는 코너의 '문제 탐구'에서 "어떤 사람은 인류운명공동체를 이렇게 이해한다"는 표제 아래 다음과 같은 비유를 들어 소개하고 있다.[59]

> (그들은) 지구를 하나의 큰 배에 비유하고, 190여 개 국가가 바로 이 큰 배의 하나하나의 선창(船艙)이라고 한다. 세계 각국이 '상호 존중', '평등 대우', '협력공영'하여 '공동발전'하고 '공동', '통합', '협력', '지속 가능한 안보'를 실현하고, '서로 다른 문명에 대한 포용과 수용', '교류하며 상호 귀감이 되어주는' 관계를 유지할 때만 전 인류 공동 운명의 '지구호'라는 적재 중량을 견딜 수 있고 비로소 풍파와 물결을 타고 평온하게 전진할 수 있는 것이다.

---

58 "시진핑 "다른 문명 개조 시도 어리석어" 트럼프 겨냥", 『경향신문』, 2019.5.15.
59 주 58과 같음.

전 세계 190여 개 국가를 '지구호'라는 큰 배에 비유하며, 이러한 이해에 동의하는지 인류운명공동체에 대한 인식을 대화하고, '학습 확장'에서 '일대일로'에 대해 스스로 자료를 수집하게 한 뒤, '일대일로'에 대한 구체적인 실시 현황과 중요한 의의를 발언하게 한다.

이와 같은 탐구 활동을 통해 인류운명공동체가 핵심 주제어인 학습 내용을 학생들이 명확하게 이해하도록 집필된 것을 알 수 있다. 이것은 세계적인 의식과 국제적인 시야를 갖추도록 하고 시대성을 최대한 반영하여 설계한 〈보통 고등학교 역사과정표준 2017〉의 집필지도 원칙에 따른 것으로 볼 수 있다.

이상의 내용이 본문에서 다룬 인류운명공동체에 대한 서술 사례라면 『중외역사강요』의 전체 단원 마무리에 해당하는 활동도 인류운명공동체에 초점이 맞춰져 있다.

어떻게 보면 초중등에 이어 고등학교 역사과정에서 다룬 인류운명공동체에 대한 총체적인 정리와 요약 내용에 주목할 필요가 있다.[60]

세계로 눈을 돌려, 인류운명공동체 건설을 추진하다.

지금 세계는 대발전, 대변혁, 대조정(大調整)의 시기에 처해 있다. 한편으로는 세계 각국의 상호 연계와 의존이 날로 깊어져 평화와 발전의 대세를 거스를 수 없지만, 다른 한편으로는 세계 정세의 불안정성과 불확정성이 여전히 나타나고 있어 인류는 많은 공동의 도전을 마주하고 있다.

2013년 3월, 중국 국가주석 시진핑은 모스크바 국제관계학원의 연설

---

60 教育部組織編寫, 2020, 143쪽.

에서 처음으로 국제사회에 운명공동체 이념을 제시했다. 이후 중국정부와 지도자들은 중요 국가조직과 여러 홈외교(主場外交), 그리고 정상급 다자외교 등 여러 채널을 통해 세계적으로 인류운명공동체를 적극적으로 제창했다. 2015년 9월, 시진핑 주석은 뉴욕 유엔사무국에서 '윈윈협력의 새로운 파트너십을 구축, 한마음으로 인류운명공동체를 만들어 가자'라는 연설을 하면서 처음으로 인류운명공동체의 함의를 국제사회에 전면적으로 밝히고, 인류운명공동체 구축을 위해 꾸준히 노력할 것을 호소했다. 2017년 2월 10일, 인류운명공동체 이념은 처음으로 유엔 결의에 채택되었고, 이후 여러 차례 유엔대회, 안전보장이사회, 인권이사회, 사회발전위원회의 결의에도 채택되었다. 2017년 10월 18일, 시진핑 총서기는 중국공산당 제19차 전국대표대회 보고에서 "평화발전 도로를 견지하고, 인류운명공동체 구축을 추진"하는 것에 대해 전면적이고 핵심적인 내용을 밝혔다.

'인류운명공동체 구축을 추진'한다는 중요한 사상은 새로운 시대가 견지하고 발전시켜야 할 중국특색 사회주의의 기본적인 방침으로, '중국이 어떠한 세계를 추구하는가'라는 큰 문제에 대한 회답이었다. 이는 신시대 중국 외교에 대한 고도의 설계이자, 세계가 맞이한 공통적 도전에 대한 대응과 아름다운 세계를 건설하고자 하는 중국의 방안이다.

중국특색 사회주의 신시대의 고등학생으로서 정확하고 넓은 세계적 시야를 갖추고, 인류 발전 청사진에 대한 충만한 믿음을 갖추어 인류운명공동체 구축을 추진하기 위한 전면적이고 깊은 이해력으로 우리의 현재 학습을 국가 발전 및 세계 발전과 연계시켜 중화민족의 위대한 부흥과 인류 진보 사업에 지혜와 역량을 바칠 뜻을 세워야 한다.

『중외역사강요』제9단원의 본문 전체에서 인류운명공동체가 10회 이상 언급된 반면 위의 활동과 안에서만 인류운명공동체가 8회 이상 반복되고 있다. 활동과의 주제에서도 밝혔듯이 인류운명공동체 구축에 대한 중요한 사상적 인식을 심화시키는 과정으로 볼 수 있다. 아울러 세계사의 학습과 중국공산당 제19대 보고 정신을 결합시켜 인류운명공동체 구축의 핵심 사상 및 구체적 내용과 중대한 의의를 깊이 이해하게 한다는 활동과의 목표에서 강조하듯이 인류운명공동체는 『중외역사강요(하)』전체의 주요 목표라 할 수 있다.

또한 학습과 토론을 통해 현재 세계의 발전 추세와 사회주의 대국으로서의 중국이 인류사회 발전을 위해 반드시 맡아야 할 역사적 책임을 인식하게 한다는 목적의식을 명시했다. '중국 인민의 행복과 세계 인민의 행복'을 긴밀히 연결시킨 '국제주의 정신'을 형성하게 하고, 정확한 국제적 시야와 세계에 대한 관심을 갖게 하며 전 인류의 역사적 운명에 주목하게 한다는 것이다. 궁극적으로 세계평화와 발전, 합작, 원원을 위해 공헌을 하고자 하는 인생의 이상을 확립하도록 유도한 것이다.

활동과의 활동과정 1단계에서는 학생들에게 세계사의 학습 내용을 복습하고, 세계사 발전과정을 사고하게 한 뒤 왜 과거에는 인류운명공동체 구축이 제기되지 않았는지 질문한다. 21세기에 들어선 이후 세계 각국의 상호 연계와 상호 의존의 정도가 전례 없이 심화되고, 인류는 같은 지구촌 안에 생활하고 있는데, 왜 중국은 이 시점에 인류운명공동체 구축의 이념을 제기했는지 거듭 반문하고 있다. 이와 같은 질문으로 2단계에서 '인류운명공동체 구축 추진의 시대적 배경'을 파악하게 하려는 의도로 보인다.

현재 국제 정치와 경제 발전의 총체적 특징, 현재 인류가 대면하고 있는 공통된 도전 등을 인류운명공동체 구축 추진의 시대적 배경으로 이해하도록 한 뒤, 세계 대부분 국가가 보편적으로 기대하고 있는 국제사회질서와 보편적으로 추구하는 공동 이익에 대해 사고하도록 했다. 특히 "중화민족의 위대한 부흥을 실현할 중국몽은 어떠한 국제환경과 국제질서를 필요로 하는가?"라는 질문을 통해 인류운명공동체 구축과 중국몽 실현의 긴밀한 관계를 인지하도록 강조했다.

이른바 '중화민족의 근대 이후 가장 위대한 꿈'이라고 하는 '중국몽'을 실현하기 위해 반드시 중국식 길을 가야 한다고 역설한 내용과 중국이 새로운 형태의 국제관계 건설을 추진하기 위해 세계무대에서 제시한 중국식 솔루션인 '인류운명공동체'가 상응하고 있는 것이다.

3단계에서는 인류운명공동체 구축 추진의 함의와 의의까지 깊이 이해하게 하여 초보적 토론을 진행하게 한 뒤, 4단계에서 관련 문건과 수업자료를 제작하고, 5단계에서 조별 대표 발표 후 종합 보고를 작성하는 것으로 마무리했다.

이상으로 『중외역사강요』에 나타난 인류운명공동체의 서술 내용과 의미를 살펴보았다. 지금까지 검토한 내용을 정리해보면 인류운명공동체에 관련된 서술은 초등 및 중학교, 고등학교 역사교과서에서 모두 주요한 핵심 내용임을 알 수 있다. 서로 연결되면서도 불필요한 내용의 중복은 피하고 상호 내용이 조화를 이루고 있으며, 초중 교과서에서 학습한 기초 지식이 『중외역사강요』에서 단계적으로 확장, 심화되고 있음을 확인할 수 있다.

이 글에서는 인류운명공동체에 대해 세계사에 해당하는 『중외역사강요(하)』 제9단원에 서술된 내용을 집중적으로 소개했지만 사실 중국사에 해당하는 『중외역사강요(상)』의 9단원에도 서술 내용이 포함되어 있음을 주목할 필요가 있다.

『중외역사강요(상)』의 9단원 '중화인민공화국 성립과 사회주의혁명 건설'의 소단원 제29과 '개혁개방 이후의 거대한 성취'의 마지막 소주제인 '국제적 영향력의 부단한 확대'에서도 중국의 전방위적인 외교를 다루면서 '일대일로'와 인류운명공동체 건설을 언급하고 있다.[61] 『중외역사강요(상)』에서도 인류운명공동체 건설 내용으로 마무리하고 있어 '중국몽'과 '인류운명공동체'의 긴밀한 연결처럼 중국사와 세계사를 연결하는 고리 역할을 하고 있다. 유물사관과 중국특색 사회주의 발전 사관에 따라 역사를 서술한 결과, 현 중국 체제의 우수성을 강조하고 인류사회 발전에 의의를 가진다고 하는 주장의 당위성을 보여준다.

『중외역사강요』(상·하)에서 중국 중심의 중국사와 세계사 서술을 통해 얻은 결론이 중국이 추구하는 인류운명공동체 구축으로 귀결되고 있어 중국의 세계 전략을 교육으로 실현하고자 하는 의도를 드러내고 있다. 동시에 인류운명공동체의 건설을 강조하여 중국이 향후 신형 국제질서를 이끄는 대국의 역할을 계속 발휘할 것임을 시사했다.

V. 인류운명공동체 담론의 함의와 시사점

시진핑 주석은 중국공산당 제19차 전국대표대회를 통해 국가 통치 이론이 담긴 '신시대 중국특색 사회주의'의 국정 방향을 천명하면서 중국특색 대국 외교는 신형 국제관계를 구축하고 인류운명공동체를 추진해야 한다

---

61 教育部組織編寫, 2019, 181쪽.

고 언급했다. 신시대 중국특색 사회주의가 당지도부의 대내적 국정운영 지침이라면 인류운명공동체는 중국의 세계 전략으로서 세계 지도국가로 부상한다는 의지를 표명한 대외정책이라 할 수 있다.

중국의 관영통신인 신화사는 여러 기사를 통해 인류운명공동체 구축은 시진핑 사상의 중요한 구성요소라고 하면서 2018년 3월에 보도한 기사에서 시진핑 주석의 인류운명공동체 구축 이론은 세계 흐름을 이끄는 시대적 계시라고 대대적으로 선전했다. 중국 당지도부는 인류운명공동체 건설 구축을 끊임없이 과장해서 선전하고 있지만, 사실 유럽과 미국의 반응은 미온적이며 부정적이다. 인류운명공동체 담론이 표방하는 '공동 번영', '포용과 개방'의 개념과는 대비되게 남중국해 분쟁이 지속적으로 고조되고, 미중 무역전쟁도 아울러 격화되고 있어 오히려 국제적으로 외면받고 있기 때문이다.

중국의 당대 세계 전략으로서 인류운명공동체의 건설은 중국이 오늘날 세계의 흐름을 정확하게 파악한 기초 위에 제안한 것임을 스스로 강조하고 있으나 실제는 중국이 신형 국제질서를 이끄는 대국의 역할을 계속 발휘할 것임을 의미한다. 예를 들면,『중외역사강요(하)』제22과 '세계다극화와 경제 글로벌화'에서 중국이 2001년 세계무역기구에 가입한 이후 2011년 외국 무역 수출 총액이 5,098억 달러에서 3만 6,000억 달러로 증가하여 세계 제1의 수출국, 제2의 수입국이 되었다고 강조함으로써 세계 경제 대국으로서 중요한 영향력을 미칠 것임을 보여주었다. 특히 교과서 본문 오른쪽에 삽입한 학습초점에서 냉전 종식 이후 급부상한 글로벌 문제로 인류사회가 직면한 위기 가운데 미국은 초강대국이 되었지만 완전하게 세계를 주도할 힘이 없다고 다음과 같이 서술함과 동시에 중국이 세계 평화와 발전에 기여할 것임을 거듭 강조했다.[62]

냉전 종식 후 미국은 세계의 유일한 슈퍼 대국으로서 미국 주도의 일원화된 세계 건설을 희망했다. 9·11사건 이후 미국은······2001년 10월 아프가니스탄전쟁을 일으켰다. 2003년 3월 미국은 이라크전쟁을 발동했다. 이 전쟁으로 중동의 혼란을 한층 더 고조시켰고 미국은 무거운 짐을 지게 되었다.······소련 붕괴 이후 미국은 초강대국이 되었지만 완전하게 세계를 주도할 힘이 없었다. 세계는 현재 다극화되고 있고 그 발전의 흐름은 막을 수 없다.

인류운명공동체는 인류 보편적 가치로서 '평화 발전, 공동 번영, 개방 포용' 등 이상적인 개념을 모두 포함시키고 있어 이른바 세계 각국 국민의 공통된 염원이기도 하다. 그러나 『중외역사강요』의 주변국에 대한 서술은 '포용'과 '상호 존중'과는 다소 거리가 있는 자기중심적인 해석이 상존하고 있어 상대적으로 자체 모순을 보여주고 있다.

『중외역사강요(하)』 제18과 '냉전과 국제구조의 변천'에서 전후 미국의 패권과 야심이 날로 팽창했고, 미국 대통령 트루먼은 전 세계를 향해 미국제도를 취해야 한다면서 공산주의 반대를 외쳤다고 강조했다. 이어서 일본은 경제 대국을 유지하면서 정치 및 군사 대국을 추구하는 것을 국가의 원대한 전략 목표로 삼았다고 서술했다. 구판에 비해 자본주의 체제와 미국과 일본에 대한 부정적인 서술이 의도적으로 많이 추가되어 향후 중국의 반미·반일 감정이 고조되고 민족주의가 한층 더 강화될 것으로 전망된다.

게다가 『중외역사강요』에 일본과의 센카쿠(조어도)열도, 필리핀, 베트

---

62 教育部組織編寫, 2020, 133-135쪽.

남 등과의 남중국해 분쟁을 의식한 것으로 이해되는 새로운 학문적 근거를 제시한 사례들이 확인된다. 예를 들면, 원나라의 왕대연(汪大淵)도 아프리카에 갔고, 모로코의 탕헤르(Tangier)까지 갔었을 것이라 하며 『도이지략(島夷志略)』을 찬술했다고 서술했다.[63] 『도이지략』에는 펑후열도, 유구에 대해 기록하고, 타이완이 자고 이래 중국 영토이며, 펑후열도가 중국 동남해강임을 밝혀주는 기록임을 강조하고 있는 것이다.[64]

이 외에 『중외역사강요(상)』 제17과 '국가의 출로 탐색과 열강 침략의 가속화'에서 명·청시기 중국과 주변 국가들 간에 종번관계를 형성했다고 서술했다. 중국에 정치적으로 예속된 나라를 번속국으로 규정하고 조선, 유구, 베트남, 미얀마 등이라고 명시했으며, 1879년 일본이 유구를 합병하면서 이러한 관계가 해체된 것으로 설명했다.[65] 주변국에 대해 번속국과 종번관계를 강조한 것은 주변국 역사의 독자성보다 중국과의 정치적 예속관계를 역설한 것으로, 중국 중심의 역사인식을 드러낸 것이다.

물론 '역사종횡'이라는 보조학습 코너에는 종번관계에 대해 경제문화 발전 정도의 차이로 인해 명·청시대에 중국과 주변 여러 나라 사이에는 일종의 종번관계인 국가관계 체제가 형성되었다고 비교적 신중하게 언급

---

63   教育部組織編寫, 2020, 29쪽.
64   원대 취안저우(泉州) 항만이 발달한 시기에 타이완과 펑후(澎湖)는 취안저우 진장현(晋江縣)과 예속관계임을 언급했다(吳遠鵬, 2018, 「航海游歷家汪大淵與《島夷志略》」, 『中國港口』, 49쪽). 반면 국내 학계의 연구에 의하면 『도이지략』은 지금까지의 것과는 다른 별개의 정보에 기반하여 이역과 외국 관련 지식체계를 새롭게 구성했다고 한다. 특히 현실 정치 세계의 우열이나 세력 판도를 고려하지 않고 서술했음을 밝혀 주목할 필요가 있다. 최수경, 2018, 「'섬 오랑캐'들의 이야기: 島夷誌略의 세계와 帝國의 재구성」, 『중국학보』 85.
65   教育部組織編寫, 2019, 98쪽.

했다. 종주국은 번속국의 내정을 간섭하지 않았다고 설명하지만 전근대 동아시아 국제관계에서 보편적으로 존재한 이른바 '번속국'의 중국 왕조에 대한 종속성을 은연중 강조했다.[66]

공교롭게도 『중외역사강요』 이전 고교 교과서인 구판 『역사』 1의 제12과 '갑오중일전쟁과 팔국연합군의 침화(侵華: 중화 침략)'에서는 1895년 청 정부는 일본과 굴욕적인 '시모노세키조약'을 체결했으며 조약 규정에 "랴오둥반도, 타이완과 부속도서, 펑후열도를 일본에게 할양한다"라고 하여 '번속국' 관련 직접적인 서술은 없다.[67]

그러나 『중외역사강요(상)』 제17과에는 일본이 일찍이 중국의 타이완과 번속국 조선, 유구를 점령한 후, 중국 대륙을 진격했다고 서술하고, '시모노세키조약'을 설명하면서 랴오둥반도 앞에 '조선 독립의 승인'을 추가한 것이다.[68]

일부 중국 학자들은 청조와 주변국의 관계를 당시 시대 상황 속에서 맺어진 상호적인 것이 아니라, 중국의 입장에서 주변국을 관할하기 위해 만들어낸 것으로 이해하려는 경향이 강하다는 견해를 가지고 있다.[69] 번속이론[70]은 종래 중국 학계에서 널리 언급되지 않던 이론으로 중국의 역

---

66 『중외역사강요』의 중화주의로 재구성한 한국사와 동아시아사 서술 및 종번관계에 대한 개념은 권은주, 2020, 「『중외역사강요』의 한국 고대사·동아시아사 서술 내용과 역사인식 분석」, 『동북아역사논총』 70 참조.
67 人民教育出版社 課程教材研究所·歷史課程教材研究開發中心, 2009, 59쪽.
68 教育部組織編寫, 2019, 99쪽.
69 黃松筠, 2008, 『中國古代藩屬制度研究』, 吉林人民出版社.
70 이석현, 2010, 「중국의 번속제도 이론에 대한 비판적 검토」, 『중국 번속이론과 의 허상』, 동북아역사재단, 17-20쪽에서 중국의 번속이론의 문제점과 모순에 대해 지적하고 있다.

대왕조와 한반도에 나타났던 왕조들 간의 관계가 실질적인 지배와 복속의 종번관계[71]였다는 점을 입증하고자 하는 의도로 해석할 수도 있다.

흥미로운 점은 『중외역사강요(상)』의 경우 제29과 '개혁개방 이후의 거대한 성취'의 소주제 '국제적 영향력의 부단한 확대'에서 중국이 연합국 안전보장이사회 상임이사국 중 하나로서 세계의 평화유지를 위해 핵심적인 역할을 발휘할 것을 강조했다. 그러면서 '조선반도' 핵문제, 이란 핵문제, 시리아 핵문제, 중동의 평화적 해결을 실례로 들었는데 북핵문제가 가장 우선순위로 거론되었다.[72] 이로써 중국이 국제사회에서 신형 국제관계를 구축하고 새로운 질서를 만들며 중국 역할의 당위성을 확대할 것을 여러 차례 시사했음을 확인할 수 있다. 또한 한반도에 대한 강력한 영향력 행사도 내포하고 있음을 알 수 있다.

이는 향후 한중관계의 정립과 발전을 위해 인류운명공동체 담론에 대한 심화된 연구와 분석이 후속 과제로 필요한 이유가 되기도 한다.

VI. 맺음말

코로나 팬데믹 이후 미국을 비롯한 유럽에서 중국의 인류운명공동체 담론에 대한 부정적 시각을 표면적으로 드러내고 있다.

---

[71] 최근 국내 학계에서 '종번'은 역사적 용어라기보다는 20세기 1930년대의 현실의식이 상당히 투영된 개념으로 해석하고 있다. 손성욱, 2019, 「종번(宗藩)과 중화(中華)로 청제국을 볼 수 있는가-왕위안충 '조선 모델'의 가능성과 한계」, 『동북아역사논총』 66, 130쪽

[72] 敎育部組織編寫, 2019, 181쪽.

공교롭게도 인류운명공동체를 장기적으로 추진하는 데 필요한 실행방안이었던 '일대일로' 프로젝트가 곳곳에서 벽에 부딪히자 인류운명공동체를 전면에 내세우지 않고 '아시아문명대화대회'를 베이징에서 개최하며 '아시아운명공동체'를 건설하자고 발표했다.[73] 또한 서방 주류 이론과 평등한 중국의 소프트파워를 증강시킬 것임을 역설하는 '중화민족공동체의식' 담론도 제기했다.[74] 이는 홍콩과 타이완 문제와 연결되어 위구르족과 티베트족 등 소수민족이 분리 독립하는 것을 경계하기 위해 인류운명공동체 담론과 같은 맥락에서 중시되는 듯하다.

최근 중국공산당 중앙위원회의 종합적인 당보(黨報)인 『광명일보』는 사설을 통해 현재 중화민족의 위대한 부흥은 가장 험난한 난관에 봉착해 있음을 밝혔고, 중국이 상상조차 하지 못한 거대한 위험에 부딪힐 수도 있지만 각종 난관을 돌파하기 위해 우리는 강화된 중화민족공동체 인식이라는 강한 정신적 동력과 사상적 뒷받침이 형성되어 있어야 함을 표명했다.[75] 비록 중국에 대한 냉담한 국제적 반응과 국내외적인 여러 갈등으로 이전처럼 과장되게 선전하기는 어렵지만 여전히 당지도부는 상황에 따라 '아시아운명공동체', '중화민족공동체' 등을 동시에 내세우며 '인류운명공동체' 담론을 지속적으로 추진할 것으로 보인다.

따라서 이 글에서 검토한 『중외역사강요』의 '국제 신질서를 세우기 위한 노력'이라는 소주제에서 중국은 세계 정치의 변화를 적극적으로 추

---

[73] "習近平出席亞洲文明對話大會開幕式並發表主旨演講", 『新華網』, 2019.5.15.

[74] "習近平在山西考察時强調全面建成小康社會乘勢而上書寫新時代中國特色社會主義新篇章", 『新華網』, 2019.5.12.

[75] "增强中華民族共同體意識 實現中華民族偉大複興", 『光明日報』, 2020.6.12.

진하여 인류 문제를 해결하되, 중국의 지혜와 중국 스타일로 기여할 것이라고 한 서술 내용을 다시 한 번 주목할 필요가 있다. 이는 중국이 국제사회에서 중국이 신형 국제관계를 구축하고 새로운 질서를 만들며 중국의 역할의 당위성을 확대할 것을 시사한다. 그 안에는 한반도에 대한 강력한 영향력 행사도 포함된다.

최근 중국 교육부는 〈신시대 애국주의교육 실시 요강〉을 배포하면서 교육시스템에서 애국주의교육을 철저하게 전개해나가야 한다고 강조했다. 신시대 애국주의교육의 이론적 위치와 사상적 의의라는 주제의 논설에서 개개인은 응당 애국을 자기 본분과 직책으로 생각해야 되며 더 나아가 본인 생명의 의지와도 융합시켜야 한다고 역설하는 실정이다.[76] 그렇다면 초등학교부터 중고등학교까지 필수 과정으로 역사교과서에서 위대한 중화민족의 부흥과 함께 중국 스타일의 인류운명공동체 건설의 교육을 받고 자란 학생들은 어떤 관점으로 주변국을 이해하고 '포용'할지 우려하지 않을 수 없다.

중국 지도부는 '애국주의는 중화민족 정신의 핵심'이라고 강조하며 세계를 주도하는 강한 중국이 되려는 '중국몽(中國夢)'을 위해 애국이 필요하고 민족이 단결해야 한다는 민족주의 메시지를 강하게 발신하고 있다.[77] 대외적으로는 '인류운명공동체' 건설을 대내적으로는 '중화민족 부흥, 중국몽'을 구호로 14억 명의 단결을 위해 적극 외치고 있는 것이다.[78] 다만 민족주의는 잘못 다루면 쇼비니즘에 빠질 우려가 있어 국

---

[76] "新時代愛國主義教育的理論定位與思想內涵", 『中國教育報』, 2020.3.26.
[77] "시진핑 "애국주의는 중화민족 정신의 핵심"", 『연합신문』, 2019.9.25.
[78] "밖으론 "인류공동체" 안으론 "중화민족 부흥"…… 14억 명 단결에 방점", 『동아일보』,

내외학계에서 이에 대한 문제점을 지적하고 있다는 점을 간과해서는 안 된다. 중국몽이 과도하게 민족주의, 강국, 부민, 강군을 추구하다보면 자연스럽게 인류운명공동체의 보편적 가치를 확산시키는 것과 대립된다는 국제 학계의 지적을 주목할 필요가 있다.

중국 당지도부가 인민에게 요구하는 애국주의와 민족주의를 사명으로 받아들일 중국의 중고등학생들이 앞으로 차세대 리더가 되었을 때 동아시아 교류와 협력에 방해가 되는 외교적 마찰을 피하기 어려울 것이다.

역사교과서는 차세대의 역사인식 형성에 큰 영향을 주며 주변국의 상호 이해를 위해서도 중요한 의미를 갖기에 중국 역사교과서의 새로운 시각과 변화에 대한 총체적 연구와 분석은 지속되어야 한다.

향후 한중수교 30주년을 앞두고 한중관계를 어떻게 정립하고 발전시켜야 하는지 모색하는 가운데 '인류운명공동체'가 지향하는 상호 존중의 가치가 진정성을 발휘하도록 학계의 공동 연구가 활성화되길 기대한다.

2019.9.28.

참고문헌

동북아역사연구재단 한중관계연구소 편, 2017, 『한중관계연구소 학술회의 자료집: 중국 역사교과서 문제의 현황과 전망』, 동북아역사재단.

이석현 외, 2010, 『중국 번속이론과 허상』, 동북아역사재단.

권은주, 2020, 「『중외역사강요』의 한국 고대사·동아시아사 서술 내용과 역사인식 분석」, 『동북아역사논총』 70.

김유리, 2018, 「국정제로 회귀한 중국의 중학교 역사교과서 분석 」, 『역사교육』 148.

김지훈, 2007, 「중국의 신교육과정과 역사과정표준실험교과서」, 『동북아역사논총』 17.

_____, 2018, 「현대 중국의 한국전쟁 인식 변화−역사 교과서의 서술 변화를 중심으로−」, 『사림』 64.

_____, 2019, 「국가의지(國家意志)와 역사교과서의 정치화−2018년 중국 중학교 역사교 과서의 현대사 서술」, 『역사교육연구』 33.

손성욱, 2019, 「종번(宗藩)과 중화(中華)로 청제국을 볼 수 있는가−왕위안충 '조선 모델' 의 가능성과 한계」, 『동북아역사논총』 66.

오병수, 2016, 「국내학계의 중국 역사교과서 연구 경향과 과제」, 『동북아역사논총』 53.

우성민, 2018, 「신간 중국 중등 역사교과서 개편 동향의 특징과 한국사 관련 서술 검토」, 『중국학연구』 86.

윤세병, 2017, 「중국의 역사교육과정의 현황: 2011·2017 과정표준을 중심으로」, 『역사교 육논집』 65.

_____, 2019, 「중국의 역사 교과서 논쟁과 국정화」, 『역사교육연구』 36.

이상옥, 2018, 「역사의 종결−당대 중국 사상의 지형(地形)−」, 『중국지역연구』 5.

이희옥, 2017, 「중국공산당 제19차 전국대표대회 결과와 의미」, 『중국산업경제브리프』.

최수경, 2018, 「'섬 오랑캐'들의 이야기: 島夷誌略의 세계와 帝國的 재구성」, 『중국학보』 85.

"밖으론 "인류공동체" 안으론 "중화민족 부흥"……14억 명 단결에 방점", 『동아일보』, 2019.9.28.

"시진핑 "다른 문명 개조 시도 어리석어" 트럼프 겨냥", 『경향신문』, 2019.5.15.

"시진핑 "애국주의는 중화민족 정신의 핵심"", 『연합신문』, 2019.9.25.

教育部組織編寫, 2019,『中外歷史綱要(上)』, 人民教育出版社.

_____, 2020,『中外歷史綱要(下)』, 人民教育出版社.

教育部組織編纂 魯洁 總主編, 2020,『義務教育教科書 道德與法治 六年級(下)』, 人民教育出版社.

教育部組織編纂 齊世榮 總主編, 2016a,『義務教育教科書 中國歷史 七學年(上)』, 人民教育出版社.

_____, 2016b,『義務教育教科書 中國歷史 七學年(下)』, 人民教育出版社.

_____, 2016c,『義務教育教科書 中國歷史 八學年(上)』, 人民教育出版社.

_____, 2017a,『義務教育教科書 中國歷史 七學年(上)』, 人民教育出版社.

_____, 2017b,『義務教育教科書 中國歷史 八學年(上)』, 人民教育出版社.

_____, 2018a,『義務教育教科書 中國歷史 七學年』(上), 北京: 人民教育出版社.

_____, 2018b,『義務教育教科書 中國歷史 七學年(下)』, 人民教育出版社.

_____, 2018c,『義務教育教科書 中國歷史 八學年(下)』, 人民教育出版社.

『尙書』,『四庫全書』電子版(網上版), 四部叢刊景宋本.

習近平, 2018,『論堅持推動構建人類命運共同體』, 中央文獻出版社.

李卿 編輯, 2018,『普通高中歷史課程標準(2017)』, 人民教育出版社.

人民教育出版社 課程教材研究所·歷史課程教材研究開發中心, 2009,『普通高中課程標準實驗歷史教科書 歷史 1 必修』, 人民教育出版社.

中華人民共和國敎育部, 2012,『義務教育 歷史課程標準(2011)』, 北京師範大學出版社.

黃松筠, 2008,『中國古代藩屬制度研究』, 吉林人民出版社.

吳遠鵬, 2018,「航海游歷家汪大淵與《島夷志略》」,『中國港口』.

"教育部: 新編高中歷史教材突出國家主權, 海洋意識教育",『紅星新聞』, 2019.8.27

(baijiahao.baidu.com/s?id=1642998656528238712&wfr=spider&for=pc).

"构建中國特色哲學社會科)人民日報: 不斷深化中國古代制度史硏究",『人民日報』, 2020. 6.22.

"國務院決定成立國家教材委員會 劉延東",『中國新聞網』, 2017.7.6.

"對話國家敎材委員會委員: 敎材建設實質上是國家事權",『光明日報』, 2017.7.14.

"普通高中思想政治, 語文, 歷史統編敎材今秋啓用",『光明日報』, 2019.8.28.

"習近平『論堅持推動構建人類命運共同體』英文版出版發行",『央視網』, 2019.4.9.

"習近平『論堅持推動構建人類命運共同體』日文版出版發行",『人民網』, 2020.3.29.

"習近平同志『論堅持推動構建人類命運共同體』出版發行",『人民網』, 2018.10.15.

"習近平在山西考察時强調全面建成小康社會乘勢而上書寫新時代中國特色社會主義新篇章",『新華網』, 2019.5.12.

"習近平在山西考察時强調全面建成小康社會乘勢而上書寫新時代中國特色社會主義新篇章",『新華網』, 2019.5.12.

"習近平在二十國集團領導人應對新冠肺炎特別峰會上發表重要講話",『新華網』, 2020.3.26.

"習近平主席推動構建人類命運共同體的時代啓示",『新華社』, 2018.3.23.

"習近平致信祝賀中國社會科學院中國歷史硏究院成立",『新華社』, 2019.1.3.

"新時代愛國主義敎育的理論定位與思想內涵",『中國敎育報』, 2020.3.26.

"從二戰歷史吸取經驗敎訓",『中國社會科學網-中國社會科學報』, 2020.5.25.

"中共中央, 國務院印發『中國敎育現代化2035』",『新華網』, 2019.2.23.

"中國國務院新聞辦公室6日發表『中國的和平發展』白皮書",『國務院新聞辦公室網站』, 2011.9.6.

"中國外交部發布『中國關於聯合國成立75周年立場文件』",『人民日報海外版』, 2020.9.17.

"怎樣認識"黨是領導一切的"寫入黨章?",『人民日報』, 2018.1.25.

"增强中華民族共同體意識 實現中華民族偉大複興",『光明日報』, 2020.6.12.

"打造高端學術出版和傳播平台-中國歷史硏究院歷史硏究雜志社新刊發布會述要",『人民日報』, 2020.2.3.

"學習貫徹黨的十九大精神反對歷史虛無主義硏討會在京召開",『光明日報』, 2018.1.3.

『百度百科』(baike.baidu.com/item/人類命運共同體/1096715?fr=aladdin).

『中國共產黨章程』, 2017(zh.wikisource.org/wiki/%E4%B8%AD%E5%9B%BD%E5%85%B

1%E4%BA%A7%E5%85%9A%E7%AB%A0%E7%A8%8B_(2017%E5%B9%B4)).

中華人民共和國教育部, 2017, 「教育部辦公廳關于2017年義務教育道德與法治·語文·歷史和小學科學教學用書有關事項的通知」(教材廳函(2017)6號)(www.moe.gov.cn/srcsite/A26/moe_714/201707/t20170703_308452.html).

4

탈중심의 역사와
『중외역사강요(하)』의 중국중심주의

이정일 동북아역사재단 연구위원

I. 머리말

이 글은 중국 〈보통 고등학교 역사과정표준 2017〉에 따라 2020년 새로 출간된 고등학교용 세계사 교과서 필수인 『중외역사강요(中外歷史綱要)(하)』(이하 『강요(하)』)에 나타난 동아시아사와 한국사 관련 부분에 대한 내용을 분석한다. 『강요(하)』의 주요 키워드는 한마디로 요약하자면 현재 중국의 시각에서 다시 쓴 세계와 동아시아의 역사다. 19세기 이래로 세계사 서술이 전통사회 해체, 혁명(정치·과학·산업), 민족국가 성립 등 서구(西歐)의 근대 경험을 도식화하여 보편의 역사로 정의한 서구중심주의의 시각에 의해서 주도된 사실은 슈왈츠(Benjamin I Schwartz), 코헨(Paul Cohen), 듀아라(Prasenjit Duara) 등 서구 학계의 일부 중국사 연구자들에[1] 의해서 다각적으로 비판을 받고 있다. 이들에 따르면 서구중심주의의 가장 큰 문제는 유럽·북미 이외 지역의 인류 역사에 관해서 부재나 정체 등과 같은 개념들을 사용하며 두 지역 간 차이를 서구적 자아와 비서구적 타자라는 이분법으로 과일반화(overgeneralization) 그리고 계서화(hierarchization)시킨 점이다.[2] 이러한 흐름 속에서 서구 역사학계는 서구중심주의를 상대화하고 객관화할 수 있는 '탈중심'의 지역사(regional history) 내지는 초지역사(transregional history)를 계발(啓發)해서 새로운 세계사 쓰기를 시도한다.[3] 서구중심주의적 역사 서술에 대한 자기반성이자 19세기 역사인식으로 21세기 변화하는 인류사회의 역사를 담아낼 수

---

[1] Benjamin I. Schwartz, 1972, "The Limits of "Tradition Versus Modernity" as Categories of Explanation: The Case of the Chinese Intellectuals," *Daedalus* 101.1; Paul A. Cohen, 1984, *Discovering History in China*, Columbia University Press; Prasenjit Durara, 1995, *Rescuing History from the Nation: Questioning Narratives of Modern China*, University of Chicago Press.

[2] 국내 학계에서도 서구중심주의의 문제점들에 대한 논의가 계속되고 있다. 조승래, 2007, 「서구중심주의 논쟁에 대한 검토: 세계화 시대의 역사 인식을 위한 예비작업」, 『湖西史學』 46; 김용우, 2009, 「로컬과 글로벌 사이에서 – 서구중심주의와 지구사 서술」, 『인문연구』 57; 차하순, 2012, 「중심주의의 극복과 역사 인식의 확대」, 『歷史學報』 216.

[3] 2000년대 이후 한국 학계에서는 탈서구중심의 역사학 그리고 이와 연계된 세계사 서술과 교육의 새로운 방향에 대해서 꾸준한 관심을 이어가고 있다. 조지형, 2002, 「새로운 세계사와 지구사: 포스트모던 시대의 성찰적 역사」, 『역사학보』 173; 강선주, 2004, 「참여와 상호작용의 세계사: 세계사 내용 구성 방안」, 『역사교육』 92; 박혜정, 2012, 「하나의 지구, 복수의 지구사」, 『역사학보』 214; 최윤오, 2012, 「유럽중심주의 역사 인식에 대한 반성과 비판」, 『한국학연구』 27; 윤종필, 2020, 「에드워드 사이드(Edward Said) 이후의 오리엔탈리즘 연구 동향과 그 세계사 교육적 함의」, 『서양사론』 145. 이와 더불어 한국사를 포함하는 동아시아사에 있어 탈서구중심적 서술과 교육에 대한 논의의 장도 넓혀지고 있다. 강진아, 2011, 「중국의 부상과 세계사의 재조명: 캘리포니아 학파에서 글로벌 헤게모니論까지」, 『역사와경계』 80; 강선주, 2013, 「동아시아사 교과서에서 동아시아사와 세계사 연계 방안」, 『동북아역사논총』 40; 이정일, 2018, 「16-17세기 조선의 북방 대외 전략과 동북아 정세 변화」, 『조선시대사학보』 84.

없는 현실에 대한 성찰이기도 하다.

그렇다면 서구 학계의 '탈중심'적 세계사 서술에 대해서 비서구권 역사학계는 어떤 반응일까? 크게 두 갈래로 나누어 볼 수 있다. 첫째, 서구 학계의 새로운 세계사 서술을 적극적으로 수용하는 흐름이다. 단, '탈중심'의 지향(指向)에 대해서도 여전히 서구 학계의 해법을 따르는 경향을 보이기에 또 다른 형태의 서구중심주의라는 역설에 봉착할 수 있다. 둘째, 서구학계의 '탈중심' 담론과 자국 역사의 고유성 간 이론적 접점 속에서 선별적으로 수용하는 흐름인데, 어디에 주안점을 두는가 그리고 어떻게 균형을 이루는가에 따라 다채로운 형태를 갖는다. 다양성과 개방성을 강조하는 지구촌시대로 진입한 우리에게 서구 밖에서 바라본 세계사가 어떤 내용이어야 할까에 관한 문제 제기는 수평적 소통의 세계사 서술에 있어 하나의 당면 과제이다. 특히, 일국사 서술, 지역사 서술, 초지역사 서술을 어떻게 조화롭게 담아낼 수 있을까에 대한 주제의식은 미래 세대를 위한 열린 사고의 세계사 서술과 상호 존중의 역사교육에 있어서도 중차대한 과제라 할 것이다.

그러나 이러한 논점을 『강요(하)』에서는 찾아보기 힘들다. 일국사·지역사·초지역사 사이의 균형에서 벗어나 일국사 위주로 치우쳤고 특히 세 가지 양상은 중국중심주의적 역사인식을 강화하는 것으로 평가할 수 있다. 첫째, 산업혁명 이전 동아시아 역사에 대해서는 한국·일본·베트남 등 역내(域內) 이웃 국가들의 역사를 매우 소략하게 언급하는데 이들의 고대 역사가 전무한 것은 차치하고 중고시기(5~15세기)의 경우 시대 구분이 무색할 정도로 몇 문장의 기술로 그치고 있다. 심지어 베트남의 역사는 본문도 아닌 별항 내지는 참조 수준으로 처리되었다. 내용에 있어서도 중심-주변 내지는 전파-수용이라는 기존 서구중심주의의 도식과 별반 차이가 없이 중국은 주체로 그리고 한국·일본·베트남은 타자화된 객체로 설정해서 후자의 역사에 중국이 얼마나 그리고 어떻게 영향을 미쳤는가를 기술했다. 둘째, 산업혁명 이후, 특히 19세기 이후 서술에서는 중국의 세계사적 기여와 그 의의를 다방면에서 설명했다. 이와 같은 중국 띄우기에는 아편전쟁, 청조 멸망, 열강에 의한 분할, 국공내전 등 약 1세기 동안 19세기 중엽 이후 새로운 세계질서 속에서 경험한 '퇴락한 중국'을 삭제하려는 의도가 담겨져 있다. 마지막으로 이처럼 전근대시기와 근대시기에서 동시적으로 부각된 '강한 중국'은 제2차 세계대전 이후 세계사 전개에서 중국이 갖는 주도적인 역할을 상당히 자연스럽게 연속적으로 설명할 수 있는 수단으로 기능하고 있다. 21세기 들어서면서 미국과 양강구도를 가능케 한 '굴기(崛起)'라는 정세 변화와 맞닿아 있다.

여기서 우리는 2000년대 이후 중국 중등과정 역사교과서 서술에 대한 이해가 단순히 교재라는 텍스트에만 국한되지 않는다는 사실을 간과할 수 없다. 전반적으로 중국의 중등교육 역사교과서에 대해서는 체제와 내용에 집중하거나 발간 과정을 중심으로 한 분석이 주를 이루었다.[4] 최

---

[4] 김지훈·정영순, 2004, 「최근 중국 중고등학교 역사교과서 속의 한국과 한국사: 「역사교학대강」 교과서와 「역사과정표준」 교과서의 비교검토」, 『중국근현대사연구』 23; 김유리, 2005, 「歷史敎學大綱에서 歷史課程標準으로」, 『역사교육』 96; 오병수, 2006, 「중국의 중등학교 교육과정 개혁과 자국사 교육의 편제: 『교육과정표준』체제의 수용을 중심으로」, 『중국의 역사교육과 교과서』, 고구려연구재단; 김지훈, 2007, 「중국의 신교육과정과 역사과정표준 실험 교과서」, 『동북아역사논총』 17; 金裕利, 2008, 「중국 고등학교 역사과정표준에 따른 『역사』 실험교과서의 서술 내용 분석」, 『역사교육』 105; 이은자, 2010, 「중국 고등학교 역사과정표준 실험교과서의 청대사 서술 분석」, 『아시아문화연구』 19; 김지훈 편, 2010, 『중국 고등학교 역사교과서의 현황과 특징』, 동북아역사재단; 김유리, 2018, 「국정제로 회귀한 중국의 중학교 역사교과서 분석」, 『역사교육』 148.

근에는 중국정부가 개혁개방으로 야기된 대내외적 문제들을 해결하기 위한 하나의 돌파구로 서구와 대별되는 중국적 특수성과 중국적 세계질서를 전면에 앞세운 정책적 기제라는 측면을 조명한 연구가 나왔다.[5] 역사교과서 개편을 포함하는 중국 역사교육의 변화가 '국민 통합과 이데올로기적 동원에 필요한 새로운 국가정체성의 재구성'을 추구하는 중국정부의 역사정책[6] 전환, 요컨대 중국식 사회주의체제 선전·선동 패러다임의 재구성과 직결돼 있다. 이에 주목해서 『강요(하)』가 내포한 국가 이념의 재수립과 확산이라는 시대적 배경을 읽어내고자 한다. 이는 냉전 이후 미중 갈등과 개혁개방의 부작용이라는 대내외적 국면의 전환 및 위기에 대한 국가 차원의 대응이라는 거시적 시각에서 중국의 중등교육 역사 교과서에 내재하는 맥락·문맥(context)을 관취하는 시도로 평가할 수 있다. 텍스트와 맥락·문맥의 상관성 고찰은 『강요(하)』 속 일국사로의 편향을 보다 심도 깊게 살펴 볼 수 있는 토대를 마련할 것으로 기대된다.

   이 글에서는 텍스트와 맥락 간 길항과 포섭에서 한걸음 더 들어가 양자 관계에 매개된 상호텍스트성(intertextuality), 구체적으로 『강요(하)』라는 텍스트 속 세계사, 특히 동아시아사 서술이 서구 학계의 텍스트 속 세계사·동아시아사 서술과 관계하는 양상을 집어 보고자 한다. 왜냐하면 『강요(하)』가 외견상으로 탈(서구)중심의 세계사 서술을 지향하는 것처럼 보이지만 실제로 중국사의 특수성과 중국식 세계질서를 기반으로 중화제국론을 확장시킴으로써 또 다른 형태의 중심주의적 세계사를 지향하는

---

5 오병수, 2020, 「시진핑 시대 중국의 역사정책과 일국사의 재구성 - 『歷史: 中外歷史綱要』 과목의 개설 배경과 이데올로기 - 」, 『역사교육』 156.

6 오병수, 2020, 221-224쪽.

경향을 보이기 때문이다. 필자는 이러한 이중성과 모순이 『강요(하)』 세계사 서술의 진상(眞相)이라고 생각한다. 텍스트 간 길항과 포섭이라는 또 다른 방법론적 창구를 통해서 『강요(하)』가 지향하는 탈서구중심의 세계사 서술 속 서구중심주의·탈서구중심주의·중국중심주의의 착종[7]을 분석하는 작업은 『강요(하)』라는 텍스트가 어떻게 중화제국론의 외연을 확장시키며 (중국)중심주의의 역사서술을 재생산하는가를 보다 면밀하게 파악하는 데 일조할 것이다.[8] 이러한 접근은 일국사 중심의 편향적 역사 서술의 문제점을 직시하는 데 그치지 않고 21세기 지구촌이 공유하는 세계사를 쓰기 위한 새로운 지표를 세우는 데도 하나의 참고가 될 것이다.

II. 탈(서구)중심주의와 (서구)중심주의 사이에서

1. 중국중심주의의 진화

개혁개방 이후 중국식 사회주의체계의 재확립은 중국정부의 시대적 과제

---

[7] 중국 학계가 동아시아 이웃 국가들뿐 아니라 비서구 지역의 역사와 문화에 대해서 중심-주변 내지는 전파-수용의 도식으로 차별하거나 배제하는 양상은 변형된 서구중심주의로 지적될 수 있다. 오병수, 2016, 「국내 학계의 중국 역사교과서 연구 경향과 과제」, 『동북아역사논총』 53, 159쪽.

[8] 『강요(하)』에 대한 체계적인 이해를 위해서는 연구방법론 등 역사학 전반에 걸친 이론적 쟁점들을 전면적으로 검토할 필요가 있다. 학계 차원에서 다양한 지역 연구 전공자들에 의해 종합적으로 연구되고 평가 받아야 할 사안이다. 이 글의 주제는 『강요(하)』에 나오는 동아시아사와 한국사 관련 부분이기 때문에 미시적 분석일 수밖에 없으나 무엇이 문제이고 어디에서 새롭게 시작해야 할 것인가에 대해서 예비적으로 검토하고자 한다.

이자 중국 역사학 전반에 걸쳐 하나의 대원칙이다. 최근 중국 학계가 세계사회주의 발전사라는 차원에서 중국사의 특수성을 적극적으로 해석하는 경향은 중국근대사 밝게 보기를 표방한 역사허무주의 비판론과 궤를 같이 한다.[9] 주류 학계는 개혁개방 이후 등장한 중국근현대사에 대한 다양한 해석을 서구의 공세적 이데올로기로 규정하며 중국식 사회주의체제에 대한 도전으로 간주하고 마르크스와 마오쩌둥 이론에 입각한 근현대 중국사의 정당성과 정통성을 재천명했다.[10] 수성(守成)의 고지에서 볼 때, 중국사의 특수성은 탈서구의 세계사 및 세계질서론을 창출하는 핵심 기제일 뿐 아니라 과거·현재·미래의 중국을 통틀어 중국식 사회주의 발전을 합리화할 수 있는 최적의 준거틀(frame of reference)을 제공한다.

이러한 이유로 인하여 중국 역사학계는 탈서구중심주의를 표방하면서도 중국사의 특수성과 중국적 세계질서를 기반으로 서구 학계와 차별되는 또 다른 거대 서사를 창출하는 데 역점을 둔다. 사회과학원 세계역사연구소는 '다양한 언어로 된 1차 자료 및 대량의 통계 자료'를 활용한 세계사 교재 개발을 통하여 국제 학계에서 경쟁력을 지닌 중국중심의 세계사 서술 확립과 국제 학계와의 공유를 목적으로 하는 프로젝트 추진을 역설하기 시작했다.[11] 이는 중국식 사회주의의 발전이 '이론의 창조와 학술의 번영에 기여했고' 따라서 향후 중국 역사 및 그 특수성을 '중국사학·학술(성)·용어'라는 세 분야에서 보다 일관성을 바탕으로 하는 통합

---

9   김인희, 2018, 「중국의 애국주의교육과 역사허무주의－1988년 〈하상(河殤)〉의 방영에서 1994년 〈애국주의교육실시 강요(愛國主義實施綱要)〉 선포까지」, 『한국사학사학보』 38, 349-355쪽.

10 오병수, 2020, 232-242쪽.

11 『人民日報』(his.cssn.cn/lsx/slcz/202004/t20200430_5120867.shtml/).

체계로 새롭게 구축할 것이 강조된 데서도 확인할 수 있다. 즉, 세 범주의 체계적 통합은 중국식 사고를 고도로 농축한 중국 중심의 세계사 서술 체계 정립에 기여할 수 있을 뿐 아니라 동아시아 및 그 이외 지역의 역사와 초지역적 연관성을 맺기 위한 기제로 이용될 수 있다.

상기 세 영역 가운데 용어는 중국사와 세계사를 하나의 틀에서 설명할 수 있는 수준을 넘어 중국사의 특수성이란 관점에서 세계사를 설명할 수 있는 밑바탕이다. 서구 학계는 용어·개념의 정립을 통해서 일반화된 학술성을 축적하고 이 과정에서 자신들의 용어·개념을 국제 학계에서 하나의 기준(standard)으로 정착시켰다. 즉, 용어의 규격화·규범화는 학술 헤게모니 구축에 기여했고 이후 중심-주변/전파-수용으로 대표되는 서구중심적 세계사 서술의 고착화로 이어졌다. 이런 측면에서 볼 때 중국 학계가 강조하는 용어·개념의 재정립도 서구중심의 세계사 서술을 대체하는 중국식 세계사 수립을 위한 학술 헤게모니 구축의 전단계일 수 있다.[12] 중국 학계가 외형적으로는 서구중심주의를 비판하면서도 오히려 그 학적 근간(용어의 표준화)을 차용하려는 까닭을 따져 볼 수 있는 대목이다.

한편, 용어를 중심으로 하는 일국사의 방법론적 재정립과 더불어 최근 중국 주류 학계에서는 시기적으로 통사(通史)와 단대사(斷代史)의 재수립에도 노력하고 있다. 통사의 경우, 고대부터 현대까지 중국사 전반에 걸쳐 중국적 특수성을 반영할 것을 기본 목표로 세우고, 중국식 스타일 내지는 중국의 기상 등 중국적 가치체계와 이념의 근간이 되는 요소들을 부각시

---

12 전인갑, 2018, 「비대칭적 국제질서: 천하질서, 그 변용과 현대적 재구성(I)-'세력균형의 질서'에서 '제국의 질서'로-」, 『서강인문논총』 51, 114-123쪽.

킬 것을 주창(主唱)한다.[13] 통사 체계의 재구축은 1949년 이후 중화인민공화국 체제에 입각한 역사관, 역사 서술, 역사교육을 시간에 구애됨 없이 전 시기의 중국사에 소급시켜 다민족통일국가 속 하나의 중국을 합리화시킬 수 있는 방편으로 기능할 수 있다. 고등학교 역사교과서인 『강요(하)』뿐 아니라 2017년 신간된 국정 중학교 역사교과서에서도 자고이래 중화문명의 실체, 통일적 다민족국가의 역사성, 중국공산당과 근현대사의 성립 등 중화민족과 중국식 사회주의를 근간으로 중국사를 통시적으로 체계화하고자 한 데서도 그 목적이 잘 드러난다.[14]

이와 더불어 왕조별 역사인 단대사의 재서술을 통하여 중국사의 특수성을 공시적으로 드러낼 수 있는 기획 또한 강조되고 있다.[15] 여기에는 개별 왕조의 역사를 서술할 때 중국뿐 아니라 '중국과 관련된 국가의 발전 상황'이나 '중국 역사 발전과의 관계'를 설명할 수 있어야 해당 시기 중국사를 명확하게 이해할 수 있다는 전제가 깔려 있는데 서구 학계의 서구중심주의 비판에 자주 등장하는 '타자(他者)의 관점에서 재해석하기' 방법론과 유사하게 들린다. 그러나 중국사의 특수성과 중국적 세계질서로 채워진 개별의 중국(왕조)사가 상위·우위에 위치하기 때문에 타자인 이웃 국가들의 역사는 하위·열위로 떨어져 중심-주변·전파-수용 등과 같은 계서적 이분법에 의한 중국사의 중심성을 강조하는 부속품으로 전락할 수 있다.

---

13 『中國社會科學報』(his.cssn.cn/lsx/slcz/202005/t20200525_5133503.shtml/).

14 김유리, 2018, 92-99쪽.

15 『中國社會科學報』(his.cssn.cn/lsx/slcz/202005/t20200525_5133503.shtml/). 구체적인 일례로, 이석현은 1980년대 이후 재해사 관련 새로운 분과 학문의 출현을 통해 통사적 연구에서 단대사 연구로 그리고 거시적 연구에서 미시적 연구로 전환되는 중국 학계의 흐름을 언급하고 있다. 이석현, 2020, 「중국의 재해, 재난 연구와 '재난인문학'」, 『인문학연구』 59, 89-90쪽.

이 때문에 단대사의 재확립은 서구 학계에서 주장하는 타자를 통한 역발상 및 탈(자기)중심의 비교사적 방법론과는 상반되게도 타자(이웃 국가들)의 역사 속에 보다 깊숙이 개입해서 중국중심주의를 재생산하는 논리적 위험성을 지니고 있다. 한국·몽골·베트남·일본·티베트 등 전통적으로 중국과 관련 있는 국가들의 역사가 중국의 개별 왕조에 따라 하나의 하부 단위로 포섭되고 이들의 독자성·고유성 및 동아시아 지역 내 상호 교류가 중국사의 특수성으로 점철될 수 있다. 중국사의 특수성이 보다 시기별로 구체화된 단대사의 구도 속에서 이들의 역사는 수평적 관점의 열린 세계사 서술을 위한 하나의 지렛목 역할을 하기 보다는 중국 중심의 지역사로 편입될 가능성이 더 커진다. 중국사학·학술·용어 세 범주의 체계적 통합을 통한 세계사 서술에서 단대사에 대한 지나친 강조는 동아시아 이웃 국가 역사의 부속성 내지는 의존성을 합리화시킬 수 있다.

다시 말해서, 최근 중국 학계에서는 서구중심주의에 대항하며 반대급부로서 자국 중심의 통사와 단대사의 재정립을 강조하기 시작했다. 통시적으로는 중국사의 특수성과 중국식 세계질서를 현재 중국의 시공간에 획일적으로 소급해 적용하고 시기별로는 이웃 국가들의 역사적 정체성을 형해화 할 수 있는 일국사 편향의 역사 서술에 매진하고 있다. 이러한 팽창주의적인 역사인식으로 인하여 서구중심주의를 비판하는 중국 학계는 오히려 중국중심주의라는 또 다른 형태의 중심주의적 서술을 강화해 나가고 있다. 바로 이 지점이 서구중심주의·탈서구중심주의·중국중심주의 간 착종의 시발점이자 일국사 서술, 지역사, 초지역사 서술 간 불균형의 근원이다.

흥미롭게도 서구중심주의에 대한 비판이 중국중심주의라는 또 다른 중심주의를 배태한 사례는 서구 학계의 중국사 연구에서도 지적된다.

1990년대 이후 경제사 분야를 중심으로 일부 중국사 전공자들이 상호관련성 및 상호의존성을 바탕으로 초국적 관점에서 지역사를 새롭게 인식하는 지구사(global history)의 필요성을 역설했다. 중국사 자체의 문맥을 중시할 수 있는 패러다임 구성을 강조하면서 서구의 역사적 경험을 보편적 세계사로 인식했던 서구중심주의적 역사서술에 도전했다.[16] 특히 서구가 근대문명과 자본주의를 주도하게 되는 19세기 이전, 구체적으로 16세기부터 18세기 아시아와의 교류가 서구 자본주의 형성 및 근대문명 수립과 연관됐음을 밝히는 연구성과를 내기 시작했다.[17] 서구와 중국 사이의 상호 교류를 보다 적극적으로 해석하여 중국사의 활력이 서구 자본주의와 근대문명 건설의 원동력으로 작용할 수 있었다는 주장은 서구중심주의에 대한 도전장과 다름없었다. 이러한 지구사의 주장은 중국사를 기존 서구중심주의에서 고착화된 '타자'의 위치에서 해방시킬 수 있는 학문적 교두보를 마련했고 자본주의와 근대문명의 사적(史的) 전개에 대한 탈서구중심의 세계사적 시각 확보라는 점에서 새로운 진전을 이루었다.

그러나 연구의 초점이 지나치게 영국·프랑스·네덜란드·스페인·포르투갈 등 일부 서구 국가들이 건설한 해상무역 거점과 아시아, 더 구체적으로 말하자면 남중국과 인도와의 교류가 어떻게 자본주의와 근대문명 건설에 기여했는가에 집중돼 있다.[18] 자본주의와 근대문명의 발전에 있

---

16 강진아, 2011.

17 K. Pomeranz and Steven Topik, 2006, *The World That Trade Created: Society, Culture, and the World Economy, 1400 to the Present*, M.E. Sharpe; J. M. Hobson, 2004, *The Eastern Origins of Western Civilization*, Cambridge University Press; Andre Gund, 2003, *Re-orient: Global Economy in the Asian Age*, University of California; R. Bin Wong, 1997, *China Transformed: Historical Change and the Limits of European Experience*, Cornell University Press.

어 중국의 기여를 일부 서구 국가들과 남중국 간 해상 무역과 상호 교류 속에서 파악하고 있다. 때문에 자칫 중원과 2천 년 이상의 긴 시간에 걸쳐 밀접한 관계를 구축하며 함께 역내 질서를 만들어간 한국·몽골·베트남·일본 등 동아시아 지역의 역사는 19세기 중반까지 전(前)자본주의적이고 전근대적인 지역의 역사로 간주될 수 있다. 기존 서구중심주의에서 도출된 이분법적 해석과 얼마나 근본적으로 차이가 있을까?

지구사가 탈서구중심주의 역사 서술에 몰두하면서 정작 중국중심주의의 재부상을 간과하는 양상은[19] 최근 중국 학계가 한편으로는 서구중심주의 역사학을 비판하면서 다른 한편으로는 자국중심의 역사 체계를 재수립하려는 양상이 동일하지는 않더라도 결과적으로 중심주의 역사를 재생산하고 있다는 점에서 유사하다. 일례로, 웡(R. Bin Wong)은 17~19세기 중국사와 서구사의 올바른 비교를 위해서 전통 중국의 정치경제 메커니즘 작동과정에 대한 적극적인 해석을 강조한다.[20] 전근대 중국의 경세(statecraft)가 지닌 역사성, 구체적으로 역사 주체로서의 전근대 중국의 국가 권력을 새롭게 평가한 것은 기존 서구중심주의에서 벗어난 해석이다. 그러나 중국 내부의 역학관계만을 갖고서 이를 서구와 평면적으로 비교하여 중국적인 것을 강조하고자 하는 것은 중국이라는 일국 단위와 동아시아라는 지역 단위가 균형을 맞추지 못하는 문제점을 야기한다. 중국사 역시 이웃 국가들의 역사와 마찬가지로 동아시아 역내 다양한 세력들 간

---

18 박혜정, 2013, 「지구사적 관점으로 본 동아시아사의 방법과 서술-인도양 연구에 대한 비판적 고찰을 토대로」, 『東北亞歷史論叢』 40, 109-118쪽.

19 박혜정, 2013, 131-132쪽.

20 R. Bin Wong, 1997, 135-151쪽.

상호 작용의 산물이라는 사실을 제대로 파악하지 못했기 때문에 이 시기 서구와 중국 간 단순 비교를 통하여 이웃 국가들의 역사를 주변화하고 당시 동아시아 국가들 간 관계(성)를 중국-비중국의 이분법 속에 뭉뚱그릴 소지가 다분하다. 중국중심주의는 차치하고 서구중심주의를 온전히 탈피하지 못할 수 있는 이유이기도 하다.

우리는 중국 학계와 지구사 모두 탈서구중심주의의 역사서술에 집착하면서 중국중심주의를 방기함을 경계하고 이러한 패착이 일국사 서술과 지역사·초지역사 서술 간 불균형에서 기인함을 명확하게 인식해야 한다. 지구사에서는 영국·프랑스·네덜란드·스페인·포르투갈 등 이른바 대항해시대를 연 서구의 일부 국가와 중국·인도 등 아시아의 일부 국가 간 교류에 집중함으로써 서구 역내 교류와 동아시아 역내 교류를 보다 밀도 있게 관찰하지 못하고 일국사 서술과 지역사 서술 간 불균형이라는 난관에 직면했다. 중국 학계 역시 동아시아 역내 교류에 있어 중국사의 특수성과 중국식 세계질서를 필두로 하는 자국 중심의 역사관으로 일국 단위와 지역 단위에서 발생하는 다양한 형태의 상호작용 및 상호 침투를 간과했다. 양자 모두 탈서구중심주의의 기치를 들더라도 중심주의의 문제는 여전히 불식하지 못하고 있는 실정이다.

특히, 중국 학계는 『강요(하)』의 사례에서와 같이 탈서구중심주의의 외피 속에 서구중심주의와 중국중심주의를 혼합함으로써 중국사의 특수성과 중국식 세계질서를 재정립할 수 있는 이론적 토대를 더욱 공고히 하는, 바꿔 말하면 탈서구중심의 역사학으로 중국중심주의를 강화시키는 경향을 보이고 있다.[21] 동아시아사 및 역내 이웃 국가들의 역사를 중국사

---

21 조경란, 2018, 「중국 탈서구중심주의 담론의 아포리아―20세기 국민국가와 중화민족

의 특수성과 중국식 세계질서 아래 수렴시키는 과일반화·계서화의 역사 해석은 역내 이웃 국가들의 역사를 획일화된 하부 단위로 끌어 내림으로써 우열과 위계의 동아시아사 서술을 부활시킬 수 있다. 이럴 경우, 서구 우위의 세계질서를 합리화한 서구중심주의 역사학의 패권주의적 세계사 서술과 얼마나 다를 것인가? 『강요(하)』를 포함한 중국 학계의 새로운 세계사 서술에 대하여 중국중심주의로 무장된 제국의 역사를 창출하려는 일국사의 과도한 자기 합리화 작업이 아닌가라는 비판이 제기될 수 있다.

2. 다시 중화제국론: 차등과 배제의 동아시아사

이번 장에서는 산업혁명 이전 시기 아시아와 동아시아에 대한 『강요(하)』의 서술 부분을 좀 더 살펴보겠다. 5세기 이전 고대시기 동아시아 최고(最古) 문명지역은 중국 본토로 그리고 유라시아 대륙의 경우는 페르시아제국, 헬레니즘제국, 로마제국이 중국 이외의 정치문화 중심지 제국(帝國)인 것으로 설정해서 해당 지역의 역사를 주도한 것으로 기술하는데 이 과정에서 한나라와 로마의 교류를 부각시켜 제국 간 교류를 설명한다.[22] 중심과 주변이라는 차등 구도로 고대시기 문명의 발달과 제국의 흥기에 초점을 맞춘 서술이 서구중심주의 세계사 서술의 전형임을 고려할 때 『강요(하)』도 기존 서구 학계를 추수(追隨)해서 지역별로 국가·정체(政體)·세력·집단 간 위계를 부여하면서 고대 동아시아에서 중국이 갖는 선진적, 선도적 지위를 강조했다.

이데올로기의 이중성—」, 『중국근현대사연구』 68, 214-216쪽.
22 『중외역사강요(하)』, 인민교육출판사, 2020, 8-11쪽.

오병수는 자국사 교재에 해당하는 『강요(상)』을 분석해 19세기 이전 중국사 서술의 주요 특징 중 하나로 다민족 통일 봉건국가의 역사성을 지적했다.[23] 나아가 이 시기 중국사를 중화민족 중심의 제국사로 규정하되 단선적 방식의 역사인식이 아니라 전통시대 중국의 다양한 (소수)민족·문화·사상·제도·계급·강역 등 제 요소를 계기적(繼起的)으로 통합하는 중화제국의 진화 과정으로서의 역사중국을 창출했다. 19세기 이전 수많은 소중국의 존재가 어떻게 '대중국', 즉 중화인민공화국의 역사 속으로 진입했는가를 현재주의적 관점에서 거슬러 올라가 과거 속에 투영하는 목적론적인 사관으로 중화제국론 서사를 확대한 것이다. 『강요(상)』이 중국사 속에서 중화제국론의 깊이를 더했다고 한다면 『강요(하)』는 그 서사의 폭을 넓혀 동아시아는 중국제국의 하부 단위로 부속화·종속화 되고 중국 홀로 기타 지역의 문명제국들과 어깨를 나란히하며 역내 정치·문화·경제·군사·외교의 구심력을 확보한다. 『강요(하)』는 문명제국으로서의 '대중국'에 걸맞은 세계사적 위상을 확인하는 자기 선언이라고 할 것이다.

이와 더불어 『강요(하)』에서는 고대문명의 다원성을 강조하며 세계사 전개에 있어 역내 연관성을 보다 풍부하게 설명한다.[24] 그러나 이 시기 동아시아의 경우, 중국만이 고대문명을 꽃피운 것으로 서술하기 때문에 고대문명의 다원성 강조는 중국 고대문명의 고유성과 독자성을 유연하게 이해시키고 중국사의 특수성을 역사화하는 견인차 역할을 한다. 반면에

23　오병수, 2020, 「시진핑 시대 중국의 역사정책과 일국사의 재구성-『歷史: 中外歷史綱要』 과목의 개설 배경과 이데올로기-」, 『역사교육』 156, 244-255쪽.

24　『중외역사강요(하)』, 12쪽.

이웃 국가들의 정치·문화·역사가 지닌 고유성과 독자성은 중국식 다원성의 개념 속에서 침묵당할 수밖에 없고, 다원성을 배타적으로 확보한 중국사의 특수성 속에 이들의 역사가 끌려 들어갈 수밖에 없는 취약성을 갖는다. 즉, 본 신간 세계사 교과서는 내부적으로 다원성을 인정하면서 외부적으로 이웃 국가들의 역사와 문화가 갖는 고유성과 독자성을 외면하고 동북아 지역 전반에 걸쳐 나타나는 다원성을 부정하는 이중 잣대로 동아시아 역사와 문화를 재단하고 있다.

주지하듯이, 최근 세계사 서술에 있어 서구 학계에서 제기한 서구중심주의의 주요 문제점 중 하나가 비서구적 경험과 요소를 무시함으로써 발생한 과일반화이고 이를 해결하기 위한 핵심 개념이 바로 다원성이다.[25] 그런데 단대사의 재정립 강조에서 드러난 바와 같이, 중국 학계는 서구 학계의 다원성을 차용하되 오히려 중국사 중심의 동아시아사 서술을 강화하려고 한다. 또한, 다원성에 대한 재인식을 통하여 수평적 관점으로 중국을 포함한 역내 국가들 간 상호 교류를 펼쳐보고 그 현재적 함의를 도출하기 보다는 중국사의 특수성 속에 다원성을 포섭해서 패권적 서술을 확대 발전시키고자 한다. 탈(서구)중심주의 지역사를 지향하는 것처럼 보이지만 실제로는 중국중심주의를 공고히 하려는 목적에서 동아시아의 다원성을 중국사의 특수성으로 변모시켜 '대중국'과 중화제국론의 외연을 확장하고 있음을 발견할 수 있다.

5~15세기의 중고시기(중세시대) 아시아지역은 어떤 모습일까? 먼저 초지역적 연관성에서 볼 때, 이 시기는 4~6세기 북인도의 굽타왕조, 7세기 무함마드로부터 시작된 중동의 이슬람왕조, 13~16세기 북인도의 델

---

25 박혜정, 2012.

리술탄국, 15세기 터키의 오스만튀르크왕조가 아시아의 제국으로 등장한다.[26] 『강요(하)』는 이들에게 패권국가, 즉 제국의 지위를 부여함으로써 해당 지역의 역사 전개에서 주도적 역할을 담당한 것으로 설명한다. 더구나 굽타왕조, 이슬람왕조, 델리술탄국, 오스만튀르크왕조는 모두 현대 중국 서쪽에 위치한 인도·아랍·터키의 과거이자 현재 중국의 세계화 프로젝트인 일대일로(一帶一路)에서 중요한 위치를 치지한다. 『강요(하)』에서는 이들에게 중화제국과 비견되는 정치문화적 중심지로서의 위상을 부여하고 중국으로 대표되는 동아시아와 이들이 속한 지역 간 병렬 비교를 통해서 중심-주변의 역사 서술을 이 시기 아시아 역사 전반으로 확대했다.[27] 이러한 방식의 초지역적 연관성 강조를 통해서 중국중심의 세계사 서술 체계를 세워 나간다.

한편, 역내 연관성에서 볼 때, 『강요(하)』에서는 중심-주변 구조의 중화제국론을 철저하게 적용해서 이 시기 한국과 일본의 역사를 한화(漢化 sinciziation)의 과정으로 기술한다. 눈에 띄는 점은 양자 중 일본 관련 내용을 우선시하는데[28] 근세 이후 지금까지 동아시아 세력 관계에서 차지하는 일본의 위상이 반영된 것이며 중국의 대(對)미 안보전략에서 미일(군사)동맹과 한미(군사)동맹이 차지하는 비중이 반영된 것이다. 그렇다면, 한국·일본에 비해 한화가 약하고 상대적으로 느슨한 대미 관계를 맺고

---

26 『중외역사강요(하)』, 22-24쪽.

27 중앙아시아를 둘러싼 인도·터키·러시아 등 대국들의 역사를 폭넓게 다루는 것과는 대조적으로 한국사는 거의 모든 측면에서 축소하려는 경향은 2000년대 초반 서구식 교육을 모델로 한 교육과정표준 체계에서 이미 나타났다. 오병수, 2016, 157-159쪽.

28 교육과정표준 체계에서는 일본사도 한국사에 비해 많은 분량을 차지했다. 오병수, 2016, 159쪽.

있는 몽골과 베트남은 어떨까?[29] 베트남의 역사는 본문이 아니라 별항·참조 부분에서 다루고, 몽골의 역사는 아예 본문과 별항·참조 어디에도 없고 일종의 보충·질의 부분에서 간단히 언급한다. 결국, 한국·일본·베트남·몽골의 역사적 경험 및 역내 이웃 국가들 간 교류가 갖는 중요성과 세계사적 의의를 생각할 틈 없이 한화의 정도에 따라서 계서화되고 획일화된 지역사의 작은 조각들로 흩어졌다. 동아시아의 다원성을 구성하는 각국의 개별성과 독자성이 해체되는 현장이다.

5~15세기(중고시기) 한국의 역사를 좀 더 자세히 들여다보면, 중국의 중앙집권제 모방을 통한 7세기 말 신라와 10세기 초 고려의 통일국가 수립으로 시작하고 14세기 말 조선의 건국과 16세기 임진왜란의 발발 및 명의 구원으로 끝맺는다.[30] 고대시기 동아시아에 대한 기술이 제국으로서의 중국과 중화문명 이외는 없기에 다른 동아시아 국가들과 마찬가지로 한국의 이 시기 역사, 즉 신라의 통일 이전은 생략되고 마치 통일 이후부터 한국의 역사가 본격적으로 시작되는 것처럼 서술했다. 고구려를 포함하여 고대한국의 수많은 국가·정체·세력·집단들의 흥망성쇠를 담고 있는 7세기 이전 한국고대사는 미지의 세계, 더 구체적으로 말하면 당시 동아시아 정치·외교·군사·문화·경제의 중심지로 규정된 중화제국의 아래로 묻혀버렸다. 일종의 한국고대사 패싱(passing)이라 해도 과언이 아니다.

더구나 신라와 고려가 전면적으로 중국의 제도와 문물을 수용했다고 기술함으로써 전근대 한국의 모든 제도가 이때 완비된 것 같은 인상마저 준다. 한국의 700여 년간의 역사를 중국 모방의 역사로 설명했다. 더 심

---

29 『중외역사강요(하)』, 25-26쪽.
30 『중외역사강요(하)』.

각한 것은 근현대 한중관계에서 가장 가깝고 실제로 깊은 영향을 미친 조선에 대해서는 임진왜란을 제외하고는 극히 소략한 기술 밖에 없다는 사실이다. 중국 모방이 한국사에서 장구한 시간에 걸쳐 오래 전에 이루어진 것임을 강조하려는 시도나, 그러한 유구성을 빌미로 조선의 역사를 더 이상 기술할 것이 없을 정도로 한화된 역사로 채색하려는 의도가 숨겨져 있다. 즉, 신라와 고려 이후 한국의 역사는 딱히 더 언급할 필요가 없을 정도로 중화제국에 부속됐음을 우회적으로 상기시킴으로써 14세기 이후 동아시아 역사 전개 상 조선의 존재감을 지우려는 것이다.

　이러한 조선 패싱은 임진왜란을 일본의 조선 침략과 명의 격퇴라는 구도 속에 기술함으로써 중국과 일본의 대결만 보이고 정작 유일한 전장이자 최대 피해자인 조선에 대해서는 일언반구도 없는 데서 여실히 드러난다. 더구나, 교재에서는 상위의 명이 하위의 조선을 도운 전쟁임을 부각시키기 위해서 이순신(李舜臣, 1545~1598)과 함께 싸운 명군 장수 등자룡(鄧子龍, 1531~1598)을 언급한다. 등자룡이 명 수군 제독 진린(陳璘, 1543~1607) 휘하의 부총병으로 노량해전에서 전사했기에 역사적 사실 자체에 대해서는 문제가 없지만 임진왜란 당시 등자룡보다 지휘체계 상 높은 지위로 조선에 파견된 명군 지휘관들이 많았을 뿐 아니라 문관의 경우도 명의 중앙정부 조직인 예부·병부·호부·도찰원 등에서 일본을 방어하기 위해 상당수 고위 관리를 파견했음도 함께 고려돼야 한다. 임진왜란이 단순한 변방의 전역(戰役)이 아니라 명 조정의 주요 관료들이 참전할 정도로 명의 안보와 직결되는 중차대한 전쟁이었기 때문이다. 그런데 교재에서는 철저히 중심-주변의 논리에서 '구원자' 명의 역할을 재확인하는 데, 이러한 경향은 임진왜란에 대한 중국 학계의 기조인 항일원조론(抗

日援助論)을 그대로 반영한다.[31]

『강요(하)』는 중국사라는 일국사 단위의 서술과 동아시아라는 지역사 단위의 서술 간 불균형 속에서 중국적 세계질서를 포함하는 중국사의 특수성을 보다 적극적으로 세계사 단위에서 부각한다. 이전 장에서 설명한 바와 같이, 최근 중국 학계는 역사 용어의 표준화를 추구하는데, 이는 19~20세기 국제 학계에서 학술 패권 장악에 성공한 서구중심주의의 중심-주변/전파-수용의 역사인식을 답습한 것이다. 이 과정을 거치면서 『강요(하)』 속 중고시기 아시아 역사에는 정치적, 문화적으로 중국과 대등한 규모로 기술된 몇몇 제국들이 서술의 주어로 등장하면서 제국 서사가 부활하고 해당 시기 이들과 이웃한 수많은 역사 주체들의 경험과 기억은 사장된다. 다원성은 다양한 역내·역외·국내·국외 역사 주체·행위자들 간 상호작용과 상호 교류의 산물이라는 측면에서 동아시아 국가들의 고유성과 독자성을 보다 입체적이고 복합적으로 설명하는 핵심 요소다. 그런데 『강요(하)』에서처럼 중국이나 한족과 같은 제국 서사의 역사 주

---

31 『강요(하)』의 사례에서처럼 중국 학계에서는 임진왜란을 항일원조의 관점에서 심화하는 연구를 진행하고 있다. 항일원조론은 20세기 초 일본 제국주의의 동아시아 침략에 대한 한중 간 반일(反日) 연대의 역사적 근거로 이용될 뿐 아니라 항미(抗美)원조로 정의한 한국전쟁과도 연관 지음으로써 오랜 기간, 즉 16세기부터 현대에 이르기까지 한반도, 구체적으로 한국의 군사 안보에 있어 중국의 주도적 역할을 역사적으로 부각시킬 수 있는 근거로 이용했다. 임진왜란을 항일원조로 규정하기에 명과 일본 간 전투 및 교섭에 연구가 집중되는 반면 조선은 하나의 전쟁터로 그리고 원조(援助)의 대상으로 서술되는 경향이 보인다. 馬伯庸·汗靑, 2012, 『帝國最後的榮耀』, 山西人民出版社發行部; 宋毅, 2012, 『壬辰1592: 決戰朝鮮』, 陝西人民出版社; 朱亞非·陳福嚴, 2012, 「萬曆援朝戰争起因再探討」, 『山東青年政治學院學報』. 이런 측면에서 "한반도를 자신들의 울타리로 생각하고 있는 중국의 입장에서 '저항의 대상'이 '왜'에서 '미'로 바뀐 것일 뿐 중국의 한반도에 대한 관심은 예나 지금이나 똑같다." 한명기, 1999, 『임진왜란과 한중관계사』, 역사비평사, 7쪽.

체·행위자만이 강조되면 동아시아 국가들의 역사는 특정한 보편,[32] 더 엄밀하게 중국적 보편을 확인시켜 주는 일례로 전락하고 궁극적으로 중심주의 역사서술을 강화하는 기폭제가 됨을 발견할 수 있다.[33]

『강요(하)』에서처럼 최근 중국 학계는 중국사의 특수성과 중국식 세계질서를 보다 정교하게 이론화해서 중국 중심의 동아시아사 및 세계사를 써 내려가고 있다. 그러나 한국사의 시각에서 볼 때는 『강요(하)』의 서술 방식과 내용이 한국사의 종속성을 강조한 일본 학계의 식민사관과 별반 차이가 없다.[34] 종속화의 주체가 일본이 아닌 중국으로만 바뀔 뿐 중심주의 서술이 그대로 남아있기 때문이다. 다나카(Stefan Tanaka)에 의하면 근대화 이후 일본 학계는 일본사의 특수성에 대한 자기 객관화를 통해서 일본중심의 역사학을 수립하며 서구중심의 역사학에서 일정 정도 벗어날 수 있는 공간을 확보했다.[35] 이 과정에서 일본사의 특수성은 일본을 미개한 동아시아의 이웃으로부터 스스로를 구분 지으며 동시에 서구의 역

---

[32] "특수성과 다양성의 강조는 보편성의 특권적 지위에 대한 비판을 위한 것이다. 그러나 이러한 다양성의 주장이 메타서사가 가지고 있는 폭력성을 근원적으로 재검토하여 '보편적 보편성'을 찾는 과정과 연결되지 않는다면 이는 또 다른 어떤 특정한 보편성의 주장을 위한 수순에 불과한 것이 되고 만다." 조경란, 2018, 214쪽.

[33] 박혜정은 지구사에서도 상호 교류를 주장하지만 그 주체를 몇몇 거점이나 국가들로 한정할 경우 그 외의 이웃 지역과 국가들의 역사가 수용, 확산 등 수동적인 측면에서만 이해돼 오히려 주변부의 성격만을 부각시키는 오류에 빠질 수 있음을 경계한다. 박혜정, 2012, 306-307쪽.

[34] 이와 같이 한국사의 부속성 내지는 후진성에 대한 중국 학계의 인식은 량치차오를 위시한 중국 역사가들에 끼친 일본 제국주의 근대 역사학의 영향과 깊은 상관성이 있었다. 오병수, 2021, 『한중 역사 교과서 대화—근대의 서사와 이데올로기』, 동북아역사재단, 2021, 28-57쪽.

[35] Stefan Tanaka, 1995, *Japan's Orient: Rendering Pasts into History*, University of California Press, pp.2-27, pp.261-275.

사적 경험과도 비교 가능한 비서구적 역사 모델을 제시하는 데 있어 일종의 특장처 역할을 했다. 서구중심적 세계사의 일반성은 건드리지 않되 일본식 세계사 서술 체계를 갖추는 방식으로 역사학의 보편성과 특수성을 결합한 것이다. 중국 학계는 '중국사 = 동아시아'라는 도식 아래 동아시아사 전반의 특성과 역내 일국사(들)의 개별적 특성을 무차별적으로 중국사의 특수성으로 흡수한다. 이 과정에서 세계사회주의발전사의 보편적 작용력을 보유한 탈서구중심의 역사학을 천명하는 것이다. 일본 학계가 자국사의 특수성을 통해서 동아시아 이웃 국가들의 역사와 자국의 역사를 구별하면서 탈서구중심적 역사 서술을 모색한 것과 정반대라고 할 것이다.

중국 학계와 일본 학계 모두 한편으로는 서구중심주의의 대안을 추구하면서도 다른 한편으로는 이웃 국가들의 역사를 철저히 자국사의 관점에서 대상화하기 때문에 동아시아사 전개에서 타자의 문제를 도외시하고 오히려 이분법적 자타 인식에 의한 선후·상하·우열의 차이만 부각시켜 서구중심주의의 패권 서사를 반복하는 결과를 초래했다. 타자화 및 패권주의적 역사인식의 문제로 인하여 탈서구중심주의로의 궁극이 재중심화(중국중심주의·일본중심주의)로의 초입이라는 역설이 만들어진 것이다. 더구나, 중국 학계는 서구중심주의와 경쟁 구도에서 세계(화) 담론들을 개발하며 서구중심주의가 건설한 우열과 위계의 패권 서사를 해체하는 것이 아니라 중국식 보편주의로 대체하려는 경향을 보인다.[36] 문제는, 서구

---

36 2000년대 이후 중국 지성계는 새로운 세계질서와 문명론의 필요성을 제기하며 이 과정에서 서구적 보편과 다른 중국적 보편을 전면에 내세우는 경향을 보인다. 전인갑, 2018, 114-123쪽. 중국사 중심의 역사학 재구성이 합리화될 수 있는 지적 분위기와 논리적 기반을 여기서 추측해 볼 수 있다.

중심주의에 대항하면서도 구조적으로 서구중심주의와 크게 다르지 않은 거대담론의 지향이 이웃 국가들의 역사 속 고유성·독자성 및 역내 국가들 간 상호작용(성)을 중국사 체계로 내재화하고 중국사의 특수성과 중국식 세계질서의 명목하 중국중심의 이분법적 자타인식을 보다 치밀하게 방어하는 논리의 기저를 만든다는 점이다. 이러한 각도에서 볼 때, 서구중심주의·탈서구중심주의·중국중심주의의 착종에 대한 정해(精解)는 『강요(하)』에 노정된 타자(화)와 패권 서사의 근본 원인을 규명하는 핵심체라고 할 것이다.

III. 열린 세계사 그리고 동아시아사

1. 일국사와 지역사의 균형

한센(Valerie Hansen)의 *The Open Empire: A History of China to 1800*(이하『열린제국』)는 새로운 동아시아사 서술에 있어 일국중심주의를 어떻게 탈피할 것이며 그러한 문제의식이 던져주는 새로운 세계사 서술로의 함의가 무엇인가에 대해 진지한 고민을 담고 있다.[37] 일국사로서의 중국사와 중국 밖의 역사 간 균형적 서술에 대한 타개책을 모색하고 이러한 균형 속에서 보다 온전한 형태의 비교사적 관점으로의 초지역사 서술에 대한 전망을 밝히고자 하는 점에서 많은 시사점을 준다.

---

37 Valerie Hansen, 2015, *The Open Empire: A History of China to 1800*, W. W. Norton & Company.

본 개설서는 시기별로 총 11장으로 구성돼 있고 각 장의 첫 부분에는 해당 시기에 대한 연대기가 한 쪽씩 요약돼 있다. 그리고 시대별 분류 이전에 세 개의 대주제로 편성됐다. 첫 번째 대주제인 'Inventing China'는 문헌 기록이 본격적으로 시작되는 기원전 1200년부터 서기 200년까지, 즉 은(殷)·주(周)부터 한(漢)까지를 1·2·3장에 걸쳐 다룬다. 1400여 년간 다양한 인적·문화적·지형적 요소들이 결합하고 분리되는 과정 속에서 중국의 문명과 역사가 형성됐음을 설명한다. 두 번째 대주제인 'Facing West'는 200년부터 1000년대까지, 즉 위진남북조(魏晉南北朝)부터 당(唐)까지 900여 년간 서역으로 총칭되는 중앙아시아 및 북부 인도지역과의 역사적 관계를 서술한다. 4·5·6장으로 나뉘어져 있으며 도교문화와 불교문화의 발전, 전근대 중국의 황금기를 구가했던 수(隨)·당을 중심으로 한다. 1000년부터 1800년까지를 다루는 세 번째 대주제인 'Facing North'는 7·8·9·10·11장으로, 한족왕조인 송과 명뿐 아니라 북방왕조인 요·금·원·청까지 모두 서술했다.

시대구분이 왕조의 교체와 연결되며 각 장의 첫 부분에 연대기가 배치된 점은 형식에 있어 기존 중국중세사 개설서들과 비교해 볼 때 크게 다르지 않다. 그러나 한센이 청대 말엽까지 중국사를 크게 세 부분으로 대별해서 고대중국 이후 서역과 북방의 다양한 문화 및 정체(政體)들과의 상호교류 속에서 전개된 중국 문명·역사의 개방성을 통시적 시각에서 강조하는 부분은 주목할 만하다. 특히 각 장에서 한센은 토대에 해당하는 경제 및 제도 관련 사항들, 상부구조에 해당하는 사상·이념·종교 관련 사항들, 그리고 토대와 상부구조를 연결하는 정치·사회 관련 사항들에 대해서 나열식이 아니라 상호 관련성을 부각시키고자 한다. 또 다른 특징으로 자료 인용의 다각화를 들 수 있다. 한센은 공문서뿐 아니라 소설과 예술·문화 작품들도 전근대 중국의 문명과 역사를 이해할 수 있는 텍스트로 인식한다. 고고학적 발굴 성과 역시 문헌에 실려 있지 않은 전근대 중국의 문명과 역사에 대한 기록으로서의 가치를 지닌 텍스트로 간주한다.[38] 그렇다면 한센이 소설, 예술·문화 작품들, 고고학적 유물에 대해서 적극적인 자세를 취한 동기는 무엇인가? 문자화된 기록에서 극히 제한적으로 남겨지거나 배제된 평민·여성·비한족계 등 다양한 역사 주체·행위자들의 역사를 어떻게 중국사의 전개 속에 담아낼 것인가에 대한 고민 때문이다. 이들의 목소리를 반영함으로써 현재를 살아가는 독자들에게 전근대 중국사의 당대적(當代的) 문맥을 생생하게 전달코자 하는 것이다. 다방면의 중국학 관련 인용 자료를 갖춤으로써 전근대 중국의 시대상에 대한 해상도를 높이고 궁극적으로 독자들이 중국사를 통찰하는 데 주목적이 있다.

한센은 통사적 서술을 바탕으로 해서 기존 중국사 서술에 존재하는 두 갈래의 중심주의 경향을 탈피할 것을 주장한다. 첫째는 정사(正史) 위주의 기존 사료 속 전근대시기 왕조 중심 서술이다.[39] 왕조 교체를 어떻게 볼 것인가에 대한 문제는 중국사 서술의 출발점이며 새로운 중국사 개설서 개발에 있어서 하나의 핵심 과제다. 통일 중국의 역사성과 그 의미를 중국사 자체의 맥락에서 되짚어볼 수 있다는 점에서 현안의 성격도 지닌다. 한센은 왕조 중심의 역사서술이 지니는 큰 문제점으로 ① 왕조 교체와 역사적 변화 간 상호작용에 있어 전자에 대한 부정적 해석, ② 관찬 사료 속 인물들의 지나친 부각, ③ 왕조의 흥망성쇠에 대한 유교주의 포폄을

---

38 Valerie Hansen, 2015, pp.8-11.
39 Valerie Hansen, 2015, pp.6-8.

꼽는다. 특히 왕조 교체기를 혼돈과 분열(chaos and disunity)의 시기로 단정하고 이 시기 사회와 문화를 쇠퇴기로만 축소하려는 기존 해석에 대해 비판적이다. 과연 왕조가 바뀌고 분열될 때마다 전근대 중국의 문명과 역사는 정체되거나 퇴보했고 통합될 때마다 안정되고 발전했는가? 중국 문명과 역사의 전개를 이러한 분열과 통합의 주기적 반복으로 도식화 할 수 있을까?

이러한 문제 제기 속에서 한센은 왕조 대신 정체(政體)라는 보다 보편적 설명틀을 사용하면서 전근대와 근대를 아우르는 장기적인 해석틀을 구상한다. 왕조 중심의 서술은 전근대 중국의 문명사를 순환주의 패러다임에 끌어드려 중국사의 전개를 단순화시킬 수 있기 때문이다. 근대 이후 중화인민공화국·타이완·홍콩 등 다국 체제 속 중국사가 이룩한 사회적·경제적·문화적 발전을 결코 부정적으로만 이해할 수 없다.[40] 독자들은 이러한 사고의 전환을 통해서 왕조 중심 서술로부터의 탈피가 이처럼 중화인민공화국까지 포함하는 수많은 정체들을 중국사 자체의 긴 역사적 맥락에서 상호 비교할 수 있는 통시적 이해력을 가져다줄 수 있음을 알게 된다. 그리고 중국사 내부의 차이·다름·다양성에 대한 심화 이해를 통해 중국사의 기저를 찾는 안목이 얼마나 중요한가도 보여준다.

다음으로 탈피해야 할 중심주의는 20세기 이후 근대 역사서술의 주요 흐름 중 하나인 민족주의적 서술이다. 중국사 자체의 내부 동력에만이 아니라 그 속에 존재한 다양성에도 강조점을 둔 한센의 접근은 과도한 한족 중심의 민족주의에 대한 비판적 대안 모색과 관련된다. 『열린제국』의 첫 부분인 'Inventing China'를 보면 주와 한을 중심으로 하는 고대 중국왕조

---

40 Valerie Hansen, 2015, p.7.

의 형성과 발전에 있어 언어적·문화적·지리적으로 다양한 비(非)한족 내지는 비중국적 요소들이 공존했음을 역설한다.[41] 산시(山西)나 쓰촨(四川) 등지에서 발굴된 비한족계 문자 유물은 고대중국 문명사의 개방성·다양성·복합성을 조감할 수 있는 원사료의 의미를 지닌다. 고고학적 발굴에서 증명되는 다양성을 도외시하고 고대중국의 문명을 현 중국의 기준에서 중화민족으로 규정하는 것, 더 구체적으로 말하자면 근대적 의미의 한족이란 개념을 거꾸로 투영하는 것을 경계하는 것이다. 이처럼 중국 문명 초기에 보이는 개방성·다양성·복합성에 주목하는 것은 독자들이 그 문명의 태동과 발전에 기여한 비(非)한족적 요소의 존재를 재인식하게 한다. 한센이 주창하는 '열린 중국사'는 '하상주단대공정(夏商周斷代工程)', '중화문명탐원공정(中華文明探原工程)', '동북공정(東北工程)' 등 전근대 중국의 문명사에 내재하는 개방성·다양성·복합성을 배제하고 한족 중심의 중화주의[42]와 대척점에 서 있는 것이다.

이와 더불어 한센은 마지막 대주제인 'Facing North'에서 10세기 이후 18세기까지의 중국사를 한족계 왕조와 거란·몽골·여진 등 북방계 왕조 간 병존과 통합의 구도 속에 서술하고 그 세계사적 함의를 도출한다.[43] 19세기 이전의 중국이 왜 서구와의 교류에 적극적이지 못했는가를 설명하는 요체로 중국과 동아시아 대륙의 변화가 유라시아 대륙의 변화와 불가불의 연동성을 형성하면서 북방계 왕조와 한족계 왕조 간 병존과 통합이 동시적으로 전개된 사실을 지적한 점은 특기할 만하다. 왜냐

---

41 Valerie Hansen, 2015, pp.11-12, 38-40.

42 송기호, 2007, 『동아시아의 역사분쟁』, 솔, 139-151쪽.

43 Valerie Hansen, 2015, pp.235-418.

하면, 16세기 중반 이후 아랍계 무역권을 제치고 17세기와 18세기를 거쳐 19세기에 세계 해상 교역의 중심으로 부상한 유럽은 300여 년의 시차를 갖고 중국과 왕래했다. 중국사의 문맥에서 본다면, 이 시기는 동아시아 대륙을 두고 전개된 북방계 왕조와 한족계 왕조 간 패권 경쟁의 정점으로 당시 최남단의 바다로부터 서서히 접근해 온 서구 국가들과의 교류에서 한계가 있을 수밖에 없었다. 근현대 역사학에서 정형화된 19세기 이전 중국의 폐쇄성이 얼마나 탈역사적 해석인가를 반문하는 계기를 마련한다.

북중국에 위치한 베이징은 13세기 세계제국을 건설한 몽골계 왕조인 원의 수도였고 15세기 초반부터는 한족계 왕조인 명의 수도였으며 17세기 중반 이후로 약 250여 년 동안 여진계 왕조인 청의 수도였다. 이 과정에서 몽골·만주·조선이 위치한 동북아지역은 베이징을 둘러싼 북중국 지역과 깊은 지정학적 상관성을 가지며 순망치한(脣亡齒寒)의 관계를 형성했다.[44] 북중국과 동북아를 주축으로 하는 동아시아 대륙사의 패러다임 또한 동아시아 세계질서와 동아시아 문명을 설명하는 데 대단히 중요하다. 따라서 인도 및 동남아시아와 연결된 남중국을 포함한 동아시아 해양사의 변동과 황허 이북의 중원 및 장성 이북의 대륙사의 추이를 동시적으로 이해할 때 당시 동아시아 역사에 있어 다면성·복합성·중층성에 대한 온전한 이해를 증진시킬 수 있을 것이다.

중국사 전체의 흐름을 중국의 안과 밖을 둘러싼 역사적 맥락 속에서 파악하면서 일국사와 특정 지역의 시각에 집착하지 않는 한센의 통찰력

---

44 베트남이 프랑스의 식민지로 넘어간 후 조선은 서구 열강과 일본에 맞서는 데 있어 청의 유일한 군사·외교 파트너로 인식됐다. 김성남, 2004, 「19세기 말 중국인들의 조선 기행 저술 연구」, 『근대전환기 동아시아 속의 한국』, 성균관대학교출판부, 80-81쪽 참조.

은 높이 평가 받을 만하다.[45] 또한 중국사 내부의 수많은 정체와 주체·행위자들 간 상호작용과 중국사 밖의 정체 및 주체·행위자들과의 상호작용 간 연쇄를 가늠케 함으로써 중심-주변 내지는 전파-수용의 이분법적 구도로 19세기 이전 중국사의 전개에 등장한 수많은 정체·집단들 간 관계를 과일반화·계서화 시키는 중심주의 서술에서 벗어날 수 있는 시야를 제공한다. 이러한 인식 태도는 중국사와 이웃 국가들의 역사가 다면적·복합적·가변적 층차에서 상호작용을 만들어 왔음을 밀도 있게 재조명함으로써 일국사와 지역사 간 균형적 서술에 대한 전망을 밝혀준다. 중국사 속의 다양한 역사 주체·행위자들 간 상호작용과 중국 밖의 역사 주체·행위자들과의 상호작용이라는 이원적 구도에서 중국사 서술과 동아시아사 서술의 균형점으로 수렴되는 중국사를 재구성하는 작업은 수평적 관점의 열린 세계사 서술에 있어 하나의 토대가 될 수 있을 것이다.

2. 초지역적 역사인식

수평적 관점의 열린 세계사 서술을 위한 다음 단계는 무엇일까? 배타적인 지역중심주의적 서술로의 경도를 막고 지역 간 비교사적 관점에서 균형을 맞출 수 있는 동아시아 서술을 생각해야 할 것이다. 중심-주변의 이

---

45 최근 서구의 중국사 학계에는 서구의 전(全) 지구적 팽창 이전과 이후의 세계사에 대한 보다 통시적인 관점에서 동아시아사를 재해석하려는 시도가 돋보인다. 이러한 흐름은 역내 및 지역 간 비교연구뿐 아니라 학제 간 연구의 활성화를 통해서 세계사 연구의 외연을 넓힐 수 있는 확장성을 지니고 있다는 점에서 주목할 만하다. Pamela K. Crossley, 2008, *What is Global History?*, Polity; Valerie Hansen·Kenneth R. Curtis, 2010, *Voyages in World History*, Cengage; Evelyn S. Rawski, 2015, *Early Modern China and Northeast Asia: Cross-Border Perspectives*, Cambridge University Press.

분법에서 한족·중화 우위의 계서적 화이관(華夷觀)을 고착화한 중화제국론은 동아시아 대륙의 정치·문화 중심지로 간주된 중국에 비해서 북방계의 역사를 변경의 역사 내지는 하부 단위의 역사로 규정한다. 이런 이유로 인하여 중화제국론은 결정론적·목적론적·환원론적 역사관으로 장성이북의 북방민족들을 포함하는 동아시아 지역의 수많은 역사 주체·행위자들의 목소리에 침묵해 왔다. 결과적으로 다면적·복합적·가변적 층차의 상호작용을 전파와 수용의 틀로 이분화하고 장성 이북의 북방민족들을 포함하는 유라시아 대륙의 역사와 중원의 역사 간 장기지속적 상관성을 등한시하고 중국이라는 일국 단위와 동아시아라는 지역 단위가 기계적으로 등치되는 오류를 보인 것이다.

이런 문맥에서 볼 때 우리는 서구 학계의 일부 북방사 연구자들이 몽골과 여진 등 북방계 통일왕조인 요·금·원에 대한 연구를 통해서 기존 중국중심적 서술에서 벗어날 수 있는 연구성과를 거둔 사실에 주목할 필요가 있다.[46] 라티모어(Owen Lattimore)의 경우 일반적 통념과 다르게 북방계 세력의 역사를 단순히 중국 역사에 등장하는 변방 유목민족으로 치부하지 않고 유라시아 대륙이라는 보다 큰 역사 공간 속에서 그리고 중심-주변 관계의 유동(流動)과 전도(顚倒) 속에서 새롭게 인식했다.[47] 또한 상호작용의 추동 요인으로 한족계 세력과의 관계뿐 아니라 북방계 정체 내부의 다양성에도 주목했던 점은 특기할 만하다. 예를 들면 중원과의 변경에 위치하지 않은 스텝지역의 북방계 유목민들이 변경의 유목민들보다 오히

---

[46] 피터 윤은 1990년대를 중심으로 북미 학계의 만주사·청사 연구의 한화 이론 비판과 새로운 연구 경향을 소개했다. 피터 윤, 2005, 「만주족의 정체성과 "한화"(漢化) 이론에 대한 서구 학계의 신간 소개」, 『만주연구』 2.

[47] Owen Lattimore, 1988, *Inner Asian Frontiers of China*, Oxford University Press, p.511.

려 더 혼합된 경제와 문화를 가졌고 그 인적 구성도 다종족으로 이루어져 있다고 주장했다.[48]

동아시아 대륙의 한족계 국가들과 북방계 세력들과의 상호작용을 유라시아라는 역사 공간에서 이해하려는 흐름은 디 코스모(Nicola Di Cosmo)의 연구에서도 잘 나타난다. 그는 기존 중화주의(中華主義)의 특징인 중심-주변/전파-수용의 이분법과는 달리 고대시기 상·주·진·한 등 한족계 왕조들이 북방계 세력들을 타자화한 사실을 액면 그대로 받아들이지 않고 당시 북방계 정체와의 대치 상황이라는 현실 정치의 측면에서 새롭게 설명한다.[49] 특히 한족계 정체를 문명의 중심에 놓고서 북방계 정체를 야만의 이적으로 본질화시키는 중화제국론을 그대로 받아들이기 보다는 당시 한족계 왕조가 북방계 왕조를 압도할 통제력을 확보하지 못할 때 문화적이고 정신적 우위를 내재화하는 전략으로서 꺼낸 대응 전략으로 이해하고자 한다. 비군사적 수단을 활용한 패권 담론으로서의 중화제국론이라는 해석은 이 시기 정치·외교·문화 영역에서 발생하는 두 세력 간 복잡한 역학관계를 동아시아 세계 질서의 상호작용성이라는 측면에서 심층적으로 파악할 수 있는 여지를 넓힌다. 그러나 상호작용성을 단선적으로 북방계와 한족계 정체들 간 갈등에서만 파악하지 않고 북방계 내부에서 전개되는 역학 관계의 추이를 유라시아 스텝의 유목(Steppe pastoralism) 전통에서 이해하며 그 내적 동력이 한족계와 북방계 간 차이에 미친 영향도 함께 궁구하고자 한다.

---

48 Owen Lattimore, 1988, p.514.
49 Nicola Di Cosmo, 2002, *Ancient China and Its Enemies: The Rise of Nomadic Power in East Asian History*, Cambridge University Press.

한편, 로빈슨(David Robinson)은 중세시기 유라시아 대륙에서 보편제국의 전형을 창출한 전형이 13~14세기 몽골제국이었고 이후 오토만·러시아·명 등 유라시아 대륙 왕조들의 제국 건설과 통치에 깊은 영감을 주었다는 전제를 기반으로 해서[50] 알탄 칸(1507~1582)의 1550년 베이징 포위 등 16세기 중엽 이전 명 황제들이 몽골제국의 카리스마를 이용하고자 한 역사적 사례를 집중적으로 연구했다. 티베트 불교 후원, 고려에 대한 공녀와 환관 요구, 명 말까지 존속했던 몽골·여진계 친위조직 금의위(錦衣衛), 행락원(行樂圖)에 자주 등장하는 명 황제들의 몽골풍 복식과 스포츠 선호, 능묘의 몽골풍 무인상 등 몽골제국의 문화적 요소가 명 조정에서 어떻게 활용되는가에 대해서 새로운 관심을 비추었다. 일반적으로 기존 학계에서 몽골제국의 중요성과 관련해 군사·외교 등 경성 권력에 초점이 맞춰진 경향이 있었음을 고려할 때 로빈슨의 접근은 문화·예술·체육 등 연성 분야에서 명 조정에 미친 몽골제국의 영향력을 재조명한다는 점에서 의의가 크다.

무엇보다도, 몽골 유산과 연성 권력의 연계를 명의 대외정책이라는 일국사에 국한시키지 않고 유라시아 역사와 동아시아 역사 간 결절과 분기 속에서 재해석하고자 한 시도는 긍정적으로 평가할 만하다. 한족계 정통 왕조를 자처한 명조의 왕실 문화에 남겨진 몽골제국의 유산이라는 미시적 차원을 넘어 12세기 말 이후 16세기까지 유라시아 대륙의 세력 관계에서 장기 지속의 주요 현상 중 하나로 몽골 지배(Pax Mongolica)를 지적하

---

[50] David Robinson, 2008, "On the Ming Court and the Legacy of Yuan Mongols," *Culture, Courtiers, and Competition: The Ming Court (1368-1644)*, Harvard University Asia Center, p.366.

고 그 연장선상에서 동아시아 역사 속 한족계와 북방계의 상호작용이 갖는 의미를 되새기기 때문이다. 두 세력의 상호작용을 유라시아의 역사 공간으로 확장하기에 몽골 지배의 문화적·상징적·이념적 위상과 명의 정치 문화(political culture)의 상관성을 초지역사의 단위에서 재평가할 수 있는 여지도 넓힌다. 바로 이 지점에서 일국사 서술과 지역사·초지역사 서술 간 균형적인 해석이 가능하다.

라티모어·디 코스모·로빈슨의 연구는 동아시아의 역사 전개에서 한족계 세력과 북방계 세력 간 길항과 상호작용을 유라시아라는 초지역적 역사 공간에서 파악하면서 동아시아사 서술 상 중국중심의 역사인식이 갖는 한계를 지적하는 공통점을 보인다. 그런데 아무리 탈중국중심주의를 표방한다고 하더라도 중심-주변의 이항적 구도를 타파하지 못한 채 북방계 역사의 위상을 강조하기만 한다면 이는 또 다른 형태의 중심주의를 생산할 수 있다.[51] 라티모어는 지리학적 물질주의·경제적 물질주의·사회진화론·문명/인종우열론 등 19세기 말부터 20세기 초 서구 지성계를 풍미한 서구패권적 담론들을 비판하고 지역중심주의·농경중심주의·기술중심주의가 지닌 단선적이고 목적론적인 역사인식에 반대했다. 우리는 라티모어가 탈중국중심주의의 일환으로 몽골중심주의 등 새로운 중심주의에 매몰되기 보다는 인종·경제·문화·기술 등 주제별 비교방법론의 심화를 통하여 기존 서구 학계의 역사발전단계론 내지는 지리결정론 등과 같은 편협한 역사관을 지양하면서 보편사로서의 세계사 서술을 지향

---

[51] 박혜정은 서구중심주의, 중국중심주의, 인도중심주의를 탈피하고자 제삼의 중심주의를 주장하는 경우 배타적인 일국주의로 회귀할 수 있는 위험성을 같은 이유에서 제기하였다. 박혜정, 2013, 132쪽.

했다는 사실에 주목할 필요가 있다.[52] 디 코스모와 로빈슨은 진·한 이전부터 명에 이르는 오랜 기간에 걸쳐 이루어진 한족계 세력과 북방계 세력 간 다층적이고 다면적인 상호작용을 동아시아 역사에 있어 장기 지속의 주요소로 설정했다. 또한, 양자의 상호작용이 어떻게 작동되는가를 보다 입체적으로 살펴보기 위해서 유라시아 세력 관계의 추이가 화이론의 가변성 및 전통 중국의 왕실 문화 속 교착성을 구성하는 주요 변수임을 다양한 사료를 통해 보여 주었다.

라티모어·디 코스모·로빈슨은 전근대 동아시아를 중원지역의 한족계 왕조에만 시선을 고정시켜 일원적으로 인식하는 대신에 동아시아 전체에서 국가 간 상호작용뿐 아니라 지역 간 상호작용에도 주목한다. 지역과 지역 간 발생하는 상호작용의 다면성에 대한 주목은 동아시아 역내의 중심과 주변이 어떻게 이동하고 변화하면서 정치·외교·문화적으로 수렴과 분기를 만들어 갔는가를 보다 세밀하게 이해하는 데 중요하다고 생각된다. 중국사와 동아시아사를 등치시키는 오류에 빠지지 않고 전자를 후자의 관점에서 객관화 할 수 있는 폭넓은 시야를 제시한다.[53] 더 큰 역사 서술의 단위로서의 유라시아에서 동아시아와 동아시아 밖의 기타 지역 간 비교연구를 활성화함으로서 일국사·지역사·초지역사 간 균형적

52　William T. Rowe, 2007, "Owen Lattimore, Asia, and Comparative History," *The Journal of Asian Studies* 66.3.

53　라티모어는 세계사의 주체로서 인적 요소가 갖는 능동성을 강조했다. 역사주체의 능동성 강조를 바탕으로 차이의 적극적 개념인 차별화에 주목했고 또한 이를 통해서 역사 변화는 단일원리가 아니라 다양한 동인을 고려해야 한다는 주장을 펼쳤다. 이처럼 중심주의로부터 자유로울 수 있는 인식 확보는 라티모어로 하여금 비서구의 역사를 통해서 자신의 지적 고향인 서구도 반추할 수 있는 사유의 지평을 확장할 수 있는 계기를 마련해 줄 수 있었던 것이다. Owen Lattimore, 1988, pp.771-772.

시각이 장착된 세계사 서술로의 새로운 길을 탐색하는 데 일조할 것이다. 필자는 최근 서구 학계의 탈서구중심적·탈중국중심적 방향 모색을 단순히 추수할 것이 아니라 이들 연구가 타자의 시선에서 보는 일국사 그리고 지역 간 비교사적 시각에서 보는 지역사와 일국사의 공존을 타진하는 점에서 의의가 있다고 생각한다. 이전 장에서도 언급했듯이, 세계사 서술에 있어 타자의 문제를 불식하지 못해서 발생하는 가장 큰 오류는 패권담론의 잔류(殘溜)이다. 서구중심주의·일본중심주의·중국중심주의는 이분법적 사고로 자아를 중심·상위·우위에 두고 타자를 주변·하위·열위에 두는 계서적 역사 서술을 고착화시키면서 자아를 대변하는 역사 주체·행위자의 지배력을 과거 속에 투영해 패권주의 역사인식의 길을 닦았다. 타자화를 근저로 하는 패권적 역사인식은 19세기 이래로 지역 갈등 및 강대국의 '세계전략'과 맞물려[54] 일국사 서술과 지역사 서술 간 그리고 일국사의 특수성과 세계사의 보편성 간 균형이 무너지는 양상으로 전개됐다.

이전 장에서 설명한 것처럼 서구중심주의를 통해 드러난 국제 질서의 역학 관계와 근대 역사학의 밀월은 타나카가 지적한 근대 일본제국의 제도적 장치로서의 일본 동양사 탄생에서 뿐 아니라[55] 최근 미중 갈등 속에서 새로운 제국 질서를 추구하는 중국 학계의[56] 갈망과 『강요(하)』에서 부각되는 중국사의 특수성·중국식 세계질서와의 상호 결합에서도 포착된다. 역사학과 정치성의 교차라는 난제는 결코 학술적 차원만으로는 해

---

54 황동연, 2013, 『새로운 과거 만들기 – 권역 시각과 동부아시아 역사 재구성』, 혜안, 37-56쪽, 71-106쪽.

55 Stefan Tanaka, 1995, pp.228-262.

56 전인갑, 2018, 124-142쪽.

결되지 못할 수 있다. 그럼에도 불구하고 우리는 중심주의 역사 서술이 갖는 일국사와 지역사·초지역사 간 그리고 일국사의 특수성과 세계사의 보편성 간 불균형을 비판하고 타자의 과거와 기억을 지배와 종속의 이분법으로 대상화하는 역사학을 지양해야 한다. 이러한 균형점의 모색은 힘의 논리에 기반한 과일반화·계서화의 덫에서 해방된 역사 주체·행위자들 간 상호작용과 상호 교류를 다면적·복합적·가변적 층차에서 탐구함으로써 중심주의 역사를 상대화할 수 있는 역사학적 관찰력을 고양하는 데 기여할 것이다. 또한 수평적 관점의 동아시아사와 열린 세계사의 가교로서 같음과 다름이 인정되는 공감의 미래지향적 세계사 서술을 전망하는 토대를 제공할 수 있을 것이다.

IV. 맺음말

필자는 서구 밖에서 보는 세계사 서술이라는 측면에서 2020년 새로 출간된 중국의 고등학교용 세계사 교과서 『중외역사강요(하)』의 한국사 부분을 살펴보았다. 이 글의 전반부는 본 교재의 구성과 내용에 직접적으로 영향을 미치는 중국 학계가 중국사학·학술(성)·용어라는 세 분야의 통합적 발전을 주축으로 해서 전 시기를 한족 중심의 중화제국론 속에 포섭하는 통사와 시기별 동아시아 역사를 중국사의 하부 단위로 흡수하는 단대사를 동시적으로 강조하는 흐름을 비판적으로 검토하며 시작했다. 실제로, 『강요(하)』 속 5세기 이전 고대시기와 5~15세기에 걸친 중고시기의 동아시아 역사의 경우 중심-주변/전파-수용/중국-기타 등 과일반화된 획일적인 자타 이분법을 사용하여 소위 문명화를 성취한 제국들 속에 중국을 배열시키면서 제국체제하 지역 문명의 다원성을 부각시킴으로써 동아시아사의 다양성을 중국사의 특수성과 중국식 세계질서 속에 분해하려는 경향을 띈다. 이러한 구성은 동아시아지역에서 차지하는 중국사의 특수성 및 그 역사성을 세계사 속에 각인시킬 뿐 아니라 역내 이웃 국가들의 역사를 중국사 속에 가두는 결과를 초래한다. 역내 이웃 국가들의 역사를 철저히 종속화 시키는 자국 중심의 팽창주의적 역사서술은 한국사 서술 부분에서 여실히 나타난다. 통일신라 이전 한국고대사는 존재하지 않고 통일신라와 고려의 역사는 한화의 수용을 주제로 서술되며 조선과 관련해서는 오로지 임진왜란이 항일원조론의 시각에서 기술되고 있기 때문이다. 이웃 국가들의 역사적 고유성과 연속성이 지워지고 제국 중국 하 동아시아사라는 패권 서사만이 돋보이고 있는 사례라고 할 것이다.

『강요(하)』는 서구중심주의·탈서구중심주의·중국중심주의의 합성을 통해 동아시아 이웃 국가들의 역사를 중국사의 부속으로 전락시키고 각국의 역사적 경험과 문화적 유산을 중국사 속으로 흡수하여 중화제국론의 외연을 확장하는 중국중심의 세계사 쓰기를 집약적으로 보여준다.『강요(하)』속 세계사 서술은 동아시아 이웃 국가들의 역사를 중국사의 부속으로 전락시키고 중화제국론의 외연을 확장시켜 중국의 역사와 동아시아의 역사가 등치되는 중국중심의 세계사 서술을 재생산하는 현장이라고 할 수 있다. 타자화의 문제와 제국 서사가 해소되지 못한 채 오히려 서구중심주의·탈서구중심주의·중국중심주의의 착종을 통해서 보다 정교한 중국중심주의로 전진하고 있다. 역사학에 있어 중심주의 서술의 복합성과 신축성을 반추해 볼 수 있지 않을까 생각한다.

이런 문제의식 속에서 이 글의 후반부에서는 서구 학계의 두 가지 탈중심주의 학술 지향에 주목했다. 먼저, 한센의 경우 중국이라는 일국사 단위에서 여성·소수 민족·소수 집단을 포함하는 각양각색의 역사 주체·행위자 간 상호작용과 상호 교류를 통해 중국사 안밖의 다양성과 타자의 문제를 재고한다. 중국사 속의 다양한 역사 주체·행위자들 간 상호작용과 중국 밖의 역사 주체·행위자들과의 상호작용이라는 이원적 구도에서 중국사 서술과 동아시아사 서술의 균형점으로 수렴되는 중국사를 재구성하는 작업은 수평적 관점의 동아시아사 서술에 있어 하나의 토대를 마련할 것이다. 그리고 라티모어·디 코스모·로빈슨의 경우 동아시아사에 있어 북방계 세력을 위시로 하는 유라시아 대륙의 다양한 정체들을 중국과 동등한 역사 주체·행위자로 인정하고 이들 간 상호작용 그리고 이들 내부의 상호작용에서 창출된 다양성을 통해 타자의 문제를 재고함으로써 탈중심주의 역사서술에 도전한다. 동아시아사를 유라시아라는 더 큰 역사 서술의 단위에서 기타 지역과의 비교연구를 통해 지역사와 초지역사 간 균형적 시각이 장착된 중국사를 재구성하는 작업은 열린 세계사 서술에 있어 하나의 토대가 될 수 있을 것이다.

세계사 속 동아시아사의 역동적 전개를 이해하는 데 있어 중국사의 특수성이 중요함은 말할 나위가 없다. 더 중요한 것은 특수성이 중국중심주의를 뒷받침하는 예외주의가 아니라 일국사 서술과 지역사 서술 사이에서 그리고 일국사의 특수성과 세계사의 보편성 사이에서 균형추 역할을 할 때 동아시아 각국의 역사와 한국을 포함한 동아시아 이외 지역의 역사에 대한 이해의 폭을 넓힐 수 있다. 그렇다면, 중국사의 경험을 통해서 이웃 국가(들)의 역사, 지역 내의 역사, 지역들 간 역사, 그리고 인류의 역사는 일상 속 우리의 열린 세계사로 다가올 것이다.

참고문헌

송기호, 2007, 『동아시아의 역사분쟁』, 솔.
오병수, 2021, 『한중 역사 교과서 대화-근대의 서사와 이데올로기』, 동북아역사재단, 2021.
한명기, 1999, 『임진왜란과 한중관계사』, 역사비평사.
황동연, 2013, 『새로운 과거 만들기 - 권역 시각과 동부아시아 역사 재구성』, 혜안.
강선주, 2004, 「참여와 상호작용의 세계사: 세계사 내용 구성 방안」, 『역사교육』 92.
_____, 2013, 「동아시아사 교과서에서 동아시아사와 세계사 연계 방안」, 『동북아역사논총』 40.
강진아, 2011, 「중국의 부상과 세계사의 재조명: 캘리포니아 학파에서 글로벌 헤게모니論까지」, 『역사와경계』 80.
김성남, 2004, 「19세기 말 중국인들의 조선 기행 저술 연구」, 『근대전환기 동아시아 속의 한국』, 성균관대학교출판부.
김용우, 2009, 「로컬과 글로벌 사이에서-서구중심주의와 지구사 서술」, 『인문연구』 57.
김유리, 2005, 「歷史敎學大綱에서 歷史課程標準으로」, 『역사교육』 96.
_____, 2008, 「중국 고등학교 역사과정표준에 따른 『역사』 실험교과서의 서술 내용 분석」, 『역사교육』 105.
_____, 2018, 「국정제로 회귀한 중국의 중학교 역사교과서 분석」, 『역사교육』 148.
김인희, 2018, 「중국의 애국주의교육과 역사허무주의-1988년 〈하상(河殤)〉의 방영에서 1994년 〈애국주의교육실시 강요(愛國主義實施綱要)〉 선포까지」, 『한국사학사학보』 38.
김지훈, 2007, 「중국의 신교육과정과 역사과정표준 실험 교과서」, 『동북아역사논총』 17.
김지훈 편, 2010, 『중국 고등학교 역사교과서의 현황과 특징』, 동북아역사재단.
김지훈·정영순, 2004, 「최근 중국 중고등학교 역사교과서 속의 한국과 한국사: 「역사교학대강」 교과서와 「역사과정준」 교과서의 비교검토」, 『중국근현대사연구』 23.
박혜정, 2012, 「하나의 지구, 복수의 지구사」, 『역사학보』 214.
_____, 2013, 「지구사적 관점으로 본 동아시아사의 방법과 서술-인도양 연구에 대한 비판적 고찰을 토대로」, 『東北亞歷史論叢』 40.

오병수, 2006, 「중국의 중등학교 교육과정 개혁과 자국사 교육의 편제: 『교육과정표준』체제의 수용을 중심으로」, 『중국의 역사교육과 교과서』, 고구려연구재단.

_____, 2016, 「국내 학계의 중국 역사교과서 연구 경향과 과제」, 『동북아역사논총』 53.

_____, 2020, 「시진핑 시대 중국의 역사정책과 일국사의 재구성-『歷史: 中外歷史綱要』 과목의 개설 배경과 이데올로기-」, 『역사교육』 156.

윤종필, 2020, 「에드워드 사이드(Edward Said) 이후의 오리엔탈리즘 연구 동향과 그 세계사 교육적 함의」, 『서양사론』 145.

윤피터, 2005, 「만주족의 정체성과 "한화"(漢化) 이론에 대한 서구 학계의 신간 소개」, 『만주연구』 2.

이석현, 2020, 「중국의 재해, 재난 연구와 '재난인문학'」, 『인문학연구』 59.

이은자, 2010, 「중국 고등학교 역사과정표준 실험교과서의 청대사 서술 분석」, 『아시아문화연구』 19.

이정일, 2018, 「16-17세기 조선의 북방 대외 전략과 동북아 정세 변화」, 『조선시대사학보』 84.

전인갑, 2018, 「비대칭적 국제질서: 천하질서, 그 변용과 현대적 재구성(I)-'세력균형의 질서'에서 '제국의 질서'로-」, 『서강인문논총』 51.

조경란, 2018, 「중국 탈서구중심주의 담론의 아포리아-20세기 국민국가와 중화민족 이데올로기의 이중성-」, 『중국근현대사연구』 68.

조승래, 2007, 「서구중심주의 논쟁에 대한 검토: 세계화 시대의 역사 인식을 위한 예비작업」, 『湖西史學』 46.

조지형, 2002, 「새로운 세계사와 지구사: 포스트모던 시대의 성찰적 역사」, 『역사학보』 173.

차하순, 2012, 「중심주의의 극복과 역사 인식의 확대」, 『歷史學報』 216.

최윤오, 2012, 「서구심주의 역사 인식에 대한 반성과 비판」, 『한국학연구』 27.

敎育部組織編寫, 2020, 『中外歷史綱要(下)』, 人民教育出版社.

馬伯庸·汗靑, 2012, 『帝國最後的榮耀』, 山西人民出版社發行部.

宋毅, 2012, 『壬辰1592: 決戰朝鮮』, 陝西人民出版社.

朱亞非·陳福嚴, 2012, 「萬曆援朝戰爭起因再探討」, 『山東靑年政治學院學報』.

『人民日報』(his.cssn.cn/lsx/slcz/202004/t20200430_5120867.shtml/).
『中國社會科學報』(his.cssn.cn/lsx/slcz/202005/t20200525_5133503.shtml/).

Cohen, Paul A., 1984, *Discovering History in China*, Columbia University Press.

Crossley, Pamela K., 2008, *What is Global History?*, Polity.

Di Cosmo, Nicola, 2002, *Ancient China and Its Enemies: The Rise of Nomadic Power in East Asian History*, Cambridge University Press.

Durara, Prasenjit, 1995, *Rescuing History from the Nation: Questioning Narratives of Modern China*, University of Chicago Press.

Gund Andre, 2003, *Re-orient: Global Economy in the Asian Age*, University of California.

Hansen, Valerie, 2015, *The Open Empire: A History of China to 1800*, W. W. Norton & Company.

Hansen, Valerie and Curtis, Kenneth R., 2010, *Voyages in World History*, Cengage.

Hobson, J. M., 2004, *The Eastern Origins of Western Civilization*, Cambridge University Press.

Lattimore, Owen, 1988, *Inner Asian Frontiers of China*, Oxford University Press.

Pomeranz, K., and Topik, Steven, 2006, *The World That Trade Created: Society, Culture, and the World Economy, 1400 to the Present*, M.E. Sharpe.

Rawski, Evelyn S., 2015, *Early Modern China and Northeast Asia: Cross-Border Perspectives*, Cambridge University Press.

Tanaka, Stefan, 1995, *Japan's Orient: Rendering Pasts into History*, University of California Press.

Wong, R. Bin, 1997, *China Transformed: Historical Change and the Limits of European Experience*, Cornell University Press.

Robinson, David, 2008, "On the Ming Court and the Legacy of Yuan Mongols," *Culture, Courtiers, and Competition: The Ming Court (1368-1644)*, Harvard University Asia Center.

Rowe, William T., 2007, "Owen Lattimore, Asia, and Comparative History," *The Journal of Asian Studies* 66.3.

Schwartz, Benjamin I., 1972, "The Limits of "Tradition Versus Modernity" as Categories of Explanation: The Case of the Chinese Intellectuals," *Daedalus* 101.1.

5
『중외역사강요』의 전근대 대외관계 인식
'종번관계'를 중심으로

손성욱 선문대학교 역사·영상콘텐츠학부 조교수

I. 머리말

2018년 1월 교과서 검정제를 실시하던 중국은 어문, 정치(도덕과 법치), 역사교과서를 통편제(通編制: 국정제)로 하는 새 교육과정인 〈보통 고중(고등학교) 역사과정표준(2017년판)〉을 발표했다. 이에 따르면, 고등학교 국정 새 역사교과서인 필수 『중외역사강요(中外歷史綱要)』(상·하)와 선택형 필수인 『국가제도와 사회치리(國家與社會治理)』, 『경제와 사회생활』, 『문화교류와 전파』, 선택과목인 『사학입문(史學入門)』, 『사료연독(史料研讀)』 과목으로 나뉜다. 국정제 필수 역사교과서인 『중외역사강요』는 2019년 가을학기부터 베이징, 상하이 등 일부 지역에서 정식으로 사용하기 시작했고, 점차 전국으로 확대되고 있다. '일대일로'와 '중국몽'을 내세우며 중국 굴기를 꿈꾸는 시진핑 정권에서 역사교과서가 검정제에서 국정제로 전환되면서 많은 주목을 받았다. 한국에서는 동북아역사재단을 중심으로 국정제 교과서의 출현 배경, 주요 내용, 핵심 목표 등을 검토하는 작업이 이루어졌고, '국가 주도의 이념교육', '문화제국론에 바탕을 둔 제국사적 서술', '통일적 다민족국가론 강조' 등에 대한 우려가 나왔다.[1]

하지만 국정제 역사교과서가 기존 검정제 교과서와 큰 차이가 있을까 하는 의문이 든다. 국정제로의 전환과 전체적인 구성의 조정에서 교과서가 지향하는 방향성을 간취할 수 있겠지만, 중국의 특수성을 감안하면 검정제와 국정제 사이에 큰 차이가 있기 힘들고, 교과서는 새로운 이론을 적극적으로 수용하기보다 정설을 중심으로 보수적으로 기술되는 것이 일반적이기 때문이다. 그런데 『중외역사강요』에 이전의 검정제 교과서에는 등장하지 않던 전근대 중국의 대외관계를 지칭하는 용어로 '종번관계'가 상권과 하권에 각각 한 차례씩 매우 짧은 설명으로 등장한다. 그렇다면 '종번관계'는 공인된 정설인가에 의문을 가질 수 있다. 만약 그렇다면 이것은 상당한 변화라고 할 수 있다.

전근대 동아시아의 국제질서를 설명하기 위한 이론으로 페어뱅크(John King Fairbank)가 '중국적 세계질서/중화질서(Chinese World Order)'를 제시한 이래, 중국 학계에서는 다양한 주장들이 등장했다. 바로 문화적 측면을 강조한 화이질서(華夷秩序),[2] 천조예치체계(天朝禮治體系),[3] 정치

---

[1] 권은주, 2020, 「『중외역사강요』의 한국고대사·동아시아사 서술 내용과 역사인식 분석」, 『동북아역사논총』 70; 이유표, 2020, 「중국 고등학교 국정 교과서 『중외역사강요』의 고대문명사 서술 특징」, 『동북아역사논총』 70; 우성민, 2020, 「『중외역사강요』 속의 중국식 글로벌 가치관 '인류운명공동체'의 서술과 시사점」, 『동북아역사논총』 70; 오병수, 2020, 「시진핑 시대 중국의 역사정책과 자국사의 재구성 - 『歷史: 中外歷史綱要』과목의 개설 배경과 이데올로기-」, 『역사교육』 156.

적 측면을 강조한 종번체제(宗藩體制),⁴ 번속체제(藩屬體制),⁵ 상호 관계를 강조한 봉공체제(封貢體制),⁶ 조공체제(朝貢體制)⁷ 등이다. '종번관계/체제'에 대해 최근 활발한 논의가 이루어지고 있는 것은 사실이지만,⁸ 아직 정설로 자리 잡았다고 보기는 어렵다. 그렇다면『중외역사강요』에 '종번관계'가 수록된 이유는 무엇일까. 단순히 '종번관계'라는 용어가 새롭게 등장했다는 표면적 현상에만 주목한다면,『중외역사강요』에 제기된 우려와 함께, 그 의미를 확대 혹은 축소 해석할 가능성이 있다. 이 글은『중외역사강요』에서 '종번관계' 개념이 어떻게 활용되었는지 분석하고, 그 개념이 어떤 배경에서 등장했는지『중외역사강요(상)』의 총주편인 장하이펑(張海鵬)의 이론을 중심으로 이해한 후, 전근대 중국의 대외관계/국제

---

2   何芳川, 2014,「"華夷秩序"論」,『北京大學學報(哲學社會科學版)』1998-6; 李治安, 2014,「華夷秩序, 大一統與文化多元」,『史學集刊』2014-1.

3   黃枝連, 1994,『天朝禮治體系研究』下(朝鮮的儒化情境構造朝鮮王朝與滿清王朝的關係形態論), 中國人民大學出版社.

4   柳嶽武, 2009,「中國傳統宗藩體制述論」,『南京師大學報(社會科學版)』2009-6; 王元周, 2011,「朝鮮開港前中朝宗藩體制的變化-以『燕行錄』爲中心的考察」,『中山大學學報(社會科學版)』2011-1; 魏志江, 2014,「宗藩體制: 東亞傳統國際安全體制析論」,『現代國際關係』2014-4.

5   李大龍, 2006,『漢唐藩屬體制研究』, 中國社會科學出版社.

6   陳尙勝, 2008,「中國傳統對外關係研究芻議」,『安徽史學』2008-1; 陳志剛, 2010,「關於封貢體系研究的幾個理論問題」,『清華大學學報(哲學社會科學版)』2010-6; 韓東育, 2018,「明清前東亞封貢體系的演變實態」,『社會科學戰線』2018-12.

7   李雲泉, 2014,「話語, 視角與方法: 近年來明清朝貢體制研究的幾個問題」,『中國邊疆史地研究』2014-2.

8   侯中軍, 2017,「甲午戰前中朝宗藩關係的學理性反思」,『晉陽學刊』2017-6; Nianshen Song, 2012, "'Tributary' from a Multilateral and Multilayered Perspective," *The Chinese Journal of International Politics*, Vol.5; Yuanchong Wang, 2018, *Remaking the Chinese Empire Manchu-Korean Relations, 1616-1911*, Ithaca: cornell University Press.

질서를 설명하는 주요 틀로서의 '종번관계'가 지닌 한계를 살펴보고자 한다.

II. 『중외역사강요』 초고와 정규본

『중외역사강요(상)』의 총주편(總主編)을 맡은 장하이펑(張海鵬)은 2019년 9월 발표한 「통편 고등학교 역사교과서의 학과체계와 학술체계」[9]에서 교과서 편찬 과정을 자세히 설명했다. 『중외역사강요』 초고(이하 '초고')는 완성된 후 지역적 안배를 고려해 11개 성, 시, 자치구의 일부 학교에서 시험적으로 사용했고, 교사와 학생들의 의견을 청취했으며, 이를 반영해 수정한 후 중국 국가교재위원회역사전업위원회(國家教材委員會歷史專業委員會)에 제출해 심의를 받았다. 이후 여러 차례 수정을 거쳐 2019년 6월 초 국가교재위원회역사전업위원회에 최종고를 제출하여 최종 심의를 통과했다.[10] 그리고 2019년 가을학기부터 베이징, 상하이 등 일부 지역에서 정식으로 채택되었다(현행 『중외역사강요』는 이하 '정규본').

현재 구할 수 있는 '초고'와 '정규본'을 비교해 보면, '초고'의 가장 큰 특징은 각주이다. 내용에 있어 '정규본'과 다소 차이가 있지만, '정규본'에는 각주가 없다. '초고'의 각주는 다음과 같은 내용을 담고 있다.

9　張海鵬, 2019, 「統編高中歷史教科書的學科體系和學術體系－適應和掌握統編高中歷史教材《中外歷史綱要》(上)的意見」, 『課程·教材·教法』 39-9.

10　張海鵬, 2019, 21-22쪽.

(1) 여러 학설을 제시한다.[11]

(2) 인용문헌의 출처를 밝힌다.[12]

(3) 개념, 고유명사 등을 보충설명 한다.[13]

(4) 사료에 나오는 어휘를 설명한다.[14]

　(1), (2), (4)의 내용은 '정규본'에서 대부분 삭제되었다. (1)의 경우는 학생들이 지식을 습득하는 데 혼동을 줄 수 있고, (2), (4)의 내용은 교사를 통해 전달할 수 있는 지식으로 교과서에 문자화되어 수록될 경우 학습량을 가중시킬 수 있기에 삭제된 것으로 보인다. (3)도 다수가 삭제되었으나, 본문에 수정되어 삽입된 경우가 많다. 이 글의 주제인 '종번관계'는 조금 특별하게 처리되었다. 『중외역사강요』는 본문 이외에 학습취초(學習聚焦: 학습코너),[15] 사고점(思考點: 생각하기), 역사종횡(歷史縱橫: 역사의 이모저모), 사료열독(史料閱讀: 사료읽기), 학사지창(學思之窗: 사색의 창), 탐구

11　『中外歷史綱要(上)』(초고), 2019, 12쪽. 각주 ① 關於諸子百家的說法不同:《史記·太史公自序》槪括爲陰陽, 儒, 墨, 名, 法, 道德六家;《漢書·藝文志》引用《七略》分爲儒, 道, 陰陽, 法, 名, 墨, 縱橫, 雜, 農, 小說十家.

12　『中外歷史綱要(上)』(초고), 17쪽. 각주 ①《漢書·刑法志》. 본문 내용은 秦法刑法嚴苛, 人民搖手觸禁, 史稱"赭衣塞途, 囹圄成市, 天下愁怨", 社會階級矛盾嚴重激化.

13　『中外歷史綱要(上)』(초고), 85쪽. 각주 ① 明朝內廷宦官機構統稱"二十四衙門". 其中包括司禮監在內的許多機構的主管宦官稱太監, 於是太監逐漸成爲宦官的代稱. 이는 司禮監에 대한 보충 설명이다.

14　『中外歷史綱要(上)』(초고), 42쪽. 각주 ④ 給, 欺騙. 609年至610年, 隋煬帝爲誇耀國家富强, 在洛陽擧行盛大的表演大會.《資治通鑒》卷181記載：……胡客或過酒食店, 悉令邀延就坐, 醉飽而散, 不取其直, 給(dai)之曰：…….

15　연변교육출판사의 조선어 번역본에서는 '學習聚焦'를 '학습코너'라고 번역했는데, '학습 주안점'이라고 번역하는 것이 더 적절하다.

와 확장(探究與拓展: 問題探究/學習拓展) 등의 메뉴도 구성되어 학생들의 학습을 돕는다. '종번관계'는 '초고'에서는 각주로 처리됐지만, '정규본'에서는 역사종횡으로 구성되었다. 내용의 변화는 없었다. 역사종횡은 주로 개념어를 설명하는데, 본문에 나온 지식을 쉽게 이해할 수 있도록 확장된 지식을 제공한다.

'정규본'에서는 '종번관계'가 어떤 부분의 각주에서 나온 것인지 알 수 없지만, '초고'를 살펴보면 "월남은 청의 번속국이다(越南是淸朝的藩屬國)"에 붙은 주석임을 알 수 있다.[16] 19세기 중반 서세동점으로 인한 '변강위기(邊疆危機)'와 '중일갑오전쟁(中日甲午戰爭)'을 설명하면서, 청의 주변국인 베트남의 '중국적 세계질서' 이탈을 서술하며 나온 문장이다. '번속국(藩屬國)'이라는 용어는 『중외역사강요(상)』에서 처음이자 유일하게 등장한다. 19세기 이전 '소수민족' 및 주변국과의 관계를 설명할 때에는, 그 대상국을 '조공국(朝貢國)', '속국(屬國)', '번국(藩國)' 등 용어로 지칭하지 않으며, 중국과 주변국 관계를 개념화해 설명하지 않았다. 하지만 서구 열강과 일본이 청의 주변국을 침범하는 상황 속에서 청이 간여하고 개입한 사건을 설명하기 위해서는 중국과 주변국 관계에 대한 설명이 필연적이고, 그것을 '번속국(藩屬國)'으로 제시했으며, 이를 설명하기 위해 '종번관계'를 가져왔다. 이는 '초고'의 대부분 각주가 삭제나 수정되면서도, '종번관계'가 각주에서 '역사종횡'으로 살아남을 수 있었던 원인일 것이다. 그렇다면 『중외역사강요(상)』은 '종번관계'를 어떻게 설명하고 있을까.

경제, 문화 발전수준의 차이로 말미암아 명조, 청조시기에 중국은 주

---

16 『中外歷史綱要(上)』(초고), 114쪽.

변의 일부 나라들과 종번관계라는 국가관계체계를 형성했다. 주변의 일부 국가들은 명조, 청조 조정에 '공물을 바치면서 신하로 되었'으며 명조, 청조 황제의 책봉을 받았고 명조, 청조 황제의 연호를 사용했다. 종주국은 종속국(藩屬國)의 내정을 간섭하지 않았다. 이런 관계는 무력으로 형성된 것이 아니다. 조선, 유구, 월남, 미얀마 등 나라는 모두 중국과 이런 관계를 형성했다. 1879년에 일본이 유구를 병탄하면서부터 이런 종번관계가 점차 무너졌다.[17]

납공칭신(納貢稱臣), 정삭(正朔), 책봉(冊封)을 특징으로 하고, 이러한 관계의 형성은 경제, 문화 발전수준의 차이에 의한 것이라고 설명하며, 그 시기를 명조·청조로 제한해 설명했다. '종주국'은 비역사적 용어이고, 청과 조선이 무력으로 관계를 맺었기에 정확한 표현은 아니지만, 위의 설명에서 '종번관계'를 '책봉조공관계', '조공관계' 등으로 바꿔도 문제가 없을 만큼 중국과 주변국 관계에 관한 일반적인 내용이다. 그리고 역사종횡의 '종번관계'는 태평천국운동과 양무운동을 함께 다루는 제17과 '국가 출로의 탐색과 열강 침략의 격화(國家出路的探索與列強侵略的加劇)'에서 나오는데, 국정교과서를 출판하는 인민교육출판사에서 발간한 『중외역사

---

17 이하 인용문 밑줄은 필자가 표기. 『中外歷史綱要(上)』(초고), 114쪽; 『中外歷史綱要(上)』(정규본), 98쪽; 『중외력사강요(상)』(조선어본), 연변교육출판사, 2019, 142쪽. 교과서 본문의 번역은 연변교육출판사의 번역본을 활용했다. 다만 여기서 '藩屬國'을 종속국으로 번역한 것은 주의할 필요가 있다. 由於經濟文化發展程度的差異, 明清時代中國與周邊一些國家間形成一種稱爲宗藩關係的國家關係體系. 一些周邊國家向明清朝廷 "納貢稱臣", 接受明清皇帝的冊封, 使用明清皇帝年號. 此外, 宗主國不幹涉藩屬國內政. 這種關係不是通過武力形成的. 朝鮮, 琉球, 越南, 緬甸等國都與中國形成了這樣的關係. 從1879年日本吞並琉球起, 這種宗藩關係逐漸解體. 『中外歷史綱要(上)』(정규본), 98쪽.

강요(상) 교사교과용서(中外歷史綱要(上) 教師教學用書)』의 제17과 부분에서는 '종번관계'를 주요 내용으로 제시하지 않는다. 『중외역사강요(상)』에서 '종번관계'는 주요 학습내용으로 다루어진 것이 아니라, 19세기 서구열강의 침략과 청일전쟁(갑오중일전쟁)을 이해하기 위한 부수적 내용으로 제시되었다고 볼 수 있다.

세계사에 해당하는 『중외역사강요(하)』에서도 '종번관계'라는 용어가 한 차례 등장한다. 제4과 '중고시기의 아시아(中古時期的亞洲)'에서 역사 종횡으로 고대 베트남을 설명하며 등장하는데 '초고'와 '정규본' 사이에 다소 차이가 있다.

[초고] 월남의 옛 명칭은 교지(交阯 혹은 交趾)이다. 진·한에서 당 말에 이르는 천여 년 동안, 월남 북부는 줄곧 중국 중앙정권의 관할하에 있었다. 1010년 월남은 이조(李朝)를 세웠고, 국호를 대월(大越)로 정했으며, 중국 제도를 모방해 중앙에서 지방까지 관료제를 시행했다. 명조 건국 이후 월남은 한때 멸망했다. 1428년 월남은 재차 독립했고, 남쪽으로 계속해서 확장해 18세기 후반에 이르러 오늘날 월남의 판도를 형성했다.[18]

[정규본] 월남의 옛 명칭은 교지(交阯 혹은 交趾)이다. 진조, 한조 때부터 당조 말까지 천여 년 사이에 월남 북부는 줄곧 중국 중앙정권의 관할

---

18 『中外歷史綱要(下)』(초고), 26쪽. 越南古稱交阯或交趾, 秦漢到唐末千餘年間, 越南北部一直處於中國中央政權管轄之下. 唐朝末年, 該地陷入分裂割據狀態, 968年建了第一個越南人的國家. 1010年, 越南建立李朝, 定國號爲大越, 並模仿中國制度設置從中央到地方的官吏. 明朝建立後, 越南一度滅亡. 1428年, 越南再度獨立, 不斷向南擴張, 到18世紀後半期大體形成了今天越南的版圖.

을 받았다. 당조 말년에 이 지역은 분열할거상태에 처했다. 968년 월남 북부의 지방통치자가 왕으로 자칭하고 후에 북송의 승인을 받아 종속국[19]의 지위를 얻었다. 1010년에 월남에서 수립한 이조는 국호를 대월로 정하고 중국의 제도를 본받아 중앙으로부터 지방에까지 관리를 설치했다. 명조는 수립된 후 한때 월남에 직접 주와 현을 설치했다가 후에 월남의 종속국 지위를 회복했다. 그 후 중국과 월남의 종번관계는 19세기 서방 식민주의자들이 침략할 때까지 유지되었다.[20]

'정규본'에는 '초고'에 나오지 않은 '종속국'과 '종번관계'가 삽입됐다. '초고'에 있던 '독립'이라는 용어가 '정규본'에서 삭제됐고, 19세기 '서방 식민주의자'들에 의해 '종번관계'가 와해됐다는 내용이 추가됐다. 근대 이후 서양의 국제법 질서 속에서 '독립'이 갖는 의미와 전근대의 용법이 달라 혼동을 줄 수 있기에 '독립'이라는 용어를 삭제한 것으로 보인다. 『중외력사강요(하)』는 미국독립운동과 제국주의 열강에 의해 식민지가 된 약소민족의 독립도 다루는데, 여기서 독립과 전근대 중국 중심의 국제질서에서 갖는 '독립'은 그 의미가 다르다. '정규본'(하)는 전근대 중국의 주변국을 설명하며 '독립'이라는 표현을 삭제하는 대신에 '정규본'(상)에서 사용한 '종번관계'의 틀을 활용했다.

---

19 연변교육출판사는 '종속국'으로 번역했지만, 원문은 '藩屬國'이다.
20 『중외력사강요(하)』(조선어본), 32쪽; 『中外歷史綱要(下)』(정규본), 25쪽. 越南古稱"交阯(zhi)"或"交趾", 秦漢到唐末千餘年間, 越南北部一直處於中國中央政權管轄之下. 唐朝末年, 該地陷入分裂割據狀態. 968年, 越南北部的地方統治者自立爲王, 後得到北宋的承認, 獲得藩屬國地位. 1010年, 越南建立李朝, 定國號爲"大越", 並模仿中國制度設置從中央到地方的官吏. 明朝建立後, 一度直接在越南設在越南設立州縣, 後恢複越南的藩屬國地位. 此後越南與中國維持宗藩關係直到19世紀西方殖民者入侵.

① [초고] 학습주안점: 중고시기 인도에서는 굽타제국과 델리술탄제국이 전후로 나타났다. 고대일본과 조선은 중국을 모방하여 중앙집권제도를 수립했으며, 12세기 일본 막부정부가 대신 정권을 잡았으며, 중(中)·조(朝)는 연합해서 일본에 대항하여 조선의 독립을 지켰다.[21]

[정규본] 학습코너(학습주안점): 중고시기 인도에서는 선후하여, 굽타제국과 델리술탄제국이 나타났다. 고대일본과 조선도 중국을 본떠 중앙집권국가를 수립했다.[22]

② [초고] 14세기 말, 고려의 장군 이성계는 스스로 왕이 되었으며, 한성으로 천도해 국호를 조선으로 고쳤다. 16세기 말, 중조 군민은 연합해서 일본의 침략에 항거해 격퇴하여 조선의 독립과 통일을 지켰다.[23]

[정규본] 14세기 말에 고려의 장군 이성계가 왕으로 칭하고 한성(漢城)으로 도읍을 옮겼으며 국호를 조선이라 고쳤다. 16세기 말에 일본의 도요토미 히데요시(豐臣秀吉)는 20만 대군을 파견하여 조선을 침략했다. 조선정부는 중국에 지원을 요청했고 명조에서는 군대를 조선에 파견하여 작전했다. 명조의 장군 등자룡과 조선의 장군

---

21 『中外歷史綱要(下)』(초고), 25쪽. 學習聚焦: 中古時期印度先後建立了笈多帝國和德裏蘇丹國家. 古代日本和朝鮮模仿中國建立中央集權制度, 12世紀日本幕府政治代興; 中朝聯合抗日維護了朝鮮獨立.

22 『중외력사강요(하)』(조선어본), 31쪽; 『中外歷史綱要(下)』(정규본), 24쪽. 學習聚焦: 中古時期印度先後建立了笈多帝國和德裏蘇丹國家. 古代日本和朝鮮模仿中國建立中央集權國家.

23 『中外歷史綱要(下)』(초고), 27쪽. 14世紀末, 高麗大將李成桂自立爲王, 遷都漢城, 改國號爲朝鮮. 16世紀末, 中朝軍民聯合抗擊日本侵略, 維護了朝鮮的獨立和統一.

이순신은 전투에서 장렬히 희생되었다. 7년간의 간고한 전투 끝에 중조 군민은 일본의 침략을 반격하는 싸움에서 승리를 거두었다.[24]

'초고'에서 '독립'이 들어갔다가 '정규본'에서 빠진 부분은 위의 두 부분이다. ①에서 '초고'는 "중(中)·조(朝)는 연합해서 일본에 대항하여 조선의 독립을 지켰다"며 임진전쟁(왜란)을 설명하는데, 앞의 중앙집권국가 형성과 맥락이 맞지 않는 내용으로 '정규본'에서 삭제된 것으로 보인다. 반면 ②의 경우는 조선의 건국에서 임진전쟁까지 기술했는데, '초고'에서 한 문장으로 간략하게 기술된 내용을 '정규본'에서 구체적으로 설명하면서 '독립'이라는 말을 뺐다. 앞서 고대 베트남의 설명과 ②에서 '독립'이라는 용어가 삭제된 것은 중국과 주변의 비대칭적 관계를 드러낸 중국 중심적 시각이 강조된 것이라 볼 수 있다. 또는 교과서 내에서 나타날 수 있는 개념의 충돌을 막기 위한 서술로 이해할 수도 있다. 상·하권 전체에서 '종번관계'가 두 차례만 등장하기에, 전자와 후자 중 어디에 방점을 두었는지 알기 어렵지만, 『중외역사강요』가 위계성이 강조되는 '종번관계'를 전근대 중국의 대외인식/국제질서의 기본적인 틀로 전제한다고 단정하기는 어렵다. 상권에서 19세기 서양 제국주의 침략으로 주변국의 이탈 과정에서 '종번관계'를 언급했으며, 하권에서 고대 베트남을 설명하면서도 "중국과 월남의 종번관계는 19세기 서방 식민주의자들이 침략할 때까지 유지되었다"며 19세기에 이르러 '종번관계'라는 말을 꺼낸다. 물론 종

---

24 『중외력사강요(하)』(조선어본), 33쪽; 『中外歷史綱要(下)』(정규본), 25-26쪽. 14世紀末, 高麗大將李成桂自立爲王, 遷都漢城, 改國號爲朝鮮. 16世紀末, 日本豐臣秀吉派20萬大軍侵略朝鮮. 朝鮮請求中國支援, 明朝派軍隊赴朝鮮作戰. 明朝大將鄧子龍, 朝鮮大將李舜臣戰鬥中壯烈犧牲. 經過7年的艱苦戰鬥, 中朝軍民取得抗擊日本侵略的勝利.

번관계가 유지되었다는 표현은 그 이전 시기를 포괄하는 개념으로 이해할 수 있다. 하지만 『중외역사강요』에서 '종번관계'를 전근대의 전 시기를 포괄하는 기본적인 중국 대외관계의 틀로 강조하고자 했다면, 고대부터 '종번관계'라는 개념을 여러 차례 제시해 설명했을 것이다.

그럼에도 불구하고 연변교육출판사가 『중외역사강요』 조선어 번역본을 내면서, '번속국(藩屬國)'을 '종속국'으로 번역한 것은 교과서 집필자의 의도와 상관없이 전근대 중국과 주변의 관계가 근대 식민체제의 종속국과 속국 개념으로 이해될 수 있는 위험을 내포하고 있다. 이에 관해서는 IV장 '종번관계'의 다양한 맥락과 문제점에서 구체적으로 다룰 것이다.

III. 총주편 장하이펑의 종번관계론

『중외역사강요』는 왜 '종번관계'라는 용어를 사용했을까? 교과서 내용만으로는 그 의도를 파악하기 힘들다. 하지만 『중외역사강요(상) 교사교학용서』에서 힌트를 찾을 수 있다. 『중외역사강요(상) 교사교학용서』는 단원별로 교학 참고자료를 제공하고, 참고문헌을 제시한다. '종번관계'가 언급된 제17과 참고문헌에는 장하이펑이 총주편을 맡은 『甲午戰爭的百年間顧－甲午戰爭120周年學術論文選編』(中國社會科學出版社, 2014)이 제시되어 있다. 이 책은 청일전쟁 발발 120주년 학술회의 논문집이다. 장하이펑은 이 책의 서문에서 "갑오전쟁의 결과는 제국주의 열강의 중국 침략 야욕을 크게 자극했으며, 중국이 역사상 주변 아시아 국가와 세운 종번관계체계가 완전히 와해되었고, 아시아에서 식민주의체계가 종번관계체계를 대체했다"[25]고 지적했다. 중국의 전근대 시스템이 제국주의 열강의 침략으로 와해됐으며, 전근대 시스템을 '종번관계체계'라고 불렀다. 중국근대사를 '반봉건(半封建)·반식민(半植民)'의 시대로 보고 청일전쟁의 성격을 이와 같이 이해하는 것은 중국 학계의 일반적인 시각이다. 다만 제국주의 침략으로 파괴된 전근대 대외관계 시스템을 어떻게 호명할 것인가는 다른 문제다. '조공책봉관계', '조공관계', '봉공관계', '종속관계', '번속관계' 등 관점에 따라 다양한 명칭이 존재한다.

그렇다면 장하이펑은 어떤 시각에서 전통적 대외관계를 이해해 '종번관계'라는 개념을 사용했을까. 그가 처음부터 '종번관계'라는 용어를 사용한 것은 아니다. 1970년대 말~1980년대 초 그가 공저한 『중국근대사고(中國近代史稿)』에는 '종번관계'가 등장하지 않으며, 1990년대까지 그의 논저에서 '종번관계'라는 용어가 사용된 적이 없다. 우선 『중국근대사고』를 보면, 이 책은 원래 1950년대 귀모러(郭沫若)가 총주편을 맡으며 추진한 『중국사고』의 근대사 부분으로 기획된 것이었으나, 다뤄야 할 분량이 많고 체계의 문제로 별도로 출판했다. 총 3권으로 구성된 이 책은 1840년 제1차 아편전쟁의 발발부터 1919년 5·4운동까지 중국근대사를 개괄적으로 다룬다. 1978년 출판된 1권은 제1차 아편전쟁부터 태평천국운동의 종식까지 다루며, 그 이후를 다룬 2, 3권은 1984년에 출판됐다.[26] 2, 3권은 류다녠(劉大年)이 총주편을 맡았고, 당시 소장학자였던 장하이펑을 비롯해 딩밍난(丁名楠), 왕밍룬(王明倫), 룽성윈(龍盛運), 류런다(劉仁達), 뤼량하이(呂良海), 옌둔제(嚴敦傑), 장전어우(張振鷗), 진종차이(金宗榮), 위

---

25 이 서문은 『聊城大學學報(社會科學版)』에도 발표됐다. 張海鵬, 2014, 「甲午戰爭與中日關係-戰爭爆發120年後的反思與檢討」, 『聊城大學學報(社會科學版)』 2014-6, 65쪽.

26 中國社會科學院近代史研究所 編, 1978, 『中國近代史稿』 1, 人民出版社; 中國社會科學院近代史研究所 編, 1984, 『中國近代史稿』 2·3, 人民出版社.

단추(俞旦初), 첸훙(錢宏), 판바이취안(樊百川) 등의 학자가 참여했다. 이 책은 중국사회과학원에서 편찬하여 인민출판사에서 출판했고, 중국근대사 교육의 주요 교재로 사용되었다. 그런데 이 책에서는 전근대 중국의 대외관계를 개념화된 용어로 설명하지 않는다. 전근대 대외관계를 지칭하는 용어는 두 차례 등장한다. 유구문제로 일본과 갈등이 발생했을 때와 청일전쟁의 결과로 체결한 시모노세키조약을 설명하면서이다. 유구문제에 관해서는 "청정부는 일본과 여러 차례 교섭했으며 1978년 주일공사 하여장(何如璋)은 일본에 의해 중국과 유구의 전통관계가 파괴된 것에 대해 항의했으며, 총리아문은 일본공사 시시도 사마키(宍戶璣)에게 조회를 보내, 유구를 병탄하려는 거동을 중단할 것을 요구했다"[27]고 서술했다. 시모노세키조약 제1조를 설명하며 "중국은 조선의 '완전무결한 자주 독립국'임을 인정하고 중국과 조선의 전통관계를 완전히 폐지했으며, 이를 통해 이후 일본이 조선을 병탄하기 위한 발판을 마련했다"[28]고 설명했다. 유구와 조선 문제를 설명하면서, 이들과 중국의 관계를 '전통관계'로 지칭한다. '조공관계', '종번관계', '번속관계' 등 특정 개념을 사용하는 것이 아니라, 근대와 구별되는 시기 구분으로 '전통'을 사용한다.

장하이펑은 다방면에 걸쳐 연구를 진행해왔지만, 기본적으로 정치사 연구자이며, 미시적 연구보다 거시적 시각에서 글을 써왔다. 그가 참여하거나 집필한 논저 중 '종번관계'가 처음 등장한 것은 주샤오허우(朱紹侯)·치타오(齊濤)와 함께 총주편으로 참여한 『중국고대사(신판)(中國古代史(新版))』 하권이다. 이 책은 산둥대학(山東大學), 안후이사범대학(安徽師範大

---

[27] 中國社會科學院近代史硏究所 編, 1984, 195쪽.
[28] 中國社會科學院近代史硏究所 編, 1984, 387쪽.

學), 푸젠사범대학(福建師範大學), 시베이대학(西北大學) 등 중국 10개 대학이 중국고대사 교재로 활용하던 책이었다. 1979년 상권이, 1980년 중·하권이 출판됐으며, 2000년 상·하권으로 개정판이 나왔다. 중국근현대사 연구자인 장하이펑이 어떤 연유로 개정판의 총주편을 맡게 되었는지 알 수 없지만, 하권 제15장 '청대 통일민족국가의 진일보 발전(淸代統一多民族國家的進一步發展)' 제7절 '청대 중외관계와 서방식민주의자에 중국인민의 전쟁(淸代的中外關係和中國人民抵抗西方殖民者的鬪爭)'에서 청과 조선의 관계를 설명하며 '종번관계'라는 용어가 등장한다.

> 청대 중·조 간의 문화교류는 정치적 왕래에 따라 매우 긴밀했다. 청조는 명조와 조선이 맺은 종번관계를 계승하여, 매년 정단(正旦), 동지(冬至), 성절(聖節: 황제 생일) 등 절일(節日)과 조선에 책봉할 때 조선은 대규모의 사신단을 파견하여 모종의 예의를 행해야 했다.[29]

이와 같은 설명을 시작으로 조선 사절을 중심으로 1.5쪽에 걸쳐 청-조선관계를 서술했는데, 이는 1980년에 처음 이 책이 출간됐을 때와는 다소 차이가 있다.

> 청대, 중국과 아시아 각국 사이의 경제, 문화 교류는 진일보 강화되었다. 중국과 조선은 친밀한 이웃나라(隣邦)다. 청대 중·조는 의주와 회녕, 경원 등지에 정기적으로 무역시장을 열었다.[30]

---

29 朱紹侯·張海鵬 等 主編, 2000, 『中國古代史(新版)』 下冊, 福建人民出版社, 469쪽.
30 朱紹侯 主編, 1980, 『中國古代史』 下冊, 福建人民出版社, 321-322쪽.

이처럼 1980년 초판은 의례에 의한 정치적 관계로 시작하지 않는다. 이후 서술도 한 쪽이 조금 안 되는 분량으로 경제교류와 문화교류에 대해서만 다룬다. 1980년판과 달리 2000년판은 정치적 위계성을 드러내는 서술을 넣으며 '종번관계'라는 표현을 사용했다. 다른 주변국에 대해서는 어떻게 기술했을까. 우선 '종번관계'로 설명하지 않았다. 베트남에 대해서는 "청대, 양광(兩廣)지역의 많은 사람들이 베트남으로 이주했으며, 현지인과 함께 황무지를 개척하고, 생산을 발전시켰다"[31]라는 문장으로 시작하고, 섬라(暹羅: 태국)에 대해서는 "18세기 이후, 중국과 섬라의 무역은 극히 빈번했다"[32]로 시작한다. 미얀마에 대해서는 "중국과 미얀마 양국의 경제교류는 매우 긴밀했다"[33]고 시작한다. 베트남, 태국, 미얀마 모두 청에 조공하는 국가임에도 이들에 대해서는 경제적 측면만을 언급했다. 또 하나 흥미로운 점은 베트남, 태국, 미얀마와의 관계를 설명하며 1980년판은 '우호관계'라는 표현이 첫 문장에 들어갔는데, 2000년판에서는 모두 빠졌다.

다른 주변국도 청 중심의 국제질서 속에서 조공과 책봉에 기초해 관계를 맺었고, 관련 사무를 모두 예부가 관할하고 있었음에도 청·조선관계에만 '종번관계'라는 명칭을 붙인 것은 1992년 한중수교를 전후하여 한국사와 한중관계사에 대한 관심이 커지면서, 제국주의의 침략으로만 이해되던 근대 이행기 조선의 이탈을 청의 전통적 '종주권'에 의한 간여 혹은 제국주의적 간섭 등으로 다룬 연구성과를 반영한 것으로 보인다. 여

---

31 中國社會科學院近代史硏究所 編, 1984, 323쪽.
32 中國社會科學院近代史硏究所 編, 1984, 323쪽.
33 中國社會科學院近代史硏究所 編, 1984, 324쪽.

기서 '종번관계'란 무엇인가 질문을 던지지 않을 수 없다. 장하이펑도 참석했던 중국사회과학원 근대사연구소 창립 40주년 학술회의에서 가오스화(高士華)는 「1870~1890년대 종번관계 약론(簡論19世紀70~90年代的宗藩關係)」을 발표했는데, 그 서두에서 종번관계를 다음과 같이 설명했다.

> 종번관계, 특히 1870~1890년대 종번관계는 중국 근대외교사상 매우 중요한 위치에 있으며, 이 시기 역사를 연구할 때 피할 수 없는 문제이다. 1870년대부터 청정부는 번속 문제에 관심을 가지기 시작하여, 1890년대 중엽에 이르러 마지막 조공국을 상실할 때까지, 20여 년의 시간이었다. 이 시기는 비록 짧지만 급변을 겪었다. 청정부는 조공국을 보호하기 위해 많은 정력을 낭비했으며, 아끼지 않고 물자와 인력을 쏟아 부었다. 대단히 많은 인원이 동원되어 두 차례 대규모 전쟁을 치렀다. 그 결과 번속을 지키지 못했을 뿐만 아니라 중국의 본토 역시 위기에 빠졌다. 이 시기의 종번관계의 발전, 변화, 소멸을 고찰하며, 이는 의미 있는 작업이다.
> 본고는 유구, 월남, 조선 삼국만을 다룬다. 이 세 국가는 청정부와 가장 밀접한 관계가 있기 때문이다. 청정부는 그들에게 사신을 파견해 책봉을 하는 형식만 취했다. 즉, 조정은 황제의 조칙을 지닌 사신을 해당 국가에 파견하여 포고하도록 했다. 1870년대까지 삼국은 청정부와 종번관계를 유지했다. 그중 조선의 지위는 가장 중요하며, 본고는 조선을 중점적으로 논할 것이다.[34]

---

34 高士華, 1992, 「簡論19世紀70~90年代的宗藩關係」, 中國社會科學院近代史研究所科研組織處 編, 『走向近代世界的中國: 中國社會科學院近代史研究所成立四十周年學術討

여기서 '종번관계'는 청의 대외관계를 지칭하는 용어로 등장한다. 그 핵심은 책봉이며, 주요 번속/조공국은 유구, 월남, 조선이었다. '종번관계'는 근대에 들어 외부의 도전을 받았으며, 청정부는 이들을 지키기 위해 노력했으나 결국에 상실했다. 하지만 이러한 설명은 사실을 나열한 것일 뿐 이를 통해 '종번관계'가 구체적으로 어떻게 개념화되었는지 간취하기 힘들다. 사실 '종번관계'의 개념화보다 가오스화에게 중요했던 것은 '종번관계'와 관련 정책이 서양의 '속국'정책과는 그 성질이 달랐다는 것이다. 그는 청정부가 비록 서양이 '속국'을 통치하는 방법을 일부 채용해 '종번관계'에 활용했으나, '종번관계'는 여전히 전통 종번관념을 근간으로 삼았다고 설명한다. 그러나 근본적으로 다른 성질의 것이 혼용되면서, 이도저도 아닌 것이 되며 갈등이 속출했고, 그 갈등은 종번정책의 효과를 크게 약화시켰다고 지적한다. 가오스화가 보기에 1870~1890년대 청의 종번정책은 애매한 '중체서용(中體西用)'의 정책이었으나, 청의 정책은 서양의 식민정책과는 달랐으며, 애매한 정책은 전통적 관념을 이어갔기 때문이었다.

2000년 이후 등장한 장하이펑의 '종번관계'론도 가오스화의 설명과 크게 다르지 않다. 2002년 당시 중국사회과학원 근대사연구소 소장이었던 그는 일본을 방문해 국제정치학자이자 일본 시마네현립대학(島根縣立大學) 총장이었던 우노 세게아키(宇野重昭)와 중일관계의 과거와 현재, 그리고 미래의 지향에 관해 대담을 나눴다.[35] 이 대담에서 장하이펑은 종번

論會論文選』, 成都出版社, 315-316쪽.
35 張海鵬, 2005, 『東廠論史錄: 中國近代史研究的評論與思考』, 廣東人民出版社, 456-464쪽.

체계와 종번관계에 대해 언급한다. 명·청시대 중국은 아시아에 아시아식 국제관계체제라 할 수 있는 일종의 종번체계를 세웠다고 설명하며, 오늘날 모방할만한 체제는 아니라고 얘기한다. 명·청은 1895년에 이르기까지 조선과 '종번관계'를 맺었고, 일본과 한때 맺은 적이 있는데, 이는 오늘날 시각에서 볼 때 완전히 평등한 관계라고 할 수 없다. 중국이 이후 강대해져도 이 같은 관계는 추구하지 않을 것이며, 일본은 중국의 굴기를 걱정하는데, 새로운 체제를 마련해야 한다고 지적한다. 그러면서 장하이평은 자신이 말하는 종번관계는 일종의 정치적 관계로, 일본 학자들은 조공관계체계라는 말을 쓰곤 하는데, 양자는 완전히 같지 않다고 설명한 후 조공관계체계는 주로 경제무역관계를 얘기하며, 이러한 불평등한 '종번관계'의 정치구조하에서 상대적으로 비교적 평등한 무역관계가 있었다고 설명한다.

여기서 '종번관계'의 어원, 개념적 토대를 알 수 없지만, 장하이평이 그 성격을 위계가 있는 비대칭적 정치관계와 비교적 평등한 경제관계로 규정하고 있음을 알 수 있다. 정치관계는 근대 이래의 평등한 국제관계와 구별되는 전근대의 불평등한 관계로 명확히 구분된다. 이처럼 명확히 구분하는 이유는 그가 2013년 7월 『중국해역사(中國海域史)』 제1차 편찬회의에서 한 발언에서 찾을 수 있다. 그 발언은 2014년 산둥대학 역사문화학원에서 발간하는 『중국역사평론(中國歷史評論)』에 「종번과 식민: 역사상 양대 국제관계체계에 대한 단상(宗藩與殖民: 歷史上兩大國際關係體系斷想)」이라는 제목으로 실렸다.[36] 장하이평은 동양에는 역사상 '책봉체제'

---

36 張海鵬, 2014, 「宗藩與殖民: 歷史上兩大國際關係體系斷想」, 王育濟 主編, 『中國歷史評論』 1, 上海古籍出版社, 239-240쪽.

혹은 '종번관계'라고 부르는 중국을 중심으로 하는 국제관계체제가 있었으며, 서양에는 '식민주의체제'가 있었다고 지적한 후 두 체제를 대비해 설명한다. '종번관계'를 중심으로 한 국제관계는 평화적이고 조화로운 관계라면, '식민주의' 중심의 국제관계는 폭력적이고 무력에 의한 것으로 16~17세기 서양의 식민패권주의로 발전했다. '종번관계'와 '식민주의'의 가장 큰 차이점은 식민주의는 종번관계와 달리 무력으로 상대국을 개항하고 본국에서 직접 관원을 파견해 통치한다는 점이다. 니시지마 사다오(西嶋定生)의 동아시아 세계론을 언급하며, 중국을 중심으로 유구, 일본, 안남, 조선반도는 중국과 '책봉체제'를 유지하며 유교, 한자, 율령을 중심으로 문화권을 유지했다고 설명한 후, 중국이 이들 국가에 끼친 영향은 문화적, 사상적 측면에서 이루어졌지, 주변국의 독립과 주권은 간섭하지 않았다고 지적한다. 동양의 종번관계체제는 서양 식민세력에 의해 점차 와해되었고, 청프전쟁과 청일전쟁을 통해 식민주의체계에 의해 대체되었다고 설명한다. 불평등했지만 평화로운 '종번관계'와 대등한 '만국공법' 질서를 내세우면서 실질적으로 폭력적이었던 '식민주의'와 차별화한 것이다. 이는 중국 근대사를 기본적으로 '반봉건(半封建)·반식민(半植民)'으로 이해하는 중국 학계의 시각과 맞닿아 있다.

 장하이펑은 '종번관계'로 전근대 중국의 국제질서를 설명하지만, 그 범위는 명·청대 특히 19세기 서세동점으로 중국중심의 국제질서가 와해되어 조선, 베트남, 유구 등이 이탈하는 과정에서 '종번관계'라는 용어를 사용한다. 그런데 이 용어가 장하이펑이나 가오스화에 의해 갑작스레 등장한 것이 아니다. 중국 학계의 근대 중국대외관계사 연구에서 자주 쓰이던 용어이며, 그 기원은 1930년대 장팅푸(蔣廷黻), 사오쉰정(邵循正), 왕신중(王信忠) 등 일련의 만청(晚淸) 대외관계를 연구하던 학자의 '종번관계'

언설로 거슬러 올라간다.37 '종번관계'라는 용어가 장하이펑의 논저에서는 간취하기 어렵지만, 학술사적 맥락이 있으며, 교과서에서는 충분한 설명이 이루어지지 못하면서 그 의미가 오용될 가능성이 있다.

IV. 종번관계의 다양한 맥락과 문제점

전근대 중국 중심의 국제질서를 설명하는 다양한 이론 중 최근 가장 주목받는 주장은 '종번(宗藩)'이라는 개념을 통해 설명하는 '종번관계/체제'인데, 다른 어떤 학설보다도 일찍이 제기되었다. 중국 학계의 근대 중월(中越)관계 연구의 창시자라고 할 수 있는 사오쉰정은 1933년 장팅푸의 지도를 받아 석사학위논문을 제출했는데, 바로 「중국·프랑스·월남 관계 시말(中法越南關係始末)」이다. 청프전쟁을 분석한 이 논문은 청과 베트남의 관계를 '종번관계'로 규정했으며, 청프전쟁으로 와해되었다고 본다.38 그의 지도교수인 장팅푸는 1934년 장기간 작업한 결과물인 『근대중국외교사자료집요(近代中國外交史資料輯要)』를 내놓았는데, 청일전쟁의 배경에 중국의 전통적 종번관념과 국제법에 기초한 근대적 종번관념의 충돌이 있었다고 지적했다.39

그러나 '종번관계'는 청이 주변국과의 관계에서 사용한 역사적 용어

37　蔣廷黻 編, 1934,『近代中國外交史資料輯要』中卷, 商務出版社; 邵循正, 2000,『中法越南關係始末』, 河北教育出版社; 邵循正, 2000,『中法越南關係始末』, 河北教育出版社.

38　邵循正, 2000.

39　蔣廷黻 編, 1934.

가 아니다. 서세동점으로 청의 '종주권' 문제가 두드러지며, 이해하기 위한 틀로 '종번관계'라는 학술용어가 만들어졌다. 19세기 후반까지 확고하던 청의 주변에 대한 '상국(上國)'으로의 지위가 서양 열강에 의해 '종주권'이라는 이름으로 규정되면서 새로운 문제로 부상했다. 병인양요와 신미양요 당시 프랑스와 미국은 청에 조선의 '종주국'으로 간여해 조정해 줄 것을 요구했지만, 청은 조선이 '조공국'/'속국'이지만 내정에 간여하지 않는 '자주국'이라며 요구를 거부했다. 여기서 청과 서양 사이에 청과 주변국의 관계에 대한 인식차가 발생했으며, 중국중심의 전통적 국제질서와 국제법에 기초한 서양의 국제질서가 충돌했다. 청은 '종주국'이나 '종주권'이란 용어를 사용하지 않았지만, 전통적 관계가 와해되며 근대적 관계로 이행되는 과정에서, 근대적 용어인 '종주권'이 중국의 전통적 관념과 착종되어 점차 구체화되었다.[40] 이미 서구 중심의 세계질서로 재편된 1930년대 서구 학계의 논의에 대응하기 위해서는 그에 상응하는 개념이 필요했다. 이 시기 장팅푸와 사오쉰정, 그리고 장팅푸의 제자로 근대 한중관계를 연구한 왕신종은 서양과는 다른 중국 전통의 주변국에 대한 '종주권'을 주장했으며, 청을 '종주(宗主)'로, 조선, 베트남, 유구 등을 '번속(藩屬)'으로 보는 '종번관계'론이 만들어졌다.

중화인민공화국 건국부터 문화대혁명에 이르기까지 중국 내부의 정치적 문제로 학문적 논의는 제대로 전개되지 않았으나, '종번관계'에 대한 인식을 살펴볼 수 있는 저서로 1959년 출간된 천웨이팡(陳偉芳)의 『조

---

40 劉淸濤, 2017, 「"宗主權"與傳統藩屬體系的解體-從"宗藩關係"一詞的來源談起」, 『中國邊疆史地研究』 2017-1; 이동욱, 2018, 「청말 국제법 번역과 '藩屬' 관련 개념의 의미 확장」, 『중국근현대사연구』 80; 이동욱, 2019, 「청말 종주권 관념의 변화와 조선 정책의 전환」, 『사총』 96 등 참조.

선문제와 갑오전쟁(朝鮮問題與甲午戰爭)』이 있다.[41] 천웨이팡은 광둥(廣東) 각가인(客家人)으로 선전(深圳)에서 태어났으며, 1941년 항일전쟁의 여파로 쓰촨(四川) 악산(樂山)으로 이전한 우한대학(武漢大學) 정치학과에서 공부했고, 1946년에는 난징중앙대학(南京中央大學)의 경정연구소(經政研究所)에서 근대 중국외교사로 법학 석사학위를 받았다. 당시 근대 중국외교사에 있어 장팅푸와 사오쉰정의 영향이 커서, 그 또한 19세기 말 청과 주변국의 관계를 '종번관계'의 틀로 이해했다. 『조선문제와 갑오전쟁』의 1장에서 19세기 후반 조선 문제의 역사적 배경을 설명하며, 종번관계에 대해 다음과 같이 기술했다. 다소 길지만 그 내용을 인용하면 다음과 같다.

중국과 조선의 종번관계는 중국과 기타 주변 국가들과의 번속관계와 마찬가지로 본질적으로 일종의 불평등한 통치관계였다. 이른바 종번관계는 종법봉건분봉제도(宗法封建分封制度)가 중국과 주변 국가와의 상호 관계에서의 구현이었다. 조선의 통치자는 중국의 황제에게 신하로 자칭하고 조공을 바쳐야 하며 중국의 연호(年號)와 역(曆)을 채용하고 중국 황제로부터 책봉을 받아왔다. 한편 중국의 황제는 조선을 중국의 번속으로 간주하고 책봉을 받은 왕통(王統)을 지켜주어야 할 의무가 있었다.
이러한 종번관계는 항상 군사 정복과 군사 위협하에서 이루어진 것으로 불평등과 지배적 성격을 지니지 않을 수 없었다. 속국의 통치자는 중국의 통치자에게 신하로서 복종해야 하며 중국을 상국(上國)으로

---

41 陳偉芳, 1959, 『朝鮮問題與甲午戰爭』, 生活·讀書·新知三聯書店.

받들어야 함으로 불평등한 지위에 처해 있었다. 중국은 일반적으로 속국의 내정과 외교를 공개적으로 간섭하지 않았지만 그렇다고 전혀 간섭하지 않는 것도 아니었다. 중국이 대외전쟁을 진행할 때면 늘 속국에서 군대를 파견하여 지원하도록 요구했으며 심지어 속국에서 직접 병사와 인부 그리고 선박과 차량, 군량, 자금 등을 징발하기도 했는데 이는 속국에 있어서 상당한 부담이 되었다. 소국의 입장에서 볼 때 이러한 종번관계는 가증스러운 상징이 아닐 수 없었다.[42]

국제정치학 전공자로 근대 청·조선관계에 접근하는 천웨이팡은 '종번관계'를 설명하는 데 있어 페어뱅크와 같이 문화적 요인을 강조하지 않는다. 국제법에 기반하지 않지만, 현실 국제정치의 역학관계에 따라, 즉 군사적 요인에 따라 형성됐다고 설명한다. 이러한 설명은 서구의 근대적 국제법 질서가 주변 국가에 대한 청의 종주권을 부인할지라도, 청은 서구 질서와 다른 종주권이 있었음을 명확히 한 것이다. 근대 청의 대외관계에만 집중했던, 장팅푸, 사오쉰정, 왕신중도 문화적 측면은 강조하지 않았다.

그런데 천웨이팡은 1984년 웨이하이에서 열린 '갑오전쟁 90주년 학

---

42 陳偉芳 저, 權赫秀 역, 1999, 『청·일 갑오전쟁과 조선』, 백산서원, 17-18쪽; 陳偉芳, 1959, 1-2쪽. 關於中國和朝鮮的"宗藩關係"也象中國和其他近鄰"藩屬"的關係相似, 本質上是一種月壓迫的統治關係. 它是宗法封建分封制度在中國與周圍鄰邦相互關係的反映. 朝鮮統治者向中國皇帝"稱臣納貢", 奉正朔, 受冊封. 中國皇帝視朝鮮爲"藩屬", 有維持受冊封封的王統地位的義務. "宗藩關係"地常是在軍事征服或威脅下建立起來, 就不可能帶有不平等不和壓迫的性質, "屬國"統治者向中國統治者表示"臣服", 尊中國爲"上國", 處於不平等地位. 中國雖然一般地不公開幹涉"屬國"的內政外交, 但並不是完全不加幹涉. 並在對外作戰時, 往往要求"屬國"出兵夾擊. 或直接向"屬國"征發兵士人夫, 舟車, 糧餉. 這種負擔還是相當沉重的. 這種"宗藩關係"對於"屬國"來說是一種可惡的標志.

술토론회'에서 발표한「갑오전쟁 이전 조선의 국제 갈등과 청정부의 실책(甲午戰爭前朝鮮的國際矛盾與淸政府的失策)」이라는 글에서 '종번관계'가 지닌 문제점을 날카롭게 지적했다.

> 서방 식민체제의 관념을 억지로 중국과 주변국가 간의 역사상 형성된 전통관계에 끼어 맞춰서는 안 된다. 과거 '종번관계'라는 용어를 사용한 것은 적절하지 않은데(여기에는 일부 어휘의 번역에 있어 의미가 뒤섞이는 것을 포함), 중국에는 식민체제하의 '종주권(Suzerainty)'이 없었기 때문이다. 소위 '번속'은 실제로 독립주권국가였으며, 서양의 속국(Vassal state)과도 다르다. 엄격히 말하자면, 이러한 관계는 동방식 봉공체계(東方式封貢體系)라고 불러야 한다. 이 관계의 주요한 상징은 번속국은 중국 황제에게 정기적으로 진공해야 하며(2년에서 10년에 이르기까지 기간은 다름), 정삭을 받들고 책봉을 받아야 한다. 이에 따라, 중국 황제는 책봉한 왕통 지위를 유지시킬 의무가 있다. 즉, 위험을 제거해 번속국의 안전을 보호할 의무가 있었다.[43]

이는 『조선문제와 갑오전쟁』의 전근대 중국과 주변국의 관계에 대한 인식과 큰 차이가 없지만, '종번관계'라는 용어에 대해서는 서양의 관념과 혼용되어 오해의 여지가 있기에 비판적 태도를 보인다. 서양의 '종주권' 개념을 중국에 적용할 경우 주변국은 식민지로 이해될 소지가 다분하다. 그는 이러한 문제를 정확히 인식하고 '종번관계'라는 용어의 문제

43　陳偉芳, 1986,「甲午戰爭前朝鮮的國際矛盾與淸政府的失策」, 戚其章 主編,『甲午戰爭九十周年紀念論文集』, 齊魯出版社, 31쪽.

점을 지적한 것이다. 중국은 봉건시대 동양에서 가장 강대한 국가로 번속국은 중국을 '상국(上國)'으로 높여 불렀고, 중국과 번속국의 관계는 불평등한 관계였으며, 중국의 '천조상국(天朝上國)' 관념은 번속국의 존엄을 훼손하고 서양의 외부 침략자에 의해 이용당하기도 했지만, 번속국의 독립주권을 부정한 적은 없다고 재차 강조한다.[44]

이와 같은 지적이 있었지만, 근대 중국의 대외관계사 연구에서 '종번관계'는 무비판적으로 계속 사용되었으며, 이에 대한 진일보한 토론은 이루어지지 않았다. 중국고대사에서는 상대적으로 '종번관계/종번체제'보다 조공체제, 봉공체제, 천하체제 등의 용어가 다양하게 사용된다. 2000년대 들어 중국의 굴기와 맞물려 대외관계에 대한 관심이 증폭되면서, '종번'으로 전근대 중국 대외관계를 설명하는 것에 대한 비판이 일어났다. 천즈강(陳志剛) 등은 종번은 서주시대 세 차례 있었던 큰 규모의 분봉(分封)과 관련이 있으며, 농후한 혈연 정치의 색채를 띠고 있다고 지적한다. 이것이 선진시대 이후 대외정책의 기원이 되었으나, 이후 '종번'과 그 이전의 '종번'의 의의는 완전히 다르다고 지적한다.[45] 천상성(陳尙勝)은 '종(宗)'은 종주국의 약칭이고, '번(藩)'은 번속국의 약칭으로 중국 봉건왕조에서 조공하는 국가를 '번방(藩邦)', '번속(藩屬)', '번국(屬國)' 등으로 부른 적이 있지만, 이들 국가가 중국을 천조(天朝) 혹은 상국(上國)으로 불렀어도 종주국으로 부른 적은 없었다고 설명하며, 종주국은 서방국가가 식민지와 번속을 지칭하는 명칭이기에 종번관계로 전근대 중국의 대외관계를 설명하는 것은 부적절하다고 지적한다.[46] 리다롱(李大龍)은 '종번'은 서

---

44   陳偉芳, 1986, 32쪽.
45   陳志剛, 2010.

한시대에 등장했으나, 중국 역사서에 빈번하게 나타나는 것은 송대 이후부터로, 청대에 이르기까지 주로 번왕(藩王)이나 황실 구성원을 지칭했으며, 중국의 대외관계에 사용된 적은 없다고 지적했다.[47] 이들은 '종번'이 역사 용어이기는 하나, 중국의 대외관계를 설명하기에는 실제 역사상에 부합하지 않고, 서구의 식민관계로 오해될 수 있는 여지가 있음을 비판한 것이다.

이러한 비판에도 최근 '종번관계/체제'는 다시 주목받고 있다. 특히 미국에서 활동하고 있는 왕위안총(王元崇)과 쑹녠션(宋念申)은 많은 비판에도 불구하고 여전히 통용되고 있는 페어뱅크의 조공관계/체제를 대신해 '종번'의 병음을 차용한 '종번관계(Zongfan relations)'를 주장한다.[48] 서양 학계에서 '조공(tributary)'이라는 말은 로마제국에서 부의 교환을 뜻하는 용어에서 기원하며, 중국 전통관념을 설명하는 데 역사성이 부재하다는 것이다. 반면 서주시대에서 기원하며 대외 관계로 확대된 역사성을 지닌 용어로 사회적·철학적·우주론적 계보를 가지고 있다고 설명한다. 게다가 '조공'은 경제적 측면을 강조하는 용어로, 위계성을 지닌 중국의 국제질서를 제대로 반영하지 못하고 있다고 지적한다. 이와 같은 서양의 학술장에서 기존의 전근대 중국의 국제질서를 다룬 이론들을 극복하기 위한 시도로 의의가 크다. 하지만 앞서 천웨이팡, 천즈강, 천상성, 리다룽의 종번에 대한 비판에서 본다면, 왕위안총과 쑹녠션이 주장하는 '종번관

---

46 陳尙勝, 2008, 24쪽.

47 李大龍, 2015, 『從"天下"到"中國": 多民族國家疆域理論解構』, 人民出版社, 191-195쪽. 李大龍은 '종번' 대신 '번속(藩屬)'이라는 용어를 주장한다.

48 宋念申, 2012, 「否思"朝貢體系": 多邊多層視角」, 『中國與世界』 2, 92-102쪽; Yuanchong Wang, 2018, pp.3-6.

계'도 비역사적이라는 비판을 피하기 힘들다.⁴⁹

V. 맺음말

중국 학계가 페어뱅크의 '중국적 세계질서'와 같은 중국의 전근대 대외관계를 설명하기 위한 이론을 제시하기 시작한 것은 불과 30년에 불과하다. 초창기에는 적지 않은 학자들이 정확한 개념화 없이 혼동해서 사용했던 모습이 적지 않았다. 하지만 최근 10년 동안의 연구성과들을 살펴보면, 학자마다 관점과 연구방향에 따라 용어 사용의 차이가 선명해지고 있다. 예를 들어, 중국 동북 지역의 청니나(程妮娜), 천즈강, 한동위(韓東育) 등은 '봉공체제(封貢體制)', 서세동점으로 인한 근대 대외관계의 전환을 연구하는 학자들은 '종번체제(宗藩體制)'를 주로 사용한다.

근대 이행기 청과 주변국의 관계가 변화하는 데는 서양의 충격이 있었고, 청이 그에 대응하면서 서양의 국제질서 관념을 수용하고 전통적 관념의 변용이 일어났기에, 시각에 따라 당시 청과 주변국의 관계를 '종번관계'로 개념화해 볼 수도 있다. 이것은 충분히 학술적 논의가 가능한 문제로 '종번관계'론을 완전히 부정할 수 없다. 하지만 '종번관계'를 '식민주의'와 대조적인 개념으로 인식하는 측면이 크고, 아직 체계적인 이론이 구축되지 않았다. 그뿐만 아니라, 근대적 관념이 착종된 전통적 대외관계

---

49 왕위안총과 송녠션은 기본적으로 '종번관계'에 대해 같은 시각을 갖고 있는데, 왕위안총 연구의 문제점에 관해서는 손성욱, 2019, 「종번(宗藩)과 중화(中華)로 청제국을 볼 수 있는가-왕위안총 '조선 모델'의 가능성과 한계」, 『동북아역사논총』 66 참조.

를 지칭하는 용어로의 '종번관계'를 이해하더라도, '종번관계'를 전근대 중국의 국제질서를 이해하는 보편적 개념으로 사용할 수 있는가는 별도의 문제이다.

최근에 전근대 중국과 주변 관계를 설명하는 데 있어 쑹녠션이나 왕위안총과 같이 중국과 주변의 비대칭성 및 위계성을 강조하며 '종번관계'를 사용해야 한다는 주장이 늘고 있다. 물론 『중외역사강요(상)』의 총주편인 장하이펑은 그런 '종번관계' 논의와 결을 같이 하지 않으며, '종번관계'가 『중외역사강요』의 중요 학습 개념이라 보기 어렵다. 하지만 교과서에 수록된 만큼 앞으로 광범위하게 사용될 수 있다. 게다가 충분한 설명이 어려운 교과서에서 '종번관계'는 학생들에게 탈맥락적으로 수용되어 비대칭성과 위계성을 강조하는 '종번관계'로 이해될 수 있다.

그러한 가능성을 미연에 방지하기 위해서는 '종번관계'의 성격을 보다 명확히 보여줄 수 있는 '종번'의 개념사와 학술사 연구가 필요하다. '종번'이 전근대에 사용되던 역사상 용어는 맞으나, 시대에 따라 그 의미가 변해왔으며, 19세기 이후에는 중국적 질서와 서구 질서의 충돌 속에서 종번이라는 용어는 근대적 '종주권' 개념에 의해 오염되었다. 그렇기에 '종번'이라는 개념이 근대 이래 어떻게 사용되고 변용되었는지 추적하여, '종번'이라는 틀을 통해 전근대 중국의 대외관계(질서)를 설명하는 것이 얼마나 부적합한지 밝혀야 한다. 이와 같은 '종번'의 개념사 연구와 함께 '종번'의 시각으로 전근대 중국의 대외관계를 설명하는 것이 어떤 시대적 맥락에서 어떻게 이루어졌는지 살펴보아야겠다.

참고문헌

陳偉芳 저, 權赫秀 역, 1999, 『청·일 갑오전쟁과 조선』, 백산서원.
권은주, 2020, 「『중외역사강요』의 한국고대사·동아시아사 서술 내용과 역사인식 분석」, 『동북아역사논총』 70.
손성욱, 2019, 「종번(宗藩)과 중화(中華)로 청제국을 볼 수 있는가－왕위안충 '조선 모델'의 가능성과 한계」, 『동북아역사논총』 66.
오병수, 2020, 「시진핑 시대 중국의 역사정책과 자국사의 재구성－『歷史: 中外歷史綱要』 과목의 개설 배경과 이데올로기－」, 『역사교육』 156.
우성민, 2020, 「『중외역사강요』 속의 중국식 글로벌 가치관 '인류운명공동체'의 서술과 시사점」, 『동북아역사논총』 70.
이동욱, 2018, 「청말 국제법 번역과 '藩屬' 관련 개념의 의미 확장」, 『중국근현대사연구』 80.
＿＿＿, 2019, 「청말 종주권 관념의 변화와 조선 정책의 전환」, 『사총』 96.
이유표, 2020, 「중국 고등학교 국정 교과서 『중외역사강요』의 고대문명사 서술 특징」, 『동북아역사논총』 70.

『中外歷史綱要(上)』(초고).
『中外歷史綱要(下)』(초고).
『中外歷史綱要(上)』, 人民教育出版社, 2019.
『中外歷史綱要(下)』, 人民教育出版社, 2020.
『중외력사강요(상)』(조선어본), 연변교육출판사, 2019.
『중외력사강요(하)』(조선어본), 연변교육출판사, 2020.
『中外歷史綱要(上) 教師教學用書』, 人民教育出版社, 2019.
『中外歷史綱要(下) 教師教學用書』, 人民教育出版社, 2019.
李大龍, 2006, 『漢唐藩屬體制研究』, 中國社會科學出版社.
＿＿＿, 2015, 『從"天下"到"中國": 多民族國家疆域理論解構』, 人民出版社.
邵循正, 2000, 『中法越南關係始末』, 河北教育出版社.
王信忠, 1937, 『中日甲午戰爭外交背景』, 國立清華大學.

蔣廷黻 編, 1934,『近代中國外交史資料輯要』中卷, 商務出版社.

張海鵬, 2005,『東廠論史錄: 中國近代史研究的評論與思考』, 廣東人民出版社.

朱紹侯·張海鵬 等 主編, 2000,『中國古代史(新版)』下册, 福建人民出版社.

中國社會科學院近代史研究所 編, 1978,『中國近代史稿』1, 人民出版社.

＿＿＿＿＿＿＿＿＿＿＿＿＿＿＿＿, 1984,『中國近代史稿』2·3, 人民出版社.

陳偉芳, 1959,『朝鮮問題與甲午戰爭』, 生活·讀書·新知三聯書店.

黃枝連, 1994,『天朝禮治體系研究』下(朝鮮的儒化情境構造朝鮮王朝與滿清王朝的關係形態論), 中國人民大學出版社.

高士華, 1992,「簡論19世紀70-90年代的宗藩關係」, 中國社會科學院近代史研究所科研組織處 編,『走向近代世界的中國: 中國社會科學院近代史研究所成立四十周年學術討論會論文選』, 成都出版社.

徐金衛, 2019,「《中外歷史綱要》試敎問題與解決－以《中華文明的起源與早期國家》一課爲例」,『中學歷史敎學』2019-9.

宋念申, 2012,「否思"朝貢體系": 多邊多層視角」,『中國與世界』2.

王元周, 2011,「朝鮮開港前中朝宗藩體制的變化－以『燕行錄』爲中心的考察」,『中山大學學報(社會科學版)』2011-1.

魏志江, 2014,「宗藩體制: 東亞傳統國際安全體制析論」,『現代國際關係』2014-4.

柳嶽武, 2009,「中國傳統宗藩體制述論」,『南京師大學報(社會科學版)』2009-6.

劉淸濤, 2017,「"宗主權"與傳統藩屬體系的解體－從"宗藩關係"一詞的來源談起」,『中國邊疆史地研究』2017-1.

李雲泉, 2014,「話語, 視角與方法: 近年來明淸朝貢體制研究的幾個問題」,『中國邊疆史地研究』2014-2.

李治安, 2014,「華夷秩序, 大一統與文化多元」,『史學集刊』2014-1.

張海鵬, 2014,「甲午戰爭與中日關係－戰爭爆發120年後的反思與檢討」,『聊城大學學報(社會科學版)』2014-6.

＿＿＿＿, 2014,「宗藩與殖民: 歷史上兩大國際關係體系斷想」, 王育濟 主編,『中國歷史評論』1, 上海古籍出版社.

＿＿＿＿, 2019,「統編高中歷史敎科書的學科體系和學術體系－適應和掌握統編高中歷史敎材《中外歷史綱要》(上)的意見」,『課程·敎材·敎法』39-9.

陳尙勝, 2008,「中國傳統對外關係硏究芻議」,『安徽史學』2008-1.

陳偉芳, 1986,「甲午戰爭前朝鮮的國際矛盾與清政府的失策」, 戚其章 主編,『甲午戰爭九十周年紀念論文集』, 齊魯出版社.

陳志剛, 2010,「關於封貢體系研究的幾個理論問題」,『清華大學學報(哲學社會科學版)』2010-6.

何芳川, 2014,「"華夷秩序"論」,『北京大學學報(哲學社會科學版)』1998-6.

韓東育, 2018,「明清前東亞封貢體系的演變實態」,『社會科學戰線』2018-12.

侯中軍, 2017,「甲午戰前中朝宗藩關係的學理性反思」,『晉陽學刊』2017-6.

Wang, Yuanchong, 2018, *Remaking the Chinese Empire Manchu - Korean Relations, 1616-1911*, Ithaca: cornell University Press.

6

『중외역사강요』의 항미원조론과 영어권 학계의 한국전쟁에 대한 서술 경향 비교

조규현 연세대학교 정치외교학과 강사

I. 머리말

한국전쟁은 한국현대사의 핵심 주제이자 현재까지 이어지고 있는 한반도 분단의 가장 직접적인 원인인 매우 중요한 사건이다. 최근의 국내 연구동향을 보면 유엔군이 한국전쟁에 개입하게 된 원인 분석, 한국 미술에 비춰진 한국전쟁의 모습 분석, 그리고 한국전쟁 중 '빨치산전술'이 전쟁에 미친 영향 등 한국전쟁의 전개 상황과 예술적 시각에서의 분석을 통해 한국전쟁의 정치적 측면들과 사회적인 측면들이 서로 소통하는 융합적인 분석을 추구하고 있다. 또한 한국전쟁 관련 중국 및 구소련 정부 문서가 일부 공개됨에 따라 한국전쟁의 기원과 전쟁 당시 중국, 북한, 소련 간의 협력 과정을 분석한 작품들이 국내에서 출간되거나 번역되어 소개되었다.[1] 한국전쟁의 정치적인 측면들과 비정치적인 측면들의 융합을 시도한 분석, 그리고 한국전쟁을 둘러싼 중국과 소련의 입장 분석을 통한 국제사적 분석을 시도하는 흐름이 최근 매우 두드러지고 있다.

그런데 최근 언론에서 한국전쟁과 관련한 새로운 이슈가 등장해 주목된다. 그것은 중국이 한국전쟁의 성격을 '항미원조'로 강조하며, 대대적인 선전과 연구를 강화하고 있는 현상을 비판한 보도이다.[2] 그와 관련해서 중국 역사교과서에 서술된 항미원조론 역시 새로 주목받고 있다. 기존 중국 역사교과서와 관련된 국내 연구동향을 살펴보면, 중국 중심의 동아시아사 서술, 역사교육 안에서 '민족'이 갖는 의미, 중국의 청일전쟁에 대한 인식, '혁명'·'현대화'·'민족'이라는 세 가지 주제어로 분석한 중국 역사교과서의 근현대사 인식 등 근현대사에서 중화민족이 차지하는 비중과 역할을 재조명하는 작업들을 분석한 논문들이 눈에 띈다.[3] 이러한 국내 학계의 전반적인 흐름 속에서 중국 역사교과서들이 한국전쟁을 묘사하는

---

1 박병철·주인석, 2021, 「한국전쟁에서의 유엔군의 개입 근거와 역할에 관한 연구」, 『통일전략』 21-1, 9-34쪽; 사이먼 몰리·박미주·이예은·박소현, 2020, 「'역사화': 동시대 한국 미술과 한국전쟁」, 『한국근현대미술사학』 40, 123-167쪽; 유서현, 2020, 「한국전쟁과 '빨치산 전쟁'」, 『한국현대문학연구』 61, 43-77쪽; 박명림, 1996, 『한국전쟁의 발발과 기원』, 나남; 션즈화 지음, 김동길 옮김, 2014, 『조선전쟁의 재탐구-중국, 소련, 조선의 협력과 갈등』, 선인. 이외에도 김동춘, 2000, 「한국전쟁 50년」, 『경제와 사회』 46, 4-7쪽; 이완범, 2005, 「한국 국내의 6·25 연구동향」, 『군사』 55, 29-60쪽; 김보영, 2019, 「한국전쟁 연구의 쟁점: 발발에서 과정으로, 다시 결과로」, 『내일을 여는 역사』 75(여름호), 37-48쪽 등이 있다.

2 "시진핑 '침략' 발언과 中의 한국전쟁 인식", 『연합뉴스』, 2010.10.28; "한-중 '역사 화해'에도……中 교과서 '北의 6·25 남침' 인정 안 해", 『동아일보』, 2014.2.19.

3 오우즈지엔, 2016, 「중국 중심의 동아시아사: 청일전쟁 이후 중국 중소학 역사교과서를 중심으로」, 『역사교육』 139, 113-147쪽; 이춘복, 2009, 「중국 역사교과서에 나타난 민족주의와 동화주의: 북경사범대학 중등역사교과서 분석을 중심으로」, 『다문화콘텐츠연구』 1, 81-108쪽; 윤세병, 2014, 「중국에서의 근현대사 인식과 역사교과서 서술: '혁명'에서 '현대화'와 '민족'으로」, 『역사담론』 69, 223-264쪽.

방식의 변화를 추적하는 대표적인 논문으로 김지훈의 「현대 중국의 한국전쟁 인식 변화」가 있다. 이 논문은 중국 공산화 이후 역사교과서에서 한국전쟁에 대한 인식 변화를 면밀히 분석했다. 현재 중국정부가 한국전쟁을 영웅주의와 군인들의 희생을 강조하고 미국의 '제국주의'에 맞선 전쟁으로 묘사해 전쟁의 비극과 한국인의 고통은 소홀히 했다는 비판은 매우 정확하고 설득력이 있다.[4]

최근 중국은 역사교과서를 국정화하며 고등학교 역사 필수 『중외역사강요(中外歷史綱要)』를 편찬했다. 이 교과서에서도 한국전쟁을 '항미원조'로 설명하지만, 서술 내용에서 일정 변화를 보인다. 따라서 『중외역사강요』에 서술된 한국전쟁에 대한 분석이 필요하다. 그리고 기존 연구에서는 미국 등 해외 학계에서 이뤄진 한국전쟁의 기원이나 중국의 참전 원인, 한국전쟁에서 중국이 북한군에 끼친 영향, 전쟁에 대한 인식 등을 함께 분석한 연구가 거의 없다.

따라서 이 글은 『중외역사강요』의 한국전쟁에 관한 설명과 논리를 분석한 다음, 미국 학계의 연구를 중심으로 중국군이 한국전쟁에 참전하게 된 동기, 그리고 북한군의 탄생에 미친 중국의 영향을 분석하고자 한다. 이 글은 『중외역사강요』가 '항미원조'를 기조로 하여 한국전쟁을 중국과 미국의 대결 구도로 강조하며 미국과 유엔군의 개입이 중국의 주권을 위협하는 행위였다는 점을 주장하는 데 힘쓰고 있음을 밝힐 것이다. 그 다음, 방법론적인 측면에서 미국에서 이루어지고 있는 중국과 한국전쟁의 관계에 대한 연구―커밍스(Bruce Cumings)의 *The Origins of the Korean*

---

4 김지훈, 2018, 「현대 중국의 한국전쟁 인식 변화: 역사교과서의 서술 변화를 중심으로」, 『사림』 64, 311-348쪽.

War, 천젠의 *China's Road to the Korean War* Shuguang Zhang *Mao's Military Romanticism and the Korean War* 등—를 분석할 것이다. 이런 과정을 거쳐서 한국전쟁의 기원에 관해 한반도 내의 좌우대립, 마오쩌둥의 '낭만주의'와 한국전쟁의 현실적인 판세의 차이, 그리고 중국 공산당원으로 활약했던 북한군인들과 북한의 탄생 간의 밀접한 관계 등을 면밀히 살필 것이다. 동시에 국제적인 시각에서 한국전쟁의 성격을 규명하는데 도움이 되고자 한다. 『중외역사강요』에서 보이는 '항미원조'론이 중국의 일방적인 시각이라는 점도 밝히고자 한다.

II. 『중외역사강요』의 한국전쟁 서술 분석

『중외역사강요』가 바라본 한국전쟁은 다음과 같다.

> 1950년 6월 25일 조선내전이 폭발했다. 미국은 곧 무장 간섭을 하는 동시에 제7함대를 타이완해협에 파견하여 중국의 통일 대업을 방해했다. 미국은 또 유엔안전보장이사회를 조종하여 결의를 통과시켜서 미국을 수반으로 하는 유엔군을 조직하여 '38선'을 넘어 중조 변경의 압록강과 도문강을 위협하고 조선침략전쟁을 크게 확대하여 중국의 국가안보를 엄중히 위협했다. 1950년 10월 조선정부의 요청에 따라 인민지원군은 조선에 들어가 전쟁할 것을 결정했다. 마오쩌둥은 펑더화이를 사령관으로 임명하고 중국인민지원군을 조선에 파견했고, 미국에 항거하여 조선을 지원하며 가정을 지키고 나라를 수호하며 조선의 군민들과 어깨를 나란히 하고 싸웠다. 5차례의 전투를 거쳐 중국

과 조선의 군대는 전선을 '38선' 부근으로 안정시켰고, 미국을 압박하여 담판을 진행하는 데 동의하게 했다. 지원군이 조선에 들어간 후 중국 국내에서는 기세 드높은 항미원조운동을 벌여 항미원조전쟁을 유력하게 지원했다. 담판을 하면서 전투를 동시에 진행하는 등 많은 대결을 거쳐 1953년 7월, 미국은 어쩔 수 없이 '조선정전협정'에 서명했으며, 중국인민은 항미원조전쟁에서 승리를 거두었다. 항미원조전쟁은 국위와 군위를 선양했으며, 신중국의 국제적 지위를 향상시켰다. 지원군에서는 양건스, 황지광, 추소우원, 뤄성조우 등 30여 명의 영웅 모델과 공신들을 배출했으며, 이들의 감동적인 영웅 사연은 강대한 민족적 응집력이 되어 전국 인민들이 조국 수호와 건설을 위해 분투하도록 크게 격려했다.

사료 열독

(항미원조의 승리) 웅변적으로 증명함: 서방 침략자가 몇백 년 이래 동방의 하나의 해안에 큰 대포 몇 개를 울리기만 하면 바로 한 국가를 점령하는 시대는 반복되지 않을 것이다.

-펑더화이의 중국인민지원군의 항미원조업무보고(1953년 9월 12일)

역사종횡

특급 전투 영웅 양건스

양건스는 장쑤성 타이싱인으로, 이전에 중국인민지원군 제9병단 3중대 연대장을 역임했다. 항미원조 제2차 전쟁 중, 그가 속해 있던 부대가 동쪽 전선 장진호 지역에 위치해 있었는데, 적을 향해 포위하여 섬멸하고자 했다. 양건스는 명을 받들어 1071.1 고지를 굳게 지켜, 미군이 남쪽으로 도망칠 수 있는 퇴각로를 절단하는 책임을 맡았다. 그들은 연속적으로 '킹 카드'라 불리는 미군의 8차례 공격을 물리쳤다. 적들이 다시 밀어닥칠 때, 이미 부상을 당한 양건스는 의연하게 화약 포대를 안고 적들과 함께 희생하여 생명과 선혈로 "사람이 있는 한 진지도 살아 있다"고 하는 굽힐 줄 모르는 맹세를 지켰다. 중국인민지원군은 그에게 '특급전투 영웅'이라는 칭호를 수여했고, 조선은 그에게 '조선민주주의인민공화국 영웅'이라는 칭호와 금성메달, 일급 국기 훈장을 수여했다.[5]

『중외역사강요』가 바라본 한국전쟁은 북한이 남한 침입을 실행에 옮긴 1950년 6월 25일부터 시작한다. '1950년 6월 25일'은 38선이 매클로이(John J. McCloy)와 러스크(Dean Rusk) 등에 의해 임의로 그어진 이후 미국이 처음 한국전쟁의 성격을 반공주의와 공산주의의 대결로 압축하기 위한 노력을 군사적 개입이라는 직접적인 행동으로 보여준 첫 사례이자, 중국이 한국전쟁을 미국의 중국침략을 위한 전략 및 도구로 인식하기 시작한 시점이기 때문에 중국으로서도 중요한 기점이다. 그러나 『중외역사강요』는 철저하게 전쟁 시작을 '조선 내전이 폭발했다'라고만 서술함으로써, 전쟁 시작 자체의 책임과 중국의 관련성을 배제했다. 그리고 중국이 전쟁에 개입할 수밖에 없었던 상황, 즉 명분을 내세우기 위해 미군과 유엔군이 참전한 이유와 왜 북한으로 진공했는지에 대한 설명 없이, 이들이 38선을 넘어 북한으로 진공한 것을 조선침략전쟁으로 오도하고 중국의 국가안보를 위협한 것으로 강조한다. 또한 유엔군을 독립적인 세력으로

---

5   『中外歷史綱要(上)』, 人民教育出版社, 2019, 158쪽.

인식하지 않고 미국군의 일부로 간주한다. 전반적으로 한국전쟁을 통해 중국군의 '영웅적인' 행태를 긍정적으로 평가하며, 중국이 주도적으로 미국을 압박하여 휴전협상에 응했다고 표현함으로써, 휴전 전의 전세가 중국에게 매우 유리한 상황이었다는 점을 강조한다. 달리 말하면, 한국전쟁은 중국이 북한의 원조 요청에 응해서 참전하게 되었으며, 미국의 침략으로부터 중국을 지키는 목적을 가지고 있었고, 북한 사람들과 함께 대항하여 휴전협정에 미국을 응하게 만든, 처음부터 끝까지 중국이 능동적으로 벌이고 긍정적으로 끝내려고 노력한 전쟁임을 강조한다.

마지막으로 『중외역사강요』는 중국군의 희생정신을 강조하면서 한국전쟁이 중국민족의 단결, 중국에 대한 애국심 강화와 고취에 크게 이바지하여 중국 사회통합에 긍정적인 영향을 끼쳤음을 강조한다. 특히 사료열독에 제시된 글귀를 살펴보면 항미원조가 반제국주의라는 큰 기조 아래에서 생겨나 한국전쟁에 특별하게 적용된 사상임을 알 수 있다. '서방 침략자'가 '동방의 해안을 대포로 공격하던 시대'는 아편전쟁을 연상시키는 대목으로, 중국이 서방에게 굴욕적으로 개항하고, 영국에게 홍콩을 할양해야 했던 과거를 한국전쟁을 통해 되풀이하지 않겠다는 의지를 나타낸다. 이런 관점을 한국전쟁에 적용하여 '항미원조'라는 명분을 강조함으로써 미국은 제국주의 국가이고, 한국전쟁은 반제국주의 전쟁이라는 인식을 강하게 나타낸다고 볼 수 있다. 양건스의 사례를 통해 군인의 희생정신과 중요성을 부각시킴으로써 임전무퇴와 미국에게 굴하지 않는 기개가 전쟁에서 가장 중요한 덕목임을 강조했다. 뿐만 아니라 '영웅'은 '특별한 능력을 지닌 사람'보다는 '미국에게 끝까지 대항하는 불굴의 정신력과 의지를 가진 인간'임을 부각했다.

이러한 서술방식은 중국이 미국의 '제국주의적 침략'에 적극 대응했고, 미국이 한국전쟁을 통해 '제국주의적 침략'의 의도를 명확히 했으므로 중국의 정의로움과 동시에 미국의 탐욕과 제국주의적 성향을 부각시켜 중국의 한국전쟁 참전에 대한 당위성을 강조하는 두 가지 효과를 노린 것으로 분석할 수 있다. 첫째, 한국전쟁에 대해 철저히 중국과 미국의 대립 구도만을 중요하게 강조한다. 이러한 중국의 입장은 북한이 비록 중국의 동맹국이었지만, 중국의 참전 이후 북한이 단독적으로 수행한 전쟁이 아니라 미국에게 대항할 수 있는 중국의 지원군과 물자의 제공과 같은 협력을 통해 수행된 전쟁임을 강조하기 위해서 마련된 장치이다. 중국의 입장에서 보면 한국전쟁은 한국인 간의 전쟁 또는 한국에서 일어난 전쟁, 즉 한국전쟁의 민족주의적 측면이나 지리적인 측면보다는 미국의 중국 진출을 견제하기 위한 수단으로서의 성격이 더 강하다. 『중외역사강요』는 이러한 요소들을 강조함으로써 미국에 맞서 싸운 위대한 중국, 그리고 민족적 긍지를 드높인 긍정적인 사건으로서 한국전쟁을 해석하려는 경향을 보인다.

　『중외역사강요』에서 보이는 중국 중심의 한국전쟁에 대한 인식은 한국전쟁 참전에 대한 당위성을 확보하기 위한 노력으로 바라볼 수 있는데, 이 목표를 이루기 위해 철저히 한국전쟁을 중국과 미국의 대결로 압축했고, 북한이 중국의 전폭적인 지원 아래에서 중국과 함께 항미전쟁에서 승리했다고 서술했다. 『중외역사강요』에서 보이는 한국전쟁에 대한 시각은 중국공산당의 공식입장과 중국 학계의 시각과 동일하다. 다음 장에서는 미국 학계를 중심으로 어떤 의견들이 있는지를 살펴봄으로써 중국 항미원조론의 문제점을 이해하는 데 도움이 되고자 한다.

III. 한국전쟁의 기원과 중국의 참전 동기 및 명분

한국전쟁을 1950년 6월 25일 북한의 남한침략 시점만으로 제한해서 볼 경우, 한국전쟁 이전에 한국인들이 해방 정국을 어떻게 정리하고 민족 통일을 이룰지 고민한 흔적, 그리고 그 가운데 일어났던 갈등은 전쟁 자체에 비해 주목 받지 못하거나 고려의 대상이 되지 못한다. 하지만 전쟁이란 근본적으로 한 국가 고유의 역사적인 맥락 속에서 찾을 수 있는 원인들로 인해 일어나기 때문에 반드시 한반도 분단 전후의 과정에서 한국전쟁의 원인을 찾아야 한다. 그런 측면에서 한국전쟁의 기원을 한반도의 해방 정국 속에서 찾고자 노력한 커밍스의 『한국전쟁의 기원』이 영어권 학계에서 독보적인 위치를 점하고 있다. 커밍스는 한국전쟁의 도화선은 일제가 패망하기 직전인 1945년에 이미 격렬한 좌우대립 속에서 찾을 수 있으며, 그 대립이 유발시킨 폭력과 혼란의 소용돌이 속에서 이미 한국전쟁은 진행되었다고 보았다. 커밍스 주장의 핵심은 한국전쟁이 단순히 냉전의 시작을 알리는 전쟁이 아니라 한국인들이 한반도에서 일으킨 민족적 비극이라는 점을 강조하며, 한국전쟁을 새롭게 바라보면 한반도 통일을 빨리 이룰 수 있다는 시각을 전달하기 위한 것이다. 아울러 커밍스는 좌우대립 속에서 이념논쟁으로 비화된 과정을 그리는 한편, 한국인들이 겪어야 했던 일제 식민지배의 결과물로 한국전쟁을 해석함으로써 기존 냉전의 시작을 알리는 전쟁이라는 한국전쟁의 단순한 정의를 좀 더 다각적으로 분석했다. 이러한 커밍스의 주장을 미뤄 볼 때 중국정부는 한국전쟁이 왜 일어나게 되었는지에 대한 한국 내부의 문제를 소홀히 하고 있으며, 북한과 중국의 전쟁 책임에 대해 전혀 고려하지 않는다.

커밍스의 『한국전쟁의 기원』은 단순히 한국전쟁의 기원이 어디인가에 대한 답을 제시하는 것을 넘어 한국전쟁이 '전쟁 속의 전쟁'이라는 복잡한 구조를 갖는다는 주장도 함께 한다. 전쟁은 표면적으로는 한 국가와 다른 국가 간의 분쟁을 군사적 충돌로 나타낸 물리적 결과물이지만, 한국전쟁과 같이 한 민족이 사상적 차이를 이유로 대립하여 결국엔 군사적 충돌을 강행한 경우에는 전쟁이 먼저 발생한 나라의 국내 사정과 갈등의 구조를 먼저 해당 국가의 시각에서 바라보는 것이 가장 중요하다. 이 시각은 설령 한국전쟁처럼 국제적으로 확대되어 참여한 모든 국가들의 입장을 고려해야 하는 복잡한 상황이 벌어진다고 하더라도 전쟁의 근본적인 발발 원인이 한 국가 안에서 시작했다는 사실은 변하지 않는 기본적인 사실이기에 '한국전쟁'이라는 명칭 속에는 한국인들의 전쟁이라는 점에 기본 구조가 될 수밖에 없다는 사실이 내재되어 있다.

이 사실을 가장 잘 나타내는 사건으로는 제주도 전체 인구의 1/6이 희생된 '제주 4·3사건'을 꼽을 수 있다. 제주 4·3사건은 한국전쟁이 본격적으로 일어나기 전에 발생한 사건들 중에서 한국전쟁이 당시 한국이 처했던 매우 복잡한 상황에서 기인했음을 보여주는 중요한 사건이다. 표면적으로는 남조선 노동당이 개입하여 가난한 어부들과 농민들이 경찰에 폭력적으로 대치하면서 벌어진 비극이지만, 그 내면은 한국전쟁이 왜 일어날 수밖에 없었는지에 대한 근본적인 이유들을 담고 있다. 일제의 오랜 식민지배에 따른 빈부격차 심화와 친일 이력이 있는 경찰에 대한 제주 민중의 불만과 울화, 그리고 남로당이 늘 목표로 삼았던 미군정 축출과 북한과의 공산주의 세력 통합에 대한 그릇된 환상이 섞여 벌어진 사건이 바로 제주 4·3사건인 것이다. 해방 이후 친일파 청산을 어떻게 할지 결정하지 못한 상황에서 해방 정국이 어느 방향으로 나아가야 하는지도 그 해답을 찾지 못한 채, 좌우대립이 격화되고 그것이 한국전쟁 발발 전 폭력으로 나타난 것이다. 제주 4·3사건은 위와 같은 질문에 대한 답을 남로당과 폭력으로부터 찾으려 했던 한국전쟁 발발 이전의 마지막 시도였다.

제주 4·3사건은 한국전쟁을 개념적으로 해바라기의 구조로 이해할 필요성을 일깨워준다. 해바라기는 위화(僞花)이다. 위화란 '꽃 안에 꽃'이 있는 구조를 하고 있는 꽃을 일컫는다. 한국전쟁은 북한의 남한침략 이전인 1940년대 후반 한반도에서의 좌우대립이 그 시발점이 되었다는 점에서 '큰 전쟁 속의 작은 전쟁'의 구조를 갖는 해바라기를 닮았다고 할 수 있다. 전쟁이 어떤 규모를 가지든, 내전으로 시작하지 않는 전쟁은 없기에 한국전쟁 또한 이러한 기본적인 틀 속에서 이해할 필요가 있다. 북한의 남침만이 한국전쟁의 시작을 알리는 시점이라는 견해도, 『중외역사강요』처럼 연합군과 중국의 참전으로 한국전쟁이 국제전으로 확대되기 시작했다는 견해도 모두 한국전쟁을 제대로 이해하는 데 한계가 있다. 한국전쟁이 언제, 어떻게 한반도에서 일어나서 한국전쟁이라 불리게 되었는지에 대한 해답을 제시하지 못한다. 또한 설령 국제전의 성격만 가지고 있다고 하더라도 동족상잔의 비극이라는 사실을 부정할 수는 없다. 따라서 한국전쟁을 보다 정확하게 이해하기 위해서는 한국전쟁을 한반도에서 해방 후에 일어난 좌우대립이 불러일으킨 작은 전쟁에서 큰 전쟁으로 확대되었다고 인식해야 그 전쟁의 복합적인 구조를 제대로 파악할 수 있다.

따라서 중국의 항미원조론은 중미 대결 구도를 강조하기 위해 한국전쟁 발발 전의 한국 상황과 북한의 남한침략을 잘 언급하지 않는다. 이와 달리 커밍스는 한국전쟁의 기본 맥락과 구도인 좌우대립이 이미 한국에서 격화되고 있었고, 그 대립의 심화 속에서 여운형이 괴한에게 암살당함으로써 그가 지향했던 중도정치와 사상적 대립을 없애고 민주주의, 민족주의, 반제국주의 등을 융합해서 좌우합작을 이루고자 했던 꿈이 사라졌다는 사실을 강조한다. 또한, 한반도에서 중도정치의 몰락은 좌우대립의 심화를 부추겼으며, 한국전쟁의 씨앗은 좌우대립의 관점에서 볼 때, 반드시 고려해야 할 점임을 강조했다. 물론 한국에서의 상황이 결코 1950년 6월 25일의 악몽만큼 중요하지는 않으나, 한국전쟁의 기원이 그 이전부터 시작되었음을 커밍스는 강조하고 있다.

둘째, 커밍스는 중국의 항미원조론이 강조한 '전쟁의 구도'의 정체가 무엇인가라는 질문보다는 전쟁의 고통을 가장 직접적으로 나타내는 요소는 무차별 공격에 의한 정신적, 물적 피해와 그것이 인간에게 미치는 영향을 꼽을 수 있다는 점에 주목한다. 커밍스의 *The Korean War: A History*는 한국전쟁 중에 일어난 미 공군의 원산폭격사건을 다루는데, 미군의 무차별적인 폭격으로 건물들이 대부분 파괴되고 네이팜을 사용하여 원산 전체를 불바다로 만든 전략은 미국이 향후 베트남전쟁에서 사용한 전략의 시초가 되었다는 점을 강조하고 수많은 인명 피해와 살상의 참혹함을 잘 나타냈다. 원산폭격은 전면전을 방불케 하는 전술을 무장 군인들이 아닌 일반 시민들에게 사용함으로써 공산주의와 반공주의의 이념 논쟁의 결과물이 아닌 인류의 삶에 큰 재앙과 불행을 가져오는 공포스러운 방법으로서의 전쟁이라는 당연하지만 언제나 피하고 싶은 현상의 잔혹함을 가장 극명하게 나타낸 사건이었다.[6] 중국의 입장에서는 미국을 격퇴하는 것이 한국전쟁의 가장 큰 군사적 목표였지만, 원산 주민들에게는 잊고 싶은 악몽, 죽음의 그림자가 가장 짙게 드리웠던 사건으로서 전쟁의 가장

---

6 Bruce Cumings, 2010, *The Korean War: A History*, New York: Modern Library Classics; Su-Kyong Hwang, 2016, *Korea's Grievous War*, Philadelphia, Pennsylvania: University of Pennsylvania Press.

어두운 얼굴을 드러냈다고 할 수 있다. 전쟁은 기본적으로 사람이 사람을 죽이는 행동으로부터 시작하기 때문에 『중외역사강요』가 강조한 영광과 군인들의 희생만을 바라보는 것이 아니라, 그 행동으로 인해 억울하게 죽은 시민들의 삶도 되돌아보는 자세를 가져야 전쟁이야말로 인간이 벌일 수 있는 가장 무서운 현상이라는 것을 확실하게 알 수 있다. 전쟁은 승리한 사람들과 패배한 사람들의 이야기만 있는 것이 아니라, 그 갈림길에서 억울하게 희생된 사람도 의도치 않게 '참전'하게 된다는 사실도 기억할 필요가 있다.

전쟁의 극심한 피해 때문에 전쟁 책임을 누가 가장 크게 져야 하는가에 대한 논의는 전쟁을 역사적으로 어떻게 바라볼 것인가에 대한 해결책이라기보다는 오히려 전쟁이 재앙이라는 본질을 간과하는 문제점을 낳을 수 있다. 한국전쟁이 언제 시작했는가라는 질문에 대한 절대적으로 명확한 답을 찾는 것이 중요하며, 전쟁의 수행 과정 및 결과만으로 한국전쟁의 본질을 중국과 미국의 대결로 그리고 그 대결에서 '승리'한 것이 한국전쟁의 중요성을 모두 대변하듯이 서술한 것은 전쟁의 참혹한 본질을 묵과하는 것이다. 한국전쟁은 누가, 언제 시작했는가보다는 어떻게 끝낼 것인가라는 질문이 더 복잡하고 중요한 문제이다. 전쟁을 끝낸다는 것은 단순히 평화가 정착된 상태를 일컫는 것이 아니라 어떻게 평화를 정치적 안정 및 정치·경제·사회적 통합을 통해 오랫동안 구축하느냐라는 훨씬 복잡한 쟁점이다. 따라서 한국전쟁에서의 성과를 강조하기보다는 '휴전'이라는 불완전한 결과물을 어떻게 바라볼 것이며, 어떻게 한반도의 통일에 이바지하여 평화를 한국을 넘어 동아시아에 고착시킬 것인가에 대한 고민과 성찰이 필요하다. 한국전쟁이 냉전의 '뜨거운' 면모를 처음 보여준 사례이긴 하지만, 단순히 이 사건을 중국이 미국의 제국주의를 격퇴시키고 미국의 중국 진입을 막았다는 데만 의의를 두기엔 너무나도 큰 희생을 한국인들이 겪어야 했으며, 참전한 모든 국가들에게 큰 물리적·정신적 고통을 주었다. 따라서 화합을 향해 나아갈 수 있는 방법과 대화를 통해 냉전을 극복해서 더 이상 '누가 먼저 시작했는가?'가 아닌 '어떻게 한국전쟁을 영구히 끝낼 것인가?'라는 미래지향적이고 진보적이며, 탈냉전적인 질문과 같은 세계화 시대에 맞는 질문을 던져야 할 것이다.

항미원조론과 영어권 학계가 강조하는 부분의 차이는 중국의 참전 동기에 대한 분석에서 두드러지게 나타난다. 한 국가의 지도자가 수많은 젊은이들을 희생시켜서라도 외국에서 일어나고 있는 전쟁에 참전하기로 마음먹는다는 것은 그러한 각오에 상응하는 이상이나 목표가 있기 때문이다. 전쟁에서 이루고자 하는 이상이나 목표 없이 단순히 '항미'를 목표로 한국전쟁에 참여했다면, 왜 '항미'를 하기 위한 장소가 한국이었어야 했는가에 대한 설명이 부족한 것이 사실이다. 또한 모든 역사적 행동은 그 결과로 평가한다는 점을 미뤄볼 때, 중국이 미국의 '제국주의'를 견제하고 격퇴하기 위해 한국전쟁에 참여했다는 것은 지나치게 이론적인 해석이며, 근본적으로 '참전'이라는 행동을 하게 만든 마오쩌둥의 한국전쟁에 대한 기대와 이상을 이해해야 사람의 마음과 정신이 행동으로 연결된다는 단순하지만 중요한 인과관계를 설정하고 분석할 수 있다.

중국의 한국전쟁 참전에 대한 미국의 연구 결과를 살펴보면, '마오쩌둥의 한국전쟁에 대한 기대와 이상'의 실체를 '항미'로 요약하기에는 많이 부족하다는 걸 알 수 있다. 기본적으로 중국이 건국된 이후 1년도 채 안 지난 시점에서 한국전쟁이 일어난 것은 중국에게 있어 큰 위협 요소이자 기회이기도 한 복잡한 문제였다. 미국을 견제하기 위한 목적만으로 한국전쟁에 중국이 참전했다고 보기에는 당시 중국 국내 상황이 평온하거나 정리된 상태가 아니었다. 중화인민공화국의 설립은 중국의 국공내전을 종결시키기 위한 노력으로 해석할 수 있지만, 마오쩌둥이 중국의 절대권력자로서 진정한 의미의 전국적인 권력을 소유하게 된 첫 번째 사건이라 볼 수 있다. '권력'의 관점에서 보면 타이완의 존재는 중국에게 있어 분단의 상징이었고, 국공내전, 그리고 그 이전에 일어났던 8년간의 중일전쟁으로 중국인의 정신적 고통과 상처는 여전히 회복이 안 된 상태임을 고려했을 때 한국전쟁의 발발은 중국의 입장에서 국가적인 자신감과 자존심을 되찾기 위한 과정이었다. 실제로, 중국공산당은 미국이 한국전쟁에 참여한다는 사실을 통해 타이완을 미국의 영향력 아래에 두고자 한다고 믿었으며, 미국의 북한 침략이 실현될 경우, 북한을 넘어 중국까지 직접 침략할 가능성을 염두에 두고 있었다.[7]

중국의 역사학자 천젠이 주장했듯이, 마오쩌둥은 한국전쟁을 국제적인 공산혁명의 연장선으로 인식했다. 그가 공산진영 지도자의 위치에 오를 때까지 소련이 기술적, 군사적으로 중국에게 많은 도움을 줬듯이, 중국도 북한에게 유사한 도움을 제공해야 할 의무가 있다고 믿었다. 미국을 효과적으로 봉쇄해서 북한의 신뢰를 더 깊은 수준으로 얻는다면 중국은 당당히 공산운동의 국제화에 앞장설 수 있는 지위를 누릴 수 있을 것으로 마오쩌둥은 기대했다. 달리 말하면, 미국에게 대항해서 북한을 돕는다는 구상은 북한을 위해 중국이 희생하는 것이 중요한 게 아니었다. 동맹국을 돕는 중국의 정의감과 동맹국으로부터 쌓은 신뢰를 발판으로 삼아 중국이 세계의 중심이라는 인식을 중국인들이 다시 가져서 중국에 대한 자긍

---

7 김경일, 2005, 『중국의 한국전쟁 참전 기원 – 한중관계의 역사적, 지정학적 배경을 중심으로』, 논형, 394쪽.

심과 애국심을 높이기 위한 수단으로도 이해할 수 있다. 천젠은 마오쩌둥의 한국전쟁 참전 결정은 중국이 강대국으로 재도약할 수 있는 가능성을 타진할 수 있는 시험대로 삼아 미국을 한반도에서 몰아내어 중국이 강국이라는 인식을 세계적으로 퍼뜨리고 싶은 실리적인 계산이 상당히 들어있었다고 주장한다.[8]

또한, 한국전쟁이 제2의 중일전쟁과 같은 참혹한 결과를 낳아서는 안 되며, 이러한 결과를 방지하겠다는 계산이 혼재되어 있었다. 아울러, 네덜란드의 역사학자인 디쾨터(Frank Dikötter)가 밝혔듯이 중국은 국공내전을 치르면서 수많은 희생과 강압적인 사회 분위기, 그리고 폭력, 비리 등을 겪으면서 전쟁에 지친 민심을 하루빨리 안정시켜야 했기 때문에 중국공산당의 안정된 권력 유지와 경제적·사회적 안정을 통한 국공내전의 혼란 수습 등이 시급했다. 이러한 어지러운 상황에서 미국과 유엔 연합군이 중국 본토에 들어오는 것은 전쟁의 상처가 아물기도 전에 중국의 국내 상황을 더 악화시킬 것이 자명했다.[9] 따라서 한국전쟁에 참여한 중국의 최대 목표는 『중외역사강요』가 강조하는 '항미'가 핵심이 아니라 '국내 안정과 중국의 국제적 위상 회복'이었다. 항미는 한국전쟁을 통해 이 두 가지 목표를 이룰 수 있다고 믿었던 중국의 수단이라 보는 것이 더 정확하다는 것이 첸젠과 디쾨터의 공통된 결론이다. 항미는 그 자체로서의 목표라기보다는 국공내전이 끝난 지 얼마 안 되어 일어난 외국에서의 전쟁이 중국에게 제2차 세계대전에 준하는 피해와 정신적 고통을 피하기 위한 수단

---

8   Jian Chen, 1992, "China's Changing Aims during the Korean War, 1950-1951," *The Journal of American-East Asian Relations*, Vol.1, No.1, p.9.

9   Frank Dikötter, 2013, *The Tragedy of Liberation: A History of the Chinese Revolution, 1945-1957*, London, England: Bloomsbury Academic.

이었다고 해석하는 것이 더 현실적이다.

'항미'를 '미국에게 대항한다'로 이해하는 것을 넘어 타이완과 중국과의 관계를 반드시 염두에 두어야 한다는 사실을 영어권 학자들은 강조한다. 하오위판과 좌이 즈하이가 1990년에 발표한 논문에서 이미 밝혔듯이, 트루먼 행정부는 마오쩌둥을 스탈린의 수하로 인식하는 경향이 짙었으며, 타이완이 아직 자체적인 방위체계가 갖추어지지 않은 상황에서 대만이 중국에 직접적인 위협을 가하는 것은 불가능했다. 따라서 미국이 중국을 견제하는 전략으로 제7함대를 파견하고자 한 의도는 실질적으로 타이완을 장제스 대신 수호하는 데 있었다. 따라서 중국은 미국의 한국전쟁 참전을 중국 본토 수호의 당위성을 높이는 큰 이유로 인식했으며, 한국전쟁을 미국 제국주의 팽창 전략의 일부로 간주하여 중국의 영토적 주권을 지키는 데 열중했다.[10] 또한 중국의 역사학자 장슈광에 의하면 중국이 북한을 도와서 미국의 북진을 막고자 한 핵심적인 이유는 마오쩌둥이 중국내전을 통해 얻은 경험들과 자신감에서 비롯된 결정이라고 한다. 마오쩌둥은 '국가의 해방', '도덕적 우위' 등의 명분들을 앞세워서 중국의 '적'인 미국을 제압한다는 세 가지 이미지들을 토대로 '낭만적 혁명론'을 구축하려고 했다. 국공내전에서 얻은 결론인 인간의 역량이 기술적 우위를 무마시킬 만한 힘을 지니고 장기전이 가장 중요한 전략이라는 믿음들을 바탕으로 중국이 한국전쟁에 참여할 만한 힘을 갖게 되었음을 세계에 공표하기 위함이었다. 하지만 이상은 이상에 불과할 뿐 현실은 전혀 다를 가능성이 언제나 존재한다. 중국이 참전했을 당시 마오쩌둥이 예상했던 것만

---

10 Yufan Hao and Zhihai Zhai, 1990, "China's Decision to Enter the Korean War: History Revisited," *The China Quarterly*, No.121, pp.95-100.

큼 쉽게 미국을 제압하지 못했으므로 항미원조론에서 주장하듯이 '항미원조'를 실현시키기 위해 한국전쟁에 참여했다는 견해를 장슈광이 사상사적인 방법론을 통해 수정했다고 볼 수 있다.[11]

또한 천젠에 의하면 미국을 완벽하게 견제했다는 자신감을 토대로 국공내전으로 저하된 중국군의 사기를 높이고, 이를 발판 삼아 타이완을 정복하여 중국 통일을 이루기 위한 청사진을 그렸다. 북한을 돕는 중국의 명분은 단순히 '항미원조'가 아닌 중국의 통일이라는 과업을 이루기 위한 밑거름으로 이해해야 한다. 중국이 미국을 견제하는 가장 중요한 이유는 향후 중국이 국공내전의 종결을 스스로 결정지을 시점에 미국이 타이완을 위해 개입해서 중국의 통일을 방해하는 상황을 미리 막기 위함이라는 것이다. '항미원조'는 철저히 중국의 국익을 최우선으로 삼은 상태에서 선택할 수 있는 전략의 하나였을 뿐, 중국 측이 주장하는 것처럼 '항미원조' 글자 그대로의 목표를 이루기 위해 중국이 한국전쟁에 참여하지는 않았다.[12] 싱가포르국립대학교의 마쓰다에 의하면, 한국전쟁이 발발한 시점부터 휴전협정이 맺어질 때까지 마오쩌둥에 반대하는 세력들은 늘 존재했으며, 마오쩌둥을 암살하려고 시도한 조직이나 중국공산당의 권위를 부정하는 포스터 등이 여러 지역에서 활동하고 뿌려졌다고 한다. 특히 공산당이 아직 지도 체제를 갖추지 못한 채 한국전쟁에 전념한 탓에 중국

---

[11] Shuguang Zhang, 1995, *Mao's Military Romanticism and the Korean War*, Lawrence, Kansas: University of Kansas Press.

[12] Jian Chen, 1996, *China's Road to the Korean War: The Making of the Sino-American Confrontation*, New York: Columbia University Press; Lester Brune, 1998, "Recent Scholarship and Findings about the Korean War," *American Studies International*, Vol.36, No.3, p.12.

사회 내에서 누가 공산당과 함께하는 '아군'이며 누가 '적군'인가에 대한 논란이 끊임없이 있었다. '항미원조'는 중국공산당이 한국전쟁 참전을 정당화하려고 한 일종의 정치적 슬로건이었을 뿐 실제로 항미원조를 중국의 전국적인 지지를 얻은 채 실행하는 건 불가능했다.

따라서 공산당은 대중의 전반적인 지지를 얻지 못한 채 한국전쟁에 참여해서 중국 여론은 상당히 분열되어 있는 상태였다.[13] 마쓰다가 강조한 공산-반공 진영의 대결은 중국-타이완 간의 갈등 구조를 반영하고 있었다. 창(David Cheng Chang)이 2020년에 발표한 *The Hijacked War*에 따르면, 한국전쟁 도중에 포로 교환 절차가 진행되고 있는 와중에도 중국 및 타이완 포로 간에 심각한 갈등은 계속되어서 마치 한국전쟁이 포로수용소에 '납치되었다'는 인상을 줄 정도로 심각했다. 한국전쟁이 포로 교환 프로그램이 진행되는 중에도 계속되었음을 감안하면 '납치'는 다소 과장된 표현일 수도 있으나, 중국과 타이완 간의 갈등이 한국전쟁이 끝날 무렵에도 첨예하게 계속되고 있었음을 알려준다.[14]

미국에서 이뤄진 이런 연구들을 보면 다음과 같은 사실들을 알 수 있다. 첫째, 역사에 가정이라는 것은 존재하지 않지만, 설령 중국이 미국을 한국전쟁에서 격퇴했다 하더라도 그것 자체만으로 한반도에서 중국이 직접적으로 중국만을 위해 얻을 수 있는 이점은 많지 않았다. '항미'가 목표라기보다는 실질적으로 중국의 국방과 타이완과의 통일을 도모하기 위해 미국의 개입을 방지하는 것이 우선 과제였다. 둘째, 마오쩌둥은 국공내

---

13 Masuda Hajimu, 2012, "The Korean War through the Prism of Chinese Society," *Journal of Cold War Studies*, Vol.14, No.3, pp.3-38.

14 David Cheng Chang, 2020, *The Hijacked War: The Story of Chinese POWs in the Korean War*, Stanford, California: Stanford University Press.

전이 아직 끝나지도 않은 시점에서 갑작스럽게 일어난 한국이라는 외국에서 일어난 전쟁보다는 국내 통일을 완수하는 것이 급선무인 것을 알고 있었다. 미국이 타이완을 지원한다는 빌미로 중국 대륙을 노릴 수도 있다는 계산 하에 미국을 견제해서 중국의 내정에 개입하지 못하게 하는 것이 목표였으며, 미국을 한반도에서 몰아내는 것은 이 목표를 이루기 위한 수단에 불과할 뿐이었다. 중국이 한국전쟁의 목표를 '항미'라고 설정한 근거를 굳이 찾는다면 메이즈너(Maurice Meisner)가 주장했듯이 중국이 세계 최강의 군대를 가진 미국의 북진을 저지함으로써 19세기 후반부터 이어져 온 외국에 의한 강토 점령, 이른바 '백 년 동안의 굴욕'을 끝내고 중국의 민족적 자긍심을 되찾는 계기가 되었다는 점을 꼽을 수 있다.[15] 하지만 메이즈너 주장의 전제 조건은 마오쩌둥이 중국에서 전국적인 지지를 받고 있었다는 사실이 증명되어야 한다는 것이다. 그러나 이미 마쓰다에 의해 이 전제 조건이 설립될 수 없다는 것이 입증되었기 때문에 '항미원조'의 당위성은 적어도 영어권 학계에서는 인정되지 않는다.

현재까지 살펴본 영어권 학술 실태를 전반적으로 고려하면 영어권 학자들은 국공내전이라는 상황적인 요소와 타이완을 견제하려는 중국의 목표가 더 중요하다고 지적할 것이다. 아울러, 좌이즈하이의 연구를 통해 알 수 있듯이, 항미를 통해 북한을 돕는다는 구상이 중요했던 이유는 빨리 미국을 한반도에서 몰아내서 한반도에 과도한 양의 병력이 쏠려 있는 현상을 막기 위해서였다. 마오쩌둥은 미국이 한반도를 발판 삼아 만주와

---

15 Maurice Meisner, 1999, *Mao's China and After: A History of the People's Republic*, New York: The Free Press, p.70; Maurice Meisner, 2007, *Mao Zedong: A Political and Intellectual Portrait*, Cambridge, England: Polity Press.

중국 남부에 있는 산업지대를 장악할 가능성에 큰 우려를 표했고, 미국이 한국을 앞세워 북진하는 구상을 실현시키지 못하도록 하는 것이 급선무였다. 앞서 언급한 것과 같이 한국전쟁은 국공내전이 끝난 지 얼마 안 되어 일어난 전쟁이었고, 아직 중일전쟁의 상처가 아물지도 않은 시점이었다. 극심한 빈곤과 산업의 파괴, 생활의 피폐함이라는 여러 경제적, 사회적 문제들이 산재되어 있는 상황이었기 때문에 '항미'는 미국에게 대항하는 것만을 목적으로 두지 않는다는 사실을 영어권 학계는 강조한다.

앞서 밝힌 바와 같이, 국공내전이 끝난 지 1년이 채 안 된 시점에서 중국의 선결과제는 타이완을 견제하는 한편, 미국이 한국전쟁을 핑계로 삼아 중국 본토를 노리는 것이었다. 또한 중국공산당이 아직 중국 대중으로부터 합법적인 정식 대표정부로 인정받지 않은 시기였고, 한국전쟁 참전 결정에 반발하는 세력도 만만치 않은 존재감을 나타내던 시기임을 고려하면 중국군인의 영웅적인 기개와 희생정신 등은 '중국'이 생각한 한국전쟁이 아니라 엄밀히 말해 중국공산당이 대중에게 선전하고 싶은 긍정적인 모습들만 모아놓은 것에 불과하다.

따라서 『중외역사강요』를 비롯하여 중국의 항미원조론이 묘사하는 '항미원조'의 중요성은 국제관계의 기본 전제는 어디까지나 자국의 국익이 보장되는 한도까지만 다른 나라를 지원할 수 있으며, 철저히 국익 증대에 초점을 맞춘 전략에 대한 계산을 마친 후에 다른 나라에 대한 지원 여부를 결정한다는 냉혹한 현실을 반영하고 있지 않다. 영어권 학계에서 이루어진 연구 사례들이 제시하듯이, 중국의 국익을 반영한 채 '항미원조'를 고려하면, 현재까지 다룬 중국의 참전 배경이나 동기는 철저히 공산당 내에서 이루어진 논의의 결과라고 여기는 것이 타당하다. 원초적으로 한국전쟁에 참여하는 것 자체가 공산당이 범국민적인 지지를 확보하지 못한 채 결정되었기 때문에 영어권 학계에서는 중국 측이 강조하는 희생정신이나 영웅주의에 대한 찬양 등을 중국 사회의 반응이라고 볼 수 없다는 점을 명백히 밝히고 있다. '항미원조'는 공산당이 선전한 한국전쟁 참전의 이론적인 명분이며, 한국전쟁이 한창 진행될 때까지 중국공산당은 사회적, 정치적 통합을 중국에서 완벽하게 이루지 못했기 때문에 이 명분을 '중국' 전체의 명분으로 보기에는 한계가 있다.

그런데 '항미원조'라는 말 속에서 중국이 북한을 도운 이유가 미국에게 대항하기 위함이었다는 중국의 참전 명분도 알 수 있지만, 동시에 북한이 이미 한국전쟁에 참전하고 있었으므로 중국이 도울 수 있는 상황이 만들어졌다고도 해석할 수 있다. 그렇다면 북한은 어떻게 한국전쟁을 위해 군사적으로 준비된 상황을 만들 수 있었을까라는 근본적인 질문이 생기는데 이 질문에 대한 답을 영어권 학계에서는 어떻게 내놓고 있는지 살펴보도록 하겠다.

IV. 중국공산당과 북한군의 기원

한국전쟁의 성격과 중국의 참전 동기를 심층적으로 이해하는 데 있어 앞서 언급한 두 사실들만큼 중요한 사실은 아니지만 북한의 정치적 기반을 이해하고 김일성 체제를 만들어가는 과정 속에 일어난 북한 내의 '중국파'와 '소련파'의 대결 구도를 이해하는 것도 중요하다. 특히, 중국내전에 참여했던 북한 출신 군인이 한국전쟁에 참여했던 북한군 속에 다수 포함되어 있다는 사실은 한국전쟁이 북한에게 갖는 의미를 파악하는 데 매우 중요하다. 한국전쟁과 관련하여 중국과 미국의 대결의 장이라는 점을 지나치게 강조할 경우 한국전쟁의 기원이나 북한군이 전쟁 초기에 남한보다 더 강한 군사력을 갖게 된 원인에 대해서는 간과하기 쉽다. 하지만 한국전쟁이 왜 일어났는가라는 질문에 심층적인 답을 찾기 위해서는 '한국전쟁'을 하나의 사건만으로 볼 것이 아니라, 그 사건을 만든 사람들의 배경 또한 알아야 비로소 그 사건이 왜 특정 방향으로 흘러갔는지를 이해할 수 있다. 그런 측면에서 볼 때, 중국 측이 강조하는 중국과 미국의 대결의 장으로서만 한국전쟁을 해석한다는 것은 묘하게도 중국이 가장 중요하게 생각해 온 북한에 대한 설명을 누락시킨 결과라 할 수 있다.

실제로 '북한군'의 정체는 커밍스가 *The Origins of the Korean War* 2권에서 정확히 지적한 바와 같이, 중국의 국공내전에서 활약했던 북한 출신 군인들은 상당수가 중국에서 많은 전투 경험을 통해 전략과 전술 그리고 우수한 무기의 중요성 등을 확실히 이해하고 있었다. 그들은 수많은 전투 경험과 지식을 중국내전을 통해 습득한 뒤에 북한으로 돌아와서 북한군에 편입되어 곧 한국전쟁에 투입되었다. 우수한 화력 확보의 중요성 인식과 아울러 실전에서 활약한 군인들의 오랜 경험은 북한군에게 큰 이점이 되었다. 또한, 중국에서 활동했던 북한군인들은 공산당군의 게릴라 전술 및 군사 이론 등을 숙지할 수 있었으며, 국공내전 또한 중국이 이끄는 공산군과 미국의 지원을 받는 반공 진영의 타이완이라는 구도를 띠고 있었다. 때문에 한국전쟁의 사상적 구조 또한 크게 다르지 않았다는 점에서 냉전이 실제 전쟁에서 어떤 의미와 형태를 갖는지를 충분히 알고 있는 상태였다.[16] 김경일이 중국의 한국전쟁 참전 기원을 통해 밝혔듯이, 1935년

---

16 Bruce Cumings, 1990, *The Origins of the Korean War*, Vol.2: *The Roaring of the Cataract, 1947-1950*, Princeton, New Jersey: Princeton University Press.

부터 조선 공산당의 당원 상당수는 동북항일연군 소속으로 일본군과 맞서 싸웠다. 이들은 장제스가 이끄는 국민당군의 구성원이 대부분 대지주이고, 왕징위와 같은 친일 협력자들도 포함되어 있다는 점을 들어 국민당군과 협력하지 않고 철저히 중국공산당을 지지한 세력이었다.[17] 단적으로 이야기하면, 북한군은 중국내전을 통해 이미 공산주의로 사상적 무장을 마친 상태였고, 중국내전을 통해 실전 경험을 충분히 쌓은 상태로 한국전쟁에 참여했기 때문에 북한의 입장에서 보면 한국전쟁은 돌발 상황이 아니라 중국내전을 통해 준비된 계획된 전쟁이었다.

또한 모블리(Richard Mobley)가 지적했듯이, 북한은 중국의 도움만 받은 것이 아니라 소련의 기술적, 물적 원조도 상당히 많이 받았다. 특히 1949년부터 소련은 철도와 바닷길을 통해 군사 고문, 기술자 등을 북한에게 지원했다. 소련의 지원과 중국 공산군의 164번 부대와 166번 부대에서 숱한 전투 경험을 쌓은 군인들이 북한군의 5번과 6번 부대를 형성했다. 또한, 1950년 초에 김일성은 소련과 중국을 상대로 활발한 외교 활동을 벌이며 두 나라가 북한을 전폭적으로 지원해 줄 것을 요청했다. 한편, 1950년 1월에는 마오쩌둥과 직접 면담을 요청하여 결과적으로 북한군의 총 병력은 11만 명으로 늘어났다. 북한군의 빠른 질적 향상은 소련의 기술력과 중국의 조언으로부터 비롯된 결과물이었다. 『중외역사강요』 등 중국의 항미원조론이 주장하는 것처럼 북한의 요청에 따라 중국군이 직접적으로 참여한 시점이 아니라, 1950년 초부터 북한의 병력 증대와 전략의 수립에 있어 중국이 지대한 영향을 미쳤고, 북한군의 남한침략은 한국전쟁이 발발하기 다섯 달 전부터 치밀하게 준비되고 있었다는 것을

---

[17] 김경일, 2005, 51쪽, 77쪽.

알 수 있다.[18]

영어권 학계와 같은 북한군의 기원에 대한 논의는 중국 학계에서 찾기 힘들다. 그 이유는 만약 중국이 북한군이 이미 준비를 마친 상태로 한국전쟁에 임했다는 사실을 인정해버릴 경우 '항미원조'의 당위성을 상실하고 국가 안보를 위한 참전이라는 명분이 상당히 퇴색되기 때문이다. 이러한 중국 측의 입장과는 달리 영어권 학계, 특히 미국 학자들은 북한의 남침이 어떻게 이루어졌는가를 밝힘으로써 블레어(Clay Blair)가 처음 쓴 표현인 '잊혀진 전쟁(Forgotten War)'으로서의 한국전쟁이 아닌 한반도에서 일어난 전쟁이라는 주제 아래 어떻게 북한이 전쟁 수행 계획을 실행에 옮겼는지를 밝히고 싶어한다. 참전 이전에 중국이 이미 북한에 물적, 전략적 지원을 통해 북한의 전략 수립에 많은 도움을 주었다. 이런 과정 역시 개전 준비의 일부임을 시인하여 1950년 초부터 중국이 북한에게 조언하고 지원하고 있었다는 사실을 명확하게 기술해서 정확한 사실 관계를 수립할 필요성을 영어권 학계는 인식하고 있고 더 자세하게 알기 위해 노력하는 중이다.

『중외역사강요』는 한국전쟁을 중국의 국사로서 인식하여 다루고 있고, 앞서 밝힌 '항미원조'의 당위성을 강화시키는 것이 목표이므로, 한국전쟁의 역사를 논하는 데 있어 북한군의 기원은 상대적으로 중요하지 않다. 따라서 북한이 어떻게 중국에서 훈련을 받은 북한군인을 한국전쟁의 중심축으로 활용했으며, 이 군인들이 정확히 어떤 역할을 수행했는가에 대해 언급하지 않는다. '전쟁'을 승리를 취하기 위한 하나의 과정으로

---

18 Richard Mobley, 2000, "North Korea: How Did It Prepare for the 1950 Attacks?," *Army History*, No.49, pp.1-15.

만 인식하고 그 과정 고유의 인과관계, 달리 말하면, 그 과정이 일어나게 된 근본적인 원인들에 대한 분석이 없는 것은 중고등학생을 위한 교과서이기 때문이다. 그렇다고 하더라도, 중국이 참전하게 된 원인에만 집중한 까닭에 마치 한국전쟁을 중국이 미국의 '제국주의'에 맞서기 위한 일종의 장치이자 무대로 설정하면서 한계를 드러내고 있다. 문화적 상대주의를 중국 민족주의와 애국심 고취라는 중국정부의 목표와 밀착시키다 보니 중국 입장에서 보면 외국인 한국에서 일어난 한국인들의 전쟁이었음에도 한국전쟁을 남한 또는 북한 고유의 경험으로서의 한국전쟁을 이해하려는 시도는 없다. 중국이 최근 역사 국정교과서를 비롯한 역사서술에서 외국에게 끼친 영향을 단순히 중국의 일방적인 영향이나 중국이 특정 국가에서 어떤 직접적인 성과를 얻기 위한 행동을 보였는가에 초점이 맞춰지고 있다. 반대로 외국이 중국으로부터 어떤 경험들을 얻었고 그 경험들을 해당 국가가 어떻게 자신의 상황에 적용시켜서 좋은 방향이든 나쁜 방향이든 변화시켰는가에 대한 고찰은 거의 없다. 이는 다양한 국가들의 집합체로써의 세계가 아닌 중국이 어떻게 세계에 중국의 힘을 보였는가에 초점이 맞추어진 '나르시시즘의 세계사'로 변질되어 있다는 인상을 주기에 충분하다. 역사적 경험을 '공유물'이 아닌 고유나 특유의 경험으로 해석하여 중국이 변화시킨 세계정세의 맥락 속에서의 한국전쟁은 있어도 한국전쟁이 변화시킨 중국에 대한 고찰은 상대적으로 부족하다고 할 수 있다.

V. 맺음말

이 글은 중국의 중고등학교 역사교과서인 『중외역사강요』에 나타난 한국전쟁에 대한 인식 및 설명을 살펴본 후, 중국이 냉전의 구도 속에서 전쟁의 성격을 규정하기 위해 항미원조를 강조하는 방향으로 한국전쟁을 설명하고 있다는 점을 밝혔다. 중국은 특히 한반도 내에서 발발한 전쟁에 미국이 참전함으로써 중국군이 불가피하게 참전하게 되었다는 인식을 보여줌으로써, 한국전쟁에서 중국이 져야 할 책임을 최대한 가볍게 만들려는 그릇된 의지를 보여주고 있다. 이 글에서는 이러한 서술 방식의 문제점을 영어권 학계의 연구, 특히 한국전쟁의 기원과 중국의 역할, 그리고 중국과 북한군의 기원이라는 주제들을 통해 살펴보았다.

최근 중국에서는 G2 국가로서의 부상과 함께 '문화적 굴기'가 전국적인 정책으로 부상하고 있는데, 『중외역사강요』가 강조하는 '미국 제국주의에 대한 대항'과 중국군인의 희생 및 애국정신 등은 최근 중국정부의 '문화적 굴기'와 맞물리는 기조라고 평가할 수 있다. 필자는 이 문제의 근본적인 원인을 영어권 학계, 특히 미국에서 이루어지고 있는 한국전쟁의 기원 및 중국의 한국 참전 동기에 대한 학술 실태의 변화를 인지하지 못한 데 따른 부작용으로 진단했다. 따라서 이 글에서는 이 부작용을 크게 세 가지 문제들로 나눠 설명하는 데 집중했다.

첫째, 한국전쟁이 한반도, 특히 해방 후 남한에서 일어난 좌우대립 및 폭력적인 충돌에 기인하고 있다는 사실을 영어권 학계는 강조하고 있으며, 중국과 미국의 대결 구도를 강조하는 항미원조론과는 달리 한국전쟁 이전에 한반도, 특히 남한에서 일어난 상황들을 규명하는 데 집중하고 있음을 밝혔다.

둘째, 중국의 한국전쟁 참전을 '항미원조'로 요약할 수 없으며, 마오쩌둥이 가졌던 낭만적 혁명론, 기술적인 차이를 사람의 단결력과 응집력으로 보완할 수 있다는 믿음 등이 한국전쟁 참전 결정에 미친 영향이다. 그리고 아직 끝나지 않은 국공내전을 종결시키고자 타이완 사태에 미국이 참전하는 것을 막으려 했다는 사실들을 영어권 학계에서는 집중하고 있음을 밝혔다. 중국과 미국의 대결 구도를 강조하는『중외역사강요』등 항미원조론의 입장과 비교해 영어권 학계에서는 미국이 타이완이라는 존재를 통해 중국을 견제하려고 했다고 보았다. 또한 이러한 견제에 맞서 중국 또한 미국이 한반도를 중국을 향한 북진기지로 활용할 것이라는 위기감을 가지고 있었다는 점을 강조했다.

『중외역사강요』는 '항미원조'라는 명분을 강조하며 북한군을 중국의 지원을 필요로 하는 수동적인 존재로 그려서 중국 참전의 당위성 확보에 주력했다. 이에 반해, 영어권 학계에서는 '북한군'의 실체가 중국의 원조에만 기대야 할 만큼 약한 것이 아니라, 중국의 국공내전에서 중국공산당군 소속으로 실전 경험을 많이 쌓은 북한군인이 북한군의 주요 구성원들로 한국전쟁에 참전했음을 밝혔다. 아울러, 김일성은 이미 1950년대 초부터 마오쩌둥과 스탈린을 상대로 기술적, 물리적, 인적 지원을 받기 위해 많은 노력을 했다는 사실을 강조했다. 이런 사실들로 미뤄보아 "중국이 북한의 요청에 의해 한국전쟁에 참전했다"는『중외역사강요』의 주장에 대해 영어권 학계는 한국전쟁이 발발하기 전에 이미 북한에게 많은 물적 지원과 조언을 중국정부가 해준 사실들에 더 주목하고 있음을 살펴보았다. 또한 영어권 학계의 연구성과로 볼 때 중국의 한국전쟁 참전은 1950년 6월 25일이 아니라 1950년 1월로 보는 것이 정확하다는 것을 밝혔다.

마지막으로, 항미원조론은 중국이 해외에 끼친 영향을 중점적으로 평가하기 위해 북한군의 특수한 기원에 대한 언급을 자제하고, 항미원조를 강조하기 위해 '북한군'의 실체가 중국공산당군과 같이 중국 국공내전에서 활약한 병사들이 주류를 이루고 있다는 사실을 영어권 학계에 비해 중시하지 않는다는 점을 밝혔다. 항미원조론에 입각한 『중외역사강요』는 북한을 어떻게 중국이 원조를 했는가에 대해서만 집중했으며, 북한군이 어떻게 중국에서의 실전 경험을 바탕으로 한국전쟁에 1년 만에 전투에 투입될 수 있었는가에 대한 관심은 영어권 학계에 비해 엷은 편임을 밝혔다. 『중외역사강요』가 강조하는 한국전쟁은 전쟁 그 자체로 학생들에게 이해시키는 데 초점을 맞추기보다는 어떻게 중국이 미국에 맞서 싸웠는가에 집중하고 있는데, '항미원조'의 당위성을 입증하는 것이 핵심 목표이기 때문이라는 점을 밝혔다. 하지만 이러한 목표에 충실한 교과서의 입장을 이해할 수는 있어도 필자가 우려하는 점이 없는 것은 아니다.

진정한 의미의 세계사란 객관적으로 세계 속에서 한 국가의 위치와 역할이 어떻게 변화했는가를 고찰하는 데 있으며, 이 고찰을 최대한 객관화시키려고 노력하는 것이 역사학의 기본 덕목이다. 중국은 단순히 북한을 돕기 위해 한국전쟁에 참가한 것이 아니라 이미 전쟁 발발 전부터 북한을 돕고 있는 상태였으며, 한국전쟁을 통해 미국의 중국 진출 및 미국과 타이완의 연합전선 형성을 통한 국공내전의 연장을 방지하기 위해 참전했다. 또한 북한군인은 이미 국공내전을 통해 많은 실전 경험들을 쌓은 상태로 한국전쟁에 참여했으므로 실질적으로 한국전쟁 이전에 이미 전투 능력 향상을 끝마친 상태였다. 한국전쟁을 단순히 '항미원조'를 실천하기 위한 장으로 인식하는 한계를 뛰어넘기 위해서는 한국과 북한의 고유 경험으로서의 한국전쟁을 바라보는 관점을 수용할 수 있어야 중국 중심의 '나르시시즘의 세계사'를 서술하는 경향에서 탈피할 수 있을 것이다.

참고문헌

김경일, 2005, 『중국의 한국전쟁 참전 기원-한중관계의 역사적, 지정학적 배경을 중심으로』, 논형.
박명림, 1996, 『한국전쟁의 발발과 기원』, 나남.
권은주, 2020, 「중외역사강요의 한국 고대사-동아시아사 서술 내용과 역사인식 분석」, 『동북아역사논총』 70.
김동춘, 2000, 「한국전쟁 50년」, 『경제와 사회』 46.
김보영, 2019, 「한국전쟁 연구의 쟁점: 발발에서 과정으로, 다시 결과로」, 『내일을 여는 역사』 75(여름호).
김지훈, 2018, 「현대 중국의 한국전쟁 인식 변화: 역사교과서의 서술 변화를 중심으로」, 『사림』 64.
박병철·주인석, 2021, 「한국전쟁에서의 유엔군의 개입 근거와 역할에 관한 연구」, 『통일전략』 21-1.
사이먼 몰리·박미주·이예은·박소현, 2020, 「'역사화': 동시대 한국 미술과 한국전쟁」, 『한국근현대미술사학』 40.
션즈화 지음, 김동길 옮김, 2014, 『조선전쟁의 재탐구-중국, 소련, 조선의 협력과 갈등』, 선인.
오우즈지엔, 2016, 「중국 중심의 동아시아사: 청일전쟁 이후 중국 중소학 역사교과서를 중심으로」, 『역사교육』 139.
우성민, 2020, 「중외역사강요 속의 중국식 글로벌 가치관 '인류운명공동체'의 서술과 시사점」, 『동북아역사논총』 70.
유서현, 2020, 「한국전쟁과 '빨치산 전쟁'」, 『한국현대문학연구』 61.
윤세병, 2014, 「중국에서의 근현대사 인식과 역사교과서 서술: '혁명'에서 '현대화'와 '민족'으로」, 『역사담론』 69.
이완범, 2005, 「한국 국내의 6.25 연구동향」, 『군사』 55.
이유표, 2020, 「중국 고등학교 국정 교과서 중외역사강요의 고대문명사 서술 특징」, 『동북아역사논총』 70.

이춘복, 2009, 「중국 역사교과서에 나타난 민족주의와 동화주의: 북경사범대학 중등역사 교과서 분석을 중심으로」, 『다문화콘텐츠연구』 1.

"시진핑 '침략' 발언과 中의 한국전쟁 인식", 『연합뉴스』, 2010.10.28.

"한-중 '역사 화해'에도……中 교과서 '北의 6·25 남침' 인정 안 해", 『동아일보』, 2014.2.19.

『中外歷史綱要(上)』, 人民教育出版社, 2019.

Chang, David Cheng, 2020, *The Hijacked War: The Story of Chinese POWs in the Korean War*, Stanford, California: Stanford University Press.

Chen, Jian, 1996, *China's Road to the Korean War: The Making of the Sino-American Confrontation*, New York: Columbia University Press.

Cumings, Bruce, 1981·1990, *The Origins of the Korean War*, Vol.I and Vol.II, Princeton, New Jersey: Princeton University Press.

_____, 2010, *The Korean War: A History*, New York: Modern Library Classics.

Dikötter, Frank, 2013, *The Tragedy of Liberation: A History of the Chinese Revolution, 1945-1957*, London, England: Bloomsbury Academic.

Hwang, Su-Kyong, 2016, *Korea's Grievous War*, Philadelphia, Pennsylvania: University of Pennsylvania Press.

Meisner, Maurice, 1999, *Mao's China and After: A History of the People's Republic*, New York: The Free Press.

_____, 2007, *Mao Zedong: A Political and Intellectual Portrait*, Cambridge, England: Polity Press.

Zhang, Shuguang, 1995, *Mao's Military Romanticism and the Korean War*, Lawrence, Kansas: University of Kansas Press.

Brune, Lester, 1998, "Recent Scholarship and Findings about the Korean War," *American Studies International*, Vol.36, No.3.

Chen, Jian, 1992, "China's Changing Aims during the Korean War, 1950-1951," *The Journal of American-East Asian Relations*, Vol.1, No.1.

Dingman, Roger, 1992, "Korea at Forty-plus: The Origins of the Korean War

Reconsidered," *The Journal of American-East Asian Relations*, Vol.1, No.1.

Gries, P. H., Prewitt-Freilino, Jennifer L., Cox-Fuenzalida, Luz-Eugenia, and Zhang, Qingmin, 2009, "Contentious Histories and the Perception of Threat: China, the United States, and the Korean War—an Experimental Analysis," *Journal of East Asian Studies*, Vol.9, No.3.

Hajimu, Masuda, 2012, "The Korean War through the Prism of Chinese Society," *Journal of Cold War Studies*, Vol.14, No.3.

Hao, Yufan and Zhai, Zhihai, 1990, "China's Decision to Enter the Korean War: History Revisited," *The China Quarterly*, No.121.

Lin, Lin, Zhao, Yali, Ogawa, Masato, Hoge, John, and Kim, Bok-Young, 2009, "Whose History?: An Analysis of the Korean War in History Textbooks from the United States, South Korea, Japan, and China," *The Social Studies*, Vol.100, No.5.

Mobley, Richard, 2000, "North Korea: How Did It Prepare for the 1950 Attacks?," *Army History*, No.49.

부록

베트남 영토교육과
중국 국방교육

1

베트남과 중국 간의 동해 영유권 문제

베트남 역사교과서를 통한 영토교육

응웬티한(Nguyễn Thị Hạnh) 베트남 외교아카데미 교수

I. 머리말

베트남은 해양국가이며, 오랜전부터 베트남 사람들은 바다를 향한 시야를 갖고 있었다. 인도차이나에 위치하고 있는 베트남의 동쪽은 동해와 접해있기 때문에 바다는 오래전부터 국가의 신성한 영해로서 베트남인들의 정치, 경제, 사회, 법률 등 다양한 분야와 긴밀하게 관련되어 있다. 북쪽부에서 남쪽까지 3,260km 길이의 해변이 펼쳐져 있으며 황사와 쯔엉사를 포함한 3,000개의 크고 작은 섬들이 있기 때문에 베트남은 풍부한 해양자원을 가지고 있다.

베트남은 영토주권 및 해양에서 나오는 경제적 이익을 지키기 위해 오래전부터 오늘에 이르기까지 주변국들과 동해 주권분쟁을 진행 중이며, 그중에 특히 중국과의 분쟁은 가장 긴장관계에 있다. 현재 황사군도와

쯔엉사군도에 대한 영해권 분쟁은 베트남과 중국뿐만 아니라 지역 국제의 이슈가 되고 있다.

베트남은 젊은 세대들에게 영토 및 영해 주권에 대한 교육을 강조하고 있다. 연구 활동이나 학술대회 또는 보통교육에 이르기까지 영토교육과 관련된 활동은 매우 다양하다. 재미있는 것은 베트남이 한국과 일본의 영토교육 경험을 배우고 있다는 점이다. 이를 바탕으로 이 글은 다음과 같은 내용을 중심으로 다루고자 한다.

먼저, 황사와 쯔엉사에 대한 영유권 분쟁사를 살펴본 후 베트남 보통교육에서의 역사교과서를 통한 영토교육 현황을 제시하고, 마지막으로 베트남 보통교육에서의 영토교육에 관해 필자의 제언을 제시할 것이다. 특히 이 글에서는 영토교육 내용을 중국 역사교과서와 비교함으로써 이에 대한 시사점을 제시하고자 한다.

II. 베트남-중국 간의 황사군도와 쯔엉사군도에 대한 영유권 문제

1. 명칭 및 역사적 의미

동해는 다양한 명칭으로 알려진 해양이다. 국제적으로 통일된 남중국해 이외에는 각 나라마다 자신이 부르는 명칭이 따로 있다. 이러한 명칭은 역사적인 의미를 가질 뿐만 아니라 특정 나라의 영유권을 나타내기도 한다.

베트남에서는 동해라는 명칭으로 오래전부터 불러왔으며 이러한 명칭은 베트남 사람들의 많은 속담에 나타난다. 예컨대 "동해에서 모래를 걸러 내는 야짱" 또는 "아내도 남편도 한 마음 같으면 동해도 퍼낼 수 있다" 등과 같은 속담들이 있다. 뿐만 아니라 실제로 베트남 영토는 대부분 동해로 향하기 때문에 동해라는 명칭은 베트남의 지형적 특징을 반영하여 베트남의 동쪽에 있는 해양이라는 의미를 가진다. 이 명칭이 공식화된 것은 베트남사회주의공화국이 국제기상협회에 보낸 공문을 통해 해당 해양지역 기상 현황 통보 시 '동해(Biển Đông Sea)'라는 명칭 사용을 신청한 후부터였다. 이후 이 명칭은 베트남의 모든 공문 또는 서류에서 공식적으로 사용되어 왔다.

- 남중국해는 현재 공식적으로 전 세계에서 사용하는 명칭이며, 기타 유럽권 언어에서도 유사하게 번역되고 있다. 남중국해라는 명칭은 중국인과의 무역 기회를 찾던 포르투갈 선원들에 의해서 시작되었다.
- 화남해 또는 남해는 중국인이 이 해양영토를 부를 때 사용하는 명칭이다.
- 루존해는 필리핀 사람들이 필리핀의 큰 섬인 루존섬의 명칭으로 부른 것이다. 2012년 9월 5일에 필리핀 아키노 대통령은 29행정령을 통과하여 공식적으로 행정지도에서 필리핀 서해라고 부른다.

2. 황사군도와 쯔엉사군도에 대한 베트남 봉건왕조들의 최초 영유권 주장

베트남 사람은 오래전부터 황사군도와 쯔엉사군도 지역에서 어업활동이나 이 지역을 지나다가 침몰된 서양 상선들에서 남겨진 물건을 수집하는 활동을 했다. 일찍이 국가 경제발전에 있어서 해당 지역의 중요성을 인식했던 응웬왕조의 왕들은 구체적인 행동을 통해 황사군도와 쯔엉사군도에 대한 영유권을 주장했다. 상세한 내용은 다음과 같다.

황사와 쯔엉사의 명칭은 베트남 옛 서적과 행정단위를 분리하는 데 모두 사용했다. 응웬시대에 그려진 지도들 중 베트남 전체를 그린 지도를 살펴보았을 때, 상대적으로 정확히 표시되고 있었다. 한편, 17세기부터 18세기까지 응웬왕조의 왕들은 황사대, 북해대 등을 운영함으로써 자원을 개척하는 활동을 했다. 이는 동해에 있는 군도들의 영유권을 주장하는 베트남의 방식이었다.[1]

응웬왕조의 왕들은 또한 이 두 군도에 표시석, 석비, 묘 등을 건설하고, 나무를 심어 영유권을 확립했다. 1833년부터 1836년까지 민망왕은 여러 차례 군대를 파견하여 황사에서 표시석, 석비, 묘 등 건설 및 나무 심기를 진행했다(실제로 쯔엉사도 포함됨). 이는 영유권을 확립하려는 응웬왕조 왕들의 넓은 견해를 잘 보여주는 것이다.[2]

특히 응웬시대에는 교과서에 황사에 대한 정보가 기록되었다. 1853년에 한자로 집필된 『계동설약(啟童說約)』은 공부를 시작한 아동들을 위한 교과서인데, 여기에는 황사군도와 쯔엉사군도 명칭이 적힌 지도가 실려

---

1 응웬꽝응옥, 『황사대: 17, 18세기와 19세기 베트남의 동해에 대한 독특한 주권 확립 방법』(Nguyễn Quang Ngọc, Đội Hoàng Sa: Cách thức thực thi chủ quyền độc đáo của Việt Nam trên các vùng quần đảo giữa biển Đông trong các thế kỷ XVII, XVIII và đầu thế kỷ XIX. ivides.vnu.edu.vn).

2 응웬왕조국사관『대남실록』3권(역), 교육출판사, 하노이, 2006, 743쪽(Quốc sử quán triều Nguyễn, Đại Nam thực lục, tập III (bản dịch), Nxb. Giáo dục, Hà Nội, 2006. Reuteurs, 22 November 2015, Chinese opinion in Press Conference in Kuala Lumpur, Malaysia).

있었다.[3]

　중국은 지금까지 황사군도와 쯔엉사군도 영유권을 증빙할 수 있는 옛 서적을 발견하지 못하고 있다. 중국의 19세기 역사자료들도 이 군도를 중국 배들의 노정을 통해 우연히 발견한 섬인 것으로 묘사하는 데 그친다. 뿐만 아니라 군도들과 베트남의 연계성을 당연하게 인정함으로써 이 군도들이 베트남의 국경임을 인정했다. 이는 1696년도에 척대산(拓大傘)이 베트남을 방문할 때 집필한 해외기사(海外紀社)를 통해 확인할 수 있다.[4] 이와 함께 1909년 전까지 중국인이 그린 지도들을 조사한 결과, 황사군도와 쯔엉사군도(중국은 시사군도와 난사군도라고 부름)는 중국의 영토였던 적이 없었다. 원나라의 〈여지도〉를 비롯해 명나라의 〈천하통일지도〉와 〈황명대통일총종도〉, 청나라의 〈광둥성도〉와 〈대청제국전도〉 등에서 모두 중국의 극남을 하이난섬으로 표시하고 있다. 뿐만 아니라 중국은 황사군도의 영유권과 관계있다고 선포한 바 있다. 1895년도와 1896년도에 독일과 일본의 배가 이 군도에서 총을 맞아서 침몰하여 중국정부에 책임을 물었을 때 "황사는 중국의 관할이 아니다"라고 답변했다.[5]

3　팜티튀빈, 2012, 「황사와 쯔엉사군도에 대한 베트남 주권을 나타내는 뜨득왕조 교과서 지도」, 『역사연구잡지』 10(438)(Phạm Thị Thùy Vinh, 2012, Sách giáo khoa thời Tự Đức vẽ bản đồ khẳng định chủ quyền của Việt Nam đối với hai quần đảo Hoàng Sa và Trường Sơn, Tạp chí Nghiên cứu lịch sử, số 10(438)).

4　응웬낌, 해외기사, 황사와 쯔엉사에서의 베트남의 주권 확립에 대한 고문헌(Nguyễn Kim, Hải ngoại ký sự, Tư liệu cổ về thực thi chủ quyền của Việt Nam tại Hoàng Sa và Trường Sa. biendong.net).

5　프랑스 외교부, 정치와 식민지위원회, 동양전권정부의 협약서, 하노이 1921.5.16. (MFAE, Directions des Affaires Politiques et Indigènes, Note du Gouvernement Général de l'Indo-Chine, Hanoi le 6 mai 1921 / Bộ Ngoại giao Pháp, Ban Chính trị và Thuộc địa, Bản ghi nhớ của Chính phủ Toàn quyền Đông Dương, Hà Nội ngày 16 tháng 5 năm1921).

3. 베트남에서의 프랑스인과 황사군도와 쯔엉사군도의 영유권에 대한 지속적인 주장 및 해양활동 실시

베트남은 1884년 후에왕조와 프랑스 간에 파트노트르(Patenôtre)협약서가 체결된 이후 공식적으로 프랑스의 식민지가 되었다. 세계적으로 첨단 해군을 가진 강대국 프랑스는 이 두 군도의 전략적 중요성을 인식했으며, 또한 자연과 자원의 가치를 고려하여 역사적·법리적 근거에 의해 1884~1954년 황사군도와 쯔엉사군도에 대한 베트남의 영유권으로 주장하며 해양활동을 지속적으로 실시했다.

20세기 초부터 프랑스는 황사군도와 쯔엉사군도에 대한 베트남의 영유권을 연속적으로 주장했으며 군대를 파병하여 주권 표시석 설치 등을 진행했다. 1937년 프랑스는 황사에 등대를 설치했고, 1938년에 군대를 파병하여 주권 표시석을 설치하는 등 영유권을 확립했으며, 주요 섬인 황사섬, 푸람섬과 흐우녓섬에 군대를 주둔시켰다.[6]

중국은 프랑스의 행동에 반대하며 두 군도의 영유권 분쟁을 시작했다. 프랑스-중국 간의 갈등은 갈수록 심해졌다. 1930년과 1937년에 프랑스는 동해 영유권과 관련된 분쟁을 국제사법재판소에서 해결하자고 제안했으나 중국은 거부한 바가 있었다.[7] 이러한 중국의 거부 행동은 당시 중국

---

6   프랑스 외교부, 아시아-태평양, 중국, 아시아-태평양 위원회의 1930.5.15.협약서 (MFAE, Asie-Oceanie, Chine, Note du 15 mai 1950 de la Direction d'Asie-Océanie / Bộ Ngoại giao Pháp, Châu Á-Thái Bình Dương, Trung Quốc, Bản ghi nhớ ngày 15/5/1930 của Ban Châu Á-Thái Bình Dương).

7   프랑스 외교부, 아시아-태평양, 중국, 아시아-태평양 위원회의 1930.5.15.협약서 (MFAE, Asie-Oceanie, Chine, Note du 15 mai 1950 de la Direction d'Asie-Océanie / Bộ Ngoại giao Pháp, Châu Á-Thái Bình Dương, Trung Quốc, Bản ghi nhớ ngày 15/5/1930

이 당면하고 있는 내재적 어려움을 비롯하여 황사군도와 쯔엉사군도의 영유권을 입증할 수 있는 근거가 부족했기 때문이다. 즉, 당시 중국은 국제사법재판소에서 분쟁문제를 해결하려고 했다면 실패할 수 있었다.

한편, 일본이 1930년도부터 동해에 대한 영유권을 주장하기 시작하면서 황사와 쯔엉사 주권분쟁이 더욱 복잡해졌다. 1920년대부터 일본정부가 자국민을 쯔엉사군도의 작은 섬에서 거주하도록 하며 프랑스를 자극했다. 이에 1930년부터 1933년까지 프랑스는 쯔엉사로 전함을 보내 7개의 섬에 깃발을 꽂고 주권을 주장했다. 1937년부터 일본은 공개적으로 황사군도와 쯔엉사군도에 대한 영유권을 주장하며 실제로도 행동을 시작했다. 프랑스는 일본의 행동을 문서와 행동 모두로 반대했다. 당시 중국은 프랑스를 옹호했다. 1939년 3월에 일본은 황사와 쯔엉사 모두를 점유했고 이 두 군도를 타이완에 있는 일본정권의 관할로 편입시켰다(일본에서는 Shinan Gunto라고 부름). 일본은 제2차 세계대전에서 이 군도들을 중요한 군사 거점으로 활용했다.[8] 일본이 제2차 세계대전에서 패배하고 태평양의 섬들에서 군대를 철수했으나, 황사와 쯔엉사에 대한 영유권을 공식적으로 포기한 것은 1951년 샌프란시스코 평화협약서를 체결할 때이다. 이 협약서에서 일본은 황사군도와 쯔엉사군도에 대한 영유권 포기를 공식적으로 선포했다. 이때 프랑스와 베트남은 즉시 주권 확립을 선포했다.

---

của Ban Châu Á-Thái Bình Dương).

8   프랑스 외교부, 아시아-태평양, 정치와 통상위원회, 1940.8.10.협약서(MFAE, ASIE-OCEANIE, Direction des Affaires Politiques et Commerciales, Note du 10 août 1940. / Bộ Ngoại giao Pháp, Châu Á-Thái Bình Dương, Ban Chính trị và Thương mại, Bản ghi nhớ ngày 10/08/1940).

4. 중국의 황사군도와 쯔엉사군도에서의 베트남 주권 침해

1954년 이후 베트남전쟁으로 베트남이 남북으로 분단된 상황을 이용하여 중국은 황사군도 및 쯔엉사군도의 섬들을 점유하는 수많은 행동을 취했다. 1956년 1월에 중국은 군대를 파병하여 황사군도 동쪽에 있는 섬들을 점유했다. 이때부터 해당 군도는 동서로 나뉘었다. 서쪽 섬은 베트남 군인이, 동쪽 섬은 중국군대가 불법적으로 점거했다. 중국은 실제로 몇 군데의 섬들을 점거한 것을 이용하여 베트남공화국 정권이 중국의 영토를 침범했다고 주장했다.

1956년에는 프랑스와 베트남정부 간의 권력전환으로 혼란스러운 상황을 이용하여 타이완 해군이 쯔엉사군도의 섬들 중에 가장 큰 바빈섬을 불법적으로 점유하여 프랑스어로 된 표시석들을 '자유 중국(Free China)'이라는 문구가 있는 표지석들로 대체했다.[9]

1974년 1월 19일 중국은 미국이 베트남전쟁 참여를 끝낸다는 선포를 틈타 해군을 파병하여 서쪽 섬에 있는 베트남공화국의 군대를 공격했다. 베트남공화국 군대는 미국의 지원을 요청했지만 미국은 거절했다. 1974년 1월 20일에 중국 해군이 황사군도 전부를 점유했고 현재까지 이 상태는 그대로이다.

1976년 7월 2일 베트남사회주의공화국이 공식적으로 탄생하여 황사군도와 쯔엉사군도에 대한 영유권을 지속적으로 주장하며 쯔엉사군도를

---

9 프랑스 외교부, 정치와 식민지위원회, 동양전권정부의 협약서, 하노이 1921.5.16 (MFAE, Directions des Affaires Politiques et Indigènes, Note du Gouvernement Général de l'Indo-Chine, Hanoi le 6 mai 1921 / Bộ Ngoại giao Pháp, Ban Chính trị và Thuộc địa, Bản ghi nhớ của Chính phủ Toàn quyền Đông Dương, Hà Nội ngày 16 tháng 5 năm1921).

점거한다. 또한 베트남은 황사군도와 쯔엉사군도를 포함한 통일된 영토를 공언했다.

이때부터 베트남과 중국 간의 우호관계가 나빠지기 시작했고 특히 베트남-중국 국경전쟁이 1979년 2월 17일에 벌어지면서 양국은 적대적 관계가 되었다. 중국은 쯔엉사군도에 군사적 활동을 가하고 군도의 섬들을 불법적으로 점유했다. 1988년 3월 14일 중국 해군이 불시에 각마, 꼬린과 랜다오 암초를 공격했다. 이 무력충돌로 인해 베트남은 많은 사망자가 발생했고, 중국은 각가 암초를 하나 더 점거한 것으로 끝났다. 베트남은 즉시 해군력을 강화하여 쯔엉사군도의 다른 11개 섬들에서 주권을 실시했다.

이러한 상황 속에 중국은 군사력을 강화하고 경제적인 이익에 몰두하는 한편, 필리핀이나 말레이시아 등 주변국과 영유권 분쟁이 일어나면서 동해 영유권 문제는 이때부터 늘 긴장 상태였다. 21세기에 접어들면서 중국은 '해양실크로드', '일대일로' 등과 같은 전략을 전개했고 황사군도와 쯔엉사군도 영유권 문제는 어느 때보다 치열한 상황이다. 중국은 주권을 침해하는 여러 행동을 취했다. 2001년도에 중국은 자국 군인의 군사 훈련을 이유로 일방적으로 황사군도의 섬을 포함한 '금지해역'을 통보했다.[10] 2012년 7월에 중국은 베트남의 황사군도와 쯔엉사군도를 포함한 동해의 섬들을 관리하기 위해 '산샤시'를 설립한다고 선포했다. 2014년 5월에 중국은 불법적으로 HD-981 석유 시추를 설치했고 동시에 민사 또는 군사시설의 건설을 진행했다.[11]

---

[10] 『인민신문』, 2001.5.28.

[11] Reuteurs, 22 November 2015, Chinese opinion in Press Conference in Kuala Lumpur,

이러한 상황은 베트남에서 학생들을 비롯한 젊은 세대에게 해양 영유권에 대한 영토교육을 강화하는 계기가 되었다.

III. 베트남 역사교과서의 황사군도와 쯔엉사군도 관련 영토교육: 중국과 비교하여

1. 황사군도와 쯔엉사군도에 대한 영토교육 현황

1) 황사와 쯔엉사에 대한 베트남의 주권이 어떻게 기술되고 있는가

베트남은 나라가 설립되고 건설되는 과정 내내 외부로부터 침략 위기에 당면해야 했기 때문에 나라의 독립과 영토주권은 가장 중요한 문제이다. 그렇기에 학생들을 비롯한 젊은 세대에게 영토를 교육하는 것은 최근 십년 간 더욱 중요시되었다. 영토교육의 방식은 매우 다양하다. 학교에서 해양에 대한 경진대회나 특강을 하는 것을 비롯하여 전시회, 미술대회, 노래나 시 대회 등이 있다. 베트남 교육부는 또한 교사들을 위해 이와 관련된 지침서를 집필하도록 했다. 뿐만 아니라 황사와 쯔엉사가 있는 해역과 접해있는 광아이성, 다낭성, 칸화성에서는 이와 관련된 내용 교육이 특강 활동에서 필수이며 기타 영토교육 활동들도 더 강화되고 있다.[12] 한편, 이 지역들에서도 교사를 위한 지침서를 많이 집필했다. 또한, 베트남 많은 지역

Malaysia.

12 뚜엣마이,『황사, 쯔엉사에 대한 수업 시간을 늘려야』(laodong.com.vn/Xa-hoi/Can-tang-gio-hoc-ve-Hoang-Sa-Truong-Sa/63930.bld, 게재일 2012.5.11)(Tuyết Mai, Cần tăng giờ học về Hoàng Sa, Trường Sa, cập nhật ngày 11/5/2012).

의 학교에서 황사와 쯔엉사 주권 표지석을 설치했다.

베트남에서의 영토교육은 활발히 이루어지고 있는 반면, 베트남 교육부가 발행한 교육과정은 물론 교과서에는 구체적인 해양주권 내용이 포함되지 않았다. 이러한 문제는 다음과 같이 설명할 수 있다.

첫째, 베트남 역사교과서는 그동안 나라 영토 수호 전쟁 또는 나라 해방 전을 주로 다루었다. 영토교육에 관한 내용들은 별도로 진행되지 않았고 다른 교육활동에 포함되어 있다. 1975년 독립 이후 베트남은 전쟁의 여파를 극복하며 사회적으로 많은 변화에 대면해야 했다. 따라서 애국심 또는 나라를 해방시킨 과정 등에 대한 교육이 무엇보다 중요했고 베트남 역사교육에서 최우선시 되어왔다.

한편, 베트남의 역사교과서 집필 원칙은 역사적으로 검증된 사건이나 내용, 그리고 분쟁 없는 내용만 기술하는 것이다. 특히 주변국들과의 우호관계에 영향을 미칠 수 있는 사건들은 기술하지 않는다. 이 때문에 토론 중이거나 '전문적'인 문제는 언급하지 않는다. 따라서 황사군도와 쯔엉사군도에 대한 문제는 '예민한' 문제로 간주하여 교과서에 포함하지 않았다. 한 가지 유의해야 할 점은 베트남과 중국 간의 분쟁은 황사군도와 쯔엉사군도 외에도 북부만 문제도 있다. 또한 캄보디아와의 국경 분쟁 등도 있다. 이 모든 문제들은 베트남 역사교과서에 언급하지 않았다.

2000년부터 중국의 침범으로 황사군도와 쯔엉사군도의 영유권 분쟁이 심각해졌다. 이는 해당 지역을 비롯하여 국제적 이슈로 확대되었다. 이러한 배경은 베트남의 영토교육에 대한 관점을 바꾸는 계기가 되었다. 교육부는 해양에 대한 영토교육, 특히 황사군도와 쯔엉사군도가 있는 해양과 접해 있는 지방에서 강화했다. 교사들로부터 관련 영토교육 내용을 공식적인 교육 내용에 포함시키자는 제안이 많이 들어왔다. 즉, 해양 관련 영토교육을 '필수적', '공식적'으로 진행하는 것이 매우 시급하다. 그러나 이는 베트남의 교과서 집필규정으로 인해 바로 실시하기가 어려웠다. 베트남에서는 1975년부터 '하나의 교육 프로그램, 하나의 교과서'를 사용한 교과서 국정화 규정을 따르고 있었기 때문이다. 즉, 전국에 있는 모든 학교들은 통일된 하나의 교과서를 사용하는 것이다. 이 교과서는 베트남 교육부의 관리하에 집필된 것이다. 교과서 내용은 여러 차례로 개편되었으나 예전에는 해양 영토교육이 시급하지 않았기 때문에 교육 내용에 포함되지 않았다.

2) 베트남의 황사와 쯔엉사 주권이 어떻게 기술되고 있는가

비록 구체적인 내용은 기술하지 않았지만 베트남 역사교과서에서는 해양 영토교육 내용이 지도를 통해 표시되고 있다. 황사군도와 쯔엉사군도가 표시된 중·고등학교 역사교과서 지도의 수는 다음과 같다.[13]

중학교	고등학교
9	7

이 지도는 공통적으로 베트남의 영토에 대륙과 동해 지역을 표시하면서 황사군도와 쯔엉사군도를 포함했다. 지도를 표시하는 데에는 두 가지의 방식이 있다.

첫째, 베트남 영토가 전체적으로 표시된 지도나 세계 지도 속에서 그려진 베트남 지도들에는 황사군도와 쯔엉사군도가 베트남의 영토로 그려

---

13 『역사와 지리교과서』, 베트남교육출판사, 하노이, 2015(Sách giáo khoa Lịch sử và Địa lí, Ban cơ bản, Nhà xuất bản Giáo dục Việt Nam, Hà Nội, 2015).

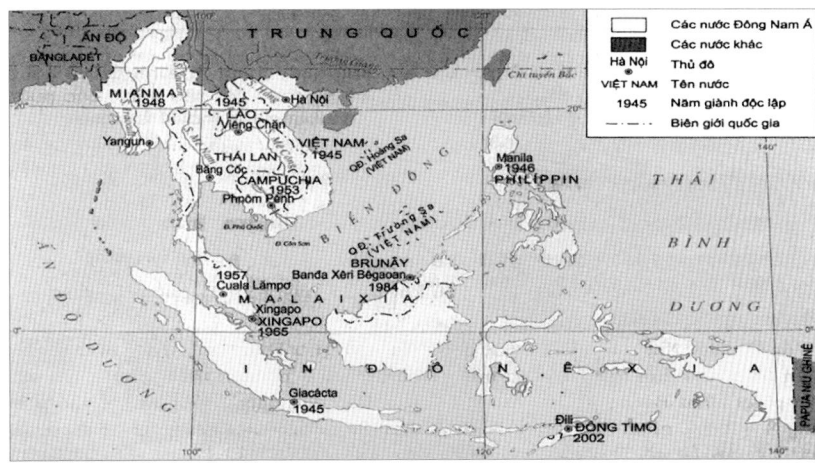

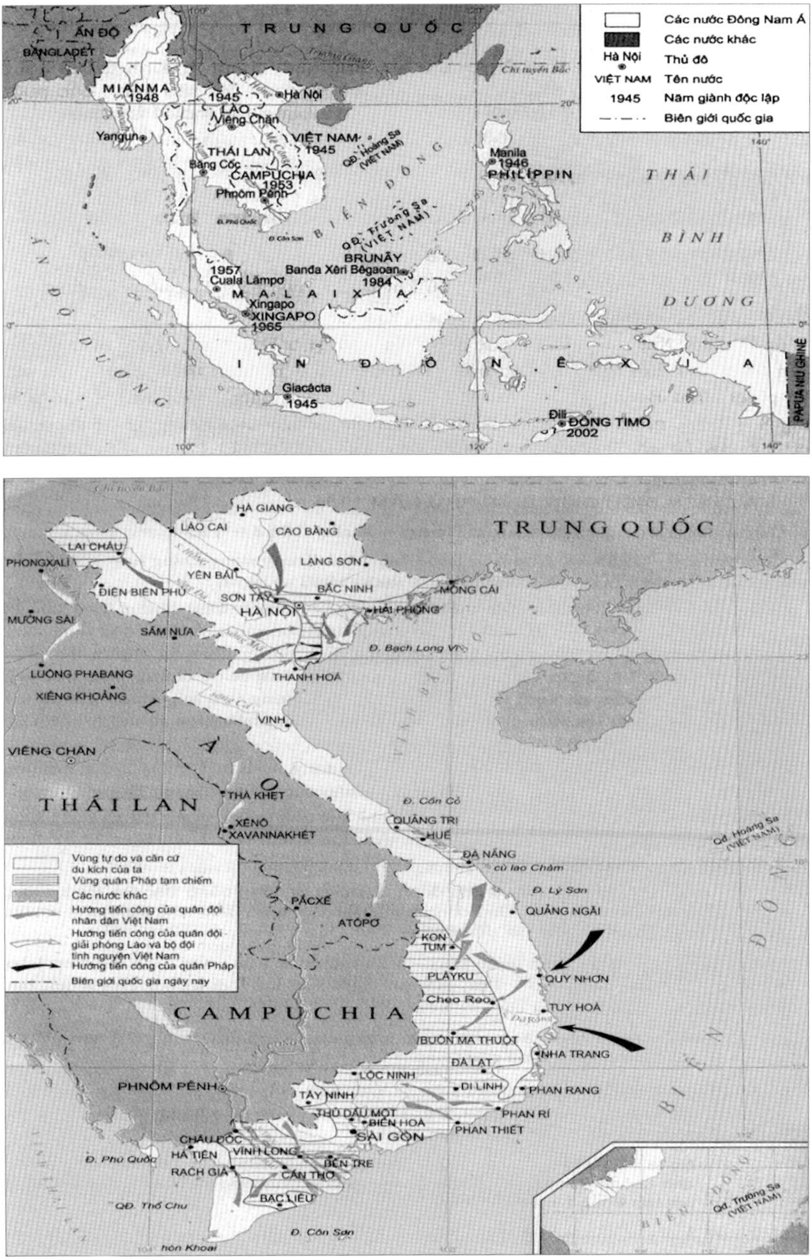

그림 1 12학년 『역사교과서』, 베트남교육출판사, 2012

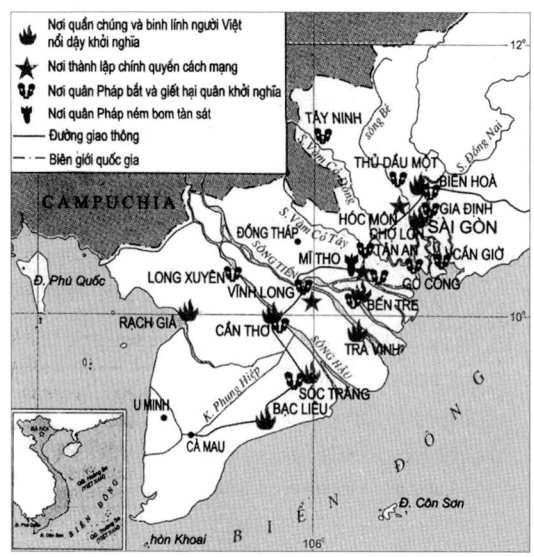

그림 2 12학년 『역사교과서』, 베트남교육출판사, 2012

져 있다. 또한, 이 두 군도의 명칭 아래 '베트남'이라는 국호를 표시했다.

둘째, 역사 사건들을 표시하기 위해 베트남 영토 일부만 그린 지도들에서는 작은 코너에서 황사군도와 쯔엉사군도가 표시된 베트남 전체 지도가 그려져 있다.

중국 역사교과서와 비교했을 때, 중국과 베트남은 지도를 통한 영토교육을 실시한다는 공통점이 있다. 중국의 중·고등학생을 위한 영토교육의 특징은 구단선(九段線)이 그려져 있는 지도를 통해 이루어지고 있는 것을 알 수 있다. 중국 역사교과서와 역사·사회 교과서에서 구단선이 그려져 있는 지도들의 개수는 다음과 같다.[14]

---

14 『중국 역사사회 교과서, 역사, 지리 교과서』, 인민교육출판사.

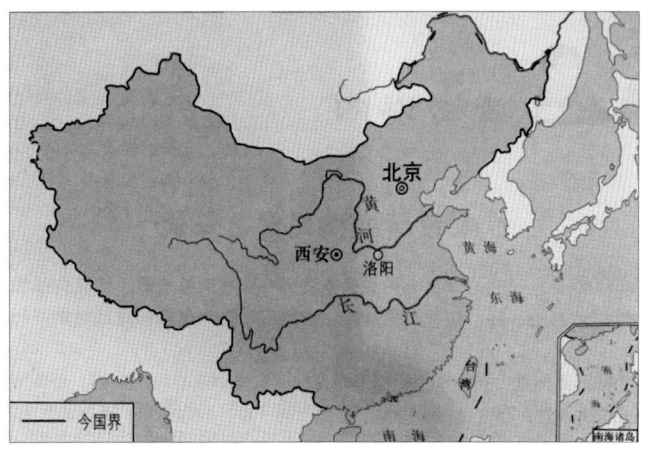

그림 3 청대의 중국영토(『역사와 사회』 8, 하권, 인민교육출판사, 2007, 37쪽)

중학교	고등학교
15 : 역사 43 : 역사와 사회	8 : 역사

　위 표에서 확인할 수 있듯이 구단선이 있는 중국 중고등학교 역사교과서의 지도 개수는 베트남보다 많다. 이 지도들은 세계지도, 중국지도, 베트남 지도 등이 포함되는데 이 중에서는 중국 지도들이 주를 이룬다. 이 지도들의 공통점은 구단선 내의 동해 해양지역은 중국의 영토로 표시한 것이다.[15]

---

15 응웬티투튀, 2013, 「중국 역사와 사회 교과서에서 나타난 구단선에 대하여」, 학술대회 역사연구와 교육에서의 동해문제, 하노이사범대학교 역사학과, 171-180쪽(Nguyễn Thị Thu Thủy, Về cái gọi là bản đồ "đường chữ U" trong Sách giáo khoa Lịch sử và Xã hội (Trung học cơ sở) của Trung Quốc, Hội thảo: Vấn đề Biển Đông trong nghiên cứu và giảng dạy Lịch sử, khoa Lịch sử, trường Đại học Sư phạm Hà Nội, tháng 3/2013).

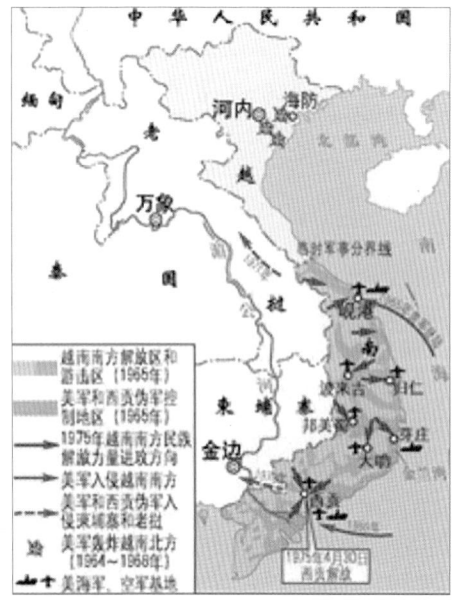

그림 4 베트남전쟁(『고등학교 역사』, 선택, 3권, 인민교육출판사, 2007, 112쪽)

중국 역사교과서들의 지도는 오른쪽 하단에 구단선이 그려져 있는 것으로 통일하여 사용한다.

구단선이 중국의 영토라고 주장하는 것 이외에, 베트남과 관련된 역사 사건들에 대한 내용에서는 황사군도와 쯔엉사군도를 베트남의 영토로 표시하지 않는다(그림 4).

비록 구단선 내(황사군도와 쯔엉사군도가 포함된 동해의 80% 면적)의 해양 지역을 중국의 영토로 표시되고 있으나 중국 중고등학교 역사교과서에는 구단선 내의 해양 지역 및 섬들의 주권 주장 내용이 기술되어 있거나 구단선에 대한 설명도 없다.

그러나 중국의 역사·사회 교과서에 황사군도와 쯔엉사군도가 중국의 영토라고 주장한 내용은 있다. 예컨대, 제1과 '영토 및 거주민'(역사·사회 교

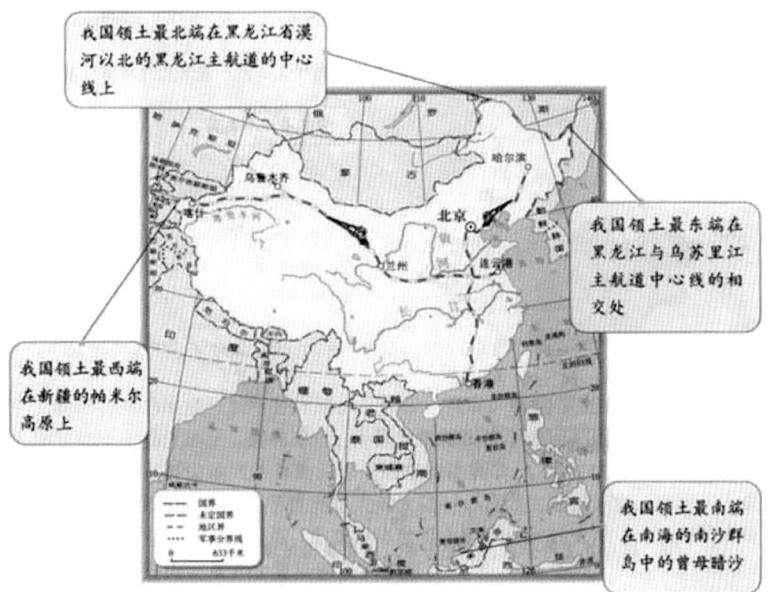

그림 5 중국영토(『역사와 사회』 7, 상권, 인민교육출판사, 2004, 42쪽)

과서 7, 상권)에서 '넓은 영토'를 설명하는 '중국 영토' 지도에서는 동서남북의 극점을 가리키는데 여기서 "우리나라의 극남은 남해 난사(즉 쯔엉사)군도에 있는 승모사주이다"라고 언급한다(그림 5).[16]

최근 출판된 중국 역사교과서 중에서 7학년 하권 제18과 92쪽 '통일적 다민족국가의 공고화와 발전'에서 다음과 같은 내용이 언급되었다.

> 청조 전기에 우리 나라 영역은 서쪽으로는 총령(葱岭)을 지났고, 서북쪽으로는 발하슈호에 이르렀으며, 북쪽으로는 시베리아에 잇닿았고 서남쪽으로는 히말라야산맥에 달했으며, 동북쪽으로는 흑룡강 이북

---

16 『역사와 사회』 7, 상권, 인민교육출판사, 2004, 42쪽.

의 외흥안령과 사할린섬에 이르렀고, 동쪽으로는 태평양에 임하고 동남쪽으로는 타이완에 부속된 섬들인 조어도, 적미서 등에 이르렀으며 남쪽으로는 남해제도까지 이르러 실로 영토가 광활하고, 인구가 매우 많으며 국력이 강대한 통일적 다민족국가가 되었다.

관련 역사 사실: …… 청조 초기에는 명조의 제도를 답습하여, 해남지역에 지방 관리기구인 경주부(瓊州府)를 설치했고, 남해의 둥사(東沙)군도, 시사(西沙)군도, 중사(中沙)군도, 난사(南沙)군도를 경주부(瓊州府)에 분할하여 귀속시켰다.[17]

위와 같은 대략적인 비교를 통해 알 수 있듯이 베트남과 중국은 해양영토교육을 주로 그림(지도)을 통해 실시한다. 텍스트를 통한 내용들은 매우 한정적이다.

그러나 베트남은 중국이 구단선 지도를 통해 황사군도와 쯔엉사군도에 대한 영유권 주장을 강조하거나 자국의 영토를 설명하는 것 등에 대해서 유의해야 한다.

2. 베트남의 새로운 교육과정과 영토교육의 혁신적인 변화

2013년부터 베트남은 교육의 내용과 형식 등을 전체적으로 심도 있고,

---

17 教育部組織編纂 齊世榮 總主編, 『義務教育教科書 中國歷史 七學年 下冊』, 人民教育出版社, 2018. 필자는 2018년 8월 동북아역사재단에서 개최한 2018년 중국 역사교과서 분석 학술세미나 발표를 계기로 중국의 개정판 역사교과서를 처음 접했다. 개정판 역사교과서의 상세 분석은 향후 과제로 삼고자 하며, 이 글에서는 구판을 중심으로 다루었음을 밝힌다.

폭넓게 개혁하기 시작했다. 이러한 교육과정의 개편은 초등학교부터 대학교까지의 교육 내용을 위한 개편이다. 특히 베트남 교육부는 중고등 교육과정을 새롭게 집필하여 교과서를 개편하기 위한 기초를 마련했다. 비록 이 개정 교육과정은 공식적으로 통과되지 않았으나, 혁신적인 변화가 내포된 제안들은 영해주권 교육 내용에 관련되는 것으로 나타났다.[18]

개정 교육과정 중에서 국가급의 각 군 교육과정에서 황사군도와 쯔엉사군도를 비롯한 베트남의 영토주권 확립 및 보호 과정에 대한 내용을 포함하고자 한 것이다. 즉, 현재 적용되고 있는 교육과정에 비하면 이는 획기적인 변화라 할 수 있다. 구체적으로 중학교와 고등학교의 교육과정에서의 개정 내용은 다음과 같이 정리할 수 있다.

> 고등학교 교육과정의 경우: 11학교(고2) 역사교과서에서 '동해에서의 베트남 주권 역사'라는 단원이 추가된다. 이 단원에서 제시할 예상 내용은 다음과 같다.
> 첫째, 교통과 경제 분야에서의 동해의 위치 및 그 전략적 중요성
> 둘째, 황사군도와 쯔엉사군도의 위치 및 전략적 중요성
> 셋째, 황사군도와 쯔엉사군도의 중요성과 베트남의 국가보안 및 주요 경제분야 발전
>
> 특히 새로운 교육 내용에는 '베트남이 동해에서 영유권을 주장하는

---

[18] 베트남 교육부, 2018, 『중고등학교 역사 교육프로그램 초안』, 하노이(Bộ Giáo dục và Đào tạo, Dự thảo Chương trình Giáo dục Phổ thông môn Lịch sử, Hà Nội, tháng 10 năm 2018).

과정'을 강조한다. "황사군도와 쯔엉사군도에 대한 베트남의 영유권 역사"라는 항목에 베트남은 황사군도와 쯔엉사군도에서 최초로 영유권을 확립하고 지속적으로 관리한 국가임을 설명하고, 중국이 베트남의 황사군도와 쯔엉사군도를 불법적으로 침범하는 과정과 쯔엉사군도에서의 '5국 6측' 분쟁 현황, 동해를 비롯해 섬, 군도들에 대한 영유권 확립을 위해 노력하는 과정을 소개했다. 이 외에 다음과 같은 내용들도 언급된다.

"베트남은 평화의 방식으로 동해에서의 분쟁 문제를 해결하고자 주장한다"고 서술하며, "영유권 확립을 위한 법률 문서 발행", "1982년 국제연합의 해양법 협약 참가(UNCLOS)", "베트남의 2012년 해양법 발효", "동해에서의 대처규칙(DOC) 구축 계획" 등 구체적인 내용을 포함시킨다.

─ 베트남 교육부가 2018년 8월에 발행한 베트남 12학년(고3) 역사교과서

중학교 교육 내용의 경우 9학년 역사지리 교과서에서 '베트남의 해양주권 지키기'라는 주제로 별도의 단원이 전개된다. 이 단원의 예상 내용은 다음과 같다.

첫째, 베트남의 영해 주권의 역사적, 법적 근거
둘째, 베트남 해양의 전략적 역할
셋째, 베트남의 영해(황사와 쯔엉사)에 대한 역사적 또는 법적 근거 제시
넷째, 해양 및 대륙붕에서의 주권 확립 또는 주권 보호를 진행하는 과정에서의 도서들의 전략적 역할

─ 베트남 교육부가 2018년 8월에 발행한 9학년(중4) 역사교과서

이처럼 현재 적용되고 있는 교육 내용에 비하면 새로운 교육 내용에는 영토교육이 혁신적인 변화를 내포하고 있다. 반면 구판 교과서는 동해에서의 베트남의 주권에 대한 내용이 공식적으로 서술되지 않았으며, 이는 법적 효력성을 지니지 못한다.

정리해보면 구판 교과서에서는 황사와 쯔엉사에 대한 주권 내용이 지도들을 통해서만 표시되고 있으나 그 개수는 많지 않다. 황사와 쯔엉사 영유권에 대한 기왕의 교육 내용들은 정규 교육 내용 이외 특강이나 기타 활동들을 통해서 이루어졌으며 교육기관이 스스로 결정해서 진행했다. 또한 이 문제와 직접적 연관성이 있는 지역들(다낭, 칸화, 꽝아이)에서만 필수교육으로 진행했다.

그러나 신판 교과서는 동해에서의 베트남 영유권이 공식적으로 언급되고, 이 내용들은 법적 효율성을 지닌다는 점을 주목할 필요가 있다. 이 내용들의 교육 시간도 상당히 많다(전체 내용의 85% 차지). 이와 함께 지도, 그림 등 시각적 자료들도 더 많이 사용되었다. 그렇다면 이러한 변화들은 왜 일어났을까?

첫째, 나라의 발전과 국제화가 되어 가는 시대적 요구 앞에 베트남의 교육철학과 관점도 잇따라 변화하게 되었다. 역사교육 내용을 통한 영토교육과 마찬가지로, 베트남은 '완료되고 해결된' 사건들만 언급하던 원칙에서 학생들에게 나라의 역사에 대한 더 총체적인 인식을 비롯하여 민족의 도전 또는 앞으로 해결해야 할 문제 등을 제시하는 원칙으로 바꾸었기 때문이다.

둘째, 동해에서의 분쟁문제가 동남아시아 지역뿐만 아니라 국제적으로도 이슈가 되며, 특히 이 문제에 대한 중국의 태도 및 행동으로 문제가 날이 갈수록 심각해졌기 때문이다. 이러한 이유들로 베트남에서는 젊은 세대를 위한 영토교육을 매우 중요시하고 강화하는 것이다.

IV. 맺음말

이웃나라들 간의 영토 분쟁 해결은 상당히 어렵고 복잡한 문제이며, 무엇보다도 시간이 필요하다.

국제법을 준수하고 평화적인 방법으로 분쟁을 해결하는 것은 평화로운 세계를 구축하고 국가가 공존할 수 있는 바탕이다. 나라마다 자국의 교육철학이 있으며 이를 존중해야 한다. 또한 나라마다 자국의 이익을 지켜야 한다. 그러나 자국만의 이익을 위해서 다른 나라의 이익을 침범하거나 국제법을 위반할 수 있다는 것은 아니다. 교육은 한 나라의 미래를 비롯하여 세계의 평화 및 보안에 있어 매우 큰 역할을 한다. 교육은 나라를 이끌 국민을 만들어내기 때문이다. 따라서 민족성과 애국심을 가지면서도 세계의 평화 및 주변국과의 우호관계를 유지하기 위해 객관적이고 올바른 사고를 가질 수 있는 시민이 되도록 교육하는 것은 매우 필요한 것이다.

이에 분쟁 중인 문제, 특히 동해에서 구단선을 표시하고 황사군도와 쯔엉사군도가 자국의 관할 지역이라 주장하며, 외교·국제 법리 측면에서나 인정받지 못하는 중국 사례와 같은 영유권에 대한 내용을 교육과정에 포함시킬 때는 특히 신중해야 한다. 이러한 내용을 정규 교육 내용에 언급할 때는 다음과 같은 원칙으로 진행해야 한다.

첫째, 객관적이고 사실적으로 서술해야 한다. 특정한 사건에 대해서 언급할 때 그 사건과 관련된 역사적 사실과 분쟁현황도 함께 언급해야 한다. 또한 국제사법재판소나 국제여론의 동정을 얻을 수 있는지 등 그 사건에 관한 법리적인 현황도 포함시켜야 한다(국가 실효지배성과 국제적 법리성 모두).

둘째, 극단적 민족성을 과도하게 고취시키면 안 된다. 영토 영유권과 민족에 대한 교육 내용을 통해 극단적인 민족성을 내세우면 안 된다. 세계를 바라본 독일 파시스트의 극단적인 주장은 이에 해당하는 사례이다.

한 국가의 교육이 인간미가 있고 평화로운 공존을 위한 정신, 그리고 자국의 이익을 지키되 다른 국가의 이익을 침범하지 않는 바탕에 의한 교육이라면 우수한 교육시스템이다.

셋째, 연구자로서 필자는 다음과 같은 제언을 하고자 한다. 한국이나 일본, 중국, 베트남 등과 같은 영토분쟁 문제를 안고 있는 국가들 간에 학술대회나 출판, 학자 교환, 공동 연구팀 구축 등 다양한 협력을 통해서 의미 있고 상호 이해를 위한 활동들이 지속적으로 이루어져야 할 것이다.

참고문헌

베트남 교육부, 2018, 『중고등학교 역사 교육프로그램 초안』, 하노이(Bộ Giáo dục và Đào tạo, Dự thảo Chương trình Giáo dục Phổ thông môn Lịch sử, Hà Nội, tháng 10 năm 2018).

『12학년 역사교과서』, 베트남교육출판사, 2012(Sách giáo khoa Lịch sử lớp 12, Nxb. Giáo dục Việt Nam, 2012).

『역사와 사회』 7, 상권, 인민교육출판사, 2004(Lịch sử THPT, Tự chọn, Quyển 3, Nxb Giáo dục Nhân dân, Bắc Kinh, 2007. Lịch sử và Xã hội 7, Quyển thượng, Nxb Giáo dục Nhân dân, Bắc Kinh, 2004).

『역사와 지리교과서』, 베트남교육출판사, 하노이, 2015(Sách giáo khoa Lịch sử và Địa lí, Ban cơ bản, Nhà xuất bản Giáo dục Việt Nam, Hà Nội, 2015).

응웬꽝응옥, 『황사대: 17, 18세기와 19세기 베트남의 동해에 대한 독특한 주권 확립 방법』 (Nguyễn Quang Ngọc, Đội Hoàng Sa: Cách thức thực thi chủ quyền độc đáo của Việt Nam trên các vùng quần đảo giữa biển Đông trong các thế kỷ XVII, XVIII và đầu thế kỷ XIX. ivides.vnu.edu.vn).

응웬왕조국사관, 『대남실록』 3권(역), 교육출판사, 하노이, 2006(Quốc sử quán triều Nguyễn, Đại Nam thực lục, tập III (bản dịch), Nxb. Giáo dục, Hà Nội, 2006. Reuteurs, 22 November 2015, Chinese opinion in Press Conference in Kuala Lumpur, Malaysia).

응웬낌, 해외기사, 황사와 쯔엉사에서의 베트남의 주권 확립에 대한 고문헌(Nguyễn Kim, Hải ngoại ký sự, Tư liệu cổ về thực thi chủ quyền của Việt Nam tại Hoàng Sa và Trường Sa. biendong.net).

응웬티투튀, 2013, 「중국 역사와 사회 교과서에서 나타난 구단선에 대하여」, 학술대회 역사연구와 교육에서의 동해문제, 하노이사범대학교 역사학과(Nguyễn Thị Thu Thủy, Về cái gọi là bản đồ "đường chữ U" trong Sách giáo khoa Lịch sử và Xã hội (Trung học cơ sở) của Trung Quốc, Hội thảo: Vấn đề Biển Đông trong nghiên cứu và giảng dạy Lịch sử, khoa Lịch sử, trường Đại học Sư phạm Hà Nội, tháng 3/2013).

팜티튀빈, 2012, 「황사와 쯔엉사군도에 대한 베트남 주권을 나타내는 뜨득왕조 교과서 지도」, 『역사연구잡지』 10(438)(Phạm Thị Thùy Vinh, Sách giáo khoa thời Tự Đức về bản đồ khẳng định chủ quyền của Việt Nam đối với hai quần đảo Hoàng Sa và Trường Sơn, Tạp chí Nghiên cứu lịch sử, số 10(438), 2012).

프랑스 국방부, 해군부, UU-SUP: 동양전쟁, UU-SUP 12, 쯔엉사군도, 1956.7.25. 전신 (MFD, SHM, Série UU-SUP: Guerre d'Indochine, UU-SUP 12: Iles Spratley, Message du 25 juillet 1956 / Bộ Quốc phòng Pháp, Bộ phận Hải quân, UU-SUP: Chiến tranh Đông Dương, UU-SUP 12, Quần đảo Trường Sa, Điện tín ngày 25 tháng 7 năm 1956).

프랑스 외교부, 아시아-태평양, 정치와 통상위원회, 1940.8.10.협약서(MFAE, ASIE-OCEANIE, Direction des Affaires Politiques et Commerciales, Note du 10 août 1940/Bộ Ngoại giao Pháp, Châu Á-Thái Bình Dương, Ban Chính trị và Thương mại, Bản ghi nhớ ngày 10/08/1940).

프랑스 외교부, 아시아-태평양, 중국, 아시아-태평양 위원회의 1930.5.15.협약서(MFAE, Asie-Oceanie, Chine, Note du 15 mai 1950 de la Direction d'Asie-Océanie/Bộ Ngoại giao Pháp, Châu Á-Thái Bình Dương, Trung Quốc, Bản ghi nhớ ngày 15/5/1930 của Ban Châu Á-Thái Bình Dương).

프랑스 외교부, 정치와 식민지위원회, 동양전권정부의 협약서, 하노이 1921.5.16(MFAE, Directions des Affaires Politiques et Indigènes, Note du Gouvernement Général de l'Indo-Chine, Hanoi le 6 mai 1921 / Bộ Ngoại giao Pháp, Ban Chính trị và Thuộc địa, Bản ghi nhớ của Chính phủ Toàn quyền Đông Dương, Hà Nội ngày 16 tháng 5 năm1921).

『인민신문』, 2001.5.28.

뚜옛마이, 『황사 쯔엉사에 대한 수업 시간을 늘려야』(laodong.com.vn/Xa-hoi/Can-tang-gio-hoc-ve-Hoang-Sa-Truong-Sa/63930.bld, 게재일 2012.5.11.)(Tuyết Mai, Cần tăng giờ học về Hoàng Sa, Trường Sa, cập nhật ngày 11/5/2012).

2
중국 고등학교의 국방교육
국방교육교재의 내용을 중심으로

김지훈 아시아평화와역사연구소 연구위원

I. 머리말

현재 중국은 초등교육부터 고등교육까지 역사교육 전반을 국정화하고 있다. 초중등 과정의 역사교과서를 단일한 국정교과서로 편찬하고 있고[1] 대학교의 역사교재도 단일 교재를 사용하는 흐름을 보이고 있다.

중국은 국민개병제를 원칙으로 학생들을 대상으로 국방교육을 실시

---

1 중국은 2016년에 9종의 중학교 역사교과서를 편찬했다. 그러나 중국정부는 2017년 9월 1일부터 모든 초중등학교의 『어문』, 『역사』, 『도덕과 법치』 세 교과목을 교육부에서 편찬한 단일교과서(部編本)를 사용하기로 결정했다. 그 결과 2016년에 발간된 9종의 중학교 역사교과서 가운데 인민교육출판사를 제외한 8종의 역사교과서는 2019년 봄학기를 마지막으로 사용이 중단된다. "全國中小學統一使用"部編本"敎材", "人敎版""蘇敎版"卽將成爲歷史", 『南方週末』, 2017.8.31(www.infzm.com/content/128156).

하고 있다. 중국의 국방교육은 국방 관련 법규와 이론, 군사교육 등 국가 안전과 관계된 내용을 교육하고 있다. 1985년 국가교육위원회와 중국인민해방군 총참모부, 총정치부에서 「고등학교 학생군사훈련대강」을 제정하여 대학교에서 14일 정도의 군사훈련을 시범적으로 시작했다.[2]

2003년 1월 교육부와 중국인민해방군 총참모부, 총정치부는 「고급중학 학생군사훈련 교학대강」을 반포하여 고등학교에서 국방교육을 실시하기로 했다. 중국 고등학교 군사훈련은 「중화인민공화국 국방법」, 「중화인민공화국 병역법」, 「중화인민공화국 국방교육법」 등에 근거하여 제정되었다.

중국 고등학교 학생군사훈련 교육은 중국공산당의 교육방침에 의거하여 인재를 배양하고 국방 후방 역량을 강화하기 위하여 시행한다고 한다. 그 목적을 달성하기 위하여 학생들에게 군사훈련과 교육을 실시하여 기본 군사 지식과 기능을 파악하고, 국방에 대한 관념과 국가안전의식을 증강시키며, 애국주의와 집단주의, 혁명 영웅주의 관념을 강화하여 인민해방군의 예비군을 배양하려는 것이라고 한다.[3]

중국 고등학교의 국방교육은 이론과 실제 군사훈련을 염두에 두고 이루어지고 있다. 여기서는 중국의 고등학교 국방교육에서 다루고 있는 군사훈련체계와 국방과 인민해방군의 역사를 중심으로 그 내용을 검토해보겠다.

---

2 王亞楠, 2015, 「中美兩國國防教育內容比較」, 『學理論』 2015-24, 110쪽.
3 「敎育部, 總參謨部, 總政治部關于印發《高級中學學生軍事訓練敎學大綱》的通知」 (2003.1.30), 『敎育部政報』 2003.5.28, 217쪽.

II. 고등학교 군사훈련의 체계

「고급중학 학생군사훈련 교학대강」에 의하면 고등학교 학생들의 군사훈련은 집중 군사훈련과 군사지식 강좌의 두 부분으로 구성되어 있고 7~14일 동안 실시하도록 했다.[4]

고등학교 군사교육은 집중군사훈련과 지식강좌의 두 부분으로 구성되어 있다. 집중훈련 '1. 국방법규'에서는 「중화인민공화국 국방법」, 「중화인민공화국 병역법」, 「중화인민공화국 국방교육법」의 학생 군사훈련 관련 규정을 이해하여 학생들이 병역의무를 이행해야 한다는 것을 자각하도록 교육해야 한다고 하였다.

집중훈련 '2. 인민해방군의 성질, 종지와 빛나는 전통'에서는 인민해방군의 성격과 종지(宗旨), 빛나는 전투 역정을 이해하여 중국인민해방군의 빛나는 전통의 기본 내용을 숙지하여 학생들이 인민군대를 사랑하는 감정을 배양하도록 했다. 이 부분에서는 인민해방군의 전투, 중국공산당이 군대를 영도하는 기본 원칙, 인민해방군의 인민을 위해 복무한다는 종지와 간고분투하는 정치적 특색, 인민해방군의 정부를 옹호하고, 인민을 사랑하며, 간부를 존중하고 병사를 사랑하는(擁政愛民, 尊干愛兵) 원칙, 엄격한 기율, 정치·군사·경제의 3대 민주, 일체의 적과 곤란을 압도하는 혁명적 영웅주의, 애국주의 등을 가르치도록 규정하였다.

집중훈련 '3. 공동수칙(共同條令)'에서는 인민해방군의 「기율조령」과 「대열조령」 등 각종 군율에 대한 교육과 훈련을 포함하고 있다.

---

[4] 14일 동안 군사훈련을 하는 것이 원칙이지만, 지역 사정에 따라 조정을 하더라도 7일 이상 교육할 것을 요구하고 있다.

표 1 군사훈련 시수 배분표(「고급중학 학생군사훈련 교학대강」)[5]

내용		시수	
집중훈련	국방법규	2	83
	인민군대의 성질, 종지와 빛나는 전통	4	
	공동수칙(共同條令)	51	
	경무기사격	10	
	각개전투(單兵戰術)	6	
	전쟁부상자 구호	4	
	독도법	6	
지식강좌	군사사상	3	15
	군사과학기술	3	
	현대 국방	3	
	국제전략 환경	3	
	하이테크 전쟁	3	
합계		98	

집중훈련 '4. 경무기 사격'에서는 개인화기 사격의 기초지식과 반자동소총의 사격 요령 등을 교육시키도록 하고 있다. 특히 조건이 갖추어진 곳에서는 100m 실탄사격훈련을 하여 5발을 사격하여 3발 이상 명중해야 합격이라는 평가 지침을 제시하고 있다.

집중훈련 '5. 각개전투(單兵戰術)'에서는 전투에서 지형지물의 이용과 엎드리기, 일어나기, 포복 전진 등을 교육하고 낮은 포복으로 10m를 20초 이내에 통과하도록 규정하고 있다.

집중훈련 '6. 부상자 구호'는 부상자 구호의 역할과 종류, 응급처치 방법 등을 가르치도록 하고 있다. 구체적으로는 부상자 구호를 위한 상처

---

5   주 3의 자료, 218쪽.

싸매기, 지혈, 고정, 운반, 인공호흡 등을 가르치도록 규정하였다.

집중훈련 '7. 독도법'에서는 지형에 대한 기본지식을 파악하고 독도법에 대한 기본 지식과 지형 판독 지도를 보고 행진하는 법을 가르치라고 하였다.[6]

군사훈련의 지식강좌는 다음의 내용을 가르치도록 하고 있다.

군사훈련 지식강좌 '1. 군사사상'에서는 군사사상의 형성과 발전과정, 군사실천의 지도 작용과 과학적 전쟁관과 방법론 등을 가르치도록 했다.

군사훈련 지식강좌 '2. 군사과학기술'에서는 군사과학기술의 분류와 발전 추세, 현대작전에 대한 영향을 이해하고 "과학기술이 제1의 생산력"이라는 관점을 수립해야 한다고 강조하고 있다.

군사훈련 지식강좌 '3. 현대 국방'에서는 중화인민공화국 국방건설의 주요 성취와 국방 영도체제와 국방정책 등을 가르치도록 했다.

군사훈련 지식강좌 '4. 국제전략환경'은 국제전략환경의 개황과 중국 주변 안전 환경의 역사와 현황을 이해하여 중국의 안보 환경의 복잡성을 인지하고 국가안전의식을 증강시키는 것을 목적으로 하고 있다.

군사훈련 지식강좌 '5. 하이테크 전쟁'은 하이테크 전쟁의 변화과정과 발전 추세와 특징을 이해하고 과학기술과 전쟁의 관계를 인식하여 하이테크 전쟁에서 승리한다는 믿음을 강화하도록 하고 있다.

이러한 교육에 대한 평가는 우수(優), 우량(良), 합격, 불합격의 네 가지 등급으로 평가하도록 하고 있다. 이 군사훈련 평가는 학적부에 기록하여 대학입시에 중요한 근거로 반영하도록 하고 있다.[7]

---

6 주 3의 자료, 218-220쪽.
7 주 3의 자료, 221쪽.

베이징지역의 고등학교에서 사용하는 성구지도출판사의 『국방교육상식(상)』은 「고급중학 학생군사훈련 교학대강」에 의거하여 편찬했다. 중국교육부의 국가검정을 받은 교과서는 아니고 베이징시에서 사용하는 국방교육 보조교재이다.

이 교재는 국방교육을 강화하고 사상을 강화하며 국방지식을 증대하고 애국심을 강화하기 위한 것이다. 이 교재는 교육부에서 반포한 「중소학 국방교육대강」과 국방동원위원회에서 반포한 「전민 국방교육대강」에 의거하여 편찬했다.

이 교재는 중국의 국방문제에 대한 주요 내용을 포함하고 있다. 이 교과서는 군사사상, 국방건설, 병역제도, 국방법률법규, 공동조령, 인민군대, 중국근현대 국방역사, 중국 국방지리, 애국주의 교육기지, 군사훈련, 국방건설 성취, 중국 군사력(무장역량)의 구성, 중국 군사력의 운용, 국방동원, 국방과학지식, 정보화전쟁의 기본 상식, 국제전략환경과 중국안전정세, 전쟁 부상자 구호, 독도법 등의 국방 관련 주제를 포괄하고 있다.

이 교재는 애국주의사상 배양을 강조하고 있다. 이 교재는 애국주의사상을 고양시키기 위해 중국의 역사에서 민족영웅과 혁명 선열의 사례를 들어 국방을 위해 헌신한 의지와 정신을 청소년들에게 가르쳐 국가를 사랑하고, 영웅을 존경하며 국방에 헌신하도록 하고 있다.

이 교재는 군사상식, 무기장비, 군사과학 기술의 발전, 작전형태의 변화 등 시대적 특징을 반영하고 있다.

이 교재는 가독성을 중시하고 있다. 이 교재들은 각종 지도와 사진 등을 수록하고 편집에서도 학생들이 초보적인 지식에서 심화된 지식을 습득할 수 있도록 하고 있다.

이 교재는 국방대학과 군사과학원, 스자좡(石家庄) 육군지휘학원의 관

표 2 『국방교육상식(상)』 목차[8]

장 제목	절 제목
제1장 군사사상	제1절 마르크스주의 군사사상 제2절 중국 고대, 근대 군사사상 제3절 중국 현대 군사사상
제2장 국방건설	제1절 국방방침정책 제2절 당의 제19차 당대회의 국방건설에 대한 요구 제3절 국방영도체제
제3장 병역제도	제1절 중국역대 병역제도 발전사 제2절 중국인민해방군 건립 이래의 병역제도 발전단계 제3절 현행의 병역제도 제4절 중국의 병역공작
제4장 국방법률법규	제1절 개술 제2절 지위와 작용 제3절 국방법규 소개
제5장 공동조령	제1절 「중국인민해방군내무조령(시행)」 제2절 「중국인민해방군기율조령(시행)」 제3절 「중국인민해방군대열조령(시행)」
제6장 위대한 인민군대	제1절 인민군대의 빛나는 성장 역정 제2절 인민군대의 종지와 우량한 전통 제3절 인민군대의 직능임무
제7장 중국근현대 국방역사	제1절 근현대 국방 제2절 중화인민공화국 성립 후의 국방 제3절 국방역사의 계시
제8장 중국 국방지리	제1절 요지와 관애 제2절 도서와 해협 제3절 베이징시 국방지리
제9장 애국주의 교육기지	제1절 화하문명의 축영 제2절 대외 굴욕을 저지한 증명 제3절 혁명투쟁의 성지 제4절 베이징시의 일부 애국주의 교육기지
제10장 군사훈련	제1절 대열 훈련 제2절 단병전술 훈련 제3절 경무기 사격

---

8   『國防敎育常識』編寫組, 2018, 『國防敎育常識(上)』, 星球地圖出版社, 1-2쪽.

련 전문가들이 참여했다.[9] 이『국방교육상식(상)』교재는 모두 10장으로 <표 2>와 같이 구성되어 있다.

『국방교육상식(상)』제1장 군사사상에서는 마르크스주의 군사사상과 중국의 고대부터 근현대까지의 군사사상을 다루고 있다. 제2장 국방건설에서는 현재 중화인민공화국의 국방정책과 국방건설, 국방영도체제를 설명하고 있다. 제3장 병역제도에서는 중국의 병역제도 변천과 중국인민해방군 건립 이후 현재까지의 병역제도를 다루고 있다. 제4장 국방법률 법규에서는 중국인민해방군의 국방법규를 소개하고, 제5장에서는 「중국인민해방군내무조령」, 「중국인민해방군기율조령」, 「중국인민해방군대열조령」 등 중국인민해방군 현역 군인들의 각종 법규를 소개하고 있다. 제6장 위대한 인민군대에서는 중국인민해방군의 역사와 전통, 임무 등을 소개하고 있다. 제7장 중국근현대 국방역사에서는 청 말부터 현재까지 중국 국방역사를 설명하고 있다. 제8장 중국 국방지리에서는 중국의 지형과 군사적 의미를 가진 요충지와 학생들이 거주하고 있는 베이징에 대해서 소개하고 있다. 제9장 애국주의 교육기지에서는 중국역사에서 중요한 의미를 지닌 역사적 공간과 베이징시의 애국주의 교육기지를 소개하고 있다. 제10장 군사훈련에서는 대열 훈련과 단병전술 훈련, 경무기 사격 등 구체적인 군사훈련에 관한 지식을 설명하고 있다.

성구지도출판사의 고등학교『국방교육상식(하)』는 <표 3>과 같은 내용을 다루며 9개 장으로 구성되어 있다.

『국방교육상식(하)』는 중화인민공화국의 국방건설과 중국인민해방군과 중국인민무장경찰부대, 민병 등 군사력의 현황과 역할 등을 소개하

---

9 『國防敎育常識』編寫組, 2018, 서문.

표 3 『국방교육상식(하)』 목차[10]

장 제목	절 제목
제1장 국방건설 성취	제1절 중국특색의 무장역량 영도 체제 건설 제2절 군대 건설에서 비약적 진전 제3절 각 부문을 고르게 갖춘 종합적 국방과학기술 공업 체제 제4절 국방 지원 역량 건설에서 장족의 발전
제2장 중국 군사력(무장역량)의 구성	제1절 중국인민해방군 제2절 중국인민무장경찰부대 제3절 민병
제3장 중국 군사력의 운용	제1절 국가주권, 안전 영토 완정의 보위 제2절 국가경제사회 건설 지원 제3절 세계 평화와 지역 안정 수호
제4장 국방동원	제1절 국방동원의 지위와 작용 제2절 국방동원의 기본 내용
제5장 국방과학지식	제1절 국방 과학기술 개술 제2절 국방 하이테크 기술의 함의와 분류 제3절 국방 하이테크 기술의 실제 응용 제4절 국방 하이테크 기술이 전쟁에 미친 영향 제5절 국방 하이테크 첨단 영역의 발전
제6장 정보화전쟁의 기본 상식	제1절 정보화전쟁의 맹아와 발전 제2절 정보화전쟁과 우리 나라 국방 건설 제3절 정보화 무기 장비가 작전에 미친 영향 제4절 정보화전쟁 기본 작전 형식
제7장 국제전략환경과 중국안전 정세	제1절 국제전략 환경 제2절 미국, 러시아 군사전력 체제 제3절 중국 국가안전 환경
제8장 전쟁 부상자 구호	제1절 전쟁 부상자 구호 방법 제2절 전쟁 부상자 구호 5개 기술
제9장 독도법	제1절 지도의 식별 제2절 지형도 판독 제3절 지도에 따른 행진 제4절 간단한 측량 방법

[10] 『國防教育常識』編寫組, 2019, 『國防教育常識(下)』, 星球地圖出版社, 1-2쪽.

고 있다. 이 교재는 국방 관련 하이테크 기술과 정보화전쟁 등 최신의 군사지식을 설명하고 있다. 주목할 만한 것으로 현재 중국을 둘러싼 국제전략 환경과 중국을 둘러싼 안보 환경에 대해서 지역별로 비교적 상세한 소개를 하고 있다. 군사훈련을 위해서 전쟁 부상자 구호와 독도법에 대한 기본적인 지식도 함께 소개하고 있다.

III. 중국 국방의 역사

1. 전쟁의 개념과 군사사상

『국방교육상식(상)』 제1장 군사사상에서는 전쟁과 군대, 국방 관련 기본 문제에 대한 군사실천의 경험과 이론에 대해 개괄하고 있다.

군사사상에서는 마르크스주의 군사사상, 중국 고대, 근대 군사사상, 중국현대 군사사상을 다루고 있다.

이 교과서는 마르크스주의 군사사상의 역사적 배경과 기본 내용을 소개하고 있다. 이 교재는 전쟁의 기원과 소멸, 전쟁의 본질, 전쟁의 성질, 전쟁의 근원, 전쟁과 평화, 전쟁과 혁명, 전쟁의 승리 요인, 사회발전 속에서 전쟁의 지위와 작용 등의 이론을 소개하고 있다.

이 교재는 사유재산과 계급이 형성되면서 전쟁이 일상화되었고 계급과 국가가 소멸해야 영원히 전쟁이 소멸되고 영구적인 평화가 실현될 수 있다고 했다. 또한 전쟁을 정의와 비정의로 구분하는데 정의의 전쟁은 사회의 진보를 이끄는 것이고, 사회의 진보를 저해하는 것이 비정의의 전쟁이라고 했다. 구체적으로 계급 착취와 민족 압박에서 벗어나려 하고 외적의 침략을 막는 것은 정의의 전쟁이고, 계급과 민족의 해방투쟁을 압살하거나 타국의 인민을 약탈하는 전쟁은 비정의의 전쟁이라고 했다.

이 교재는 고대부터 이미 『군정(軍政)』과 『군지(軍志)』 등의 군사문헌 등이 있었으며, 세계적인 수준의 군사사상을 가지고 있었다고 한다. 고대 중국의 군사사상 가운데 손무의 『손자병법』은 세계 군사사상 발전의 이정표라고 할 수 있고 세계에서 공인된 현존하는 최초의 병서라고 찬양하고 있다.

특히 제1장에서는 현대 군사사상에서 마오쩌둥의 군사사상을 인민군대 사상, 인민전쟁 사상, 인민전쟁전술, 혁명적 전쟁관과 방법론, 국방건설 사상 등으로 설명하고 있다. 마오쩌둥의 인민군대 사상은 인민군대를 건립하는 것이 무장투쟁의 가장 중요한 문제로 인민군대는 인민전쟁의 주요 조직형식이고 중국공산당이 영도하는 인민군대는 혁명정치임무를 집행하는 무장집단으로 인민을 위해 복무하는 것이 그 종지(宗旨)이고 근본 속성이라고 한다.

인민전쟁에 대해서 이 교과서는 인민군중은 혁명전쟁의 가장 심후한 근원으로 혁명전쟁의 주체이자 승리의 근본이라고 한다. 인민전쟁의 사상은 중국공산당이 영도하는 무장투쟁을 지도하는 노선이고 마오쩌둥 사상의 핵심이며 모든 전략전술의 기초가 된다고 한다.

인민전쟁의 전략 전술에 대해서는 인민군대가 "자신을 보존하고 적을 소멸"시키는 것이 전쟁의 목적이라고 하고 있다. 혁명적 전쟁관과 방법론에 대해서 마오쩌둥은 변증법적 유물론과 사적 유물론을 운용하여 전쟁의 기원과 성질, 목적과 현대전쟁의 근원에 대해서 설명하여 중국혁명전쟁의 지도 규율과 마오쩌둥 군사사상의 이론적 기초를 제시했다고 한다.

마오쩌둥 군사사상은 중국공산당원이 중국혁명전쟁의 경험을 과학적으로 총결(總結)한 지혜의 결정이고, 전 당, 전 군과 인민군중이 중국혁명 가운데 제시된 총명한 지혜이며 마오쩌둥 군사사상의 고귀한 원천으로 마오쩌둥은 마오쩌둥 군사사상을 기초하고 집대성했다.[11]

결론적으로 마오쩌둥 군사사상은 반식민지, 반봉건의 중국에서 무장하여 정권을 탈취하고 인민군대 건설과 사회주의 건설시기 국방건설의 이론과 실천문제를 해결했다고 높이 평가하고 있다.

또한 이 교재는 덩샤오핑과 후진타오의 군대건설 사상을 소개하고 있으며, 시진핑 신시대 강군사상을 강조하고 있다. 시진핑의 정치건군(政治建軍), 개혁강군(改革强軍), 과학기술흥군(科技興軍), 의법치군(依法治軍)과 군대에 대한 당의 절대적 영도 등을 강조하고 있다. 이와 함께 2017년 7월 30일 시진핑 주석이 중국인민해방군 90주년 열병식에서 사열을 하는 사진을 게재하고 있다.[12]

이 교재는 현재 중국의 국방정책을 이해시키기 위하여 시진핑의 신시대 강군사상을 중점적으로 설명하고 있다.

2. 중국근현대 국방 역사

『국방교육상식(상)』 제7장 중국근현대 국방 역사에서는 1840년 아편전쟁 이후 1949년까지 100여 년의 근대사에서 청왕조가 외침을 막지 못하

---

11 『國防敎育常識』編寫組, 2018, 7쪽.
12 『國防敎育常識』編寫組, 2018, 1-11쪽.

고 반식민지 반봉건사회로 점차 전락했다는 점을 서술하고 청왕조의 강역과 변경 방어를 위한 노력과 아편전쟁, 제2차 아편전쟁, 청프전쟁, 청일전쟁, 1900년 8개국 연합군의 침입 등을 서술하고 중화민국시기 군벌의 혼전과 중국공산당 성립, 일본의 침략과 해방전쟁, 중화인민공화국 수립 등을 서술하고 있다.

이러한 구분은 중국이 근대 이후 서구 열강의 침략으로 어려움을 겪은 근대 역사와 중국혁명에서 승리한 중국공산당이 수립한 중화인민공화국을 대비시키고 있다.

중화인민공화국 수립 이후는 1949년 10월부터 1953년 초창기, 1953년 12월부터 1966년 6월 전면 건설단계, 1966년 5월부터 1978년 곡절 발전 단계, 1978년 12월 이후 국방현대화 건설 신시기 등 네 시기로 나누어 설명하고 있다.

이러한 중화인민공화국 시기의 국방 시대 구분은 중국인민해방군의 발전 과정을 중심으로 나눈 것이라고 할 수 있다. 이 구분은 중화인민공화국사의 일반적인 시대구분과 일치하고 있다.

1949년 10월부터 1953년의 초창기는 한국전쟁에 참전하여 승리를 했고 적군 109만 명을 섬멸하여 미제국주의자들이 휴전협정에 조인할 수밖에 없도록 했다고 찬사를 보내고 있다. 중국공산당과 중국인민해방군의 역사에서 '항미원조전쟁(抗美援朝戰爭: 한국전쟁)'은 중요한 의미를 가지고 있다. 중국은 미국을 넘어서는 세계 제1의 국가가 되려는 열망을 가지고 있다. 과거 한국전쟁에 참전해서 미국과 싸웠던 중국은 미국의 한반도 침략에서 북한을 도와서 항미원조전쟁에서 승리했다고 한다. 미국과 싸워서 승리했다는 항미원조전쟁은 중화인민공화국 수립 이후 중국공산당의 중요한 업적으로 부각시키고 있기 때문에 중국의 국방교재에서도 그 의미가 강조되고 있다.

이 교재는 국방 역사는 경제의 강성이 국방이 강대해지는 기초이고, 국가의 통일과 민족의 단결이 국방의 관건이며 군의 현대화가 국방 발전의 근본이라는 점을 강조하고 있다.[13]

제7장에서는 제1절 근현대 국방에서 청조 후기 특히 1840년 아편전쟁이 발발하여 서방 식민주의자들이 침입했으나 당시 국가는 있지만 방어를 하지 못하는 상황 속으로 내란이 발생하고 외환(外患)이 끊임없이 계속되어 반식민지 반봉건사회로 전락했다고 한다.

청왕조에 대해서는 군사지도체제와 군사력, 병역제도 등을 설명하고 있다.

군사지도체제에 대해서는 1840년 이전 청조정부는 의정왕대신회의(議政王大臣會議), 병부(兵部), 군기처(軍機處)를 설립하여 고위 군사정책과 통수기구로 삼았다. 아편전쟁 이후에 '양무신정(洋務新政)'을 실시하면서 총리아문(總理衙門)이 설립되었다. 1900년 8개국 연합군이 중국을 침입한 후 청왕조의 통치자들은 군사력이 낙후되었다는 것을 절감하고 군제개혁을 통하여 강군을 육성하려고 총리아문을 외무부로, 원래의 병부를 철폐하고 육군부를 설치했다.

군사력 부문에서는 청군이 입관(入關: 산하이관 안의 내지로 들어옴) 전에는 팔기병(八旗兵)이 주축이었으나 입관 이후 병력 부족을 해결하기 위해 투항한 명군(明軍)과 신병을 모집하여 한인 단독으로 녹영(綠營)을 설립했다. 1851년 이후 태평천국운동을 진압하기 위하여 함풍제는 각지의 신사(紳士)에게 향용(鄕勇)을 편성할 것을 호소하여 상군(湘軍)과 회군(淮軍)

---

13 『國防敎育常識』編寫組, 2018, 56-67쪽.

이 점차 청군의 주력이 되었다. 청일전쟁 이후에는 신군이 편성되기 시작했다.[14]

병역제도 면에서 팔기군이 실행한 것은 병민합일(兵民合一)의 민군제(民軍制)였다. 청조정부는 모든 16세 이상의 만주족 남자는 모두 병정(兵丁)으로 16세가 되지 못한 경우 양육병(養育兵)으로 편성하여 예비병력으로 삼았다. 녹영병은 모집 이후 병적에 편입했고 그 가족도 병영 안에 거주하여 실제로 녹영병은 직업병이 되었으며 50세가 되면 병적(兵籍)에서 해제되었다. 상군과 회군은 지방 향용에서 발전한 군대이다. 태평천국을 진압한 이후 상군과 회군은 팔기군과 녹영병을 대신하여 청군의 주력이 되었다. 청일전쟁 중 상군과 회군의 대부분이 궤멸되었다. 청정부는 "서양의 방법을 모방하여 신병을 편성하여 훈련한다"는 방침을 시작했다. 신군은 연령과 체격, 교육 정도에서 비교적 엄격한 요구 기준으로 모병했다.[15]

이 교과서는 근현대 국방 역사에서 청왕조의 강역과 변강 방어, 해상 방어 건설에서는 청왕조의 육상과 해상 영토 방어에 대한 서술을 하고 있다. 국내 할거세력과의 투쟁 속에서 분열을 저지하고 국내 각 민족의 단결을 촉진하고 국가의 통일을 수호했고, 외부 침략세력과의 투쟁 속에서 국가의 영토 주권을 보위했다. 이 시기 청의 강역은 서로는 발하쉬호, 추강(楚河: 키르기스스탄 북부와 카자흐사탄 남부를 흐르는 강), 탈라스강(키르기스스탄과 카자흐스탄의 국경 지역을 흐르는 강), 파미르고원에 이르렀고 북으로는 고르노알타이스크, 사얀산맥(몽골 북서부와 남시베리아 사이에 있

---

14 『國防敎育常識』編寫組, 2018, 56쪽.
15 『國防敎育常識』編寫組, 2018, 57쪽.

는 산맥), 동북으로는 외흥안령, 오호츠크해, 동으로는 타이완과 그 부속도서, 남으로는 남해 제도, 서남으로는 광시, 윈난(雲南), 시장(西藏), 라다크(인도령 카슈미르 지역)에 이르는 공전의 통일을 이룬 광활한 다민족 봉건 전제 국가가 되었다. 도광 연간부터 청왕조의 정치가 나날이 부패하였고 변방 방어도 점차 쇠퇴하였으며 기술도 낙후하고 포탄의 위력도 약했으며 사정거리도 짧았다.

이 교재에 의하면 서방 식민주의자들은 이 틈을 타서 무력으로 중국의 쇄국의 대문을 열었다고 한다. 19세기 중엽 이후 중국 홍콩, 마카오, 타이완, 펑후지구를 영국, 포르투갈, 일본이 점령했고, 동북의 우수리강 동쪽과 헤이룽강 이북과 서북의 현재의 광범한 지역이 제정러시아의 침범으로 파미르지역을 제정러시아와 영국이 분할했고, 라다크가 영국에 예속된 카슈미르에 병탄되었다고 한다.[16]

청왕조 후기의 아편전쟁, 제2차 아편전쟁, 청프전쟁, 청일전쟁, 의화단사건 등 다섯 차례의 대외전쟁에 대해서 소개하고 있다.

- 아편전쟁: 1840년 영국 제국주의는 청정부의 아편 금지를 이유로 중국에 대해 전쟁을 일으켰는데 이를 아편전쟁이라고 한다. 1842년 패전한 청정부는 영국의 군함 위에서 중국 역사상 첫 번째로 국권을 상실하는 치욕적인 불평등조약인 난징조약을 체결했다. 중국의 영토와 주권이 손상되고 반식민지 반봉건사회로 전락했다.[17]

---

16 『國防敎育常識』編寫組, 2018, 57-58쪽.
17 『國防敎育常識』編寫組, 2018, 58쪽.

- 제2차 아편전쟁: 1856~1860년 영국은 이미 획득한 이권에 만족하지 못하여 프랑스와 연합하여 '애로우호사건'과 '마션푸사건(馬神甫事件: 西林敎案)'[18]을 구실로 중국에 제2차 아편전쟁을 일으켰다. 전쟁에서 패배한 청정부는 영국과 '중영(中英) 톈진조약'[19]을 체결하고 프랑스와 '베이징조약'을 체결했다. 이때 제정러시아는 청정부와 '아이훈조약'을 체결했다. 중국의 영토 주권은 한층 더 손상당하고 반식민 정도가 더 심해졌다.[20]

- 청프전쟁: 프랑스 식민주의자는 베트남을 완전히 점령한 후 중국의 서남지역을 탐욕스럽게 노리고 있었다. 1884~1885년 중국과 프랑스는 교전했다. 애국 장군 펑즈이(馮子材)는 청군을 이끌고 용감하게 적을 죽였고, 류용푸(劉永福)의 흑기군과 함께 프랑스군을 타격하여 진남관대첩에서 승리하여 프랑스의 쥘 페리 내각이 무너졌다.[21] 그러나 부패한 청정부는 프랑스의 함선과 대포를 두려워하여 프랑스와 중프신약을 체결하여 광시와 윈난 두 성의 일부 권익을 프랑스에 팔아먹어 중국은 패배하지 않았지만 패배하게 되었고,

---

18 프랑스 파리 외방전교회의 중국교구 신부 샤프들랭(Auguste Chapdelaine, 마라이 馬賴, Ma Lai 1814~1856)은 1856년 2월 25일에 광시(廣西)에서 체포되었고, 4일 후에 능지로 사형당했다. 일각에서는 청나라 관리가 뇌물을 요구했는데 샤프들랭이 거절해서 그 관리가 샤프들랭에게 부녀자를 겁탈했다는 누명을 씌워 사형에 처했다고도 한다. 이 사건을 계기로 프랑스는 영국과 함께 제2차 아편전쟁에 참가하여 청나라를 공격했다.

19 역사적으로 톈진에서 체결된 여러 조약이 있어서 '중영 톈진조약'으로 표기하였다.

20 『國防教育常識』編寫組, 2018, 58쪽.

21 패전 전보가 공개되자 곧바로 의회에서 전쟁의 지속 여부를 묻는 논의가 일어났고 전쟁의 수렁에 밀어 넣은 페리 정권에 대한 불신임안 제출 사태로 발전하여 3월 30일에 쥘 페리는 총리에서 해임되었다.

프랑스는 승리하지 못했지만 승리하게 되었다. 청정부의 부패와 무능을 여지없이 폭로했다.[22]

- 청일전쟁: 1894년 일본은 청정부가 조선에 출병한 것을 계기로 청일전쟁을 일으켰다. 북양수사(北洋水師)의 전군은 패배하고 청정부는 일본과 시모노세키조약을 체결하여 중국의 영토가 한층 더 갈기갈기 찢어지고 반식민(半植民) 정도가 더 심해졌으며 민족적 위기가 심화되었다.[23]

- 의화단사건: 1900년 영국, 미국, 독일, 프랑스, 러시아, 일본, 이탈리아, 오스트리아 8개국은 중국에 거주하는 자국민의 '이익'을 보호한다는 구실로 연합군을 결성하여 중국을 침략하는 전쟁을 일으켰다. 패전한 청정부는 8개국과 신축조약을 체결했다. 이 조약은 정치, 경제, 군사 각 방면에서 모두 중국에 대한 제국주의의 식민통치가 광범하게 심화되었다. 또한 청정부는 이미 완전히 제국주의가 중국을 통치하는 도구가 되었고 중국이 완전히 반식민지 반봉건사회로 전락했다는 것을 보여주었다.[24]

이 교과서는 1940년 아편전쟁과 제2차 아편전쟁, 청프전쟁, 청일전쟁, 의화단사건 등을 거치면서 19세기 중국의 청왕조가 반식민지 반봉건 사회로 전락하는 위기 상황에 있었다는 점을 강조하고 있다. 이 교과서는 중국의 근대를 다음과 같이 설명하고 있다.

---

22 『國防敎育常識』編寫組, 2018, 58-59쪽.
23 『國防敎育常識』編寫組, 2018, 59쪽.
24 『國防敎育常識』編寫組, 2018, 59쪽.

1840년 아편전쟁부터 1911년 신해혁명까지 70년간 청정부는 외국 열강과 수백 개의 불평등조약을 체결하여 영토 160여 만 평방킬로미터를 할양했다.…… 중국의 절대 부분 영토는 제국주의의 세력 범위가 되었다. 러시아는 장성 이북, 영국은 장강 유역, 일본은 타이완, 푸젠, 독일은 산둥, 프랑스는 윈난 등을 세력범위로 했다. 중화민족의 아름다운 국토는 갈기갈기 찢어졌다.[25]

이러한 1840년 아편전쟁부터 1911년 신해혁명까지 근대 중국에 대한 서술은 중국공산당이 탄생하기 전까지 중국의 무기력함과 굴욕을 강조하여 그 이후 시대와 대비시키려는 의도를 가진 것으로 보인다.

중화민국시기의 국방에 대해서는 군벌혼전시기와 일본의 중국 침략, 국공내전(해방전쟁)과 중화인민공화국 수립 시기를 다루고 있다.

1911년의 신해혁명은 몇 천 년의 봉건통치를 무너뜨렸지만 혁명이 철저하지 못하여 여전히 중국은 반식민지 반봉건의 상황에서 벗어나지 못했다. 제국주의는 여전히 중국의 대지 위에서 전횡을 일삼고 중국에서 이익을 유지하려고 자신의 대리인을 부식시켰다. 먼저 위안스카이(袁世凱)가 황제를 칭했고, 후에 장쉰(張勳)이 복벽을 했으며, 각파의 군벌은 제국주의를 의지하여 각지에서 할거하여 혼전이 그치지 않았다.[26]

직예파, 안휘파, 봉천파 삼대 군벌은 전후에 중앙정부를 차지하고, 국회의원과 총통을 돈으로 매수하여 선출했으며 국가와 민족의 이익을 팔아먹었다. '21개조'의 체결과 '베르사이유조약' 등 중국 외교의 실패는

---

25 『國防教育常識』編寫組, 2018, 59쪽.
26 『國防教育常識』編寫組, 2018, 60쪽.

북양정부의 부패와 무능을 폭로했다. 중국이 제국주의에 의하여 한층 더 분할되려는 상황 속에서 중화민족이 각성했다고 한다. '5·4운동'을 기계로 중국은 반제 반봉건 부르주아계급 민주혁명의 신단계로 발전했다. 1921년 7월 중국공산당의 성립은 중국인민들의 구망도존(救亡圖存) 투쟁을 새로운 단계로 나아가게 했고 중국 노동자계급이 자각한 모습으로 역사 무대에 등장하기 시작했다.[27]

중국근대사에서 1919년 5·4운동과 특히 1921년 중국공산당의 창당은 중국에서 그 의미를 강조하는 중요한 사건이다. 이 교재도 중국공산당의 창당이 중요한 의미를 가지고 있다는 점을 강조하고 있다.

중국근대사에서 일본의 중국 침략과 이에 대한 중국의 저항은 중요한 요소이다. 중국은 일본의 중국 침략에 대한 항전(抗戰) 속에서 중국인으로서의 일체감을 형성하면서 민족주의가 발전해갔다.

이 교과서는 일본의 침입과 중국인민의 용감한 항전을 다음과 같이 비교적 자세하게 다루고 있다. 이 교과서는 1931년 9·18사변부터 일본의 중국 침략을 다루고 있다.

1931년 9·18사변 당시 중국의 국민정부는 일본의 침략보다 공산당의 토벌에 치중하고 있었다. 이 때문에 이 교과서는 장제스의 외적을 물리치려면 우선 내부의 문제를 해결해야 한다는 '양외필선안내(攘外必先安內)'의 방침을 부저항정책이라고 비판하고 있다. 그러나 중국국민당정부와 대립하고 있던 중국공산당은 선명하게 일본에 대한 항전 방침을 가지고 있었고, 중국국민당의 군인들은 일본의 침략에 맞서 싸웠다고 긍정적인 평가를 하고 있다. 또한 중국국민당과 중국공산당이 영도한 항일군대

---

27 『國防教育常識』編寫組, 2018, 60쪽.

가 일본에 대항하여 싸웠고, 중국 근대사에서 처음으로 완전한 승리를 거두었다고 평가하고 있다.[28]

해방전쟁과 중화인민공화국의 수립에 대해서 중국공산당은 평화를 원하여 항일전쟁 이후 국민당과의 협력을 했지만 장제스는 중국공산당과 공산당의 군대를 없애려 했다고 한다. 그러나 중국공산당은 4년 동안의 해방전쟁을 거쳐 중화인민공화국을 수립했다고 한다. 이 교과서는 장제스가 민의를 배신했고, 장제스의 국민정부를 '장가왕조(蔣家王朝)'였다고 비판하고 있다. 이 교과서는 국민당 가운데 장제스 개인에 대해서는 비판하고 있지만 국민당 군인들의 항전 등에 대해서는 평가하고 있다. 이 교과서가 국민정부를 '장가왕조'라고 한 것은 공화국으로서의 중화민국을 인정하지 않기 때문인 것으로 보인다. 특히 '장가왕조'를 쓰러뜨리고 중화인민공화국을 수립했다고 하여 왕조 타도와 공화국 건립을 대비시키고 있다.

이 교과서는 수천 년 동안 국방역사가 우리에게 계시한 것은 경제발전은 국방을 강대하게 하는 기초이고, 정치개명은 국방을 공고하는 근본이며 국가의 통일과 민족의 단결은 국방을 강대하게 하는 관건이라는 것을 강조하고 있다.[29]

이 교재는 국방역사를 통해서 국방을 강화하기 위해서는 경제 발전과 국가의 통일과 민족의 단결이 중요하다고 강조하고 있다. 이러한 서술은 개혁개방 이후 현재까지 중국정부의 경제 발전을 중시하는 정책을 반영하고 있다고 할 수 있다. 국가의 통일과 민족의 단결은 동유럽 사회주의

---

28 『國防教育常識』編寫組, 2018, 60-61쪽.
29 『國防教育常識』編寫組, 2018, 61-62쪽.

의 붕괴와 소련의 해체 과정을 지켜본 중국정부의 입장에서 주목하고 있는 부분이라고 할 수 있다. 따라서 중국은 국가의 통일과 민족 단결의 정당성을 강조하면서, 이를 저해하는 요인들에 대해서는 앞으로도 강경하게 대응할 것으로 보인다.

이 교재는 국방교육 교재이기 때문에 인민해방군의 긍정적인 역할을 강조하는 경향을 보이고 있다. 이 교재는 국공내전에서 승리한 인민해방군에 대해서 다음과 같이 서술하고 있다.

해방전쟁의 위대한 승리

해방전쟁의 4년 동안 중국인민해방군은 중국공산당의 영도와 전국 인민의 지원 아래 힘든 분전을 거쳐서 국민당군 807만여 명을 섬멸하고 458만 명의 포로와 171만 명의 부상자, 63만여 명의 투항, 114만 명이 봉기를 일으켜 개편되었다. 포로와 사살, 투항, 봉기한 여단급과 준장(少將) 이상의 고급 장교는 1,686명이었다. 시장(西藏) 1951년 5월 중앙인민정부는 시장지방정부와 협의를 달성하여 시장을 평화적으로 해방시켰다. 타이완, 펑후, 진먼, 마쭈와 남해군도 이외의 전체 국토를 해방하여 중국의 운명을 결정하는 전쟁에서 승리했다. 인민해방군은 전쟁 초기의 120여만 명에서 530만 명으로 발전했다.[30]

이 교재는 국민당군 807만 명을 섬멸하고 458만 명의 포로를 확보하는 등 군사적 승리를 거두었다는 점을 강조하고 시장을 평화적으로 해방했다는 점을 강조하고 있다. 이 교과서는 중국인민해방군의 중요한 역사

---

30 『國防敎育常識』編寫組, 2018, 61쪽.

적 공헌으로 항일전쟁에서 승리한 것과 국공내전에서 승리하여 중화인민공화국을 수립한 것을 들고 있다. 이 교과서는 인민해방군이 국공내전에서 국민당군에 승리하여 전 국토를 차지하게 되었다는 점을 강조하고 있다.

이 교재는 중화인민공화국 수립 이후 중국국방의 역사적 단계를 네 단계로 구분하고 있다. 초창기 단계는 1949년 10월부터 1953년까지, 전면 건설 단계는 1953년 12월부터 1966년 6월까지, 곡절 발전 단계는 1966년 5월부터 1978년까지, 국방현대화 건설의 신단계는 1978년 12월 이후로 보고 있다.[31]

초창기 단계는 전국 대륙을 해방시키고, 항미원조전쟁에서 승리했으며, 새로운 형세와 전쟁의 요구에 적응했다고 한다. 중국인민해방군은 광시전투, 서남전투, 하이난도전투 등을 하면서 동시에 신장과 티베트에 진군하여 중국 타이완과 진먼과 소수 연해군도 이외의 전 국토를 해방시켰다고 한다. 또한 대륙에 남아있던 국민당 잔여 무장을 소멸하고 수비부대를 건립하여 변경 방비를 강화했다.

이 교재가 두 번째로 중요한 업적으로 열거한 것은 항미원조전쟁의 승리이다. 이 교재는 한국전쟁에 대해서 다음과 같이 서술하고 있다.

> 항미원조전쟁의 위대한 승리를 획득했다. 지원군은 보가위국(保家衛國)을 위해 조선에 출병하여 2년 9개월의 힘든 전투를 경과하여 중조군대는 적 109만 명을 섬멸하고 미제국주의가 정전협정에 서명하도록 했다. 항미원조전쟁의 위대한 승리는 우리 군의 군위와 국위를 크

---

31 『國防教育常識』編寫組, 2018, 62-65쪽.

게 떨쳤다.[32]

이러한 서술은 중국인민지원군이 보가위국를 위하여 출병했고 109만 명을 섬멸하여 미국과 싸워 승리했으며, 그 결과 중국인민해방군과 중화인민공화국의 힘을 대내외적으로 과시했다는 것이다.

중국은 한국전쟁이 남북한의 내전이었는데 미국이 개입하여 한반도 침략전쟁으로 변화했고, 중국이 북한의 참전 요청에 따라 참전하여 북한을 방어했기 때문에 한국전쟁에서 승리한 것이라고 주장한다. 중국은 중화인민공화국 수립 이후 1년 만에 미국이 참여한 한국전쟁에 참전했다. 한국전쟁 참전은 중국공산당과 중국인민해방군의 역량을 과시할 수 있었던 측면이 있다. 중국 내에서 중국공산당의 위신을 높였고, 중국 내에서 반제 내셔널리즘이 강화되어 중국의 민중들을 중화인민공화국 건설에 참여시킬 수 있었다.

그러나 한국전쟁이 중국에 반드시 긍정적인 역할을 한 것은 아니었다. 1950년 당시 중국공산당의 우선적 과제는 전국 통일이었다. 국민당이 타이완으로 후퇴하자 중국공산당은 타이완을 공격할 준비를 하고 있었다. 그러나 한국전쟁이 발발하자 미국은 타이완을 방어하기로 했다. 결국 해군력을 비롯한 전력이 약했던 중국인민해방군은 타이완을 공격하여 전 중국을 통일할 수 있는 기회를 상실했다. 결과적으로 중화인민공화국은 북한을 지켰지만 타이완을 '해방'시켜 전 중국을 통일할 수 있는 기회를 상실했다. 그 결과 1950년대 양안 사이에는 높은 긴장감 속에서 무력 충돌이 발생하기도 했다.

---

32 『國防敎育常識』編寫組, 2018, 62쪽.

또한 한국전쟁 참전으로 미국과 대립하게 되면서 중국은 유엔에서 침략자로 낙인찍혀 유엔 안전보장이사회 대표 자격을 확보하지 못했다. 미국과의 대립 속에서 중화인민공화국은 전면적인 전쟁을 대비하는 전시체제의 성격이 강화되었다. 이러한 환경 속에서 중화인민공화국 초기의 신민주주의체제는 더이상 유지될 수 없었다. 중국은 한국전쟁을 거치면서 신민주주의체제에서 사회주의로의 이행을 추진하여 1956년 중국공산당 제8차 전국대표대회에서 사회주의로의 이행이 기본적으로 완성되었다고 선언했다. 그러나 3차례의 5개년 계획을 수행하면서 점진적으로 사회주의 이행을 하겠다는 계획이 어긋나면서 여러 가지 문제점을 부각시켰다.

중국은 미국과의 대립 속에서 소련에 거의 모든 부분을 의존하고 모방하는 대소 일변도정책으로 나아가면서 국가의 선택 폭이 줄어들었다. 중국은 전면적 전쟁과 봉쇄에 대응하여 주요 중공업 시설들은 내륙에 건설하였기 때문에 경제적 효율성이 떨어졌다. 또한 중국에서는 전시체제적 발상이 일상화하면서 민생보다는 국방건설을 위한 중공업 위주의 경제 발전을 시도했다. 그러한 긴장 상태 속에서 대약진운동 등을 무리하게 추진하면서 중국의 정상적인 성장에 장애를 가져왔다고 할 수 있다.

IV. 중국인민해방군의 역사

이 교재는 중국인민해방군의 역사를 국방의 역사와는 별도로 자세하게 설명하고 있다. 특히 현재 중국 시진핑정부의 국방정책에 대해서 비교적 자세하게 설명하고 있다.

『국방교육상식(상)』 제6장 위대한 인민군대에서는 1927년 8월 1일 중국 장시성에서 중국공산당이 일으킨 난창봉기로 인민군대가 탄생했다고 했고, 토지혁명전쟁과 항일전쟁, 해방전쟁(국공내전), 한국전쟁 등에 대해서 소개했다. 특히 시진핑정부의 중국의 꿈(中國夢)과 강군의 꿈(强軍夢)을 실현하기 위하여 국방과 군대의 현대화를 실시하고 있다는 점을 강조하고 하고 있다. 이 교과서에는 2015년 9월 3일 중국인민항일전쟁과 반파시즘전쟁 승리 70주년 열병식 사진을 게재하여 중국인민해방군이 과거 항일전쟁을 승리로 이끈 '주역'이라는 것을 강조하고 있다.

특히 이 교재는 중국인민해방군이 인민의 군대라고 하면서 마오쩌둥이 단행한 삼만개편(三灣改編)으로 군대에 대한 공산당의 절대적 영도가 보증되었다고 찬사를 보내고 있다. 특히 중국의 대홍수로 인한 재난지역에 투입된 인민해방군의 구호활동을 통해서 인민을 위해 봉사하는 인민군대라는 점을 강조하고 있다.[33]

『국방교육상식(하)』 제1장 국방건설 성취에서는 1949년 10월 중앙인민정부 인민혁명군사위원회가 군 최고 통수기관이 되었다는 점과 시진핑정부의 군위총관(軍委管總), 전구주전(戰區主戰), 군종주건(軍種主建) 등을 소개하고 있다. 군위총관은 중앙군사위원회의 통일적 영도와 전략지휘, 전략관리 기능을 집중하여 군대에 대한 공산당의 절대적 영도체제를 강화하겠다는 것이고, 전구주전은 전구에 통일적 연합작전지휘기구를 설치하여 전문적으로 작전지휘를 한다는 것이다.

이를 위해 중국은 2015년 중국인민해방군 총참모부(中國人民解放軍總參謀部)를 중앙군사위원회 연합참모부(中央軍委聯合參謀部)로 개편했다. 또한 중국인민해방군을 동부전구, 남부전구, 서부전구, 북부전구, 중부전구

---

33 『國防敎育常識』編寫組, 2018, 46-55쪽.

의 5대 대전구(大戰區)로 개편했다.

이 교과서는 군대 내부의 전문화 추세를 반영하는 군종주건(軍種主建)에 대해 소개하고 있다. 이는 중국인민해방군 육군의 경우 보병, 탱크병, 장갑병, 포병, 항공병 등 각종 병종의 전문화를 반영하여 발전시키겠다는 것이다. 이 교재는 중국인민해방군의 육해공군과 로케트군 등이 종합적으로 발전했다는 점을 강조하고 있다.[34]

이 교재는 현재 시진핑정부의 국방 관련 정책을 충실하게 반영하고 있다고 할 수 있다.

『국방교육상식(하)』 제2장 중국무장역량의 구성에서는 중국인민해방군 육해공군과 로케트군, 전략지원부대, 예비역부대, 중국인민무장경찰부대, 민병 등을 소개하고 있다.[35] 중국에서 무장역량은 국가의 각종 무기 조직을 총칭한 말이다. 「중화인민공화국병역법」은 "중화인민공화국의 무장역량은 중국인민해방군, 중국인민무장 경찰부대와 민병으로 구성된다"고 한다. 중국의 무장역량은 육군, 해군, 공군, 미사일군과 전략지원부대로 구성된 인민해방군 현역부대와 예비역부대, 그리고 경찰부대와 민병으로 구성되어 있다.

중국인민해방군은 1927년 8월 1일 난창봉기를 계기로 탄생했고 처음에는 육군으로만 구성되어 있었다. 중국인민해방군은 중국공산당의 당군(黨軍)으로 처음에는 중국공농혁명군(中國工農革命軍)이라고 했었고, 이후 중국공농홍군(中國工農紅軍)으로 개칭되었으며, 제2차 국공합작을 하면서 중국국민혁명군 팔로군(八路軍)과 신사군(新四軍) 등의 단계를 거

---

34 『國防教育常識』編寫組, 2019, 1-6쪽.
35 『國防教育常識』編寫組, 2019, 7-20쪽.

쳐서 1946년 10월 중국인민해방군으로 개칭되었다. 중국인민해방군은 10년의 토지혁명전쟁과 14년 항일전쟁, 4년의 해방전쟁을 거쳐 중국혁명에서 승리한 공헌을 했다.

현재 중국인민해방군은 현역부대와 예비역부대로 구성되어 있다. 이 가운데 현역부대는 국가의 상비군으로 육군, 해군, 공군, 미사일군, 전략지원부대를 포괄하며 주로 방위작전 임무를 담당하고 있다. 중국인민해방군은 필요한 경우 법률 규정에 따라 경제건설과 사회질서유지를 담당한다. 중국은 국가 재난 시 인민해방군을 투입하여 대민활동을 돕도록 하고 있다. 이러한 대민 봉사활동은 중국인민해방군이 '인민의 군대'라는 이미지를 강화하고 있다.

이 교과서는 중앙군사위원회에서 중국인민해방군 전군의 작전을 지휘하고 건설을 영도한다는 점을 강조하여 중국인민해방군의 작전지휘권이 중앙군사위원회에 있다고 소개하고 있다.

예비역부대는 현역 군인을 골간으로 예비역 인원을 기초로 편성되어 있다. 예비역부대는 중국인민해방군 조직에 편입되어 평시에는 성군구(省軍區)에서 지도하고 전시 동원 후에는 현역부대의 지휘를 받거나 단독으로 작전임무를 수행한다.[36]

중국인민해방군 육군은 육지 작전의 주력이고 중국인민해방군 각 군 병종 가운데 가장 오랜 역사를 가지고 있으며 중화인민공화국 수립 전후에 가장 중요한 역할을 한 부대이다. 육군은 초기에는 최고 지휘기관이 없었고 총참모부, 총정치부, 총후근부와 총장비부가 이를 대행했으나 2015년 중앙군사위원회에서 국방과 군대 개혁을 하여 2015년 12월

---

36 『國防教育常識』編寫組, 2019, 7-8쪽.

31일 중국인민해방군 영도기구가 정식으로 수립되었다고 한다.[37]

이러한 변화는 중국공산당이 중국인민해방군에 대한 통제를 강화하고, 중국인민해방군의 각 육해공군 작전을 통일적으로 지휘하여 군을 현대화하기 위한 것이다.

중국인민해방군 육군은 보병, 장갑병, 포병, 방공병, 육군항공병, 공정병, 방화병, 통신병 등의 병종으로 구성되어 있다. 육군은 그 임무에 따라 야전기동부대, 해방부대, 변방부대, 경위경비부대 등이 있다. 야전기동부대의 편제는 집단군, 사단(師) 혹은 여단(旅), 연대(團), 대대(營), 중대(連), 소대(排), 분대(班) 등이다.[38]

중국인민해방군 해군은 중국인민해방군 육군의 기초 위에 조직되었다. 1949년 3월 24일 중국인민혁명군사위원회 주석 마오쩌둥과 중국인민해방군 총사령 주더(朱德)는 국민당 '충칭(重慶)'호 순양함 관병이 봉기를 일으킨 것을 경축하면서 중국인민은 반드시 자신의 공군과 해군을 건립해야 한다고 했다. 1949년 4월 4일 인민해방군 제3야전군 부사령관 쑤위(粟裕)와 참모장 장전(張震) 중앙군사위원회 명령을 받아 장쑤성(江蘇省) 타이현(泰縣) 바이먀오향(白馬廟鄉)에서 도강전역 지휘부를 건립하고, 국민당 봉기로 투항한 함선을 접수하여 연안 경비를 할 해군부대를 건립했다. 1949년 4월 23일 화둥군구 해군 지휘부대가 바이먀오향에서 수립되고 장아이핑(張愛萍)이 사령관 겸 정치위원이 되어 중국인민해방군 해군이 탄생했다. 1950년 4월 14일 해군 영도기관이 베이징에 수립되었고, 중앙군사위원회의 영도와 지휘를 받는 해군부대 최고 영도기관이 수립되

---

37 『國防教育常識』編寫組, 2019, 8쪽.
38 『國防教育常識』編寫組, 2019, 9쪽.

었으며, 샤오징광(蕭勁光)이 사령관이 되었다.

　해군은 인민해방군 가운데 함정부대와 해군항공병을 주체로 한 부대로 독립하거나 육군, 공군과 협력하여 적의 해상침입을 방어하고 영해 주권을 보위하며 해양 권익을 수호한다고 한다. 중국인민해방군 해군은 잠수함부대, 수상함부대, 항공병, 연안방위병, 육전대(해병대) 등의 병종이 있다. 해군 아래에는 북해, 동해, 남해 3개 함대와 해군항공병부대가 있다.[39]

　중국인민해방군 공군은 중화인민공화국 수립과 함께 탄생했다. 중화인민공화국 수립 직전 중국인민해방군의 방공작전임무를 담당하는 부대는 단지 1개 비행중대와 8개 야전 고사포단이 있었다. 1949년 3월 전국의 항공 업무를 통일적으로 영도하기 위하여 중공중앙은 군사위원회 항공국을 수립하기로 결정하고 군사위원회 작전부에 예속시켰다. 1949년 7월 중공중앙과 마오쩌둥 주석은 중국인민해방군 공군 건립을 결정했다. 7월 6일 중앙군사위원회는 중국인민해방군 공군사령부 설립을 결정했다. 10월 25일 중앙군사위원회는 류야로우(劉亞樓)를 공군사령관으로 임명했다.

　중국인민해방군 공군은 항공병, 지대공미사일병, 고사포병, 항공낙하병, 통신, 레이더, 전자대항(電子對抗), 화학방어(放化), 기술정찰 등의 병과가 있다고 한다.[40]

　중국인민해방군 미사일군은 2015년 12월 31일에 성립되었다. 이 부대의 전신은 중국인민해방군 전략 탄도탄부대(제2포병)였다. 제2포병은

39　『國防敎育常識』編寫組, 2019, 10쪽.
40　『國防敎育常識』編寫組, 2019, 12쪽.

'양탄일성(兩彈一星: 핵폭탄과 탄도탄, 인공위성)'의 성공과 함께 탄생했다. 1956년 중국공산당은 원자폭탄과 수소폭탄, 인공위성을 개발하기로 결정하고, 1957년 전략 탄도탄부대 지휘 간부와 기술간부를 배양하기 위한 '포병교도대대'를 국방부 제5연구소에 조직했다. 1959년 중국의 첫 번째 전략탄도탄부대인 '지대지탄도탄대대(地地導彈營)'가 수립되었다. 이는 중국 전략 탄도탄부대의 원형이 되었고 '시안포병학교(西安砲兵學校)'에서 전략 탄도탄부대의 기술인재 배양을 시작했다. 1960년 중국은 지대지 탄도탄 '둥펑1호(東風一號)' 시험 발사에 성공했고 전략탄도탄부대가 전투력을 가지게 되었다. 1966년 7월 1일 중앙군사위원회는 제2포병을 정식으로 성립시켰다. 제2포병이란 명칭은 저우언라이(周恩來)가 직접 명명했고 이후 사람들이 중국인민해방군 전략탄도탄부대를 제2포병이라고 불렀다.

이 교과서는 미사일군이 중국의 주요 핵 반격 수단이라고 한다. 중국정부는 이 전략핵무기로 핵 독점을 타파하고 자위와 핵 공격을 억제하여 국가 안전을 보위하고 세계 평화를 수호하기 위한 것이라고 한다. 특히 중국은 핵무기를 사용하여 선제공격을 하지 않고 핵군비 경쟁에 참여하지 않으며 해외에 핵무기를 배치하지 않겠다는 정책을 강조하고 있다. 중국정부는 핵무기, 핵기술, 핵원료에 대해 엄격한 관리를 하고 있다고 한다.[41]

중국인민해방군 전략지원부대는 2015년 12월 31일에 설립되었다. 중국인민해방군 전략지원부대는 국가 안전을 수호하기 위한 신형 작전 역량으로 전략성과 기초성 등을 가지고 있다고 한다. 그러나 부대의 구체

---

41 『國防敎育常識』編寫組, 2019, 14쪽.

적인 실태에 대해서는 언급이 없다.[42]

예비역부대는 평시에는 예비역 군인을 기초로 현역군인이 골간을 이루고 있는 조직으로 전시에는 신속하게 현역부대로 전환하는 무장조직이다. 통상 군종과 병종으로 예비역부대를 구분하고 있다. 중국의 예비역부대는 1983년 3월 조직되었다. 예비역부대는 편제를 통일하여 사단(師), 여단(旅), 연대(團)에 번호(番號)와 군기(軍旗)를 부여하고 인민해방군의 조령과 조례를 집행하여 인민해방군 편제에 편입시켰다. 평시에는 성군구(省軍區: 위수구, 경비구)에서 영도하고 전시 동원 후에는 지정된 현역부대에서 지휘하거나 단독작전임무를 수행하도록 했다. 평시에는 규정에 따라 훈련을 진행하고 필요할 때는 법률 규정에 따라 사회질서 유지에 협조하고 전시에는 국가에서 반포한 동원령에 근거하여 현역부대로 전환한다. 예비역부대를 조직한 것은 전시 신속한 동원을 가능하게 하고 군사비를 절약하는 등의 특징을 가지고 있다.[43]

『국방교육상식(하)』 제2장 제2절에서는 중국인민무장경찰부대에 대해서 소개하고 있다. 중국인민무장경찰부대(무경부대)의 전신은 인민변방무장경찰부대이다. 중화인민공화국 수립 초기 전국의 통일된 각급 인민공안기관과 공안무장을 건립했다. 1951년 중앙군사위원회는 전국의 지방공안부대를 개편하여 중앙군사위원회에서 관할하도록 했다. 1957년 중공중앙은 '공안군(公安軍)'의 명칭을 '중국인민공안부대'로 개칭했다. 1958년 중공중앙과 중앙군사위원회는 중국인민공안부대를 인민무장경찰부대로 개편하기로 결정했다. 1963년 중공중앙은 뤄루이칭(羅瑞卿)

---

42 『國防教育常識』編寫組, 2019, 14쪽.
43 『國防教育常識』編寫組, 2019, 14-15쪽.

의 「인민무장경찰부대를 공안부대로 개명하는 문제에 관한 보고」를 비준했다. 이후 공안부는 중앙군사위원회와 공안부의 이중의 영도를 받았다.[44]

1982년 6월 19일 중국인민해방군이 지방의 내부를 지키는(內衛) 임무를 공안부문으로 이전하고 공안부문은 원래 의무병역제의 변경방어, 소방 등의 업무를 통일하여 무경부대(후에 교통, 수력발전, 황금 등 3개 부대를 무경부대로 편제)를 조직했다. 1983년 4월 무경부대 총부가 베이징에 설립되었다. 2018년 1월 1일부터 무경부대는 당중앙, 중앙군사위원회의 통일적 영도를 받도록 하고 중앙군사위원회-무경부대-부대라는 지휘 체제가 실행되었다.

무경부대는 국내의 안전을 지키기 위한 무대로 평시에는 근무(執勤)하면서 돌발사건, 테러 등에 대처하고 국가의 경제건설 등의 임무에 참가하고 전시에는 인민해방군과 함께 방어작전을 수행한다.

무경부대는 자위 방호를 위한 헬멧과 방탄복, 방패 등과 경찰곤봉, 전기충격기, 최류탄 등이 있고, 소총, 저격용 소총, 기관총, 자동소총을 보유하고 있으며, 각종 차량과 폭동진압차량을 보유하고 있다.[45]

『국방교육상식(하)』 제2장 제3절에서는 민병에 대해서 서술하고 있다. 민병은 생산에서 이탈하지 않은 대중적 성격의 무장조직이다. 중국의 1920년대 혁명전쟁시기 적위대(赤衛隊), 규찰대(糾察隊) 등의 대중적 무장 조직에서 발전하여 온 것이다. 중화인민공화국 성립 후 민병은 중화인민공화국의 국방력에 중요한 구성 부분이었다. 민병은 중국공산당이

---

44 『國防敎育常識』編寫組, 2019, 16쪽.
45 『國防敎育常識』編寫組, 2019, 17쪽.

영도하는 생산에서 이탈하지 않은 무장조직으로 중화인민공화국 무장력의 구성 부분이고, 중국인민해방군의 예비역량이다. 민병은 중국공산당의 영도를 받으면서 생산에서 이탈하지 않은 군사조직으로 중국인민해방군의 보조, 예비 역량이라고 할 수 있다.[46]

이 교재는 중국인민해방군 육군이 어떤 병종으로 구성되어 있는가 등을 학생들에게 질문하고 있다.

『국방교육상식(하)』 제3장 중국 무장역량의 운용에서는 중국인민해방군의 역할로 국가주권, 안전, 영토 보전 등과 함께 국가경제건설을 지원하는 각종 활동과 해외 평화유지활동 등을 소개하고 있다.[47]

이 교재에 의하면 중국 군사력의 근본 임무는 국방을 공고하게 하고 침략에 대항하면서 국가를 보위하는 것이라고 한다. 중국은 군사력을 다양하게 운용하여 평화 수호와 위기 저지, 전쟁 승리, 변경 보위, 해상 방어, 공중 안전 등의 임무를 수행하고 있다.

중국은 2.2만 km의 육상 국경과 1.8만 km의 해안선을 가지고 있는 국경선이 긴 국가 가운데 하나이다. 또한 중국은 500m^3 이상의 도서가 6,500여 개, 도서의 해안선이 1.4만 여 km이다. 이 때문에 중국의 군사력은 육지와 해안의 방위, 관할, 수호 등의 임무를 수행한다고 한다.[48]

『국방교육상식(상)』 제2장 국방건설에서는 국방건설정책을 설명하면서 중국공산당 제19차 당대회의 국방건설에 대한 요구를 서술하고 있다. 특히 시진핑시대 강군사상은 강대한 현대화된 육군, 해군, 공군, 로케트군

---

46 『國防敎育常識』編寫組, 2019, 18쪽.
47 『國防敎育常識』編寫組, 2019, 21-27쪽.
48 『國防敎育常識』編寫組, 2019, 21-22쪽.

과 전략지원부대를 건설하고 견고하고 효과적인 연합작전지휘기구를 만들어 중국특색의 현대작전체계를 구축하는 것이라고 한다. 이 교과서는 2018년 4월 12일 중앙군사위원회가 남해 해역에서 거행한 해상 열병식 사진을 게재하고 있다. 시진핑정부는 2015년 9월 3일 열병식을 비롯하여 2018년 해상 열병식, 2019년 10월 1일 국경절 열병식 등을 거행했다.

V. 맺음말

중국은 현재 대학교와 고등학교에서 의무적으로 국방교육을 실시하고 있다. 대학교의 경우 1985년부터 군사훈련을 시범적으로 실시했고 현재는 모든 학교에서 군사훈련이 시행되고 있다.

2003년 1월 중국 교육부와 중국인민해방군 총참모부, 총정치부는 「고급중학 학생군사훈련 교학대강」을 반포하여 고등학교 군사교육에 대한 지침을 제시했다.

이 「교학대강」에 의하면 고등학생들의 군사교육은 군사훈련을 중심으로 하는 집중훈련과 지식강좌의 두 부분으로 구성되어 있다. 고등학교 학생의 군사훈련에서는 실제 소총 사격 방법과 각개전투, 독도법, 부상자 응급처치 등 실제 전시 상황을 고려한 교육을 실시하고 있다. 이 「교학대강」은 이 군사훈련의 평가 결과를 대학입시에서 중요한 근거로 반영하도록 하고 있다.

2003년 「고급중학 학생군사훈련 교학대강」에 의거하여 편찬된 고등학교 『국방교육상식』 교재는 중국의 국방 문제 전반을 교육하고 있다. 특히 중국공산당의 중앙군사위원회가 중국인민해방군을 영도하고 있다고 하면서 시진핑정부의 강군 건설 사상에 대해서 비교적 자세하게 소개하고 있다. 이 교재는 중국인민해방군이 인민의 군대라고 하면서도 그 군대를 통제하는 주체가 중국공산당이라는 점을 교재의 여러 곳에서 강조하고 있다.

이 교재는 중화인민공화국의 국방정책과 인민해방군의 성장, 병역제도 등을 설명하면서 중국의 역사를 적절하게 활용하고 있다. 이 교재는 현재의 중국 국방을 설명하면서 군사사상에서는 마르크스주의 군사사상과 함께 중국의 고대부터 현대 시진핑정부까지의 군사사상을 설명하고 있다. 병역제도에 대해서도 중국 고대의 병역제도부터 역사적 변천과정을 설명하고 현재의 병역제도를 소개하고 있다.

근현대 중국 국방의 역사에서는 중국이 근대 이후 낙후하여 외세의 침략을 방어하지 못하고 '반식민지 반봉건사회'가 되어 버렸지만, 1921년 중국공산당 수립과 1927년 중국공농홍군 창건 이후 토지혁명전쟁과 항일전쟁, 해방전쟁을 거치면서 중화인민공화국을 수립했고 한국전쟁에 참전하여 미군과 싸워 승리했다는 서술을 하고 있다.

이 교재는 중국인민해방군이 왜 인민의 군대인가에 대해서도 군대의 역사적 성장과정을 통해서 증명하려 하고 있다. 이 교재는 국방교육에서 중국역사를 적절하게 활용하여 현재의 중국공산당과 인민해방군에 대한 정당성을 강조하고 있는 것으로 보인다.

이 교재는 중국의 국방 관련 역사교육에서 중국 각지의 역사적 유적지와 박물관, 기념관 등 애국주의 교육기지를 활용하고 있다. 베이징의 학생들을 대상으로 하고 있는 것을 감안하여 베이징과 그 부근의 애국주의 교육기지를 다수 소개하고 있다. 이 교재는 이론뿐 아니라 학생들이 실제로 접근하여 관람할 수 있는 장소를 선택하여 학교 교육과 현장 학습을 연계시키고 있다.

이 교재는 중국의 고등학교 국방교육에서 핵심인 집체 군사훈련을 실시하기 위한 사전 교육교재로서 활용하기 위한 각종 지식을 소개하고 있다고 할 수 있다. 특히 이 교재는 중국공산당이 영도하는 중국인민해방군이 인민의 군대로서 현재 시진핑정부의 '강군몽'을 실현하기 위해 노력하고 있다는 점을 강조하고 있는 것으로 보인다.

참고문헌

『國防敎育常識』編寫組, 2018, 『國防敎育常識(上)』, 星球地圖出版社.
　　　　　　　　　　　, 2019, 『國防敎育常識(下)』, 星球地圖出版社.
「敎育部, 總參謨部, 總政治部關于印發《高級中學學生軍事訓練敎學大綱》的通知」
　　(2003.1.30), 『敎育部政報』 2003.5.28.
王亞楠, 2015, 「中美兩國國防敎育內容比較」, 『學理論』 2015-24.
"全國中小學統一使用"部編本"敎材, "人敎版""蘇敎版"卽將成爲歷史", 『南方週末』,
　　2017.8.31(www.infzm.com/content/128156).

찾아보기

ㄱ

가오스화(高士華) 391, 392, 394
가족 단위 농업생산책임제 168
갈석(碣石) 82, 83
갑오중일전쟁(청일전쟁) 55, 216
강군의 꿈(强軍夢) 492
개혁강군(改革强軍) 478
개혁개방 119, 121, 123, 135, 167, 178
검정제 144, 189
격대지정 150
『경제와 사회생활(經濟與社會生活)』 191, 232
계서적 화이관 362
고고학 41, 42
고구려 61, 64, 88, 198
「고급중학 학생군사훈련 교학대강」 472
고대문명사 236
고려왕 204
고사변(古史辨) 255

고조선 71, 197, 203
과정표준 45, 231
과학기술흥군(科技興軍) 478
관구검 87
교육과정 내용(課程內容) 236~238
교육부 33, 34, 36, 275, 276, 278
교융(交融) 219
구계유형론(區系類型論) 244
구련성 60, 61
구소련 407
9·18사변 486
구판 교과서 168, 173, 176, 177
국가 교육 37
국가교재위원회(國家教材委員會) 108, 113, 190
국가교재위원회역사전업위원회 378
국가의지(國家意志) 108
국가정체성 142
『국가제도와 사회치리(國家制度與社會治

理)』 191, 232
국가주권 276, 277, 279, 294
국가주의 179
국공내전 421~424, 426, 429
국방건설 174, 175
국방교육 467, 472
『국방교육상식(상)』 472, 474, 476, 478, 500
『국방교육상식(하)』 474, 492, 498, 499
국정교과서 189
국정제 189
국정화 231
군중노선 151
궈모러(郭沫若) 387
권력엘리트 155
근현대사 408
글로벌 거버넌스 309
글로벌화 306, 307, 310, 321
김일성 430

ㄴ

낙랑군 76, 197, 199
남조 98
남조선 노동당 416
남중국해 443
낭만적 혁명론 423
노예제국가 260
농민 기의 238

ㄷ

다이카개신 218
단대사(斷代史) 340, 342, 348
단일교과서 40
당국가체제 180
당중앙 160, 172
대 282, 297, 308, 322
대국외교 293, 304
대령강 장성 84
대방군 81
대외개방 146
대조영 200
대진(大秦) 267
덩샤오핑 118, 124, 169, 179
도요토미 히데요시 384
독립자주 175
동방식 봉공체계(東方式封貢體系) 399
동북공정(東北工程) 234, 359
동북항일연군 430
동아시아 32
동아시아사 206, 408
디 코스모(Nicola Di Cosmo) 365, 366
디쾨터(Frank Diktter) 422

ㄹ

라티모어(Owen Lattimore) 362, 365
러스크(Dean Rusk) 412
로빈슨(David Robinson) 364~366

류샤오치(劉少奇) 116
리쉐친(李學勤) 256
린뱌오(林彪) 178

ㅁ

마르크스유물론 190
마르크스주의 군사사상 474
마르크스주의 사학 43
마르크스주의 중국화 171
마쓰다 424, 425
마오쩌둥 141, 148, 150, 420~426, 430
마오쩌둥 군사사상 477, 478
만국공법 394
만번한 74
말갈족 200
매클로이(John J. McCloy) 412
메소포타미아 258
메이즈너(Maurice Meisner) 426
모블리(Richard Mobley) 430
모용선비 81
문예공작좌담회 147
『문화교류와 전파(文化交流與傳播)』 191, 232
문화대혁명 145, 156, 157, 163~165, 168, 178
민족대단결 172
민족성 463
민족주의 146, 167

민주생활회 148

ㅂ

바빌로니아 265
반부패 150
발해 45~48, 98, 201
발해군왕 98, 200
발해도독부 202
배송지 91
번국(藩國) 380
번속관계 397
번속국(藩屬國) 209, 323, 380, 386
법치 162
베트남 209, 441~452, 454~461
베트남전쟁 418
변군(邊郡) 198
변군현 198
〈보통 고등학교 역사과정표준(普通高中歷史課程標準)〉 231
〈보통 고등학교 역사과정표준 2017〉 291, 361, 333
보편성 354, 367
복합국가 172
『본초강목』 51, 52
봉공체제(封貢體制) 402
북강항목(北疆項目) 234
북연 81
북위 81

북평군 84
북한군 409
분공(分工) 시스템 155
분단 407
블레어(Clay Blair) 431
비교문화 258
빨치산전술 407

ㅅ

『사기색은(史記索隱)』 76
사마천 251
사유제 238
사인방 117, 164
『사학입문(史學入門)』 232, 375
사회 모순 238
사회정체성 142
사회주의 초급단계 162, 163
사회주의 현대화 강국 163
산하이관 62
『삼국지』 74
38선 412
상하이 정신 294
상하이협력조직 309
상호텍스트성(intertextuality) 337
샤오캉사회 128, 129, 131
서구중심주의 335, 338, 340, 342, 354, 367
서남변강항목(西南邊疆項目) 234

서세동점 402
서우두사범대학(首都師範大學) 232
서진 89
세계무역기구 169
세계문화유산 62
세계사 203
세계사회주의발전사 354
센카쿠열도 213
소련 161
소수맥(小水貊) 89
소수민족 46, 47, 250
속국(屬國) 380, 398
속말말갈 200
손량(孫亮) 91
『손자병법』 477
수메르 문명 265
수빙치(蘇秉琦) 244
수성현 76
수정주의 178
쉬란(徐藍) 232
쉬훙(許宏) 257
스탈린 423
시모노세키조약(馬關條約) 208, 388
시중쉰(習仲勳) 146, 166
시진핑(習近平) 43, 53, 141, 143, 153, 171, 179, 190, 233, 278, 283~289, 291, 293,
시진핑 사상 147, 166, 170

시진핑정부 129, 130, 131
식민주의체제 394
신강항목(新疆項目) 234
신라 204
신시대 53, 166, 317, 321
신중국 157, 303
신중화주의 194
신판 교과서 143, 160, 173, 176, 177
신해혁명 167, 485
신형 국제관계 320, 325
실크로드 51, 99
실크로드 경제벨트 132
쑨칭웨이(孫慶偉) 257

ㅇ

아시아운명공동체 314, 326
아편전쟁 482, 485
애국주의 33, 44, 102, 146, 158, 167, 176, 177, 179, 298, 327
애국주의교육 190, 327
애국주의사상 472
얄타체제 214
양맥(梁貊) 89
양무운동 381
양안관계 167, 174
얼리터우유적 257, 258
여운형 417
역사공정 234

〈역사과정표준(歷史課程標準)〉 34, 233
역사교육 44, 279, 280, 298, 408
역사교재 277
역사유물주의 239
역사인식 39, 50, 161
연(燕)·진(秦) 장성 71
염제(炎帝) 41, 42, 252
염황자손(炎黃子孫) 239, 252
영도집단 149
영동예(領東濊) 88
영유권 45, 295, 441, 444~447, 449, 460, 463
영제거(永濟渠) 95
영토교육 34, 441, 442, 450, 451, 454, 458, 462
영토권 59
영토분쟁 38
영토주권 36
영토주의 44
영토주의 역사관 212
영해권 442
예맥 89
5·4운동 387
『오서(吳書)』 91
온성(溫城) 83
왕건 204
왕통(王統) 397
외교사상 288

외교전략 299
외교정책 287
우상화 170
운명공동체(命運共同體) 234
원산폭격사건 418
원조전쟁 프레임 210
웡(R. Bin Wong) 344
『위략』 74
위안스카이(袁世凱) 485
유목민족 199
유물(唯物) 238
유엔군 407
6·25전쟁 216
의고(疑古) 255
「의고시대를 걸어나오며(走出疑古時代)」 256
〈의무교육 역사과정표준(義務教育歷史課程標準)〉 99
의법치군(依法治軍) 478
의화단사건 482
이성계 204
21세기 해상실크로드 132
이집트 258
인더스강 258
인도 258
인류운명공동체 193, 234, 275, 280~292, 295, 297~299, 301~303, 305, 307~310, 312, 314, 316, 318~320, 322, 325~327
인문시조(人文始祖) 252
인민교육출판사(人民教育出版社) 34, 191, 233
일국사 335, 338, 354, 355, 360, 365, 366
일국양제 173, 179
일국체제론 212
일대일로(一帶一路) 130, 132, 172, 212, 250, 295~301, 303, 305, 313~316, 320, 349
일본중심주의 367
임진왜란 350, 351
잊혀진 전쟁(Forgotten War) 431

ㅈ

자본주의 343
자오위루(焦裕綠) 165
장성 59~63, 195
장쉰(張勳) 485
장제스 430
장하이펑(張海鵬) 191, 232, 377, 378, 386~388, 393
저우언라이(周恩來) 164, 497
전국인민대표대회 141, 158, 233
전략경쟁 161
「전민 국방교육대강」 472
정전협정 160

정층설계 154
정치건군(政治建軍) 478
제2차 아편전쟁 482
제18차 전국대표대회 233
제19차 당대회 166, 171
제19차 전국대표대회 235
제국주의 420
제주 4·3사건 416, 417
조공국(朝貢國) 380, 391, 396
조공책봉 209
조선 204
조선현 84
조위 87
종번관계 208, 323, 325, 376, 377, 379, 380, 381, 383, 385~390, 392, 394, 395, 397, 398
종번관념 395
종번체제(宗藩體制) 393, 402
종속국(藩屬國) 381, 383, 386
종주국 381, 396
종주권(Suzerainty) 390, 396, 398, 399
주권 40, 56, 57, 447, 452, 461
주더(朱德) 495
중국공산당 141, 156, 157, 161, 165, 169, 180, 283, 285~287, 290, 291, 301, 317, 320
〈중국공산당당장(中國共産黨黨章)〉 134, 136

중국내전 428, 430
중국몽(中國夢) 37, 43, 62, 192, 263, 299, 301, 302, 305, 319, 327
중국사회과학원 232
『중국역사지도집(中國歷史地圖集)』 71
중국의 꿈(中國夢) 129, 130, 492
중국인민정치협상회의 141, 158
중국인민해방군 159, 175, 297, 488~497, 499, 500
중국적 세계질서 376
중국중심주의 335, 338, 342, 348, 367
중국지도출판사(中國地圖出版社) 233
중국특색 사회주의 170, 190, 263, 312, 317, 321
중국혁명전쟁 477
「중소학 국방교육대강」 472
중앙집권국가 218
『중외역사강요(中外歷史綱要)』 189, 275, 232, 333, 277, 280~282, 290, 292, 305, 307, 308, 315, 316, 318, 319, 322, 324~326, 409, 410, 412, 414, 417, 419, 422, 427, 430, 431
중원문명 41
중원왕조 199
중체서용(中體西用) 392
중화문명 38, 39, 102, 220, 236, 238
중화문명탐원공정(中華文明探源工程) 234, 359

중화민족 53, 58, 102, 192, 289, 294, 317, 319, 326, 327
중화민족공동체 326
중화민족사 279
중화민족의 다원일체구조(中華民族的多元一體格局) 239, 244
중화민족주의(中華民族主義) 244
중화인민공화국 421
중화제국론 346, 348, 349, 362, 363
중화주의(中華主義) 363
중화질서 376
지구사(global history) 343, 344
지방정권 47, 48, 202
지역사(regional history) 334, 335, 355, 361, 365, 366
진개 74
진 장성 76
진·한 통일 다민족 봉건국가 236
쯔엉사군도 443~462

ㅊ

창(David Cheng Chang) 425
책봉체제 393
천상성(陳尙勝) 400
천웨이팡(陳偉芳) 396
천젠 421, 424
천조상국(天朝上國) 400
천즈강(陳志剛) 400

청일전쟁 382, 386, 482
청프전쟁 482
초지역사(transregional history) 334, 335, 365, 366

ㅋ

커밍스(Bruce Cumings) 415, 418, 429
코스모(Nicola Di Cosmo) 363

ㅌ

타오스유적 258
타이완 45, 174, 326, 425, 427
탄치샹(譚其驤) 71, 72, 85, 86, 195
탈서구중심주의 338, 339, 345
탈중국중심주의 365
태강 83
『태강지리지(大康地理志)』 78
태무제 81
통사(通史) 340
통일적 다민족 38, 281
통일적 다민족국가 35, 39, 42, 48, 190
통일적 다민족국가론 37, 40, 63, 234
통일전선 158, 159
통편역사교과서(統編敎材) 114
통편제(通編制) 375
특수성 354, 367
티베트 145, 159

ㅍ

페이샤오퉁(費孝通) 244
평화공존 5원칙 175
평화외교 175, 294
평화외교 정책 304
평화통일 173, 174, 179
푸둥 169
풍문통(馮弘) 81
프롤레타리아 문화대혁명 115, 125

ㅎ

하상주단대공정(夏商周斷代工程) 234, 359
한국 56, 57
한국고대사 194
한국사 50, 52, 58, 64, 204
한국전쟁 145, 156, 159, 160, 175, 177, 407, 410, 414~417, 419~429, 431, 432
한나해(韓那奚) 89
한반도 325
한사군 198
한센(Valerie Hansen) 355, 356, 357, 360
한중관계 64, 65, 325

『함무라비 법전』 265
항미원조 56, 57, 177, 408
항미원조론 417, 418, 420, 424, 427, 430
항미원조전쟁 174, 180, 479, 489
항일원조론 351
해상실크로드 300, 313
해양권익 309
해양 영토교육 458
해양의식 276
해양 주권 35
헌법 156, 162
혁명영웅주의 158, 177
현도군 92, 199
화룡성 81
화인공동체 167
화하시조(華夏始祖) 254
화하정체성(華夏認同) 248
황사군도 443~462
황허문명(黃河文明) 244
회홀 98
후진타오(胡錦濤) 233
후진타오정부 112

동북아역사재단 연구총서 131
중국 시진핑시대 교과서 국정화와 역사담론

초판 1쇄 인쇄 2021년 12월 15일
초판 1쇄 발행 2021년 12월 31일

엮은이　동북아역사재단 교과서연구센터
지은이　권은주, 우성민, 이정빈, 김지훈, 양갑용, 이유표, 이정일, 손성욱, 조규현, 웅웬티한
펴낸이　이영호
펴낸곳　동북아역사재단

등록　제312-2004-050호(2004년 10월 18일)
주소　서울시 서대문구 통일로 81 NH농협생명빌딩
전화　02-2012-6065
팩스　02-2012-6189
홈페이지　www.nahf.or.kr
제작·인쇄　역사공간

ISBN　978-89-6187-683-4　93910

- 이 책은 저작권법에 의해 보호를 받는 저작물이므로 어떤 형태나 어떤 방법으로도 무단전재와 무단복제를 금합니다.
- 책값은 뒤표지에 있습니다. 잘못된 책은 바꾸어 드립니다.